Georges Perec et ses lieux de mémoire

# Faux Titre

ÉTUDES DE LANGUE ET LITTÉRATURE FRANÇAISES

*Sous la direction de / Series Editors*

Keith Busby
Sjef Houppermans
Paul Pelckmans
Alexander Roose
Emma Cayley

VOLUME 457

The titles published in this series are listed at *brill.com/faux*

# Georges Perec et ses lieux de mémoire

*Le projet de* Lieux

*par*

Annelies Schulte Nordholt

BRILL

LEIDEN | BOSTON

Originally published in hardback in 2022.

Illustration de couverture : La Place du Théâtre français, © Christine Lipinska

The Library of Congress has cataloged the hardcover edition as follows:

Names: Schulte Nordholt, Annelies, author.
Title: Georges Perec et ses lieux de mémoire : le projet de Lieux /
    par Annelies Schulte Nordholt.
Description: Leiden ; Boston : Brill, [2022] | Series: Faux titre, 0167-9392 ; volume 457 |
    Includes bibliographical references and index.
Identifiers: LCCN 2022024648 (print) | LCCN 2022024649 (ebook) |
    ISBN 9789004510548 (hardback ; acid-free paper) | ISBN 9789004521070 (ebook)
Subjects: LCSH: Perec, Georges, 1936-1982—Criticism and interpretation. |
    Perec, Georges, 1936–1982. Lieux. | Perec, Georges, 1936–1982—Homes
    and haunts—France—Paris. | Memory in literature. | Paris (France)—In literature. |
    LCGFT: Literary criticism.
Classification: LCC PQ2676.E67 Z896 2022 (print) | LCC PQ2676.E67 (ebook) |
    DDC 848/.91409—dc23/ENG/20220712
LC record available at https://lccn.loc.gov/2022024648
LC ebook record available at https://lccn.loc.gov/2022024649

Typeface for the Latin, Greek, and Cyrillic scripts: "Brill". See and download: brill.com/brill-typeface.

ISSN 0167-9392
ISBN 978-90-04-69143-8 (paperback, 2023)
ISBN 978-90-04-51054-8 (hardback)
ISBN 978-90-04-52107-0 (e-book)

Copyright 2022 by Koninklijke Brill NV, Leiden, The Netherlands. Published by Koninklijke Brill NV, Leiden, The Netherlands.
Koninklijke Brill NV incorporates the imprints Brill, Brill Nijhoff, Brill Hotei, Brill Schöningh, Brill Fink, Brill mentis, Vandenhoeck & Ruprecht, Böhlau, V&R unipress and Wageningen Academic.
All rights reserved. No part of this publication may be reproduced, translated, stored in a retrieval system, or transmitted in any form or by any means, electronic, mechanical, photocopying, recording or otherwise, without prior written permission from the publisher. Requests for re-use and/or translations must be addressed to Koninklijke Brill NV via brill.com or copyright.com.

This book is printed on acid-free paper and produced in a sustainable manner.

Printed by Printforce, the Netherlands

# Table des matières

Préface IX
Liste des illustrations XI
Abréviations XIII

Introduction 1

### PARTIE 1
### Lieux *dans tous ses états*

1 **Genèse et devenir du projet** 19
    1    Premier état du projet : une « ethnographie » des lieux parisiens 20
    2    Une lettre programmatique 24
    3    *Lieux* dans *Espèces d'espaces* 29
    4    « Nouveau programme de travail sur vingt ans » 32
    5    *Lieux* après *Lieux* 34

2 **Lectures critiques de *Lieux*** 37
    1    Une lecture 'autobiographique' 37
    2    Une lecture 'sociologique' 42
    3    Lectures oulipiennes 44
    4    Lectures de *Lieux* et l'art de la mémoire 48

### PARTIE 2
### *Microlectures*

3 **Gaités** 55
    1    Gaité comme un lieu de substitution : topographies du souvenir 56
    2    Organiser la mémoire de Gaité 60
    3    La constitution d'un lieu de mémoire : habiter, manger, boire 62
    4    Le lieu vécu par l'écriture et le cinéma 64
    5    Guetter Gaité 65
    6    Épuiser Gaité ? 67
    7    La rue comme texte : le travail citationnel dans les Gaité Réels 76

4  Joie et mélancolie d'une archive urbaine  81
   1   *Lieux* et les théories contemporaines de l'archive  83
   2   Saint-Honoré Souvenirs : archiver le passé ?  88
   3   Saint-Honoré Réels : archiver le présent  95
   4   La matérialité de l'archivage : les enveloppes  100

5  La photographie dans *Lieux*  110
   1   Continuité et différence avec les photographies de *La Clôture*  113
   2   Tentative d'épuisement d'une rue ?  117
   3   Décentrage, troncation, saturation  119
   4   Echappées de vue, absence de présence humaine et dégradation  126
   5   Grilles, carrés, clôture  133

6  Autour de la rue Vilin  140
   1   Vilin Réels : écrire la disparition d'une mère et de la judéité  143
   2   Vilin Réels : écrire la disparition d'une rue  148
   3   Les Vilin Réels comme cartographie d'un lieu  153
   4   Les Vilin Souvenirs  161
       4.1   Vilin Souvenir 1969 : « aucun souvenir des lieux, aucun souvenir des visages »  162
       4.2   Vilin Souvenir 1970 : « mon seul lieu est rhétorique »  170

PARTIE 3
*Éclairages sur les Souvenirs*

7  *Lieux*. Une œuvre (de) rhétorique  177
   1   Perec avec et au-delà de Roland Barthes  179
   2   L'*Inventio* : lieux communs et topique  181
   3   Une *Dispositio* potentielle ?  187
   4   *Elocutio* : l'*ekphrasis* d'un lieu parisien  191
   5   *Memoria*  195
   6   Conclusion  199

8  Le travail de la mémoire dans les Souvenirs  202
   1   Où ? La mémoire des espaces  204
   2   Quoi ? La mémoire des choses  209
   3   Qui ? La mémoire des noms et des personnes  216
   4   Comment ? La mémoire des (micro-)événements  220

9 Les *lieux* de l'écriture  229
   1   Les lieux d'écriture des premières œuvres : Italie et *Les Errants*  230
   2   Franklin-Roosevelt : « lieux d'une fugue », lieux d'écriture, lieux de tournage  233
   3   Le métadiscours interne de *Lieux* : stratégie d'évitement ou aspect structurel au projet ?  238
       3.1   Lieux de vie, lieux de naissance d'une œuvre : Choiseul  243
       3.2   Saint-Louis ou le désir d'une « mémoire souveraine, démentielle »  246
   4   Les lieux du « champ littéraire » de Perec  250

Conclusion  255

Bibliographie  259
Index des noms de personnes  266

# Préface

Cet essai se situe dans le prolongement de mon ouvrage *Perec, Modiano, Raczymow. La génération d'après et la mémoire de la Shoah* (2008), où les lieux de mémoire et leur ancrage dans l'espace parisien jouaient déjà un rôle prééminent. Lorsque j'ai commencé à travailler sur *Lieux*, les textes étaient à l'état inédit et même non-transcrit, à part les quelques textes publiés en revue par Perec. C'est donc à partir du manuscrit et de mes propres transcriptions que j'ai mené ma recherche et écrit cet essai. Le travail sur ce matériau en grande partie inédit a été une expérience à la fois passionnante et difficile puisqu'il fallait à tout moment établir la bonne version du texte et maintenir le cap dans un riche massif de manuscrits. La parution imminente de *Lieux* m'a permis, en fin de parcours, de confronter mes transcriptions à celles des éditions du Seuil, alors en préparation. Dans la plupart des cas, j'ai harmonisé ma lecture avec celle-ci tout en gardant parfois la ponctuation et la mise en page de l'original.

Tout d'abord, un grand merci à Philippe Lejeune pour m'avoir, lors d'un entretien pour lequel je lui sais toujours gré, inspirée et stimulée dans mon désir d'entreprendre un travail sur *Lieux*.

Ce travail s'étendant sur plusieurs années n'aurait pas été possible sans le soutien de l'Association Georges Perec et des ayant-droit. Je remercie l'Association, notamment en la personne de Jean-Luc Joly, pour avoir infatigablement répondu à toutes mes questions et gentiment subvenu à mes demandes. Un grand merci à la regrettée Ela Bienenfeld qui m'accorda sa confiance pour travailler sur ce dossier sensible. Merci aussi à Sylvia Richardson pour son autorisation de reproduire certaines pages du manuscrit.

Faire de la recherche sur Perec, cela veut dire être entourée par une communauté de spécialistes qui n'hésitent pas à partager leur savoir et leur passion de l'œuvre. Je remercie tout particulièrement Christelle Reggiani pour avoir relu et commenté certains chapitres ; Manet van Montfrans qui m'a généreusement prodigué son temps en relisant le manuscrit ; Paul Smith pour sa relecture du chapitre sur la rhétorique.

*Lieux* consiste en textes mais aussi en photographies et cet essai publie pour la première fois en format livre une vingtaine de photographies en noir et blanc provenant des séries réalisées par Christine Lipinska, qui accompagna Perec lors de plusieurs de ses équipées sur les lieux parisiens. Je remercie de tout mon cœur celle-ci pour son accord et aussi pour les souvenirs qu'elle a accepté de partager avec moi. Ses photographies ont été numérisées par la

Bibliothèque Nationale de France, grâce au suivi assuré par Claire Lesage, chef du Service Collections à la Bibliothèque de l'Arsenal.

Certaines parties de cet essai furent publiées, en première version, dans des volumes collectifs ou des revues (voir l'indication dans les chapitres concernés). Je remercie en particulier Sylvie Freyermuth, Nathalie Roelens et le comité de rédaction des *Cahiers Georges Perec* pour leur autorisation de reprendre ces textes.

Si ma recherche a pu se faire dans de bonnes conditions, c'est grâce à la bourse « Johanna van Nijland », généreusement accordée par Suzanna de Beer et Nadia Akkerman à partir de leur subvention Aspasia (Organisation Néerlandaise de la Recherche Scientifique, NWO), résultant en une dispensation de quelques cours, en 2020-21. Merci aussi au Leiden University Center for the Arts in Society (LUCAS) pour avoir subvenu aux frais de publication des photographies.

Pour la phase finale du livre, je remercie Christa Stevens, éditeur en littérature et études culturelles, qui a assuré le suivi du livre chez Brill. Enfin, un grand merci aux deux évaluateurs anonymes du manuscrit pour leurs suggestions et corrections.

# Illustrations

4.1 Enveloppe Lieu no. 1 (Jussieu Souvenir 1969), © Indivision Richardson Saluden/Bibliothèque nationale de France   102
4.2 Enveloppe Lieu no. 38 (Jussieu Réel 1970), © Indivision Richardson Saluden/BnF   103
4.3 Enveloppe Lieu no. 39 (Italie Souvenir 1970), © Indivision Richardson Saluden/BnF   105
4.4 Enveloppe Lieu no. 40 (Franklin-Roosevelt Réel 1970), © Indivision Richardson Saluden/BnF   106
4.5 Enveloppe Lieu no. 41 (Saint-Louis Souvenir 1970), © Indivision Richardson Saluden/BnF   107
4.6 Enveloppe Lieu no. 42 (Gaité Réel 1970), © Indivision Richardson Saluden/BnF   108
5.1 Planche-contact de Gaité (588), © Christine Lipinska   118
5.2 Gaité (610), © Christine Lipinska   119
5.3 Saint-Honoré (722), © Christine Lipinska   120
5.4 Gaité (592), © Christine Lipinska   121
5.5 Saint-Honoré (743), © Christine Lipinska   122
5.6 Saint-Honoré - Église Saint-Roch (730), © Christine Lipinska   123
5.7 Saint-Honoré - Église Saint-Roch (729), © Christine Lipinska   124
5.8 Junot (568), © Christine Lipinska   125
5.9 Junot (585), © Christine Lipinska   125
5.10 Ile Saint-Louis (686), © Christine Lipinska   127
5.11 Gaité (590), © Christine Lipinska   128
5.12 Saint-Honoré – Place du Théâtre français (735), © Christine Lipinska   129
5.13 Ile-Saint-Louis (636), © Christine Lipinska   131
5.14 Gaité (618), © Christine Lipinska   132
5.15 Gaité (594), © Christine Lipinska   132
5.16 Saint-Honoré (733), © Christine Lipinska   135
5.17 Saint-Honoré (724), © Christine Lipinska   135
5.18 Junot (554), © Christine Lipinska   136
5.19 Assomption (756), © Christine Lipinska   137
5.20 Saint-Honoré (746), © Christine Lipinska   137
5.21 Saint-Honoré (744), © Christine Lipinska   138

6.1   Vilin Réel 1969, notes de terrain (Bibliothèque Nationale de France/Fonds Georges Perec, 57, 24, 1, 4), © Indivision Richardson Saluden/BnF   155
6.2   Vilin Réel 1969, notes de terrain (Bibliothèque Nationale de France/Fonds Georges Perec, 57, 24, 1, 5), © Indivision Richardson Saluden/BnF   156
8.1   Le jeu du triangle magique (Récréomaths, le *Dictionnaire de mathématiques récréatives*, source : http://www.recreomath.qc.ca/dict_magique_triangle.htm)   206
8.2   Jean Le Moal, *L'Invitation au voyage*, huile sur toile, 116 × 81 cm, collection particulière, 1945, © Anne Le Moal   214

# Abréviations

| | |
|---|---|
| BO | *La Boutique obscure*, Paris, Denoël, 1993 [1973] |
| D | *La Disparition*, Paris, Gallimard, coll. L'imaginaire, 2000 [1969] |
| EC | *Entretiens et conférences*, 2 vols, Nantes Joseph K, 2003 |
| EE | *Espèces d'espaces*, Paris, Galilée, 2000 [1974] |
| HD | *Un homme qui dort*, Paris, Gallimard, coll. Folio, 1999 [1967] |
| IO | *L'infra-ordinaire*, Paris, Seuil, coll. Bibliothèque du XX$^e$ siècle, 1989 |
| JMS | *Je me souviens*, Paris, Hachette, coll. Littératures, 1999 [1978] |
| JSN | *Je suis né*, Paris, Seuil, coll. Bibliothèque du XX$^e$ siècle, 1990 |
| L | *Lieux*, Paris, Seuil, coll. Bibliothèque du XXI$^e$ siècle, 2022 |
| LC | *Les Choses*, Paris, Julliard, coll. 10/18, 2006 [1965] |
| Œuvres I, II | Georges Perec, *Œuvres*, Christelle Reggiani, éd., Paris, Gallimard, coll. Bibliothèque de la Pléiade, 2 vols, 2017 |
| PC | *Penser/classer*, Paris, Hachette, coll. Littératures, 1985 |
| TELP | *Tentative d'épuisement d'un lieu parisien*, Paris, Christian Bourgois, 1975 |
| VM | *La Vie mode d'emploi*, Paris, Hachette, 1989 [1978] |
| W | *W ou le souvenir d'enfance*, Paris, Gallimard, coll. L'imaginaire, 1995 [1975] |

# Introduction

> C'est une place presque triangulaire. Un terre-plein planté de trois grands arbres en constitue le centre. Là se trouvent la sortie du métro ainsi qu'un éventaire de marchands de journaux. Y a-t-il ou non une colonne Morris annonçant les concerts ? En période électorale on y voit aussi des panneaux électoraux : le bureau de vote doit se trouver derrière la place, tout au fond, dans un endroit où je ne suis pratiquement jamais allé.
>
> *L* 1, p. 59[1]

∴

Le 27 janvier 1969, à l'Hôpital Saint-Antoine où il travaille, Perec écrit ces premières lignes d'un « Souvenir » de la Place Jussieu. Ce sont aussi les premières lignes d'un nouveau projet, celui de *Lieux*. Quelques jours après, le 31 janvier, dans un café Place Mabillon, il écrit un autre texte, qu'il appelle un « Réel », dont voici le début :

> 1) Du café « L'Atrium ». Au bout de la terrasse sur le boulevard Saint-Germain.
>
> L'axe de mon regard tombe sur l'enseigne rouge de « La Rhumerie Martiniquaise », traçant une ligne imaginaire à peu près perpendiculaire à la rue de Buci et qui peut prendre en enfilade le boulevard Saint-Germain dans la direction de Saint-Germain-des-Prés.
>   Le café est à peu près plein. La nuit est tombée. Il fait beau, le ciel est violet.
>
> *L* 2, p. 61

Mais qu'est-ce qu'un Réel ? Qu'est-ce qu'un Souvenir ? Dans les multiples textes où Perec parle de *Lieux*, il définit invariablement les Réels comme des descriptions de l'état présent des lieux, textes écrits sur place, lors des visites annuelles

---

[1] Les citations de *Lieux* renvoient à l'édition parue aux Editions du Seuil, dans la Bibliothèque du XXI$^e$ siècle, 2022. Les références donnent le numéro du texte (*L1*), suivi de la page.

d'un lieu qui sont prévues par le projet. Les Souvenirs par contre, comme leur nom l'indique, sont l'évocation d'un état passé des lieux. Pourtant ce sont également des descriptions puisqu'il s'agit d'évoquer « les souvenirs qui lui sont liés, les gens que j'y ai connus, etc. » (*JSN* 59). Cet exercice de mémoire peut être effectué n'importe où, c'est pourquoi les Souvenirs sont rédigés dans des lieux très variés : à la maison, dans un café, dans un train ou un avion.

Ce sont des lieux qui, à un moment ou un autre, ont fait partie de sa vie quotidienne, auxquels il est lié par « des souvenirs, des événements ou des moments importants de [son] existence. » (*JSN* 58). Pour son projet, Perec a choisi douze lieux parisiens qui, ensemble, forment une topographie fragmentaire de sa vie passée[2]. Tous sont fortement motivés, surdéterminés par la vie, et c'est ce qui les érige en lieux de mémoire. Cependant, cette motivation a des origines différentes. Certains de ces lieux – rue Vilin, rue de l'Assomption, rue Saint-Honoré, Jussieu – sont choisis parce que Perec y a habité. D'autres lui sont chers en raison des proches, famille ou amis, qui y ont vécu : la rue de la Gaité où habita son ami Jacques Lederer, la Place d'Italie à cause de son ami Michel Rigout, la Place de la Contrescarpe à cause du foyer d'étudiants tunisiens, à proximité, où il avait des amis et enfin l'avenue Junot, adresse de sa tante Berthe et de son cousin Henri, qu'il fréquenta beaucoup dans les années suivant son retour de Villard-de-Lans, après la guerre. D'autres lieux encore sont liés à des événements décisifs de sa vie : ainsi Franklin-Roosevelt est le lieu de la fugue qu'il fit à douze ans et l'Ile Saint Louis renvoie à sa liaison avec Suzanne Lipinska, avec qui il vient de rompre au moment où il commence *Lieux*. Enfin, certains lieux doivent tout leur sens à l'écriture et sont devenus des lieux de son œuvre : la Place d'Italie est retenue également parce qu'il y termina son premier roman, *Les Errants* ; la rue Saint-Honoré est le site de son récit *Un homme qui dort* (1967), publié deux ans avant le début de *Lieux*, et Franklin-Roosevelt est le 'lieu de la fugue' mais est aussi en lien avec le récit qu'il en fait dans *Les Lieux d'une fugue*[3]. Le Passage Choiseul, moins clairement motivé en apparence, est pourtant le lieu de naissance de *Lieux*[4]. Il s'agit donc dans tous les cas de lieux où il a sinon habité, du moins séjourné régulièrement, des lieux où il a vécu. Or il faut prendre ces mots 'habiter', 'vivre' au sens plein de la vie quotidienne, des mille gestes et mouvements qui composent « l'infra-ordinaire » de tous les jours. Si les Réels décrivent l'infra-ordinaire vu ici

---

2   Pour une liste commentée des douze lieux, voir Philippe Lejeune, *La Mémoire et l'oblique. Georges Perec autobiographie*, P.O.L, 1991, p. 164.
3   Récit écrit en 1965 mais publié en 1975 seulement.
4   Voir chap. 9, § 3.1.

et maintenant, sur place, les Souvenirs le décrivent tout autant, mais au passé. Réels et Souvenirs sont des descriptions des lieux dont il a été « l'usager »[5].

Cependant, ce réseau de douze lieux ne couvre pas la vie entière de Perec, loin de là. Tout d'abord, ces lieux sont exclusivement parisiens et même si la vie de Perec a été en très grande partie parisienne, Villard-de-Lans (la cache pendant l'Occupation), Etampes (le lycée), Pau (son service militaire), Sfax (l'année de coopération) furent des lieux non moins décisifs. D'ailleurs, même à l'échelle de Paris, ses lieux de mémoire ne sauraient se limiter à ces douze lieux. Qu'en est-il alors de la Place Saint-Sulpice (qui fera l'objet d'un texte écrit en marge de *Lieux, Tentative d'épuisement d'un lieu parisien*) ? De la rue du Bac ou de l'avenue de Ségur, où il habita à un moment ? Qu'en est-il de la Villa Seurat, l'impasse du 14e arrondissement assidument fréquentée en 1956-1957 lors de sa psychanalyse avec Michel de M'Uzan ? Ces hiatus dans le réseau des lieux montrent bien que *Lieux* n'était pas destiné à être une simple autobiographie, une « représentation totale de la vie »[6]. Comme l'a montré Philippe Lejeune, le projet est régi par le principe psychique du déplacement : le matériau autobiographique se déplace et s'extériorise du psychisme vers les lieux topographiques. Par là même, ces lieux deviennent des signes qui renvoient, par métonymie, à certains épisodes de la vie, dont ils parlent de manière indirecte. De plus, on le verra, un lieu n'est pas toujours dans un lieu, il peut dériver vers une zone entière, ou cacher un autre lieu, plus sensible - déplacement qui devient parfois une véritable stratégie.

*Lieux* est un projet oulipien, régi par des contraintes : pendant douze ans, de 1969 à 1981, Perec s'était imposé d'écrire deux textes par mois (un Réel et un Souvenir), dans un ordre établi d'avance par une table de permutation construite à partir d'un bicarré latin d'ordre 12, donc d'un algorithme. Outre la contrainte d'écrire chaque mois les deux textes prévus, le projet connaît d'autres règles comme celle d'écrire le texte du premier jet et de l'enfermer tout de suite après dans une enveloppe scellée à la cire, ce qui empêche toute relecture et toute consultation ultérieure. L'ordre des textes n'est donc pas laissé au hasard mais soumis à une règle stricte qui vise à « décrire chacun de ces lieux en un mois différent de l'année [et] ne jamais décrire le même mois le même couple de lieux » (*EE* 109). En outre, la règle permet d'éviter que Réels et Souvenirs d'un même lieu soient trop rapprochés dans le temps (le risque de 'contamination').

Quelle est la visée de cette entreprise compliquée et si étendue dans le temps ? Nous la résumons ici par la formule qui revient régulièrement dans les

---

[5] Voir le Prière d'insérer d'*Espèces d'espaces*, qui définit cet ouvrage comme « le journal d'un usager de l'espace ».
[6] Lejeune, *op. cit.*, p. 165.

propos de Perec sur *Lieux* : « ce que j'en attends [...] n'est rien d'autre que la trace d'un triple vieillissement : celui des lieux eux-mêmes, celui de mes souvenirs et celui de mon écriture. » (*EE* 110). Nous reviendrons à cette formule. Constatons pour le moment que le but esquissé ici est théorique : il vise à traquer la mémoire en vue d'un savoir sur son fonctionnement. Cependant, ce discours assez intellectuel sur le projet (que Perec développera de multiples manières[7]) ne saurait se comprendre sans l'aventure, ou plutôt la crise existentielle qu'il cache et qui est tout aussi déterminante pour *Lieux*. Nous ne ferons ici qu'en mentionner les composantes essentielles[8] : la rupture avec Suzanne Lipinska et le travail de deuil qui en résulte, la psychanalyse avec Jean-Bertrand Pontalis (de 1971 à 1975, elle coïncide donc avec *Lieux*) et enfin, dans les mêmes années, ses incertitudes d'écrivain, qui se traduisent par une période de stérilité et par la gestation difficile de *W ou le souvenir d'enfance*.

Or si *Lieux* est déclenché par une crise existentielle, la fin de cette crise semble aussi marquer le terme, ou plutôt l'abandon, du projet en septembre 1975. Certes, dès avant, Perec avait commencé à accumuler les retards ; il avait interrompu le travail sur *Lieux* pendant près de deux ans pour se consacrer à des travaux plus urgents, s'était rattrapé pour ensuite abandonner définitivement le projet. Selon certains commentateurs, l'abandon serait dû à une déception de Perec quant aux résultats. Pour Raoul Delemazure, « la volonté d'anamnèse ne semble produire qu'une dérision de souvenir », « Comparé à l'ampleur du projet, le résultat est somme toute assez dérisoire »[9]. Certes, dans des interviews, Perec a pu s'exprimer dans ce sens mais pour l'évaluation du projet, il faudra aller au-delà du métadiscours de l'auteur. Pour Philippe Lejeune, l'évolution du projet et son abandon final sont surtout à mettre au compte du travail de Perec sur *W* : tant que *W* piétine et se cherche, *Lieux* assure une continuité, mais lorsque la « sauce » de *W* « prend » finalement (selon la formule de Roland Barthes), et à plus forte raison lorsque *W* est publié, à l'été 1975, *Lieux* devient superflu et Perec est prêt à se « libérer » des contraintes du projet[10]. Ajoutons que la publication de *W* est inséparablement liée à une autre libération, sur le plan personnel : le moment où, en juin 1975 également, sa psychanalyse mène à une ouverture lui permettant de mettre fin à sa thérapie. Enfin, du point de vue sentimental, l'été 1975 marque un nouveau départ grâce à sa liaison avec Catherine Binet.

---

7   Voir chapitre 1.
8   Nous revenons plus amplement sur ces points au chap. 2, § 1.
9   Raoul Delemazure, *Une vie dans les mots des autres. Le geste intertextuel dans l'œuvre de Georges Perec*, Classiques Garnier, 2019, p. 75.
10  Pour une analyse détaillée de l'évolution de *Lieux*, voir Lejeune, *op. cit.*, pp. 198-99.

INTRODUCTION 5

Cette triple libération fera qu'à partir de 1975, l'entreprise de *Lieux* sera abandonnée mais poursuivie sous d'autres formes : commence alors ce qu'on appellera la dissémination de *Lieux*. D'abord, Perec ouvre les enveloppes de certains Réels et les regroupe par séries chronologiques : c'est le cas de Vilin, Italie, Gaité, Assomption et Mabillon, qui, après une mise au net, feront l'objet de publications en revue[11]. Perec lui-même voyait cela non comme une dilapidation mais comme une transformation de son projet initial : « j'ai écrit un poème (*La Clôture*) sur la rue Vilin, j'ai fait un film (*Les Lieux d'une fugue*) sur le carrefour Franklin-Roosevelt, j'envisage une émission de radio sur Mabillon. »[12] Plutôt qu'un abandon, c'est une continuation par d'autres médias (essai, poésie, cinéma, radio), mais une continuation sélective puisque les Souvenirs restent hors du coup.

Cette dissémination de *Lieux* et son caractère inachevé ont certainement contribué à ce que *Lieux* soit resté si longtemps inédit. Les ayant-droit ont hésité à faire paraître des textes dont Perec n'avait jamais envisagé la publication et qu'il avait, pour la plupart, laissés de côté. Philippe Lejeune nous a dit l'émotion qu'il a éprouvée, et la gêne, lorsqu'en 1988, avec Ela Bienenfeld, il a brisé le scellé des enveloppes des Souvenirs, que Perec lui-même n'avait jamais rouvertes[13]. Comment d'ailleurs publier un ensemble qui était plutôt un chantier, un laboratoire qu'une œuvre au sens traditionnel du terme ? A la fin de son étude de 1991, Lejeune s'est demandé sous quelle forme il faudrait les publier, et dans quel état. Fallait-il choisir le dernier état où Perec l'avait laissé, c'est-à-dire dont les textes sont regroupés en vingt-quatre séries ? Choisir l'ordre chronologique prévu par l'algorithme ? Fallait-il mettre au net les textes ? Les publier en transcription diplomatique ou même en facsimile, fidèlement à leur état initial[14] ? En faire une application numérique d'un genre entièrement nouveau ? Solution susceptible d'intégrer facilement graphismes, photographies et autres matériaux, et de permettre des lectures dans plusieurs directions. L'ayant-droit et les Editions du Seuil ont heureusement pu trancher la question aujourd'hui, avec la publication de *Lieux* en format papier et en ebook.

C'est donc aujourd'hui seulement que les Réels et les Souvenirs ont resurgi de leur long sommeil dans les boîtes d'archive de la Bibliothèque de l'Arsenal. Pendant toutes ces années, les textes sont restés difficiles d'accès, à cause de

---

11  « Vues d'Italie », *Nouvelle Revue de psychanalyse*, no. 16, 1977, pp. 239-246 ; « Guettées », *Les Lettres nouvelles*, no. 1, février 1977, pp. 61-71 ; « La rue Vilin », *L'Humanité*, 11 novembre 1977, p. 2 ; « Allées et venues rue de l'Assomption », *L'Arc*, no. 76, 1979, pp. 28-34.

12  « Tentative de description d'un programme de travail pour les années à venir », *Cahiers Georges Perec* no. 1, 1985, s.p.

13  Entretien privé, 2012. Nous remercions Philippe Lejeune de nous l'avoir accordé.

14  Lejeune, *op. cit.*, p. 204.

leur caractère manuscrit et des modalités de consultation. C'est pourquoi on connaissait surtout *Lieux* par l'étude génétique de Philippe Lejeune. Depuis, d'autres essais sont venus enrichir le sien mais jusqu'à la publication de *Lieux*, Lejeune est demeuré le seul à avoir travaillé sur les manuscrits et donc à avoir eu une vue d'ensemble des textes. Les autres commentateurs se sont surtout attachés aux fragments transcrits par Lejeune, aux quelques Réels publiés et aux passages, dans son œuvre et dans des entretiens, où Perec parle de *Lieux*. Cet accès partiel au corpus explique qu'on ait surtout réfléchi au programme du projet, au sens à accorder à l'enchevêtrement des Réels et des Souvenirs, bref à sa théorie.

Cette connaissance partielle du projet était également la nôtre, à l'époque de notre essai *Perec, Modiano, Raczymow. La génération d'après et la mémoire de la Shoah*[15]. La seconde partie de cet ouvrage était consacrée à interroger l'obsession des lieux parisiens qui traverse l'œuvre de ces trois auteurs. Obsession que nous avions mise en rapport avec la conscience de la perte du lieu d'origine et avec la quête d'une improbable figuration de la Shoah comme non-lieu, comme « mémoire absente ». Chez Perec comme chez Patrick Modiano et Henri Raczymow, cette conscience d'un univers disparu se traduit par un « ancrage » de l'écriture dans l'espace parisien, dans les lieux. Pour ce qui est de Perec, au terme d'une traversée des chapitres autobiographiques de *W ou le souvenir d'enfance* et d'une petite partie de *Lieux* (les textes publiés), nous avions conclu que l'écriture transfigure l'espace urbain, transformant celui-ci en un espace écrit et la ville en une ville-texte, trace tangible de la disparition[16]. Notre livre une fois publié, il s'avéra que la poursuite de notre recherche sur les rapports entre mémoire et espace urbain chez Perec passait nécessairement par une lecture approfondie de *Lieux*, visant à en explorer les constantes thématiques, les multiples pratiques d'écriture ainsi que les graphismes et les photographies. C'est un objectif important de cet essai qui, après celui de Lejeune, est un des premiers à s'attacher à l'ensemble du manuscrit.

Essai qui se fera dans une interrogation constante sur la nature de *Lieux* et sur les nombreuses manières de lire cette œuvre (nous nous servirons parfois de ce terme pour des raisons pratiques) qui n'appartient à aucun genre connu. *Lieux* est-il une œuvre d'autobiographe ? D'oulipien ? De sociologue/ethnographe ? D'archiviste ? D'artiste conceptuel ? Ou 'tout simplement' d'écrivain, au sens très spécifique de « scripteur » ou de « scrivain » que lui donnait Perec ? *Lieux* est sans doute tout cela ensemble et c'est ce qui en fait la profonde originalité et la fascination. La recherche qu'est *Lieux* mène Perec à se mouvoir simultanément dans un grand nombre de domaines, de disciplines différentes dont il

---

15   Amsterdam – New York, Rodopi, coll. Faux Titre, 2008.
16   *Ibid.*, p. 290.

INTRODUCTION

se sert avec liberté et virtuosité. Comment lire ce corpus inédit, aux deux sens du terme ? Cela explique aussi que les commentateurs proposent des lectures très différentes et parfois contradictoires. Nous en donnerons d'abord un bref aperçu[17], pour en venir à l'approche qui sera la nôtre : celle de la rhétorique et de sa notion centrale de lieux de mémoire.

⋯

*La mémoire et l'oblique* de Philippe Lejeune demeure une étude fondatrice sur ce qu'il appelle la phase autobiographique de l'œuvre de Perec, qui s'étend approximativement de 1966 à 1975. Phase qui correspond à la crise personnelle qu'on vient de mentionner et qui se traduit par une multitude de projets d'écriture autobiographique visant tous à dire l'indicible de son passé familial. Pour Lejeune, le 'geste' autobiographique central de ces textes est celui de l'oblique, de l'indirect : beaucoup de ces projets sont fondés sur un mouvement de déplacement (au sens propre et au sens freudien du terme) vers l'espace, vers les lieux : au lieu de parler directement de lui-même, Perec parle des « chambres où [il] a dormi », des « lieux » de sa fugue d'enfance, des lieux de son analyse (« Les lieux d'une ruse ») et, dans *Lieux,* des rues et des squares où il a vécu. Cette figure du déplacement ou de la métonymie est particulièrement puissante dans *Lieux,* ce qui en fait selon Lejeune la « matrice de tout le travail autobiographique de Perec entre 1969 et 1975 »[18], donc de *W* mais aussi de *La boutique obscure* et du projet *Lieux où j'ai dormi*[19]…

Cet impact de *Lieux* s'étend d'ailleurs bien au-delà des textes autobiographiques, vers l'écriture de l'infra-ordinaire, notamment dans *Espèces d'espaces* et dans *Tentative d'épuisement d'un lieu parisien*, tous deux contemporains de *Lieux*. Aussi, si Perec présente le plus souvent *Lieux* comme une enquête sur les manières dont le temps affecte les lieux et les souvenirs[20], Lejeune soutient que les motivations profondes du projet sont existentielles tout autant qu'intellectuelles. Au-delà du savoir, elles touchent à la vie : *Lieux* est le « tombeau d'un amour »[21]. En même temps, l'analyse par Lejeune des textes autour de la rue Vilin le révèle[22], le projet témoigne tacitement d'un événement existentiel

---

17   Aperçu qui sera développé au chap. 2.
18   Lejeune, *op. cit.*, p. 146.
19   Voir *JSN* 60-61 et « Trois chambres retrouvées », *PC* 25-29.
20   Voir par exemple la présentation du projet dans *EE* 110 ; voir *infra* chapitre 1.
21   Son amour pour Suzanne Lipinska. Lejeune, *op. cit.*, p. 146.
22   Dans *La Mémoire et l'oblique* mais aussi dans « Vilin Souvenirs. Georges Perec », *Genesis. Revue internationale de critique génétique*, no, 1, 1992, pp. 127-150, étude du manuscrit des Vilin Souvenirs.

autrement radical, qui est la déportation de la mère de Perec et sa mort à Auschwitz.

Une quinzaine d'années plus tard, Michael Sheringham propose une tout autre lecture de *Lieux*, qui s'attache à son versant 'sociologique', ayant pour objet le quotidien et l'infra-ordinaire. Dans *Everyday Life. Theories and practices from Surrealism to the Present*, Sheringham est l'un des premiers[23] à situer le travail de Perec dans le vaste mouvement de la pensée du quotidien, dans les années 1960 et 70, et à éclairer les liens entre Perec et d'autres figures de proue du mouvement, comme Henri Lefebvre, Michel de Certeau et Roland Barthes. Pour Sheringham, *Lieux* est la matrice non du travail autobiographique de Perec, mais de son « invention [...] d'une nouvelle manière d'écrire le quotidien. »[24] Dans sa lecture, il insiste sur l'autonomie des Réels : noter, au présent, ce que l'on voit dans un lieu, est fondamentalement « un exercice différent », dit Sheringham, que celui de se souvenir de ce lieu.

Aussi, pour Sheringham, *Lieux* est-il plutôt une phase nécessaire qu'une œuvre en soi, c'est pourquoi il s'intéresse moins au programme de *Lieux* et à son alternance entre Réels et Souvenirs, qui est une des principales contraintes du projet. Or ce sont précisément ces contraintes, c'est la dimension oulipienne qui en font l'originalité. Pourquoi en effet écrire le passé à travers un dispositif aussi serré de règles et de contraintes ? Jean-Luc Joly, dans sa thèse[25], interroge la contrainte la plus 'dure' du projet, la bipartition des textes en Réels et Souvenirs. C'est dans leur dimension mémorielle commune qu'il découvre la conjonction des deux : si les Souvenirs, comme leur nom l'indique, sont des évocations du passé d'un lieu, les Réels ont également cette fonction, car le relevé des lieux ici et maintenant est susceptible de servir d'archive dans l'avenir, le jour où Perec ouvrira les enveloppes. C'est dire que pour Joly, *Lieux* est d'abord un projet mémoriel. Il s'agit de construire une « mémoire des lieux », qui est à la fois la mémoire que le moi a d'un lieu et celle dont le lieu est le dépositaire. En décrivant ses lieux, tantôt sur place tantôt à distance, Perec interroge donc à la fois sa mémoire des lieux et celle qui est inhérente aux lieux eux-mêmes[26].

---

23 Avec Derek Schilling dont l'essai, *Mémoires du quotidien : les lieux de Perec* parait la même année aux Presses universitaires du Septentrion.
24 Michael Sheringham, *Everyday Life. Theories and practices from Surrealism to the Present*, Oxford University Press, 2006, p. 258 ; *Traversées du quotidien : des surréalistes aux postmodernes*, Paris, PUF, 2013, trad. Maryline Heck & Jeanne-Marie Hostiou.
25 Jean-Luc Joly, *Connaissement du monde : multiplicité, exhaustivité, totalité dans l'œuvre de Perec*, thèse Université de Toulouse-Le Mirail, dir. Bernard Magné, Lille, ANRT, 2006, 2 tomes.
26 Voir chapitre 1, § 3.

Or c'est cette « mémoire des lieux » qui nous mène à considérer les douze lieux comme des lieux de mémoire. Précisons d'abord que le terme de lieu de mémoire n'est pas utilisé par Perec. Il ne surgit que de biais, par exemple dans le passage d'*Espèces d'espaces* où il décrit *Lieux* : après avoir décrit le lieu sur place, dit-il, il « [s'] efforce de décrire *le lieu de mémoire*, et d'évoquer à son propos tous les souvenirs qui lui sont liés. » (*EE* 109, je souligne). Comme l'a montré Christelle Reggiani, deux lectures de la formule « de mémoire » sont possibles : comme un circonstanciel mais aussi comme un complément de détermination[27]. Mais comment comprendre cette notion de lieu de mémoire, par rapport à *Lieux* ? Ce sera une des questions centrales de notre essai. Chez Perec, la notion a le sens moderne d'un lieu de commémoration mais également celui d'un lieu rhétorique ou lieu commun, tel qu'il était défini dans la rhétorique classique. Dans *Les Lieux de mémoire*, Pierre Nora a repris ce terme provenant de la rhétorique[28] en lui conférant un sens historique. Dans cet immense projet, il s'agit de lieux – matériels ou immatériels – où s'incarne une mémoire individuelle ou collective (collective surtout), lieux qui s'érigent en signes, en symboles de cette mémoire.

Ce caractère symbolique éclaire également les lieux de Perec : choisir ces douze lieux parmi les multiples lieux de sa vie, c'est déjà les investir d'une « aura symbolique »[29], qui se trouvera renforcée par le 'culte' qu'il vouera à ses lieux par ses visites annuelles et par l'écriture même de ses textes. Les séances biannuelles d'écriture sont autant de commémorations, Philippe Lejeune l'avait vu qui qualifiait les lieux de Perec de « lieux de liturgie, encadrant un rituel de prières, ou d'exercices spirituels »[30]. Ses lieux sont donc de véritables lieux de mémoire, points focaux de l'évocation du passé et de sa commémoration rituelle – même si chez Perec il s'agit en première instance d'une mémoire individuelle. Dans son essai d'ouverture, Nora formule puissamment la raison d'être des lieux de mémoire : elle est « d'arrêter le temps, de bloquer le travail de l'oubli, de fixer un état de choses, d'immortaliser la mort, de matérialiser l'immatériel pour [...] enfermer le maximum de sens dans un minimum de signes. »[31] C'est une formule qui s'applique bien à *Lieux*, même si elle ne touche

---

27  Christelle Reggiani, « Perec et l'art de la mémoire », *La Mémoire des lieux dans l'œuvre de Perec*, R. Abdelkéfi éd., Sahar, 2009, p. 108.
28  A juste titre dans la mesure où les lieux de mémoire de Pierre Nora sont les lieux d'une mémoire qui par son caractère artificiel, est proche de l'art de la mémoire.
29  Pierre Nora, « Entre Mémoire et Histoire. La problématique des lieux », *Les lieux de mémoire*, Pierre Nora éd., Gallimard, 1984, p. XXXIV.
30  Lejeune, *op. cit.*, p. 163.
31  Nora, *Les Lieux de mémoire, op. cit.*, p. XXXV.

qu'à la dimension « archivistique » de la mémoire et non à celle de remémoration, également essentielle au projet.

Pourtant, les différences avec l'entreprise de Perec sautent aux yeux : les lieux de Nora concernent une mémoire nationale, dont ils sont les fiers emblèmes. Il s'agit de monuments, d'institutions, de dates de l'histoire de France, de textes ou d'événements qui ont forgé l'identité républicaine. Quel rapport, dira-t-on, avec les rues et les places très ordinaires qui marquent la mémoire de Perec ? N'est-ce pas là une « contre-mémoire »[32], quotidienne, commune dans tous les sens du mot ? Nora, déplorant la fin de la « mémoire vivante » de nos aïeux, annonce l'âge de la « mémoire enregistreuse »[33], travaillée par l'obsession de « tout garder, tout conserver »[34]. Ce serait parce que la « mémoire vraie, sociale et intouchée »[35] s'est effondrée que nous nous réfugions dans une mémoire particulière, individuelle devenue « archivistique »[36] (qu'il désigne avec le terme un peu méprisant de « mémoire-prothèse »[37]) et que nous nous ingénions à faire l'inventaire des lieux de mémoire qui nous rassemblent.

Cette mémoire « archivistique » serait une assez bonne caractéristique du travail de Perec dans *Lieux* mais il y a une différence fondamentale : loin de dénigrer cette mémoire, Perec lui donne un nouveau statut. Il rejoint par-là les critiques d'aujourd'hui qui dénoncent le caractère mythique de la « mémoire vivante » de Nora[38] et qui voient la mémoire « archivistique » non comme un manque mais comme une tendance majeure de la pensée et de l'art contemporain[39]. Enfin, il est clair que la mémoire perecquienne n'est ni nationale ni républicaine, même si elle a une dimension collective. Dans *Mémoires du quotidien : les lieux de Perec*, Derek Schilling a montré que les lieux de mémoire de Perec sont à la fois personnels et collectifs. En effet, si leur choix est dicté par sa vie passée, ce ne sont pas pour autant des lieux privés puisqu'il s'agit de rues et de places, appartenant donc à l'espace public, de lieux communs à tous. En faisant chaque année l'état de ses lieux, Perec construit une mémoire qui est celle de tous (et certainement celle d'une génération). Cette mémoire collective passe par une mémoire du quotidien : elle décrit les faits et

---

32  *Ibid.*, p. VIII.
33  *Ibid.*, p. XXVI.
34  *Ibid.*, p. XXVIII.
35  *Ibid.*
36  *Ibid.*, p. XXVI.
37  *Ibid.*, p. XXVIII.
38  Astrid Erll, *Memory in Culture*, Palgrave Macmillan, 2011, p. 25.
39  Voir Ernst van Alphen, *Staging the Archive. Art and Photography in the Age of New Media*, Londres, Reaktion Books, 2014. Nous reviendrons au chapitre 4 au rôle de l'archive dans *Lieux*.

INTRODUCTION 11

gestes qui régissent notre vie quotidienne et touche donc à l'« infra-ordinaire ». Dans ce sens, l'œuvre de Perec – et tout particulièrement *Lieux* – constitue des « mémoires du quotidien », selon le titre bien choisi de Schilling. Mémoires d'un genre entièrement inédit.

Schilling est un des premiers à esquisser les rapports entre ces lieux de mémoire et l'art de la mémoire antique : mémoire « artificielle » qui, comme on sait, consiste à mémoriser un discours par la construction d'un 'palais de mémoire', où tous les éléments à retenir sont localisés. Cependant, Schilling montre bien que l'art de la mémoire est voué à décevoir Perec, qui en attend bien autre chose qu'un simple dispositif de mémorisation. Il lui confère également une fonction heuristique, qui serait de faire resurgir des contenus oubliés[40]. Dans ce sens, se demande Schilling, l'art de la mémoire serait-il chez Perec « une nouvelle forme d'Inventio ? »[41]

Or c'est à ce point de l'analyse de Schilling que la nôtre commence, qui se situe dans son prolongement. Il faudra, tout d'abord, préciser ce terme d'*Inventio*. Il désigne, comme on sait, la première partie de la rhétorique et consiste, à l'aide d'un réseau de questions préétablies, à trouver des contenus permettant de traiter un sujet donné. L'*Inventio* ne veut donc pas dire inventer, mais trouver ce qui existe déjà, car ce sont des contenus appartenant au patrimoine culturel commun. Ces contenus – arguments, thèmes – sont ce que la rhétorique appelle les lieux communs : communs non au sens contemporain de clichés, mais au sens où ils sont généraux et donc applicables à plusieurs sujets. Loin d'être des clichés, les lieux communs sont tenus en haute estime de l'Antiquité à la Renaissance humaniste. Ils forment des ensembles, des réseaux qu'on appelle des topiques : grilles consistant en cases permettant de faire le tour d'un sujet donné. Ces grilles pourront être mises en rapport avec la table des permutations qui est à la base de *Lieux*.

Aussi l'hypothèse dont nous aimerions partir dans cet essai est-elle qu'avec *Lieux*, Perec se fabrique une topique, ou des topiques de ses lieux de mémoire. Topique destinée à la fois à la commémoration et à la remémoration de son passé, donc mise en œuvre en vue d'une écriture autobiographique. Il s'agit de lieux de mémoire aux sens à la fois moderne et rhétorique du terme. Comment et dans quelle mesure peut-on alors lire *Lieux* comme un projet à dimension rhétorique ? Nous tenterons de montrer que la rhétorique permet de rendre compte de certaines caractéristiques centrales de l'œuvre, en particulier

---

40   On trouve le même constat dans Christelle Reggiani, « Perec et l'art de la mémoire », *art. cit.*, qui développe en profondeur la dimension rhétorique de la mémoire de Perec, voir chap. 2, § 4 et chap. 7.
41   Schilling, *op. cit.*, p. 147.

l'étonnant enchevêtrement des Réels et des Souvenirs et le titre du projet, qui est à double-sens : si *Lieux* renvoie aux lieux topographiques, à l'espace urbain, il renvoie en même temps aux lieux rhétoriques dont Perec se servira pour en faire la description. Décrire, on le verra, prend chez lui un sens double, à la fois scriptural et spatial ; comme le dit l'exergue du premier chapitre d'*Espèces d'espaces*, emprunté à Henri Michaux : « J'écris pour me parcourir. »

Le mot « lieu » joue donc à la fois au niveau de l'espace et à celui du langage, pour Perec. C'est le langage, ce sont les lieux rhétoriques qui lui permettent de décrire, et par là même de faire survivre les lieux topographiques, toujours instables, susceptibles de disparaître, comme le dit la célèbre dernière page d'*Espèces d'espaces* (EE 179-180). De même, dans le crucial Vilin Souvenir 1970, Perec construit son entreprise littéraire sur un double constat : premièrement le fait qu'il n'existe pas, dans sa vie, de lieux dans lesquels il puisse « enraciner une existence » (*L* 37, p. 187), manque qui est à l'origine de sa « recherche du lieu » (*ibid.*), de sa quête de l'espace, dont *Lieux* mais aussi tant d'autres textes sont l'expression. Deuxièmement, et c'est la conséquence de ce manque, le constat que « ma seule tradition, ma seule mémoire, mon seul lieu est rhétorique [...] » (*ibid.*)[42]. C'est dire le double-sens fondamental du mot « lieu », qui se retrouve d'ailleurs dans beaucoup d'autres titres de Perec : des œuvres publiées comme *Les Lieux d'une fugue* et *Les Lieux d'une ruse* aux projets comme « Les lieux de la trentaine »[43] ou « Les lieux où j'ai dormi »[44]. L'un des buts de notre essai sera d'éclaircir ce double-sens et d'en analyser le fonctionnement dans les textes de *Lieux*.

Notre hypothèse principale est, en résumé, que *Lieux* est l'œuvre d'un rhétoricien moderne – rhétoricien qui certes ne renouvelle pas la théorie mais qui l'applique de manière sélective et créatrice. Par cette pratique, Perec peut être considéré comme une figure de premier plan dans le renouvellement de la rhétorique qui eut lieu en France dans la seconde moitié du 20e siècle, à l'instar d'écrivains comme Jean Paulhan et Francis Ponge.

...

Un premier travail consistera à d'analyser de près les tenants et aboutissants du projet. *Lieux* étant un programme, quelle est la place, sans cesse changeante, que celui-ci a occupé à partir de sa naissance, en 1969, dans l'œuvre de Perec ? Quelles furent les attentes qu'il avait à son propos ? Et comment ces

---

42   Pour un commentaire détaillé de cette page, voir chap. 6.
43   Voir Lejeune, *op. cit.*, p. 49.
44   Voir « Trois chambres retrouvées », PC, pp. 25-30 ; Lejeune, *op. cit.*, p. 51.

INTRODUCTION 13

attentes ont-elles évolué ? Pour cet historique du projet, nous nous baserons sur les nombreux textes – essais, textes, entretiens – où Perec parle de *Lieux*. Métadiscours externe[45] qui permettra aussi de mieux comprendre le dispositif du projet (chapitre 1). Longtemps inaccessible, *Lieux* a tout naturellement suscité des lectures qui ne pouvaient, sauf exception, que s'attacher à la facture du projet, en se basant sur les commentaires extratextuels de Perec et sur les quelques textes publiés. Dans un deuxième temps, nous examinerons plus en profondeur ces lectures, que nous venons d'esquisser et qui constituent un passionnant débat sur le genre de *Lieux*. Examen critique qui nous permettra aussi de préciser notre propre approche (chapitre 2).

La deuxième partie, qui s'attache à la pratique des textes, met en perspective ces attentes théoriques de Perec. Elle consiste en une série de 'microlectures': lectures des textes eux-mêmes qui se fera le plus souvent par séries, afin de mieux saisir le caractère, la coloration particulière de chaque lieu et également les rapports entre les Réels et les Souvenirs concernant un même lieu. Cela permettra de découvrir l'ambivalence émotionnelle de certains de ces lieux : dans les Gaité, par exemple, les Souvenirs ramènent à la psychanalyse de 1956-57 et à la crise correspondante mais les Réels, avec leur collage de titres de spectacles, racontent une tout autre histoire, celle de la mémoire collective d'un quartier où on fait traditionnellement la fête (chapitre 3). Nous retrouverons cette ambivalence entre euphorie et dysphorie dans les Saint-Honoré. La notion d'archive, dans sa dimension derridienne de « pulsion d'archive » à la fois créatrice et destructrice, est particulièrement apte à approfondir plusieurs traits propres aux Réels comme aux Souvenirs : l'accumulation et l'inventaire de données, leur difficile conservation et finalement ce que Perec appelle leur « description » : pourquoi celle-ci est-elle dénuée de toute interprétation ? Que veut-il archiver ? Le passé ? Le présent ? C'est ici le lieu d'examiner la dimension matérielle de ce travail d'archivage. Car on sait l'attention passionnée que Perec a portée, surtout au début du projet, aux enveloppes où il enfermait chaque texte, et qu'il scellait aussitôt. Elle se traduit dans le travail de la lettre et dans les graphismes, qui expriment un rapport direct de l'écriture à l'espace et au corps (chapitre 4).

La matérialité de *Lieux* s'exprime aussi dans les documents ajoutés, notamment les photographies, qui n'ont guère pu être étudiées jusqu'ici[46]. Un premier coup d'œil sur les cinq séries de Christine Lipinska nous a tout de suite convaincue de l'importance cruciale de cet ensemble. Même si le travail

---

45  Le métadiscours interne, tout aussi abondant, sera étudié au chapitre 9.
46  Là encore, la raison en est qu'elles ne sont pas disponibles. Nous remercions l'Association Georges Perec de nous avoir permis de les consulter, ainsi que Mme Christine Lipinska.

photographique a accompagné le projet pendant environ six mois seulement (en 1970), ces séries sont loin d'être un ajout documentaire accessoire. Elles sont au cœur du projet : par leur homogénéité thématique et surtout leurs caractères formels (troncation et saturation de l'image, fragmentation, sérialité), ces photographies sont susceptibles de renvoyer à des « aencrages thématiques », selon l'expression de Bernard Magné[47], comme le manque et plus généralement à une éclipse des formes humaines, elle-même à rapprocher de la « disparition » de la mère et de l'effacement du souvenir de celle-ci. Ce chapitre, comme le suivant, nous conduira à nous interroger sur *Lieux* comme une mémoire – là encore personnelle et collective – de la Shoah (chapitre 5).

En effet, notre troisième microlecture concerne les textes autour de la rue Vilin. L'étude des manuscrits et leur comparaison avec les versions publiées de ces textes[48] permettra d'entrevoir, pour les Réels, les différents états de cette description de la disparition d'une rue. Quels sont ici les apports de la stylistique, au niveau du lexique et de la ponctuation ? Et que nous apprend la disposition des numéros d'immeuble sur la page quant à la spatialité de l'écriture de Perec ? En approfondissant l'analyse que nous avions faite de ces textes dans notre *Perec, Modiano, Raczymow. La génération d'après et la mémoire de la Shoah*, nous verrons ce que les croquis des manuscrits ajoutent à cette cartographie et donc à la topique qui est le propre de *Lieux*. Or qui dit topique dit rhétorique et c'est précisément ce que révélera le Vilin Souvenir de 1970. Ce texte, avec son double-sens donné au mot 'lieu', explicite la poétique de *Lieux* et prouve à notre sens son inspiration par la rhétorique (chapitre 6).

Aussi le chapitre suivant examine-t-il en détail cette dimension rhétorique de *Lieux* : dans quel sens et dans quelle mesure ces descriptions de lieux sont-elles un travail rhétorique ? Dans quelle mesure cette pratique d'écriture se rapporte-t-elle à la rhétorique classique ? Et quelles en sont les composantes les plus fécondes, pour Perec ? On verra que la présence prépondérante de l'Invention n'empêche pas les autres parties de la rhétorique de jouer leur rôle dans *Lieux* : la *Dispositio*, qui se reflète dans la stricte composition formelle de l'œuvre, selon la grille de permutations, l'*Elocutio* (le style et notamment l'omniprésence de l'*ekphrasis*) et bien entendu aussi la *Memoria* (chapitre 7).

C'est la nature de cette *Memoria*, ou art de la mémoire, que nous interrogeons au chapitre suivant. Le « travail de la mémoire » dans *Lieux* est-il surtout une mémorisation, conformément à l'art de la mémoire antique ? Ou s'agit-il également, au sens moderne que nous avons vu, d'une remémoration et même d'une commémoration ? Malgré leur diversité, les Souvenirs s'avèrent

---

47   Bernard Magné, *Georges Perec*, Nathan-Université, 1999, p. 32 *sq*.
48   L'article « La rue Vilin » ainsi que le chapitre x de *W ou le souvenir d'enfance*.

construits selon une méthode fixe, méthode rhétorique qui consiste à faire le tour d'un lieu en posant successivement les questions de la topique des circonstances : où ? qui ? quand ? quoi ? comment ? De ce fait, les Souvenirs construisent une mémoire des lieux, des noms propres, des dates, des choses et de micro-événements. Cette approche permettra d'expliquer bien des aspects des Souvenirs : pourquoi ces textes ont-ils si souvent recours à la topographie ? Pourquoi les lieux y sont-ils géométrisés, stylisés par des croquis et des plans ? Comment comprendre la tendance à inventorier les choses sans véritablement les décrire ? Et pourquoi construire des 'topiques' de noms de personnes (sous forme d'arborescences par exemple) qui ne sont que des nomenclatures ? Enfin, si les Réels comme les Souvenirs abondent en micro-événements, la presque absence de récit fait question (chapitre 8).

Les lieux de Perec ne sont pas seulement des lieux de vie mais aussi des lieux d'écriture, du moins certains d'entre eux. En effet, si Italie, Assomption et Saint-Honoré sont des lieux de mémoire pour Perec, c'est bien parce qu'il y a écrit certaines de ses œuvres : ce sont les lieux de ses débuts en littérature. Or ces Souvenirs nous apprennent assez peu sur la thématique de ces œuvres. Ainsi Italie s'érige en lieu de mémoire parce que c'est là que Perec a finalisé le manuscrit des *Errants*. Si les Souvenirs nous apprennent peu sur le contenu des œuvres passées, ils en disent encore moins sur l'œuvre en cours : par définition, ils ne peuvent en parler, car *Lieux* n'est pas un journal. Cela est bien dommage quand on songe que, pendant cette première moitié des années 70, tant d'œuvres furent en gestation, de *W ou le souvenir d'enfance* à *Espèces d'espaces*. Ce n'est pas du contenu des œuvres, mais de l'acte d'écriture, dans sa matérialité, que parlent les Souvenirs. C'est pourquoi ils contiennent un abondant métadiscours et une puissante autoréflexion. Est-ce une stratégie d'évitement, un symptôme d'enlisement du projet, comme ont pu le penser certains commentateurs ? Ou est-ce la « Métatopique » faisant partie intégrante de toute œuvre rhétorique ? Cependant, les Souvenirs ne sont pas purement autoréflexifs, ils contiennent aussi des références à d'autres écrivains qui ont été des modèles pour Perec, comme Michel Leiris, Jean Cayrol et Roland Barthes. Références qui nous éclairent sur la quête de reconnaissance qui est la sienne pendant ces années. Ce sont les lieux de son « champ littéraire » d'écrivain et dans ce sens ce sont également des lieux rhétoriques, des lieux d'écriture (chapitre 9).

**PARTIE 1**

# Lieux *dans tous ses états*

∴

CHAPITRE 1

# Genèse et devenir du projet

Dès 1969, Perec constate que son projet semble susciter un abondant « métalangage » : il se surprend régulièrement à interroger le projet lui-même, son mouvement, au point que cela semble parfois prendre la place des descriptions elles-mêmes (*L* 12). Mais le métadiscours externe est tout aussi abondant, pendant et après le projet : dans les essais et les entretiens de l'époque, il décrit régulièrement *Lieux*, analysant les contraintes, les buts et les attentes qu'il a à son propos. Pourquoi ces constantes déclarations d'intention, ce besoin de donner des explications ? Au-delà de l'incertitude devant un projet de vaste envergure, et le désir d'informer un lecteur à qui il ne peut encore rien montrer de concret, il y a plusieurs raisons. La première raison est que *Lieux*, avant d'être une œuvre à venir, est un projet, un programme de vie et d'écriture. Et même si officiellement, Perec a renvoyé la métaréflexion à douze ans plus tard, quand il ouvrira les enveloppes et réfléchira au montage des textes, cette réflexion se fait tout autant pendant la rédaction même des textes. Dans une œuvre programmatique, expérimentale, ce qui compte n'est pas tant le résultat obtenu que le processus suivi donc le mouvement de l'observation et de l'écriture. *Lieux* est donc surtout un lieu d'expérimentation, un laboratoire. Cela rapproche le projet de l'art conceptuel des années 1970, qui tourne lui aussi autour d'un concept, d'une idée génératrice, sans se soucier d'une œuvre finie[1].

Une autre raison qui explique que Perec accumule les explications est que le projet a beaucoup évolué, au cours des années où il y travaillait et après. Je dis bien le projet, et non son exécution car de 1969 à 1975, Perec a bien (avec les ralentissements et les retards que l'on sait), produit le même type de textes, au point parfois de souffrir de la monotonie de la formule. Mais au cours des années, la fonction et la place du projet dans son entreprise d'écrivain ont subi de nombreuses mutations. A l'intérieur du vaste programme d'écriture que Perec avait en vue, *Lieux* a occupé une place sans cesse revue. C'est pourquoi nous prendrons le temps de suivre pas à pas la naissance et le devenir de *Lieux*, en prêtant attention, à chaque stade de ce devenir, au contexte changeant où le projet a eu sa place. Démarche qui nous permettra également d'examiner de près le dispositif de *Lieux*.

---

1 Schilling, *op. cit.*, p. 150.

## 1 Premier état du projet : une « ethnographie » des lieux parisiens

Le premier document attestant l'existence de *Lieux* est la lettre du 10 juin 1969 adressée au mathématicien américain Indra Chakravarti. A ce moment-là, Perec écrit ses Réels et ses Souvenirs depuis près de six mois mais il désire perfectionner la distribution de ceux-ci dans le temps. Philippe Lejeune a été le premier à publier et commenter cette lettre, dans *La Mémoire et l'oblique*. Il rappelle le contexte de cette correspondance : le 6 mai, Perec avait demandé à Chakravarti de lui envoyer deux carrés latins d'ordre 12, ce qui fut fait la semaine suivante, avec une lettre lui demandant des détails sur le projet littéraire pour lequel il désirait s'en servir. Sur quoi, Perec explique d'abord l'idée initiale :

> [...] décrire, pendant plusieurs années, un certain nombre de lieux, des rues, des places, des carrefours, à intervalles réguliers, en scellant à chaque fois les textes, pour parvenir, à la fin, à une série de textes où apparaîtraient à la fois la transformation et le vieillissement des lieux, et la transformation et le vieillissement de mon écriture ; en d'autres termes, il s'agissait d'incorporer le temps à l'écriture, alors que, généralement, le temps de l'écriture est supposé être un temps mort ou un temps neutre[2].

Il n'est pas sûr à quel stade renvoie cette « idée initiale » mais il est probable que ce soit le projet élaboré mais jamais réalisé avec son ami Georges Condominas : projet d'une « expédition » ethnographique dont Perec serait « l'ethnographe » et son ami le « photographe ». Dans un hommage à Perec, Condominas en a expliqué le contexte et la formule, qui consistait à « nous installer périodiquement et pendant plusieurs années à plusieurs de ses postes d'observation parisiens favoris (Italie, Saint-Sulpice, Mabillon, rues Vilin et Assomption etc.). »[3] Dès cette époque, Condominas est conscient du caractère autobiographique du projet : il le voit, pour « Perec l'écorché vif », comme une manière de « faire *jouer* les maux dont la vie l'avait lacéré depuis l'enfance. » Cet avant-projet de *Lieux* a donc déjà un caractère autobiographique, malgré le fait qu'il ne comprend que des descriptions de lieux[4].

Dans ce premier descriptif, le but du projet apparait clairement : au bout du parcours, il s'agit de découvrir à la fois la modification progressive des lieux

---

2 Lejeune, *op. cit.*, p. 205.
3 Georges Condominas, « L'ethnologie mode d'emploi », *Cahiers Georges Perec* no. 4, Editions du Limon, 1990, p. 72.
4 Sur le projet de Perec et Condominas et sa dimension ethnographique, voir le commentaire approfondi de Schilling, *op. cit.*, p. 138-139.

eux-mêmes et celle de l'écriture. Les commentateurs s'arrêtent rarement à ce « vieillissement de mon écriture », qui est pourtant puissamment original. Incorporer le temps à son écriture, qu'est-ce que cela veut dire ? Toute œuvre littéraire – pourrait-on dire tout livre, tout texte publié – est par définition le dernier état de ce texte, d'où les stades antérieurs de l'écriture (donc les différentes versions du texte) ont été effacés. Un livre publié ne garde pas trace de ces versions antérieures, de ce « temps de l'écriture » que Perec veut traquer. Pour toute œuvre publiée, c'est là un « temps mort », dont seuls témoignent les manuscrits ou les brouillons, c'est pourquoi il envisage une écriture d'un genre inhabituel : ce sera une écriture du premier jet et, à cause de la mise sous scellé, une écriture qui s'interdit toute retouche, toute révision. Les Réels seront juste recopiés (ou dactylographiés), du moins certains. Quant aux Souvenirs, qu'ils soient écrits à la machine ou à la main, ils comportent pour la plupart très peu de ratures ou de surcharges. Souvenirs et Réels sont immédiatement archivés afin de pouvoir témoigner, des années plus tard, de leur transformation au cours du temps, des plus infimes modifications de leur écriture. Perec présuppose donc que notre écriture change dans le cours de notre vie, au point que ces modifications seraient visibles par exemple sur une période de dix ou douze ans. Mais quelle serait alors la nature de ces modifications ? Il ne peut s'agir que de ce qu'on appelle communément le style d'un auteur, or Perec a longtemps tenu à distance toute notion de style, au point d'être parfois considéré comme « un sujet sans langue » – image qui a été récemment corrigée par le recueil *Perec artisan de la langue*[5]. La question demeure de savoir si, dans les textes de *Lieux*, même s'ils ne s'étendent que sur six ans, un tel « vieillissement » est visible et dans ce cas, quelle est sa nature.

La suite de la lettre à Chakravarti dévoile l'évolution du projet, depuis ce stade préliminaire « ethnographique ». Perec décrit d'abord la découverte, grâce à Claude Berge, des « modèles permutationnels » et des possibilités qu'ils offrent pour la littérature. Nous sommes en 1967 environ, Perec vient de faire son entrée dans le groupe Oulipo. La lettre mentionne un travail de groupe entamé à cette époque sur un roman à contraintes construit sur un bicarré latin d'ordre 10, c'est-à-dire sur un schéma de 10 × 10 cases permettant d'élaborer le protocole d'un roman « qui serait fait de 10 chapitres et comprendrait 10 personnages »[6]. Le roman en question n'a jamais vu le jour, mais on pourrait considérer *La Vie mode d'emploi*, lui aussi basé sur un bicarré d'ordre 10, comme un lointain avatar de ce projet. C'est la découverte des bicarrés latins et

---

5   Véronique Montémont et Christelle Reggiani dir., Presses universitaires de Lyon, 2012.
6   Lettre à Chakravarti, Lejeune, *op. cit.*, p. 205.

de leur transposition en une grille de permutations qui donnera le coup d'élan décisif à *Lieux*, qui sera bâti sur un bicarré d'ordre 12 :

> J'ai choisi douze lieux parisiens, tous liés pour moi à un souvenir important ou à un événement marquant de mon expérience. Chaque mois, je décris 2 de ces lieux : l'un en tant que souvenir, écrivant la manière dont je me le représente, les gens que j'y ai rencontrés, les souvenirs qui y sont liés ; l'autre est décrit sur place, d'une manière neutre : les maisons, les boutiques, les gens qui passent, les affiches. Dans un cas, donc l'état de mes souvenirs ; dans l'autre l'état des lieux. Chaque texte achevé est mis sous enveloppe et scellé. Je recommence le mois suivant avec 2 autres lieux. Et ainsi de suite pendant 12 ans[7].

C'est ici que *Lieux* devient un projet oulipien, c'est-à-dire un projet basé sur un dispositif mathématique : ensemble de règles, de contraintes génératrices qui déterminent le sujet de chaque texte et l'ordre de composition des textes. Ce dispositif a été amplement analysé par les commentateurs[8] ; son expression la plus claire est le tableau des permutations[9]. Aussi nous n'en reprenons ici que les caractères principaux. D'abord, l'algorithme, en fournissant toutes les combinaisons imaginables des 'ingrédients' en question (douze lieux, douze mois, douze ans, Réels et Souvenirs), permet une description aussi exhaustive que possible des lieux choisis. Ce désir d'exhaustivité se reflète aussi dans l'ordre de composition, qui doit permettre, pour les Réels, de les décrire chaque année pendant un mois différent, et d'obtenir des descriptions couvrant les douze mois de l'année[10]. L'exhaustivité est intimement liée à l'ordre de composition des textes, qui est régi par le bicarré. Cet ordre ne doit être ni trop déterminé, ni trop arbitraire. Entre ces deux extrêmes, explique Perec, il est à la recherche d'un « aléatoire déterminé ». Grâce à l'algorithme de Chakravarti, il désire éviter « la répétition d'un même couple et la trop grande régularité des séries […] », qui ferait que « la liaison d'un lieu à l'autre aurait l'air déterminée ». Il désire modifier son cahier des charges de manière à ce que, « dans aucune série verticale ou horizontale, on ne retrouve la même succession »[11], ce qui pourrait « donner l'impression d'une permutation circulaire »[12].

---

7   Lejeune, *op. cit.*, p. 206.
8   Lejeune, pp. 153-156 ; Joly, *op. cit.*, chapitre « Totalité et autobiographie ».
9   Tableau reproduit dans Lejeune, *op. cit.*, p. 156.
10  Ainsi par exemple, Mabillon sera en principe décrit successivement en janvier, mai, juin, septembre, octobre, août, avril, février, mars, décembre, juillet et novembre.
11  Lejeune, *op. cit.*, p. 207.
12  *Ibid.*

Si la « permutation circulaire » est rejetée, le projet n'en est pas moins cyclique puisqu'il se base sur les mois de l'année et s'étend sur autant d'années que l'année a de mois. Quant à la trop grande proximité ou répétition de certaines séances dans un laps de temps trop limité, elle est inévitable ; Perec se contente de la signaler sur le tableau par de petites flèches : ainsi, le Vilin Réel de juin 1969 sera immédiatement suivi, le mois d'après, d'un Vilin Souvenir et on aura le même phénomène en octobre-novembre 1972 et dans d'autres cas. C'est l'effet de telles 'proximités' qu'il s'agira d'analyser dans la suite.

Outre cette formalisation ou oulipisation du projet dans la version définitive du dispositif, l'autre grande nouveauté, à ce stade, est l'introduction de la série Souvenirs, qui fait de *Lieux* un projet explicitement autobiographique. Cependant, il ne faut pas oublier que le projet l'était depuis le début : malgré ses allures ethnographiques, il a toujours été orienté vers des lieux liés à la vie passée de Perec[13]. L'analyse des textes montrera que dans la pratique, la délimitation entre Réels et Souvenirs est moins nette qu'en théorie : bien des Réels ressemblent à des Souvenirs, et inversement. Reste la question de savoir pourquoi Perec a décidé de doubler la série des Réels d'une série de Souvenirs. Selon Lejeune, qui montre comment *Lieux* s'insère dans un vaste ensemble de projets autobiographiques, cela s'est fait « par osmose avec ces différents projets »[14]. Ainsi, la formule de *Lieux où j'ai dormi* – « décrire les chambres […] et noter les souvenirs les concernant »[15] – aurait en quelque sorte contaminé celle de *Lieux*. Il est vrai que la ressemblance est frappante mais à notre sens, cela a d'autres raisons encore : d'abord, le fait que les deux projets (et d'autres encore) s'appuient sur la rhétorique, notamment sur l'*Inventio*, consistant à 'trouver' des contenus à développer en se basant sur des grilles de lieux communs assez semblables à la table de permutations de *Lieux*[16]. Ensuite, plus généralement, la prédilection de Perec pour l'organisation de son matériau textuel autour de deux séries d'éléments croisés, comme ce sera également le cas pour *W ou le souvenir d'enfance*.

---

13   Comme l'atteste Georges Condominas ; ce caractère autobiographique est pour lui une des raisons pour lesquelles le projet de collaboration n'a pas abouti (Condominas, « L'ethnologie mode d'emploi », *art. cit.*).

14   Lejeune, *op. cit.*, p. 157.

15   *Ibid.*

16   Voir chapitre 7.

## 2    Une lettre programmatique

Le 7 juillet, moins de deux mois après sa lettre à Chakravarti, Perec écrit une longue lettre à Maurice Nadeau, pour le mettre au courant de ses projets présents et futurs. Il fait d'abord le point sur les trois projets anciens auxquels il travaillait avant de se consacrer à *La Disparition*, donc avant 1967 : un travail collectif avec Marcel Bénabou, *L'Arbre* et *L'Age*[17]. Il constate ensuite la nécessité de les refondre, avec tous ses livres publiés jusque-là, dans un « plan beaucoup plus vaste, plan décennal, sinon duodécennal » (*JSN* 57). Ce plan d'ensemble, sans cesse revu, est certes destiné d'abord « à savoir un peu mieux où j'en suis » (*ibid.*). Mais l'ambition de Perec est beaucoup plus vaste : il s'agit aussi de « développer mes projets selon un axe d'ensemble où la quasi-totalité de mes productions passées n'est qu'un échelon permettant d'aborder, enfin, quelque chose d'un peu plus ambitieux : le Livre, qu'il soit *Recherche du temps perdu*, ou *Règle du jeu* […] » (*JSN* 57). La référence à Proust et à Leiris est mi-ironique, mi-sérieuse : Perec désire modeler ses livres sur ces deux œuvres, vastes sommes à forte tonalité autobiographique[18].

Perec explique ensuite l'état actuel de ce projet d'ensemble, qui comprend toujours plusieurs œuvres, mais ce ne sont plus tout à fait les mêmes : *L'Arbre* subsiste mais les deux autres ont été remplacées par *W*, *Lieux où j'ai dormi* et *Lieux*. Il s'agit, cette fois, d'un « vaste ensemble autobiographique » (*JSN* 58), et ce caractère autobiographique doit lui donner sa cohérence et son unité : comme l'a montré Lejeune, les quatre livres, malgré leurs différences, ont « une zone commune : l'enfance. »[19] *Lieux* occupe une place privilégiée dans cet ensemble car il est destiné à encadrer les trois autres, ce qui est pour Perec une raison de sa planification sur douze ans : « ce chiffre [douze ans] correspond au temps nécessaire à la rédaction du dernier de ces 4 livres [*i.e. Lieux*], qui encadre le temps nécessaire à la réalisation des 3 autres. » (*JSN* 58) Aussi, le jour où *Lieux* sera abandonné, ce projet se disloquera ou plutôt se transformera. Voici la description qu'il donne de l'idée « assez monstrueuse, mais, je pense, assez exaltante » du projet (*JSN* 58) :

---

17  Pour ces projets, voir Lejeune, *op. cit.*, pp. 20-25.

18  Pour une analyse du rapport de Perec à Proust, voir Manet van Montfrans, « Perec, Roussel et Proust : trois voyages extraordinaires à Venise », *Le Cabinet d'amateur*, édition en ligne, juin 2015 ; Annelies Schulte Nordholt, *Perec, Modiano, Raczymow. La génération d'après et la mémoire de la Shoah*, Amsterdam, Rodopi, 2008, chapitres 1 et 5 ; sur le rapport Perec-Leiris, voir Schilling, *Mémoires du quotidien, op. cit.*, p. 136-37 et Maryline Heck, *Georges Perec. Le corps à la lettre*, Corti, 2012, p. 174 *sq*.

19  Lejeune, *op. cit.*, p. 157.

> J'ai choisi, à Paris, douze lieux, des rues, des places, des carrefours, liés à des souvenirs, à des événements ou à des moments importants de mon existence. Chaque mois, je décris deux de ces lieux ; une première fois, sur place (dans un café ou dans la rue même), je décris 'ce que je vois' de la manière la plus neutre possible, j'énumère les magasins, quelques détails d'architecture, quelques micro-événements (une voiture de pompiers qui passe, une dame qui attache son chien avant d'entrer dans une charcuterie, un déménagement, des affiches, des gens, etc.) ; une deuxième fois, n'importe où (chez moi, au café, au bureau) je décris le lieu de mémoire, j'évoque les souvenirs qui lui sont liés, les gens que j'y ai connus, etc.
>
> JSN 58

S'est-on jamais demandé pourquoi douze lieux, douze ans ? Comme on l'a vu, du moment où les douze lieux ont été choisis, il y a eu l'ambition de décrire chaque lieu pendant un mois différent de l'année, afin de documenter tous les états possibles d'un même lieu. Mais il faut aussi interroger le symbolisme de ce nombre douze. Bernard Magné a mis le doigt sur « l'arithmétique fantasmatique » de Perec, montrant comment certains nombres répétés fonctionnent chez lui comme des « aencrages » c'est-à-dire à la fois comme « signaux autobiographiques » et comme « principes générateurs des œuvres »[20]. Or le nombre aencrage par excellence, Magné l'a bien montré, n'est pas le 12 mais le 11, lié au 11 février 1943, la date de la déportation de la mère. Ce nombre est omniprésent dans les textes, sous de multiples formes, explicites ou cachées, ne se révélant parfois que par un travail de calcul de la part du lecteur[21].

Mais si le 11 est de loin le plus fréquent, le 12 n'en est pas pour autant absent. Rappelons que les poèmes de *La Clôture* sont constitués des 11 lettres les plus fréquentes en français[22] et d'une douzième lettre « joker », qui varie selon le poème (*Œuvres* II, 1187) et que dans *W*, les points de suspension se trouvent précisément entre le onzième et le douzième chapitre[23]. A propos de *La Clôture* – texte qui appartient à la dissémination de *Lieux* – Magné met le 12 en rapport avec le 24 (2 × 12), qui renvoie au 24 rue Vilin, l'adresse où Perec a vécu avec ses parents de 1936 à 1942. Or la rue Vilin est l'un des centres névralgiques de *Lieux*, nous le verrons. Le 12 pourrait donc être considéré comme un « aencrage », même si ce nombre ne surgit guère en dehors de ce texte. Il est le principe générateur du projet (il en donne la formule), mais aussi un nombre

---

20    Bernard Magné, *Georges Perec, op. cit.*, p. 57.
21    Magné, *op. cit.*, pp. 58-66.
22    E,S,A,R,T,I,N,U,L,O,C.
23    Nous remercions Manet van Montfrans de nous l'avoir signalé.

ancré dans l'autobiographie de Perec. De manière plus spéculative, douze, c'est bien entendu aussi le nombre des travaux d'Hercule : autre opération « monstrueuse, mais assez exaltante » … Cependant, c'est au cours de son travail sur *Lieux* seulement que Perec a pu prendre conscience du caractère herculéen de l'entreprise qu'il s'était imposée. D'une manière générale, il s'agit d'un nombre symbole de la totalité : il renvoie à tous les lieux de sa vie présente et passée, qui sont bien plus nombreux que douze.

Mais examinons de plus près cette entreprise. La description sur place consiste à « décrire 'ce que je vois', de la manière la plus neutre possible ». Cette formule est plus nuancée qu'il ne semble : les guillemets soulignent discrètement le caractère problématique de cette entreprise en apparence si simple car, comme Perec le dira dans *Espèces d'espaces*, « Nous ne savons pas voir » (EE 100), nous avons du mal à nous arracher à notre conditionnement, à « écrire ce qui n'a pas d'intérêt, ce qui est le plus évident » (*ibid.*). De plus, il sait que les détails qu'ils transcrira ne seront que ceux qui auront frappé son regard, qui est aussi limité que son champ de vision, et aussi sélectif, donc subjectif, personnel. C'est pour cela que sa description n'a pas l'ambition d'être la plus neutre qui soit, mais seulement « la plus neutre possible ». Dans les Souvenirs, il « décri(t) le lieu de mémoire » (JSN 59), c'est-à-dire *in absentia*, tel que la mémoire le lui restitue. Nous avons vu le double sens que prend ici la formule « lieu de mémoire »[24] Nous verrons que les Souvenirs ne sont pas seulement une « évocation des souvenirs qui lui sont liés », qui prend la forme d'une liste de personnes et d'événements, mais qu'ils s'ouvrent souvent par une description à distance, parfois rigoureusement topographique, et même illustrée par des croquis.

Perec expose ensuite les règles du jeu du projet : les textes enfermés dans des enveloppes cachetées à la cire et les bicarrés latins, mais il n'y fait ici qu'une brève allusion, qui en souligne le caractère exotique : « […] en permutant mes lieux selon une table (bicarrés orthogonaux d'ordre 12) qui m'a été fournie par un mathématicien hindou travaillant aux Etats-Unis. » (JSN 59). Il s'étend par contre sur ses attentes lorsque, dans douze ans, il ouvrira les enveloppes. On retrouve ici l'idée, déjà présente dans la lettre à Chakravarti, de traquer le passage du temps, en enregistrant son effet sur les lieux, sur les souvenirs et sur l'écriture elle-même. Nous avons souligné plus haut l'originalité de cette 'archive du style'. Arrêtons-nous maintenant à l'idée du « vieillissement »[25] : le terme anthropomorphise et même personnalise les lieux, les souvenirs et

---

24   Voir Introduction.
25   « Triple vieillissement », dira Perec (EE 110).

l'écriture, insistant sur leur enracinement autobiographique. Mais qu'implique ce vieillissement ?

> [...] le temps retrouvé se confond avec le temps perdu ; le temps s'accroche à ce projet, en constitue la structure et la contrainte ; le livre n'est plus restitution d'un temps passé, mais mesure du temps qui s'écoule [...].
> JSN 59-60

Cette nouvelle allusion à Proust ne signifie pas, cette fois-ci, que la *Recherche* est considérée comme un modèle à suivre. Elle marque plutôt une prise de distance par rapport à Proust, car si le temps retrouvé se confond avec le temps perdu, c'est qu'il n'existe pas pour Perec de temps retrouvé, pas de salut par le temps retrouvé, comme dans le volume final de la *Recherche*. Alors que chez Proust, la mémoire involontaire restitue miraculeusement le passé, en donnant lieu à des moments où présent et passé coïncident, il n'y a rien de tel chez Perec. Le livre qu'il a en vue pourra uniquement documenter, enregistrer le présent pendant douze ans afin de constater en fin de parcours comment il s'est transformé, quant à sa trace matérielle (les lieux eux-mêmes), sa trace dans la mémoire (les souvenirs) et celle qu'est l'écriture. Malgré cette prise de position anti-proustienne, on pourra se demander si le « temps retrouvé » qui coïncide ici avec le temps perdu ne prend pas aussi un autre sens chez Perec : certes, on le verra, il n'y a nulle résurgence miraculeuse du passé, par exemple dans les descriptions de la rue Vilin, mais ce livre qui mesure « le temps qui s'écoule », comme celui de Proust, rend par là même le temps « sensible » et révèle comment il s'incorpore (pour reprendre un autre terme proustien). Si chez Proust, c'est surtout dans les êtres[26] que le temps devient sensible, chez Perec c'est dans les lieux et jusque dans nos souvenirs et notre style d'écriture.

Le dernier paragraphe sur *Lieux* concerne son titre : « *Loci Soli* (ou *Soli Loci*) ou tout simplement *Lieux* » (JSN 60). Après Proust, c'est donc à Raymond Roussel qu'il est fait allusion, à *Locus solus*, comme les critiques l'ont bien relevé. Ce titre, jamais adopté réellement, indique que c'est sous le signe de Roussel (entre autres) que *Lieux* est né. Essayons de faire brièvement le tour des registres de sens qu'ouvre cette référence. Premièrement cela suggère que comme la propriété de Martial Canterel, ainsi qu'il est dit dès la première page de *Locus solus*, les lieux de Perec seraient des lieux solitaires, isolés. Il n'en est rien à première vue, bien entendu, puisqu'il s'agit de lieux urbains parfois très fréquentés, de lieux communs, au sens de lieux partagés. Cependant, plusieurs de ces lieux renvoient au traumatisme plutôt qu'à la mémoire

---

26  Voir notamment le « bal des têtes », dans *Le Temps retrouvé*.

(Vilin, Saint-Louis, Saint-Honoré, Franklin-Roosevelt, Gaité mais de manière dérivée, comme on verra). Ils sont le lieu, chaque année, d'une confrontation solitaire et douloureuse au passé.

Dans *Locus solus*, ces lieux solitaires sont habités par un homme tout aussi solitaire : Martial Canterel est l'unique personnage du roman, ses invités n'étant qu'un public anonyme, « une délégation symbolique des lecteurs »[27]. De même, *Lieux* est une entreprise solitaire, dont Perec lui-même est le seul acteur et sujet[28]. C'est ce qu'exprime l'inversion du titre de Roussel : « *Loci soli* (ou *Soli Loci*) » (*JSN* 60). Ce jeu de mots met en valeur la proximité de cette expression avec le mot 'soliloque' : dans sa conception et son exécution, *Lieux* est un jeu éminemment solitaire, comme ces jeux de patience dont Perec était amateur. En fait, ce n'est pas précisément un jeu mais un discours, un acte de langage, celui de parler tout seul : « soli loqui ». Jeu de mots particulièrement approprié puisque, comme *Locus solus*, *Lieux* est une œuvre d'invention langagière, bref de rhétorique. Mais soulignons quelques points communs plus visibles.

Tout d'abord, *Locus solus* est le récit d'une déambulation : Martial Canterel fait visiter les quatre coins de sa propriété en exhibant ses étranges machines ; il en résulte que le roman est une suite de descriptions méticuleuses de lieux ; or *Lieux* consiste aussi en relevés de déambulations réelles ou en pensée. Les spécialistes de Roussel n'ont pas fini de s'interroger sur les étonnantes inventions de Martial Canterel mais elles ont en commun leur aptitude à triompher de la mort : la tête de Danton guillotiné, une fois immergée dans le diamant, recommence à proférer des mots et grâce à la célèbre 'résurrectine', huit morts revivent sans fin les épisodes les plus importants de leur vie. Pierre Bazantay a mis cette hantise de résurrection, chez Roussel, en rapport avec « l'atmosphère de drame personnel » dans laquelle Roussel a commencé à écrire ce roman, peu après la mort de sa mère en octobre 1911. Pour lui, le parc de la propriété est « un hybride du musée et de la morgue » et « le texte s'est pensé dans l'épreuve du deuil. »[29] Ce deuil de la mère et la quête douloureuse à laquelle il donne lieu, chez Perec, justement pendant les années de *Lieux*, est un élément de plus qui explique la référence à *Locus solus*.

Le dernier point de parenté entre les deux œuvres se situe sur le plan de leur fabrique, qui est celle du langage : *Locus solus* est le produit du fameux Procédé, véritable machine à produire du texte – ce qui a fait de Roussel le grand

---

27   Patrick Besnier & Pierre Bazantay, *Petit dictionnaire de Locus solus*, Avant-propos, Amsterdam, Rodopi, 1993, p. 10.
28   Comme on l'a vu, le projet d'y travailler en équipe avec Georges Condominas a avorté. Pour les *Lieux*, Perec se fait parfois accompagner d'un(e) ami(e) photographe, voir chapitre 5.
29   Besnier & Bazantay, *op. cit.*, p. 9.

précurseur de l'Oulipo et de la littérature à contraintes. Œuvre à contraintes, du moins pour ce qui est de sa structure, *Lieux* est, comme *Locus solus*, un « laboratoire littéraire », un « lieu d'écriture »[30]. Cette dimension langagière explique le caractère rhétorique de l'entreprise. Elle mène à un dernier registre de sens ouvert par le titre envisagé de *Soli loci* : 'solus' signifie non seulement 'solitaire' mais aussi 'le seul' au sens de 'l'unique'. La propriété de Locus solus est chez Roussel le seul lieu où Canterel – génie unique en son genre – puisse inventer ces machines à faire resurgir les morts[31]. Il en est de même chez Perec pour qui ses douze lieux sont uniques en leur genre, comme lieux topographiques conservant le passé mais aussi comme lieux rhétoriques.

## 3    *Lieux* dans *Espèces d'espaces*

Dans la section 5 du chapitre « La rue » se trouve la description la plus connue de *Lieux*. A ce moment-là, en 1973-74, *Lieux* est déjà dans une phase de ralentissement et même d'arrêt temporaire[32]. C'est par ailleurs une période de grande productivité, où Perec écrit une grande partie de *W*, tourne le film *Un homme qui dort* et termine *La Boutique obscure*. Cette version cinématographique d'*Un homme qui dort*, il la considère d'ailleurs comme une manière de « faire ses lieux », puisque, comme il le dit, dans ce film « apparaissent la plupart des lieux » (*EE* 110). En outre, en octobre 1974, Perec se poste pendant trois jours Place Saint-Sulpice, et écrit *Tentative d'épuisement d'un lieu parisien*. Ce texte est à la fois proche de *Lieux* et différent : il s'agit bel et bien de 'Réels', écrits selon la même méthode que ceux de *Lieux*, mais l'aspect « vieillissement des lieux » est pratiquement absent – quoique pas tout à fait[33] puisque les textes ont été écrits pendant trois jours successifs. En outre, l'axe des Souvenirs manque, et avec Saint-Sulpice, Perec fait un écart par rapport à ses douze lieux. Ce pas de côté, Lejeune le considère comme une manière de se redonner le moral pour se réatteler à *Lieux* mais aussi comme le début de la fin : c'est « la répétition générale de la liquidation de *Lieux* à partir de 1977 »[34].

Revenons au descriptif de *Lieux* dans *Espèces d'espaces*. Au moment où il le rédige, sous le titre de « Notes sur un travail en cours », Perec y croit encore.

---

30   *Ibid.*
31   Dans son introduction, Pierre Bazantay insiste sur la fréquence du mot 'seul' dans le roman de Roussel.
32   Voir Lejeune, *op. cit.*, p. 199.
33   Voir notre « Georges Perec : topographies parisiennes du flâneur », *Relief. Revue électronique de littérature française*, vol. II, no. 1 (2008).
34   Lejeune, *op. cit.*, p. 165.

Il développe certains points par rapport à la lettre à Nadeau. A propos des Souvenirs, il insiste sur le caractère exhaustif de son entreprise : il s'agit de « décrire le lieu de mémoire et d'évoquer à son propos *tous* les souvenirs qui me viennent, soit des événements qui s'y sont déroulés, soit des gens que j'y ai rencontrés. » (EE 109, je souligne) Il mentionne ensuite le fait que *Lieux* ne regroupe pas seulement des textes mais aussi des photographies et des éléments divers comme « des tickets de métro, ou bien des tickets de consommation, ou des billets de cinéma, ou des prospectus, etc. » (109). Tout cela est destiné à faire « office de témoignages » : ce sont des traces tangibles de son passage, tel jour à telle heure, dans tel lieu. Les enveloppes où il les glisse deviennent alors de véritables archives, à la fois personnelles et collectives[35].

Dans ce descriptif, Perec s'arrête à peine à l'algorithme utilisé, qu'il mentionne seulement entre parenthèses, comme si cela ne l'intéressait plus beaucoup[36]. En revanche, il reprend l'idée du vieillissement des lieux, des souvenirs et de l'écriture, « triple vieillissement » (EE 110) que *Lieux* devrait permettre d'observer, après son achèvement. Il introduit alors une nouvelle image, celle de la bombe de temps, souvent reprise depuis dans des interviews. Les bombes de temps sont populaires dans les années 1970, depuis la boîte d'acier inoxydable remplie de traces du quotidien de la vie humaine (images, sons, textes, objets) qui fut déposée sur la lune par la NASA en 1969. Elle était destinée à informer les extraterrestres de notre existence. Plus tard, il y aura les disques d'or contenant des échantillons représentatifs de musique classique et populaire, lancés en 1977 par les sondes Voyager 1 et 2, qui circulent toujours dans l'espace interstellaire. Perec en reprend l'idée générale : celle d'une archive d'objets de la vie quotidienne, enfouie pendant de longues années dans un lieu inaccessible. Sa bombe du temps est bien entendu beaucoup plus modeste et plus personnelle. Le destinataire n'en est pas quelque mystérieux extraterrestre, ou l'humanité à venir, mais c'est Perec lui-même qui espère un jour interroger cette immense banque de données.

Si le descriptif d'*Espèces d'espaces* n'apporte pas beaucoup d'éléments nouveaux par rapport à la lettre à Maurice Nadeau, il se situe pourtant dans un contexte très différent. Alors que dans la lettre, *Lieux* constituait la clef de voûte d'un programme autobiographique, le projet est maintenant présenté dans le cadre du « journal d'un usager de l'espace ». L'autobiographie est certes présente dans *Espèces d'espaces*, mais elle n'en constitue pas le but explicite,

---

35  Voir à ce sujet le chapitre 4.
36  Il dit qu'il a déjà fait allusion à l'algorithme, mais on ne voit pas où dans *Espèces d'espaces*. Il songe sans doute à des interviews qu'il a pu donner par ailleurs.

aussi est-elle diffuse et dérobée[37]. Examinons à présent le contexte précis de ce descriptif de *Lieux*, celui du chapitre « La rue ». Voici le mouvement général des sections qui le précèdent : la première est une tentative d'esquisser une « théorie » de la rue. Perle de pastiche scientifique, ce passage cherche à donner une définition de la notion de rue et de tout ce qui la concerne (onomastique, numérotage …) pour donner ensuite des définitions plaisantes de ses composantes : chaussée, trottoirs, caniveau, passages cloutés, mobilier urbain, éclairage. L'humour fuse à cause de cette docte interrogation de notions évidentes, mais aussi à cause des failles de ce 'système' sous-jacent à la rue. La section 2 interrompt cette savante exposition par un instantané, un 'micro-événement' : deux aveugles rencontrés rue Linné. Outre le clin d'œil à Baudelaire et à Breughel peut-être, ce court fragment frappe à cause du contraste saillant avec toute l'entreprise de la description de l'infra-ordinaire : ne s'agit-il pas d'apprendre à (mieux) voir ? Or les aveugles sont hors d'état de voir … Mais

> la femme effleurait de l'extrémité de sa canne tous les obstacles verticaux qui se dressaient le long du trottoir et, guidant la canne du jeune homme, les lui faisait toucher également en lui indiquant, très vite, et sans jamais se tromper, de quels obstacles il s'agissait : un lampadaire, un arrêt d'autobus, une cabine téléphonique, une corbeille à papier, une boîte aux lettres, un panneau de signalisation […].
>
> *EE* 99

En faisant, aveuglément, par le toucher, un tel inventaire du mobilier urbain, cette aveugle n'est-elle pas un « usager de l'espace », un observateur au même titre que le 'sociologue de la vie quotidienne' qu'est Perec ?

La section suivante passe de la théorie à la mise en pratique. Ces « travaux pratiques » – une « tentative de description » du carrefour Bac-Saint-Germain – sont à mi-chemin de la théorie et de la pratique : ils donnent à la fois les directives à suivre, la 'recette' (à l'infinitif : « déceler un rythme » […] Compter les voitures. Regarder les plaques des voitures. », *EE* 101) mais aussi son application. Ainsi, Perec se montre lui-même en action, en train de « déchiffrer un morceau de ville » (102). La section suivante donne une autre image de Perec en train de faire sa description, dans un café cette fois. Ce texte, intitulé « Brouillon de lettre », commence et se termine comme une lettre d'amour : « Je pense à toi. » (*EE* 106 et 108). Perec fait-il seulement semblant d'écrire une lettre, comme il

---

37  Sur la dimension autobiographique d'*Espèces d'espaces*, voir Dominique Moncond'huy, « *Espèces d'espaces* : du vide à l'écrit, autoportrait d'un écrivain », Christelle Reggiani éd., *Relire Perec*, La Licorne, Presses Universitaires de Rennes, 2016, pp. 285-305.

l'affirme ? Ou bien tout Réel est-il, de manière indirecte, une lettre d'amour c'est-à-dire une ode, un hommage à un ou des êtres liés au lieu et aimés dans le passé ? On songe d'abord aux Réels et Souvenirs sur l'Ile Saint-Louis (où habitait Suzanne Lipinska) mais on verra que presque tous les *Lieux* sont une manière de penser à un être cher et parfois de le commémorer.

Dans cette mesure, il semble logique pour Perec de consacrer la section 5 à la description du projet de *Lieux*. Un filon souterrain relie *Lieux* à ce « brouillon de lettre ». Cela n'empêche pas qu'inséré dans une série de textes sur les manières de décrire une rue (théorie et pratique), le projet a perdu sa dimension autobiographique pour devenir une série de « tentatives d'épuisement d'un lieu parisien ». Les Réels priment ici sur les Souvenirs et c'est en effet la direction que Perec empruntera après l'abandon du projet.

## 4 « Nouveau programme de travail sur vingt ans »

L'évolution de *Lieux* après son abandon en septembre 1975 a été étudiée en détail par les commentateurs[38]. Je m'attacherai ici au métadiscours de Perec, dans des interviews et parfois des textes programmatiques, afin de cerner comment *Lieux* s'insère, dans le cours des années 1977-80, dans de nouveaux projets d'ensemble.

En mars 1976, Perec donne une interview télévisée à Viviane Forrester. Nous disposons d'un fragment de cette interview sur le site de l'INA[39]. Fragment unique en son genre car on y voit Perec faire une démonstration matérielle de son projet. Il avait en effet amené certains des fichiers de *Lieux* sur le plateau. Il montre les enveloppes, fait le geste d'y glisser son texte, de les sceller ensuite. Cette interview a lieu six mois environ après l'arrêt du projet, mais il semble encore ne pas croire tout à fait à cet arrêt car il parle du projet au présent, comme s'il y travaillait toujours, qualifiant *Lieux* d'« archives hétéroclites et quotidiennes ».

Il est clair qu'il a fallu du temps à Perec pour réorienter sa recherche. Le document suivant date de décembre de la même année 1976, c'est la « Tentative de description d'un programme de travail pour les années à venir »[40]. Ce document est tout aussi important que la lettre à Maurice Nadeau mais il a une forme plus impersonnelle, celle d'une liste de titres numérotés, pourvus de

---

38   Voir Lejeune, *op. cit.*, et Schilling, *op. cit.*, pp. 150-176.
39   « Georges Perec présente Les lieux », 22 mars 1976, https://www.ina.fr/video/I09365756/georges-perec-presente-les-lieux-video.html.
40   Publié dans le *Cahier Georges Perec* no. 1, 1985.

brèves explications. Si le programme de 1969 était duodécennal, celui-ci est également très vaste : il comprend douze titres de livres 'indépendants' et sept séries de textes de divers genres « susceptibles d'être rassemblés en volume », donc en tout dix-neuf volumes prévus ! La liste fait l'impression d'un extraordinaire foisonnement créateur. Voilà du travail pour une vingtaine d'années au moins, et à un rythme soutenu, puisque Perec affirme vouloir ainsi donner l'idée d'un « travail aboutissant à un livre achevé – et publié – chaque année. » C'est dire que cet inventaire n'est pas seulement programmatique, mais aussi stratégique : il le rédige à l'intention de ses éditeurs afin de les convaincre de lui accorder une avance mensuelle[41]. Cela explique certaines remarques : à propos de *La Vie mode d'emploi*, Perec précise que « ce sera un gros livre et je pense l'achever fin 1977 ». A d'autres moments cependant, il est d'une honnêteté désarmante, lorsqu'il remarque que certains titres ne sont rien d'autre qu'« une ambition, un désir ».

Ce programme est précédé d'un aperçu des « quatre directions principales » du travail actuel de Perec : « courant autobiographique », « courant romanesque », courant « quotidien », courant « oulipien ». Nous reconnaissons ici les quatre « champs » de « Notes sur ce que je cherche », publié deux ans plus tard, en 1978[42]. Si, dans la lettre à Nadeau, toutes les œuvres à venir étaient rangées dans un vaste ensemble autobiographique, ici l'autobiographie n'est plus qu'une des quatre directions : après la « période d'effervescence autobiographique » des années 1966-1975, l'autobiographie est « rentrée dans le rang », pour reprendre les termes de Philippe Lejeune[43].

*Lieux* est rentré dans le rang de la quête du quotidien, il se trouve maintenant englobé dans un nouveau projet, qui porte un autre titre : *Tentative de description de quelques lieux parisiens*. C'est, bien entendu, un clin d'œil à la *Tentative d'épuisement d'un lieu parisien*, paru en 1975 dans la revue *Cause commune*. Cette communauté de titres indique que le projet est comparable, également quant à ce qu'il omet : le passé, les souvenirs, l'autobiographique. Voici le descriptif que Perec en donne :

> Cf. *Espèces d'espaces*, p. 76 : ce projet qui devait s'étendre sur 12 ans est pratiquement abandonné et transformé : les « lieux » dont il était question sont abordés selon des perspectives différentes : ainsi, j'ai écrit un poème (« La Clôture ») sur la rue Vilin, j'ai fait un film (« Les Lieux d'une

---

41 Paulette Perec, « Chronique de la vie de Georges Perec », *Portrait(s) de Georges Perec*, Bibliothèque nationale de France, 2001, p. 99.
42 Et repris dans *Penser/Classer*.
43 Lejeune, *op. cit.*, p. 36-37.

fugue ») sur le carrefour Franklin-Roosevelt, j'envisage une émission radio sur Mabillon. Néanmoins, ces textes existent déjà abondamment et il serait peut-être intéressant de les rassembler, de les trier et d'en commenter quelques-uns.

En énumérant les œuvres issues de *Lieux*, Perec oublie probablement de mentionner le film *Un homme qui dort*, sorti en 1974, qu'il considérait également comme une continuation de *Lieux*. Ces *Tentatives de description de quelques lieux parisiens* ne dépasseront jamais le stade du projet mais le texte « Stations Mabillon », publié en mai 1980, portera lui aussi pour sous-titre « Tentative de description de quelques lieux parisiens, 5 ». Cela indique que le livre envisagé eût selon toute probabilité comporté plusieurs séries de Réels, dont ceux publiés en revue. La dissémination de *Lieux* prend donc deux directions : celle d'une exploration des lieux par d'autres médias d'une part, celle de la révision et publication en revue de certaines séries de Réels de l'autre.

## 5     *Lieux* après *Lieux*

Afin de suivre le cheminement de *Lieux* après son abandon, et surtout la place changeante que Perec lui donne au cours des années, nous examinerons maintenant quelques textes – interviews, conférences – où il s'exprime sur la question.

Le 10 février 1978, Perec donne une interview à l'occasion de la sortie de *Je me souviens* (EC I, 214-216). La première question concerne le sous-titre de ce livre : *Les Choses communes I*, qui annonce le ou les volumes suivants. Il explique que le sous-titre renvoie à la quête de l'infra-ordinaire, du quotidien, qui était déjà celle de la revue *Cause commune* : il s'agit de saisir, et d'exprimer « ce qui se passe quand il ne se passe rien ». *Les Choses communes* devront comporter trois autres volumes : *Lieux où j'ai dormi*, *Notes de chevet* et *Tentative de description de quelques lieux parisiens*. Or, le titre *Les Choses communes* figurait également dans le programme de travail de 1976, mais là il ne comportait que trois volumes : *Je me souviens*, *Lieux où j'ai dormi* et *Notes de chevet*. Maintenant, les descriptions de lieux parisiens ne constituent plus un ouvrage autonome, elles sont intégrées dans sa quête sur le quotidien. Est-ce encore une manière de mettre en valeur leur caractère exclusivement « sociologique » ? Mais il ne faut pas oublier que *Les Choses communes* devaient aussi comporter *Lieux où j'ai dormi* : un projet à forte dimension autobiographique et mémorielle, puisqu'il s'agissait pour Perec de décrire de mémoire les différentes chambres où il avait dormi au cours de sa vie. La formule de ce projet est par là fort proche des

Souvenirs de *Lieux*[44]. On peut donc se demander si ce tournant a été aussi net que Sheringham a pu le croire[45].

En 1978-79, c'est par d'autres médias, notamment la radio, que Perec poursuit son travail sur les lieux. Il prépare l'émission radiophonique *Tentative de description de choses vues au Carrefour Mabillon le 19 mai 1978*. L'interview de février 1978, « La ville mode d'emploi » le prend en pleine préparation, peu avant l'émission. Dans les mêmes termes que dans *Espèces d'espaces*, il explique le principe de *Lieux*, dont Mabillon faisait partie. Il passe ensuite en revue la plupart des onze autres lieux, en s'attachant à leur ancrage dans sa vie personnelle. Ici, Perec se souvient de *Lieux* et de son travail sur les lieux : ses retours réguliers rue Vilin, depuis 1969, où il fut témoin de la démolition graduelle de la rue, son retour au carrefour Franklin-Roosevelt et le resurgissement du souvenir de sa fugue d'enfance ... Les autres lieux sont aussi brièvement évoqués, ainsi que les œuvres de différents genres qui en sont issues. Alors que dans l'interview précédente, Perec projette un ouvrage en quatre volumes, *Les Choses communes*, dont les descriptions de lieux devaient faire partie, ici il semble se libérer de la planification, des programmes pluriannuels qui caractérisaient jusque-là son œuvre : tout – livres, poèmes, films, radio – se rejoint et s'intègre dans une recherche du quotidien qui reste profondément ancrée dans le personnel et donc dans la mémoire.

Le dernier texte que j'examinerai est une conférence donnée en juillet 1981 à un colloque intitulé « Espace et représentation ». Une telle invitation montre bien combien, depuis *Espèces d'espaces*, Perec était en train de devenir une référence importante pour les architectes et les urbanistes, ce qui n'a fait qu'augmenter depuis[46]. Considéré désormais comme un expert de l'espace urbain, on l'invite à des colloques et on lui fait des commandes comme celle dont il fait ici le récit. Un professeur de l'Unité pédagogique d'architecture n° 6 (Paris) lui avait demandé de faire une description d'un îlot parisien, en vue d'un projet d'architecture et de rénovation qu'il préparait. Cet îlot se situe aux confins du 11e, du 10e et du 20e arrondissements, c'est le « quadrilatère défini par les rues Saint-Maur, Faubourg du Temple, Civiale (et le boulevard de la Villette) » (*EC II*, 229). Perec s'y poste deux fois, fait des descriptions sur place, depuis un café. A première vue, ces textes sont assez similaires à ceux des Réels de *Lieux* ou bien de *Tentative d'épuisement d'un lieu parisien,* mais très vite, il

---

44  Sur le projet des « Lieux où j'ai dormi », voir « Trois chambres retrouvées » (*PC* 25-30) et Danielle Constantin, « Sur *Lieux où j'ai dormi* de Georges Perec », *Le Cabinet d'amateur*, mai 2015 (en ligne sur le site de l'Association Georges Perec).
45  Cf. chapitre 2, § 2.
46  Voir par exemple le *Cahier Georges Perec* no. 12, « Espèces d'espaces perecquiens », 2015.

s'aperçoit que 'cela ne prend pas', il se sent incapable de décrire ce lieu parce que « je ne voyais rien » (228), « ce lieu était pour moi sans signification » (229). Il se demande alors pourquoi « rien ne lui avait parlé dans ce quartier » (232). Premièrement, c'est un travail de commande : c'est une première différence avec les *Lieux* qui sont librement choisis. Deuxièmement, ce lieu ne « s'attache à aucun souvenir » (229), contrairement à ses propres lieux. Dans ses propres lieux, « tout faisait signe, [ce sont] des lieux qui fonctionnaient comme code », qui sont « complètement investis de signes » (*ibid.*) Par contre, l'îlot du 11$^e$ arrondissement est dénué de tout code, c'est un blanc qui ne renvoie à rien, ce qui se traduit d'abord par l'absence de points de repère : « ce quartier ne me disait rien, parce que c'est un quartier où je ne savais absolument pas me repérer ; l'endroit où je me trouvais ne signifiait rien pour moi. »

C'est là une constatation toute simple mais capitale pour *Lieux*, qui ne comprend que des lieux surdéterminés par sa propre vie. Lieux où il a vécu, ou qu'il a en tout cas intensément fréquentés à un moment de sa vie. Dans sa vie quotidienne, ses allées et venues, il a quadrillé le quartier, esquissé une série infinie de parcours, de trajectoires, créant ainsi un « système de repères qui fonctionnent » (*EC II*, 232), une topographie. On voit que cet ancrage personnel dans les lieux n'est donc pas fait uniquement de souvenirs importants mais aussi de gestes de la vie quotidienne. Comme on le verra, les Réels mais aussi les Souvenirs sont souvent structurés en trajectoires complétées de plans topographiques. C'est là qu'il faudra chercher la nature de l'imbrication des Réels et des Souvenirs, du personnel et du collectif.

Dans la suite de son exposé, Perec généralise cette intuition jusqu'à en faire une règle générale, un *sine qua non* de la description des lieux : « Nous, il faut bien que l'on trouve un code, il faut bien que l'on trouve ... je veux dire que la découverte, c'est quelque chose qui part de soi. [...] ce que je note, c'est quelque chose qui se relie d'une manière ou d'une autre, même si c'est extrêmement lointain, à *notre propre histoire*. » (234, je souligne). C'est dire combien la description des lieux, telle qu'il la conçoit, est éloignée du simple enregistrement, pour lequel elle a parfois été tenue. C'est dire aussi la conscience claire que Perec avait du fait qu'une description neutre, objective est impossible, ou du moins dénuée d'intérêt. Nous verrons comment cette intuition s'exprime dans les textes de *Lieux*.

CHAPITRE 2

# Lectures critiques de *Lieux*

Pendant les années cruciales où Perec travaille sur *Lieux*, l'orientation de son œuvre se modifie donc constamment. Pourtant, les ingrédients demeurent les mêmes. Ce sont ce que Perec appellera plus tard les quatre « champs » ou « interrogations » de son écriture : l'interrogation autobiographique, « ludique », « sociologique » et romanesque (*PC* 10). Comme il l'a toujours souligné, la plupart de ses livres appartiennent à plusieurs de ces « champs ». Ainsi, *Lieux* appartient à trois d'entre eux : l'autobiographie est inséparablement liée à la description du quotidien (même si ces deux champs résultent en deux séries cloisonnées, les Réels et les Souvenirs) et à leur tour, autobiographie et « sociologie » s'insèrent dans un projet à contraintes oulipien. Cependant, on l'a vu, le dosage change, tout au long du parcours et surtout après l'abandon du projet, lorsqu'il mue de plus en plus vers une écriture de l'infra-ordinaire. Il n'est pas étonnant alors que les commentateurs, jusqu'à ce jour, aient arpenté toutes ces voies, et d'autres encore, ce qui a résulté en des lectures tantôt autobiographiques, tantôt « sociologiques », oulipiennes et enfin rhétoriques, dans la tradition des arts de la mémoire. Nous examinerons ici plus en détail les principales de ces lectures et nous en interrogerons les prolongements possibles pour affiner et mieux centrer notre propre approche.

## 1 Une lecture 'autobiographique'

L'étude de Philippe Lejeune sur *Lieux*[1] s'insère dans un parcours génétique à travers les textes et les projets appartenant à la « phase autobiographique » de Perec. Il y distille un « portrait en neuf points » de Perec autobiographe, portrait précieux parce qu'il s'applique presque point par point à *Lieux*. Nous avons déjà mentionné le plus important de ces « gestes autobiographiques » qui est l'obliquité : parler d'autre chose en parlant de soi, parler de soi à travers autre chose donc à travers un « déplacement à perte de vue, que rien n'arrête. »[2] Selon Lejeune, ce déplacement – compris au sens freudien du terme – est érigé en méthode dans *Lieux*, qui implique un glissement constant de l'intériorité vers les lieux, vers le monde extérieur. Or cette tendance à l'indirect

---
1 Philippe Lejeune, *La Mémoire et l'oblique, op. cit.*, pp. 141-210.
2 *Ibid.*, p. 44.

est liée à un autre 'geste' autobiographique de Perec, celui de « la pudeur » : son extrême réticence à parler de ses sentiments, même dans « l'écriture la plus solitaire »[3], destinée en premier lieu à lui-même, ce qui semble être le cas de *Lieux*. Cependant, les sentiments existent bel et bien, ici comme dans ses autres œuvres, mais ils sont cachés et nous tenterons de découvrir ce *pathos* qui se dérobe. En dépit de cette pudeur, Lejeune discerne une « convivialité » certaine, dans les écrits autobiographiques examinés, qui respirent un « sentiment d'amitié ou de fraternité »[4]. Sentiment qu'on retrouve également dans *Lieux* : les Souvenirs sont parfois de véritables inventaires de rencontres entre amis, sous forme de liste ou d'arborescence ; en outre les lieux, nous le verrons[5], sont des lieux communs, non seulement au sens rhétorique mais aussi au sens où ils sont le partage de tous. En revanche, « l'intertextualité »[6] est-elle également un « geste » propre à *Lieux* ? Ce n'est guère le cas, à part un coup de chapeau à Roussel (dans un des titres envisagés, on l'a vu), ou à Queneau, par certains calembours ; malgré cette absence d'intertextualité, il y a pourtant dans *Lieux* une tentative de trouver sa place dans le « champ littéraire »[7].

D'autres « gestes autobiographiques » concernent la facture des textes : leur « opérabilité » d'abord, ou le fait que ce sont des opérations, des exercices, des « témoignages de quelque chose en train de se faire » plutôt que des résultats, leur caractère de « remplissage » ensuite, terme légèrement péjoratif qui concerne le caractère d'inventaire des recherches autobiographiques[8]. Les deux gestes sont typiques de *Lieux*, qui est un laboratoire, un lieu d'expérimentation plutôt qu'une œuvre ; son tableau de permutations est une tentative de « quadriller le vide, puis [de] le remblayer », travail de 'remplissage' de l'espace mais aussi du temps, car « le projet de *Lieux* peut très bien être vu comme une tentative de tuer le temps »[9]. Reste le « geste » du « blocage »[10] : le fait que les projets autobiographiques de Perec se bloquent le plus souvent au moment du montage final, séparant ainsi la collecte des données de la construction de l'œuvre proprement dite. Or, ce blocage est structurel dans *Lieux*, il fait partie du projet, qui renvoie le montage à douze ans plus tard, pour

---

3  *Ibid.*
4  *Ibid.*, p. 40.
5  Chap. 7.
6  *Ibid.*, p. 41.
7  Voir chapitre 9, § 4.
8  Lejeune, *op. cit.*, p. 42-43.
9  *Ibid.*, p. 43.
10 *Ibid.*, p. 45.

finalement y renoncer[11]. C'est là une des manières dont Perec « sabote »[12] les règles de l'écriture autobiographique traditionnelle – et en même temps les rénove fondamentalement.

Le titre de l'étude de Lejeune, « Cent trente-trois lieux », révèle la précision de ce travail, qui est tout d'abord une description méticuleuse du corpus de *Lieux*. Le manuscrit comprend en effet 133 textes, sur les 288 que Perec avait prévus. Ainsi, Lejeune est un observateur, un descripteur aussi précis, sinon plus, que Perec lui-même : avant de tirer des conclusions, il inventorie, il compte (le nombre de textes, d'enveloppes, de mois, d'années ...), il mesure la taille des feuilles de carnet ou de cahier où Perec écrit ses Réels et celle des enveloppes où il les enferme, il dessine la courbe de leur évolution dans le temps[13]. Il décrit l'aspect matériel des documents et fait l'inventaire des documents annexes.

Il analyse ensuite la méthode de Perec : celle des Réels d'abord, qu'il classe en « Réels debout », faits en marchant et « Réels assis ». Il étudie ensuite leurs différentes stratégies d'écriture (de la prise de notes sur place à la mise au net) et synthétise le tout dans un tableau qui révèle la diversité des points de vue adoptés mais aussi celle des styles, qui vont de « l'écriture elliptique » à « l'écriture accumulative ». Ce tableau montre également les différentes formes de réécriture[14]. Il y a ici un début d'étude stylistique, qui reste largement à faire.

L'étude de Lejeune se base sur deux lectures du manuscrit. Il l'a parcouru par séries (tel que le manuscrit avait été réordonné par Perec après son abandon) mais aussi en ordre chronologique, en suivant l'ordre de la table de permutations. Cet ordre, dit-il, « a l'avantage de nous raconter l'histoire même du projet, son élan, son apogée, ses crises, son progressif effondrement après une période de rémission »[15], histoire que Perec résume brièvement, dans une « vue cavalière ». Une telle lecture a aussi « l'avantage d'imposer l'alternance régulière entre réels et souvenirs et de brasser systématiquement les séries, redonnant à tous les textes leur puissance signifiante qui est au contraire étouffée, ou restreinte, par le classement en séries. »[16] Le mode de travail de Perec a-t-il fait des textes des vases clos, hermétiquement séparés les unes des autres ? Ou bien Perec a-t-il malgré tout créé des liens, des similitudes entre eux ? Voilà des questions qui restent à poser.

---

11  A moins de considérer comme un montage le fait que Perec, après l'abandon du projet, ouvre certaines enveloppes et reconstitue les séries.
12  Lejeune, *op. cit.* p. 101.
13  *Ibid.*, p. 174.
14  *Ibid.*, p. 188.
15  *Ibid.*, p. 197.
16  *Ibid.*

Revenons maintenant au contexte biographique esquissé dans l'introduction : celui de la rupture amoureuse et de la psychanalyse contemporaine du projet. Lejeune a montré que *Lieux* est « le tombeau d'un amour »[17]. Si le projet existait dès auparavant, sa réalisation a été déclenchée par la rupture avec Suzanne Lipinska, la 'patronne' du Moulin d'Andé[18]. Les raisons d'être de *Lieux* ne sont donc pas seulement intellectuelles mais « existentielles » : après la rupture, Perec est en quête d'un projet pour « trouver quelque chose à faire et [s'] enraciner à Paris » (*L* 41, p. 197). Ce sera un prétexte pour passer au moins une fois par an dans l'Île. *Lieux* est donc aussi « un sismographe » de la passion de Perec, « de cette rupture et du long travail de 'guérison' qui a suivi »[19].

Cette 'guérison' coïncide, pendant l'été 1975, avec l'abandon de *Lieux* et l'arrêt de la psychanalyse commencée en 1971, on l'a dit. C'est pourquoi, pour Lejeune, *Lieux* est une œuvre profondément mélancolique, consistant à construire « une immense pyramide autour d'une chambre secrète. Une masse énorme de matériaux visibles accumulés autour d'un centre (presque) invisible. »[20] Selon Lejeune, ce centre est bien entendu l'Île Saint-Louis, lieu de mémoire de cet amour. Mais il est un autre centre vide, dans *Lieux* : la rue Vilin – lieu de l'enfance et de la disparition de la mère – et on soutiendra avec autant de raison, avec Claude Burgelin, que c'est autour de la rue Vilin que Perec construit son mausolée, son « tas de reliques »[21]. C'est le terme qu'il utilise dans ses carnets à propos du manuscrit de *W* qu'il avait prêté à J.-B. Pontalis, son analyste, pendant l'hiver 1974-1975. Selon Burgelin, ce terme plutôt péjoratif viendrait de Pontalis[22].

Quoi qu'il en soit, ce terme de reliques pourrait autant s'appliquer à *Lieux*, dans la mesure où ce projet s'inscrit dans la psychanalyse et l'accompagne pendant quatre ans. Dans son essai, Burgelin analyse la dimension psychanalytique de *La Vie mode d'emploi*, qu'il lit comme un vaste autoportrait de la psyché humaine, et tout particulièrement de celle de l'auteur en pleine analyse. Certaines des correspondances que Burgelin dégage entre ce roman et l'analyse valent aussi pour *Lieux*. Ainsi, l'immeuble, caractérisé par « l'accumulation, le

---

17 *Ibid.*, p. 146.
18 Lejeune rappelle qu'il y a une première rupture en janvier 1969, suivie d'une période où leur relation connait des hauts et des bas, jusqu'en février 1971, qui marquera la rupture définitive (*op. cit.*, p. 160). Sur le détail de cette relation, voir David Bellos, *Georges Perec. A Life in Words*, Londres, The Harvill Press, 1995, chap. 41.
19 Lejeune, *op. cit.*, p. 160.
20 *Ibid.*, p. 146.
21 Cité par Lejeune, *op. cit.*, p. 138.
22 Claude Burgelin, *Les Parties de dominos chez Monsieur Lefèvre. Perec avec Freud. Perec contre Freud*, Circé, 1996, pp. 100-101.

cloisonnement, l'enfermement, l'immobilité [...] » est pour lui une image de cette psyché[23]. Or, la ville, elle aussi représentée comme enfermée dans le système de grilles que sont les contraintes, est un autre des « analogon possibles de la psyché ou de l'âme-corps », comme le suggère Burgelin, qui voit *Lieux* comme « l'intrication d'une 'urbigraphie' et d'une autobiographie »[24]. Une autre figure de ce cloisonnement est bien sûr la bipartition entre Réels et Souvenirs qui, dans cette perspective psychanalytique, pourra être mise en rapport avec un clivage de la personnalité que l'analyse tentera de réparer. Un dernier parallèle entre *Lieux* et l'analyse est que toutes deux sont des tentatives d'anamnèse, prises entre amnésie et hypermnésie.

En effet, Perec écrit ses lieux pour « ne pas oublier », pour « garder intact, répéter chaque année les mêmes souvenirs, évoquer les mêmes visages, les mêmes minuscules événements, rassembler tout dans une mémoire souveraine, démentielle. » (*L* 41, p. 197-198) Au-delà de la lassitude devant le caractère répétitif de l'entreprise, cette citation montre que *Lieux* – Perec en est conscient – est l'entreprise d'une mémoire traumatique, régie par la compulsion de répétition qui se traduit par les retours annuels sur les lieux et par leurs descriptions forcément répétitives.

Ces rapprochements entre *Lieux* et la psychanalyse ouvrent une lecture importante du projet mais qui risque de rester limitée à ses lieux « traumatiques », en faisant abstraction des autres, qui respirent une atmosphère différente : Contrescarpe par exemple, où Perec se remémore avec entrain sa vie d'étudiant, ou bien Italie, un lieu de créativité, où il termine son premier roman, ou encore Jussieu, le lieu du premier bonheur avec Paulette, au début des années 1960. Il faudra donc, dans notre lecture, veiller à ne pas projeter la mélancolie sur tous les textes de *Lieux*, qui oscillent le plus souvent entre dysphorie et euphorie. En outre, une lecture autobiographique de ces textes ne doit pas empêcher la lecture 'sociologique', qui d'ailleurs ne concernera pas seulement les Réels mais aussi les Souvenirs.

Cela nous mène à réexaminer l'intuition de Lejeune sur le statut métonymique de *Lieux* : « toutes les descriptions fonctionnent comme métonymies (pour parler rhétorique) ou déplacements (pour parler psychanalyse) de l'intériorité. »[25] Certes, cette intuition découle de sa vision du travail autobiographique de Perec comme une écriture de l'oblique. Faute de pouvoir parler directement des êtres et les événements incisifs qu'il a vécus, Perec inventorie les lieux où cela s'est passé. Mais l'intuition de Lejeune va plus loin : si

---

23 Burgelin, *op. cit.*, p. 47.
24 *Ibid.*
25 Lejeune, *op. cit.*, p. 151.

déplacement il y a, alors ces textes – en particulier les Réels – ne parleraient pas de ce dont ils parlent en apparence (du lieu) mais nous parleraient uniquement de Perec, de son intimité, de son passé. Cela supposerait un codage de ces textes, qu'il s'agirait de déchiffrer afin d'accéder à leur 'vraie' signification : « les Réels [...] fonctionnent sur le mode du langage indirect, du langage codé » et ce codage « est de l'ordre de la métonymie »[26]. Sans le dire aussi explicitement que Claude Burgelin à propos de *La Vie mode d'emploi*, Lejeune semble convaincu lui aussi que Perec a su mettre en œuvre, dans son écriture, « les deux procédures-clés de notre inconscient [...], la condensation et le déplacement » et en faire « les outils premiers de la figuration poétique »[27]. C'est une thèse qui mène à des lectures fécondes de *Lieux*, mais qui comporte le danger de la 'projection', autre mécanisme bien connu de la psychanalyse. En l'empruntant, on risque de projeter un sens autobiographique sur tout détail matériel ou spatial. Outre le caractère hautement spéculatif d'une telle lecture, on risque de n'accorder qu'une place secondaire au travail 'sociologique' de *Lieux*, qui s'effectue dans les Réels mais aussi dans les Souvenirs et qui finira, on l'a vu, par envahir le projet entier, du moins après son abandon. Ce point d'interrogation conduit vers la lecture faite par Michael Sheringham.

## 2     Une lecture 'sociologique'

*Everyday Life* de Michael Sheringham montre à la fois la variété de la pensée du quotidien au XXe siècle en France et son unité dans la critique du fonctionnalisme ambiant de l'après-guerre, auquel les « penseurs du quotidien » résistent en lui opposant des alternatives originales. Le long chapitre sur Perec – « l'explorateur et l'infatigable champion du quotidien »[28] – est un parcours de ses œuvres majeures, des *Choses* à *La Vie mode d'emploi*, à la lumière de la question du quotidien. Il y consacre plusieurs pages à *Lieux*, qui portent le titre « La matrice de *Lieux* ». S'il s'accorde avec Philippe Lejeune sur la fonction-clef, matricielle de *Lieux*, cette fonction prend ici un autre sens. Pour Sheringham en effet, *Lieux* n'est pas la matrice de l'œuvre autobiographique de Perec, mais plutôt « la matrice de l'invention, par Perec, de nouvelles manières d'écrire le quotidien. »[29] Dans les retards, les interruptions et l'abandon progressif du

---

26    *Ibid.*, p. 168.
27    Burgelin, *op.cit.*, p. 9.
28    Sheringham, *Everyday Life, op. cit.*, p. 248 ; pour toutes les citations qui suivent, c'est moi qui traduis.
29    « [...] the matrix for Perec's invention of new ways of attending to the everyday », *op. cit.*, p. 258.

projet, Sheringham voit le début d'une orientation vers autre chose, qui serait justement le quotidien. Ainsi, même si c'est de manière fort nuancée, il propose un véritable tournant dans le mouvement général de l'œuvre de Perec : aux alentours de 1973, nous assisterions à une « réorientation partielle » de cette œuvre, réorientation « du temps vers l'espace, du passé vers le présent, et de l'autobiographie vers le quotidien. »[30]

Il discerne cette réorientation non seulement dans l'essoufflement de *Lieux* mais aussi dans l'engagement de Perec pour *Cause Commune* et l'écriture, à la même époque, d'*Espèces d'espaces* et de *Je me souviens*, où le personnel et l'impersonnel concluent des alliances inédites. Le quotidien serait alors devenu la nouvelle dimension centrale de son œuvre, dimension à la fois « individuelle et collective, anonyme et incarnée, spatiale et temporelle »[31]. Loin de prétendre que l'autobiographique s'éclipse totalement après cette date, il soutient (comme Lejeune d'ailleurs) que Perec lui assignerait alors une autre place, moins primordiale. En conséquence, Sheringham refuse de lire les Réels comme des souvenirs encodés ou des « descriptions-écrans », comme le propose Lejeune. Il appelle à redonner leur autonomie aux Réels : noter, au présent, ce que l'on voit dans un lieu – même si l'on a un lien personnel avec celui-ci –, c'est fondamentalement « un exercice différent », dit Sheringham, de celui de se souvenir. Exercice qui est celui de l'infra-ordinaire.

L'ultime preuve de cette réorientation lui parait la rédaction, en 1974, de *Tentative d'épuisement d'un lieu parisien* : texte qui, comme « description d'un lieu parisien », est fort proche des Réels mais qui en diffère fondamentalement puisqu'il ne comporte pas de 'Souvenirs'[32]. Sheringham donne une très belle et utile analyse de ce texte, s'attachant également à son style mais il n'empêche que ce texte ne fait pas partie de *Lieux*, c'est pourquoi son analyse semble une sorte de pas de côté par rapport à celui-ci, faisant l'économie d'une lecture du texte lui-même[33].

Or pour ce qui est de la compréhension de *Lieux*, ce pas de côté présente quelques inconvénients. D'abord, Sheringham examine le projet non en soi mais à la lumière des œuvres qui ont suivi, donc son regard est *a posteriori*, ce qui implique le risque de l'illusion rétrospective. Ensuite, et c'est plus grave, la thèse de la réorientation sous-entend un jugement de valeur implicite : aux alentours de 1973, ou au plus tard en 1975 (fin de la psychanalyse avec Pontalis,

---

30  Sheringham, *op. cit.*, p. 260.
31  *Ibid.*
32  Une autre différence est que les descriptions ne sont faites que pendant trois jours et que la Place Saint-Sulpice n'a pas de dimension autobiographique comparable à celle des autres lieux.
33  Choix compréhensible vu le caractère inaccessible de *Lieux*.

finalisation de *W*), Perec serait parvenu à aller au-delà de son obsession pour le passé, pour la mémoire et l'auto-contemplation pour s'installer de plain-pied dans le présent et se consacrer à l'écriture du quotidien. La finalité des descriptions de lieux parisiens ne serait plus la mémoire personnelle mais la mémoire collective – mémoire, archivage du présent, non du passé[34]. Or un tel jugement de valeur implique une conception de l'écriture (et de la création artistique en général) comme un itinéraire téléologique, sujet à un progrès constant. Un dernier inconvénient est qu'en considérant *Lieux* comme un projet débouchant sur un texte comme la *Tentative d'épuisement d'un lieu parisien*, fortement apparenté aux Réels, Sheringham laisse sciemment de côté les liens intrinsèques entre Réels et Souvenirs. Ne serait-il pas indiqué, au contraire, de les voir comme des vases communicants ? Mais comment ces liens se tissent-ils, au-delà de la simple juxtaposition ? Afin de le comprendre, il faut redonner sa place à la dimension oulipienne du projet, comme l'ont fait notamment Cécile de Bary et Jean-Luc Joly.

## 3    Lectures oulipiennes

Dans son article « Le réel contraint », De Bary attire l'attention sur l'autre dimension de *Lieux* : celle qui concerne non pas l'autobiographie et la mémoire, mais le réel et sa description. Par son sujet même – décrire des lieux parisiens –, *Lieux* « est fondamentalement un projet réaliste »[35], mais son originalité est qu'il approche le réel par la contrainte : *Lieux* « témoigne d'une « volonté de décrire – et d'écrire – le réel, et ce à travers une contrainte »[36]. De Bary souligne qu'en se voulant une approche du réel, le projet de Perec est à contre-courant du formalisme ambiant propre aux années 1970. Elle partage ainsi la thèse de Manet van Montfrans qui discerne chez Perec « la volonté tenace de dire le réel »[37] mais également le besoin, pour le dire, des contraintes oulipiennes, qui fonctionnent chez lui comme un « moteur d'invention »[38], une force créatrice. Les deux commentatrices interrogent cette étonnante alliance de réalisme et de formalisme, qui fait l'originalité de l'œuvre de Perec.

---

34    « Over the course of *Lieux*, and in the light of *Tentative d'épuisement d'un lieu parisien*, the rationale for scrutinizing Parisian space has shifted decisively – away from personal towards cultural memory – enshrined in the present – and the experience of the everyday » (Sheringham, *op. cit.*, p. 271).
35    Cécile de Bary, « Le réel contraint », *Poétique* no. 144, novembre 2005, p. 482.
36    *Ibid.*
37    Manet van Montfrans, *Georges Perec. La Contrainte du réel*, Amsterdam, Rodopi, 1999, p. 3.
38    *Ibid.*

A propos de *Lieux*, il s'agit pour De Bary de mieux comprendre la portée des contraintes qu'imposent la table de permutations et les autres règles d'ordre pratique. Comment ces contraintes affectent-elles la visée réaliste du projet ? Elles le font de deux manières : tout d'abord, la contrainte et les consignes qui en découlent « modifie(ent) la réalité »[39], c'est-à-dire qu'elles affectent directement le vécu quotidien de l'auteur : elles prescrivent la description sur place, les visites mensuelles des lieux, leur distribution dans le temps. Mais leur impact sur l'écriture est tout aussi important car elles imposent à l'écriture un réalisme d'un genre nouveau : « réalisme médiat et second », qui révèle que la description du réel ne saurait être directe ; elle ne peut que passer « par le filtre d'une subjectivité et d'une écriture »[40]. Voilà selon De Bary ce que Perec vise à atteindre par l'alternance entre les Réels et les Souvenirs : si les Réels sont une tentative de description 'objective' des lieux, les Souvenirs les mettent en perspective par leur caractère de « mémoire subjective »[41]. Par le biais de la contrainte, *Lieux* se situe donc à l'avant-garde de « l'écriture du réel » dans les années 1970 et De Bary esquisse comment le projet a inspiré nombre d'écrivains et de plasticiens contemporains, de Jacques Jouet à Jacques Roubaud et à Sophie Calle.

Comme brièvement mentionné dans l'Introduction, pour Jean-Luc Joly[42] comme pour De Bary, *Lieux* est un projet fondamentalement oulipien. Pour Joly, il est oulipien en ce qu'il reflète l'ambition totalisante de l'œuvre perecquienne. Les contraintes sont l'instrument principal de cette totalisation. En effet, pour Joly, l'œuvre de Perec constitue une tentative de « connaissance » de la totalité du réel, ce qui la rend foncièrement réaliste. Cette « intention totalisante » (t. II, p. 913), il en montre la présence à tous les niveaux et dans toutes les phases de l'œuvre, vue ici comme une exploration des « pouvoirs totalisateurs de l'écriture » (t. II, p. 925). A ce moment-là, pour Joly – position assez différente de celle de Lejeune – l'autobiographie « n'est qu'un mode de totalisation comme un autre » (t. II, p. 916) : ce n'est pas un but en soi chez Perec, mais

---

39   *Ibid.*, p. 484.
40   *Ibid.*, p. 485.
41   *Ibid.* On trouve la même intuition chez Jacques Neefs : « Chaque point d'inscription [de la mémoire] est à la fois un présent radical, divisé entre ce que l'on pourrait considérer comme l'objectif (ce que je vois, ce que je retiens en cet instant en ce lieu) et ce que l'on peut nommer le subjectif (ce qu'est mon souvenir à cet instant, ce que je suis par le souvenir que j'ai à cet instant de ce lieu) et une matière emportée dans le temps [...] », « Le présent de la mémoire », *Texte. Revue de critique et de théorie littéraire*, 1999, no. 25-26, p. 107-108.
42   Jean-Luc Joly, *Connaissance du monde, op. cit.*, chapitre 2, « Totalité et autobiographie ». Nous résumons plus en détail le riche chapitre qu'il consacre à l'écriture autobiographique de Perec, pour donner sa juste place à ce travail difficilement accessible car non-publié.

un des champs où se poursuit son ambition de « connaissement du monde », à un moment donné. Dans cette recherche totalisante du réel, l'autobiographique « n'est jamais qu'une étape » (t. II, p. 925), un moyen. Mais ce n'est pas une phase passagère, comme le soutiennent et Lejeune et Sheringham, car elle subsiste jusque dans la dernière phase de l'œuvre de Perec, longtemps après l'abandon de *Lieux*. Selon Joly donc, pas de 'tournant' du temps à l'espace, de la mémoire au présent ou de l'intériorité à l'extériorité.

Joly tente alors de penser la conjonction des dimensions du temps et de l'espace : c'est elle qui fait l'originalité de *Lieux*, où « le sujet cherche à se retrouver par ses lieux, par son rapport à l'espace ou par son inscription dans les espaces. » (t. II, p. 928) Afin d'y arriver, Perec travaillerait à une « mémoire totale des lieux » (t. II, p. 929). Interrogeons d'abord cette ambition totalisante que Joly discerne chez Perec. Certes, la mémoire des lieux n'est pas seulement autobiographique mais aussi 'sociologique'. Elle se manifeste dans bien des pages autobiographiques, où Perec « interrog[e] sa mémoire [afin de] reconstruire les lieux de son passé (*Lieux où j'ai dormi*) ou à l'inverse, espère reconstituer sa mémoire en interrogeant ces lieux » (9) (au chapitre X de *W* par exemple). Elle est tout aussi présente, et c'est plus inattendu, dans des textes qui appartiennent au « champ 'sociologique' » de son œuvre, comme *Tentative d'épuisement d'un lieu parisien* (t. II, p. 929). L'originalité de *Lieux*, avec ses doubles séries de Réels et de Souvenirs, est qu'il conjugue les deux types de texte à l'intérieur d'une même œuvre, ce qui lui confère une complétude. Au niveau des textes individuels, l'ambition de totalité se manifeste dans le désir d'« épuiser » un lieu parisien. Mais cette ambition va de pair avec le doute, avec un scepticisme certain sur l'entreprise de description, qui reste par définition incomplète, fragmentaire. De même, on l'a dit, les douze lieux sont très loin de constituer la totalité des lieux perecquiens ; ils n'en constituent qu'un échantillon métonymique, qui renvoie à d'autres lieux non-mentionnés. Nous reprendrons donc volontiers l'expression « mémoire des lieux », mais sans l'adjectif « totale ».

Quel sens faut-il alors donner à cette « mémoire des lieux » ? Joly comprend cette expression comme un double génitif : il s'agit bien entendu de la mémoire que j'ai d'un lieu (génitif objectif) mais aussi de celle dont ce lieu est le dépositaire (t. II, p. 929), dont il est le « sujet », en termes grammaticaux (génitif subjectif). Les lieux ont donc une mémoire, ce sont des « conservatoires mémoriels » (t. II, p. 930) Cela explique que *Lieux* soit un projet à deux faces, où il s'agit de « rassembler ses propres souvenirs d'un lieu » (les Souvenirs) mais aussi d'« interroger la mémoire que les lieux ont conservée d'un passé », et ce « à travers une description aussi précise que possible » (les Réels). Selon Joly, les deux faces du projet sont en relation de « bijectivité »

(t. II, p. 932) : chaque Réel a son équivalent dans l' « ensemble » des Souvenirs, et inversement[43]. Réels et Souvenirs sont réversibles et pour cela inséparables, même s'ils semblent se trouver en vase clos. La gageure consiste alors à expliquer cette bijection, à « expliciter l'articulation entre description et mémoire ou identité » (t. II, p. 933).

Joly interroge la bipolarité de *Lieux*, l'interdépendance des Réels et des Souvenirs. Si les Souvenirs sont autobiographiques par définition, par leur formule mais aussi par le choix des douze lieux, qui sont tous des lieux de vie, cela est moins évident pour les Réels : quelle est leur place dans cette entreprise autobiographique ? Quelle mémoire du passé ont-ils pu conserver ? Les Réels ont une « intention heuristique » c'est-à-dire qu'ils visent à trouver, à découvrir quelque chose, à atteindre « un insu », mais quelle sorte d'insu ? Cet insu n'est pas seulement sociologique, anthropologique (le changement ou le « vieillissement » des lieux) mais aussi autobiographique car, dans les descriptions de l'infra-ordinaire, « doivent se nicher des traces passées, présentes ou à venir *du sujet* » (t. II, p. 945, je souligne).

Or, et c'est l'intuition la plus originale de Joly, ces traces, illisibles au moment de l'écriture, ont pour Perec une fonction différée : elles prendront leur sens plus tard, dans douze ans, lorsqu'il ouvrira les enveloppes. Il s'agit donc d'« enregistrer le réel » afin d'en « fournir un souvenir idéal pour un futur plus ou moins proche » (t. II, p. 945) : décrire afin de se souvenir, décrire maintenant afin de pouvoir se souvenir demain. En conséquence, dans *Lieux*, Joly discerne une « intention d'archivage » (t. II, p. 946). Pour le moment, il s'agit de voir que les Réels, au même titre que les Souvenirs, « connotent l'identité » (t. II, p. 947) c'est-à-dire qu'ils nous parlent (aussi) du sujet, de l'intériorité. Ils le font non comme des souvenirs-écrans mais par les connotations subjectives qui leur sont propres, comme Cécile De Bary l'avait également relevé. Or pour que les descriptions puissent fonctionner comme archives, elles se doivent d'être exhaustives : « décrire en totalité [dans les Réels], c'est permettre à la future remembrance d'être totale » (t. II, p. 949), car seule « la totalisation [...] semble promesse de révélation de ce qui a été occulté, de retrouvailles avec ce qui a été perdu. » (t. II, p. 954-955) Elles se doivent aussi d'être des descriptions qui s'attachent à l'infra-ordinaire : essayer de voir ce qu'on ne voit pas habituellement, c'est – Perec l'espère du moins – une manière d'accéder, à terme, au « caché des lieux (caché autobiographique, à destination de soi, ou caché sociologique, à destination de soi ou des autres) » (t. II, p. 955). Joly souligne

---

[43] Par exemple, au Jussieu Souvenir de 1970 correspond un Jussieu Réel de la même année. Joly met entre guillemets le terme de bijectivité pour indiquer qu'il ne s'en sert pas au sens strict, mathématique.

à juste titre qu'il s'agit là d'un espoir, pour Perec, non d'une certitude, et que « l'insu » qu'il poursuit est à la fois autobiographique et sociologique. De ce fait, la mémoire future des lieux, qu'il ambitionne, est une mémoire personnelle et collective.

Dans notre travail, il s'agira d'interroger la pratique de cette double mémoire dans les textes de *Lieux* et la conception de *Lieux* comme archive. Mais achevons d'abord ce tour d'horizon critique qui, de la « mémoire des lieux », mène à une lecture de *Lieux* à partir de l'art de la mémoire.

## 4     Lectures de *Lieux* et l'art de la mémoire

Dans *Mémoires du quotidien. Les lieux de Perec*[44], Derek Schilling restitue l'œuvre de Perec dans le contexte de la pensée du quotidien. Mais loin de conclure, comme Sheringham, à un abandon de l'autobiographie au profit du quotidien et de l'espace, il souligne comment l'un se noue avec l'autre, dans une imbrication qui est à la base d'un projet comme *Lieux*. Si l'œuvre de Perec (du moins à l'époque de *Lieux*) est la quête d'un noyau autobiographique dérobé, qui ne saurait être exprimé que de manière détournée, Schilling souligne que ce détour correspond à l'espace, aux lieux et à leur vécu quotidien. Sans « ces choses, espaces et lieux », « le projet identitaire s'avère impossible »[45], c'est pourquoi il voit *Lieux* comme une manière originale, « à défaut d'histoire personnelle, [de] *fabriquer* des mémoires du quotidien »[46]. Il refuse par là même de considérer l'écriture de *Lieux* comme une activité purement compensatoire, mélancolique, préférant insister sur le quotidien comme « valeur positive »[47] et sur le fait que « dysphorie et euphorie en sont mutuellement constitutives »[48]. Cela vaut pour toute l'œuvre de Perec et c'est ce qui ressortira aussi de nos analyses des textes.

Le verbe « fabriquer » indique qu'il s'agit d'une mémoire artificielle. Cela mène Schilling au rapprochement avec l'art de la mémoire ou *Memoria*, la cinquième partie de la rhétorique classique. Rhétorique que Perec avait découverte, on le sait, par les cours de Roland Barthes au Collège de France. Dans les rhétoriques de l'Antiquité, l'art de la mémoire est une mnémotechnique destinée à retenir un discours. Il consiste à « déposer » les contenus à retenir

---

44      L'ouvrage de Schilling se situe dans le prolongement de sa thèse de doctorat, *Mémoire du quotidien*, soutenue à Paris 8 en 1997 et déposée à l'Atelier National des Thèses.
45      Derek Schilling, *Mémoires du quotidien : les lieux de Perec, op. cit.*, p. 15.
46      *Ibid.*, je souligne.
47      *Ibid.*
48      *Ibid.*, p. 26.

(choses ou mots) dans un lieu (réel ou imaginaire), qu'il suffit ensuite de parcourir mentalement pour se souvenir de son discours. L'apprenti-rhéteur doit pour cela d'abord découper son discours en « images » et ensuite rattacher chaque image à un *locus*, un endroit précis à l'intérieur du lieu choisi. Il se construit ainsi un « palais de la mémoire » : le parcourir c'est se souvenir de chaque détail de son discours.

Schilling découvre plusieurs parallèles entre *Lieux* et l'art de la mémoire : comme les apprentis-rhéteurs, Perec a soigneusement sélectionné ses lieux et les parcourt régulièrement en esprit, ce qu'on pourrait comparer à l'entraînement nécessaire aux apprentis-rhéteurs. Non seulement un même lieu est destiné à être décrit (sur place ou de mémoire) vingt-quatre fois dans l'espace de douze ans mais Perec affirme qu'il a constamment ce lieu à l'esprit, pendant le mois qui est placé sous son signe. En outre, dans les Souvenirs, il décrit le lieu « de mémoire », à l'instar de l'apprenti-rhéteur. Mais Schilling est conscient aussi des différences avec l'art de la mémoire : en effet, quand Perec décrit son lieu « de mémoire », il ne saurait reproduire des « contenus » qu'il y aurait préalablement déposés. En effet, ces « contenus » s'y trouvent déjà, étant donné que ses lieux ne sont pas neutres, comme ceux de la rhétorique, mais personnels et même surdéterminés. Si les contenus que le rhéteur tente de mémoriser lui sont connus, dans les lieux parisiens, en revanche, ils sont cachés et Perec espère y découvrir quelque chose de nouveau, faire resurgir des contenus oubliés.

Or il semble que c'est précisément sur ce point que l'art de la mémoire achoppe, dans *Lieux*, car la plupart du temps, cette technique ne permet guère à Perec de faire resurgir de nouveaux souvenirs. Ce problème est au centre de l'article de Christelle Reggiani sur « Perec et l'art de la mémoire »[49]. Selon Reggiani, Perec vise bien à se construire des lieux de mémoire (*loci memoriae*), sur le modèle antique mais le lieu reste problématique chez lui, c'est pourquoi il s'agit d'un programme, d'une « quête d'un art de la mémoire » plutôt que de sa réalisation. Quête difficile car l'art de la mémoire de Perec vise non seulement la mémorisation (tout inventorier, tout sauvegarder) mais aussi la remémoration : les descriptions sont supposées faire resurgir à la mémoire des contenus oubliés. Cette dernière ambition, souligne Reggiani, ne lui vient pas de la rhétorique classique mais d'un schéma beaucoup plus récent : « le *topos* romanesque de la « scène de réminiscence », dont le modèle est évidemment

---

49 Christelle Reggiani, « Perec et l'art de la mémoire », *art. cit.* Cette réflexion est reprise d'un chapitre de la thèse de Christelle Reggiani, *Rhétoriques de la contrainte. Georges Perec – L'Oulipo*, Éditions InterUniversitaires, 1999.

Proust mais qui remonte au-delà, notamment à Rousseau[50]. Le lieu y fonctionne comme cause ou comme catalyseur de la mémoire à l'intérieur d'une « quête mémorielle concertée »[51].

Ainsi, conclut Reggiani, la mémoire perecquienne se trouve prise « entre invention et inventaire, entre remémoration et mémorisation »[52]. C'est là ce qui en fait l'ambiguïté et ce qui la destine en fin de compte à l'échec, comme elle le constate à propos des *Lieux où j'ai dormi* mais aussi de *W ou le souvenir d'enfance* où la rue Vilin ne suscite « aucun souvenir », mais uniquement un blanc : c'est un lieu qu'« il s'avère impossible de constituer en signe mémoratif »[53]. Blanc que Perec cherchera à contourner de multiples manières : par les listes, l'*ekphrasis* des photographies de famille, les descriptions de lieux (les Réels par exemple), il tente de se constituer des « contenus mémoriels »[54], des « mémoires du quotidien » (Schilling). Mais ces listes et ces descriptions n'ouvrent pas la voie à la remémoration : « l'image de mémoire ne [peut] apparemment être convoquée à partir de lieux »[55] ; la quête d'un art de la mémoire « paraît donc irrémédiablement vouée à l'échec »[56]. Pour Reggiani, cet échec ne pourra être surmonté que par le recours à la fiction : avec *La vie mode d'emploi*, Perec découvre que, « si le lieu vécu fait défaut, la fiction va construire ses propres *loci memoriae* »[57] et, par le dispositif de l'immeuble et des contraintes qui en régissent la description, il va enfin pouvoir ériger un véritable palais de la mémoire, équivalent à ceux de l'art antique de la mémoire[58].

La comparaison qui suit entre l'art de la mémoire et le dispositif de *La vie mode d'emploi* est lumineuse mais on peut se demander si Reggiani ne conclut pas un peu vite à l'échec pour ce qui est des lieux de mémoire érigés à partir des lieux réels. Son analyse s'arrête surtout à *Lieux où j'ai dormi* et à peine à *Lieux*, qui constitue pourtant la plus grande tentative, de la part de Perec, de « loger la mémoire dans l'espace »[59]. La « machine mémorielle » achoppe-t-elle là aussi, dans tous les cas ? Pour le savoir, il faudra étudier les textes eux-mêmes. Certains

---

50    Reggiani, *art. cit.*, p. 110.
51    Sur ce point, il faut souligner (comme plusieurs commentateurs l'ont fait), la différence entre la mémoire proustienne, spontanée, « involontaire », et la mémoire perecquienne telle qu'elle apparait par exemple dans *Lieux où j'ai dormi*, comme un travail, un effort volontaire.
52    Reggiani, *art. cit.*, p. 113.
53    *Ibid.*, p. 114.
54    *Ibid.*, p. 116.
55    *Ibid.*, p. 117.
56    *Ibid.*, p. 118.
57    *Ibid.*
58    *Ibid.*, p. 119.
59    Jacques Neefs & Hans Hartje, *Georges Perec. Images*, Éditions du Seuil, 1993, p. 124.

'Souvenirs' – la rue Vilin encore, mais aussi l'île Saint-Louis – semblent vides, refusant de faire signe mais d'autres – Contrescarpe, Gaité, Assomption – sont d'une grande richesse. Il faudra aussi, de l'art de la mémoire, revenir vers la rhétorique elle-même, dont la mémoire ne constitue qu'une partie. En effet si, comme l'affirme Schilling, la *Memoria* perecquienne semble « une forme nouvelle d'Inventio », c'est l'*Inventio* elle-même qu'il faudra interroger plus à fond. Partie peut-être tout aussi essentielle que la Memoria, pour Perec, puisqu'elle offre des méthodes pour « trouver » des contenus pour l'écriture. Comme déjà indiqué dans l'introduction, nous lirons donc les *Lieux* plus comme des topiques que comme un art de la mémoire.

**PARTIE 2**

*Microlectures*

∵

CHAPITRE 3

# Gaités

Notre première microlecture concernera les textes et documents autour de la rue de la Gaité. Ensemble particulièrement riche puisque, outre les Réels et les Souvenirs de ce lieu, écrits entre 1969 et 1975, nous disposons de la version des Réels publiée en revue : « Guettées »[1] et d'une série de photos prises sur les lieux par Christine Lipinska, en 1970[2]. Quelle est la place et la signification de « Gaité » à l'intérieur du projet ? De quelles méthodes Perec se sert-il dans les Réels et dans les Souvenirs ? Si ces méthodes sont bien différentes, dans les deux types de texte, est-ce que leurs résultats le sont également ?

D'abord, par une lecture des Souvenirs, on se demandera pourquoi et comment Gaité s'est constitué en lieu de mémoire. On en discernera deux raisons divergentes : d'une part, certaines amitiés liées au quartier, de l'autre la psychanalyse faite en 1956-57, suite à une dépression. Or celle-ci, on le verra, fait subtilement dériver Gaité vers une autre zone du quartier, celle où habite l'analyste avec qui il a alors trois rendez-vous par semaine. On interrogera ce « déplacement », qui est propre à l'écriture autobiographique de Perec, toujours « oblique » (Lejeune). Comment le déplacement, mécanisme de l'inconscient bien connu de Perec, se fait-il ici processus d'écriture ? Et comment ce double contexte (amitiés et analyse) affecte-t-il la tonalité de ces textes, qui est tantôt euphorique, tantôt dysphorique ? On verra ensuite que ce sont ses pratiques quotidiennes du quartier, dans le passé, comme la déambulation, ou des manières de l'habiter – manger, boire, aller au cinéma – et enfin l'œuvre en cours (avec la création de *L'Augmentation*, au Théâtre de la Gaité Montparnasse en février 1970) qui forment la matière des Souvenirs. Ces pratiques font que Gaité est un lieu de mémoire.

Or ce sont précisément des pratiques quotidiennes du quartier Gaité – mais cette fois celles de ses riverains, donc de tous – qui font l'objet des relevés annuels sur place que sont les Réels. Comment Perec s'y prend-il pour « épuiser » un lieu parisien ? Quels sont les procédés qu'il emprunte pour décrire ces pratiques de l'espace ? L'expression « pratiques quotidiennes » fait le rapprochement entre l'entreprise de Perec et celle de Michel de Certeau, dans *L'Invention du quotidien* (1980)[3]. Malgré le fait que l'ouvrage de De Certeau soit

---

1 « Guettées », *Les Lettres nouvelles*, no. 1, février-mars 1977, pp. 61-71.
2 Photographies qui seront étudiées au chapitre 5.
3 Rapprochement élaboré par Michael Sheringham dans *Everyday Life, op. cit.*

postérieur à *Lieux*, on se servira utilement de certains de ses concepts comme l'idée d'une « invention » du quotidien, c'est-à-dire de pratiques qui « rusent » avec l'ordre dominant, jusqu'à le subvertir. C'est à la lumière de ces notions qu'on examinera les Gaité Réels, relevés annuels qui documentent la modernisation radicale et fonctionnaliste d'un vieux quartier parisien et les modes ludiques dont ce processus est subverti par les « usagers » du quartier.

1      Gaité comme un lieu de substitution : topographies du souvenir

Les douze lieux correspondent pratiquement tous (à l'exception de Choiseul) à des lieux où Perec ou bien des personnes qui lui sont chères ont vécu. Alors pourquoi Gaité ? Au fil des Souvenirs, c'est surtout le nom de son ami Jacques Lederer qui revient : « Gaité pour Jacques », dit le Souvenir 1972 et, dans un style plus formalisé, « L'emprunt de la rue de la Gaité a été toujours lié à une visite chez J[acques] L[ederer], qu'il habite rue du Maine (112) ou rue Vercingétorix (68) [...] » (*L* 12, p. 101[4]). Il habitait le quartier en 1955-56, à l'époque de leurs études supérieures, il y habite apparemment encore lorsque Perec commence à y retourner régulièrement chaque année pour écrire les Réels Gaité. Sa silhouette surgit au détour de ces textes : « Je crois avoir vu passer J[acques] L[ederer] sur sa moto. » (*L* 74, p. 299) Gaité, c'est le quartier de Jacques Lederer, comme Italie est le quartier de Michel Rigout, ou la Contrescarpe celui de ses amis tunisiens. Equivalence presque proustienne entre un être et ses lieux, le décor où cet être surgit. On ne saurait sous-estimer l'importance de ces liens d'amitié (ou d'amour, pour Mabillon et l'Île Saint-Louis) dans la motivation profonde du choix des lieux. Se remémorer ses lieux, c'est dresser la carte topographique (parfois sous forme de graphique, ou d'arbre) de ses amitiés. L'écriture autobiographique de Perec est une écriture « conviviale »[5], elle est constructrice de « lieux communs » – expression qui chez Perec comme dans la rhétorique classique, renvoie à des lieux partagés, à une communauté créée par le lieu. Comme chez Proust, les lieux sont souvent « le côté de chez quelqu'un », sans pourtant en partager le caractère inaccessible :

> La rue de la Gaité est donc essentiellement, primairement, un endroit de passage : une manière venant du Quartier, d'aller chez J[acques] L[ederer], que ce soit Avenue du Maine [...] ou rue Vercingétorix. Depuis

---

4   Ou encore : « L'existence de la rue de la Gaité (et son emprunt trihebdomadaire) (et son choix comme jalon) est spécifiquement lié aux habitations de J[acques] L[ederer]. » (*L* 55, p. 253).

5   Lejeune, *op. cit.*, p. 40.

> [...], c'est toujours en venant du Quartier [...] un chemin vers chez Bernard et Agnès Queysanne (jadis rue Vercingétorix, aujourd'hui rue Didot) ou vers Marcel et Isabelle Bénabou. [...] Ç'aurait pu être aussi le chemin de M[aurice] Pons et Michèle Georges qui vivent maintenant dans ce quartier, si je 'fréquentais encore chez'. Ce sera encore sur le chemin de J[acques] et M[ireille] qui vont bientôt déménager dans un HLM de 4 pièces à Plaisance [...]. (L 77, p. 307)

Pourtant, l'amitié avec Jacques Lederer n'est pas la seule raison du choix de Gaité. Il y a aussi les visites « trihebdomadaires » (L 55, p. 253), en 1956-57, au cabinet de Michel de M'Uzan, situé Villa Seurat, dans le XIVe arrondissement également. C'est une période difficile, où Perec broie du noir : son premier roman, *Les Errants*, a été sévèrement critiqué par les amis qu'il estime le plus, ; il ne le proposera jamais à un éditeur et au printemps 1956, il n'a plus guère confiance en son avenir d'écrivain[6]. C'est aussi l'époque – dans les premiers six mois de 1957 – où il vit au 203 rue Saint-Honoré, dans la chambre de bonne décrite dans *Un homme qui dort*, récit qui témoigne indirectement de la dépression qu'il traverse. Pendant cette période, trois fois par semaine, le plus souvent à pied, il fait le trajet depuis la rue Saint- Honoré jusqu'au fond du XIVe arrondissement, pour ses séances de psychanalyse[7]. Dans les Saint-Honoré Souvenirs, il caractérise sommairement cette période par la formule répétée en boucle : « tilts, cinéma, Dem »[8], « Dem » étant l'abréviation de de M'Uzan, son analyste. La formule résume avec force le désœuvrement de cette période où, autour de ses séances de psychanalyse, il tue le temps en traînant dans Paris, en voyant en moyenne trois ou quatre films par jour et en jouant au flipper. Or le flipper (ou le tilt) et le cinéma sont très présents dans les Gaité Réels.

La Villa Seurat est une petite impasse jouxtant la rue de la Tombe-Issoire. Dans les années 1920, divers architectes modernistes y ont construit une cité pour artistes, qui fut le lieu de résidence d'Henry Miller, d'Anaïs Nin et de Lawrence Durrell avant la Seconde Guerre mondiale, à la grande époque du quartier Montparnasse. La Villa Seurat risque fort de passer inaperçue lorsqu'on parcourt le quartier et il en est de même à la lecture de *Lieux* : dans les textes où il est question de la rue de la Gaité, il y a peu d'allusions à la Villa Seurat. Perec n'en parle que dans trois Souvenirs[9]. En 1969, Perec observe d'abord qu'Alésia était un « carrefour privilégié à l'époque puisque conduisant

---

6 Paulette Perec, éd., *Portrait(s) de Georges Perec*, op. cit., p. 41.
7 Analyse qui dure de mai 1956 à la fin de 1957 (*ibid.*).
8 « Tilts cinéma Dem Dem tilts cinéma cinéma Dem tilts.
  Tilts Dem cinéma Dem cinéma Tilts cinéma Tilts Dem » (L 28, p. 165).
9 L 12, 55 et 77.

par la rue d'Alesia à la Tombe-Issoire et à la Villa Seurat. ». Dans sa topographie personnelle, « il existe une relation forte entre Gaité et Alésia (comme entre Denfert et Alésia[10]), relation établie par un itinéraire fréquemment emprunté [...] » (*L* 12, p. 100).

Perec résume avec précision cet itinéraire, qui passe successivement par la rue des Pyramides, les Tuileries, les quais, Saint-Germain des Prés, la rue de Rennes, Montparnasse, la rue d'Odessa, la rue de la Gaité, l'avenue du Maine, Alésia, la rue d'Alésia, la rue de la Tombe-Issoire, pour aboutir enfin à la Villa Seurat, « ceci trois fois par semaine, en début d'après-midi. » (*L* 55, p. 253) Pourquoi décrire avec autant de détail la configuration de son itinéraire ? D'abord, parcourir l'espace est une des manières que nous avons de l'habiter, c'est une de nos « pratiques du quotidien » (De Certeau). Dans ce sens, cet itinéraire est tout aussi important que la Villa Seurat et l'analyse elle-même, qui en sont le but mais qui seront tus, comme dans *Les Lieux d'une ruse*.

Le caractère récurrent de cet itinéraire en exprime aussi le côté compulsif, que Perec ne méconnait certainement pas. En effet, pour lui, « la rue de la Gaité appartient donc (en quelque sorte ontogénétiquement) à un circuit obligé lié à la topographie même de ma jeunesse. » (*L* 77, p. 307) Le terme d'ontogenèse, utilisé sur un mode ludique, indique que, par la succession temporelle des textes de *Lieux*, Perec espère également retracer l'évolution de son moi, en décrire la genèse, depuis sa jeunesse à aujourd'hui. Cette évolution est prédéterminée par les lieux qu'il a fréquentés et ce qu'il y a vécu (ici l'analyse). On comprend alors qu'il s'agisse d'un « circuit obligé », « à ce point imprimé dans mes habitudes que tous les autres itinéraires m'ont toujours paru exotiques, inhabituels, anormaux. » (*ibid.*).

C'est précisément cet itinéraire, et le cœur de celui-ci, la Villa Seurat, qui a amené Perec faire de Gaité un de ses lieux de mémoire, dans un mouvement de déplacement ou de substitution : « Gaité comme Lieu est un substitut d'Alésia, lui-même symbole de la Tombe-Issoire, c'est-à-dire de la Villa Seurat. » (*L* 12, p. 100), et il faudrait ajouter que la Villa Seurat est elle-même le lieu, le symbole de son analyse. A la place de la Villa Seurat, qui renvoie à son analyse et à la dépression qu'il a traversée à l'époque, Perec parlera donc de la rue de la Gaité et de son entourage. C'est là un bon exemple de la nature oblique, indirecte de l'écriture autobiographique chez Perec, obliquité dont il a d'ailleurs une

---

10  Denfert et Alésia sont bien sûr deux quartiers attenants, mais ils sont aussi deux lieux proches dans l'imaginaire de Perec, puisque Denfert égale Italie, l'un de ses autres lieux, lié à la chambre d'étudiant de son ami Michel Rigout, où, en janvier 1956, donc dans la période précédant immédiatement son analyse chez de M'Uzan, il finalisa le manuscrit des *Errants*. On voit que, malgré les contraintes du projet, les lieux de Perec ne sont pas des vases clos mais qu'ils communiquent de multiples manières.

conscience claire : « Il est significatif que je n'aie pas choisi la Villa Seurat, qui fut pourtant, à Paris, le lieu le plus exploré [...] » (*L* 12, p. 100). Gaité est-il donc un de ces lieux-écrans[11] ? L'allusion implicite à l'analyse affectera la tonalité des Souvenirs mais aussi des Réels, tonalité tantôt dysphorique, mélancolique, tantôt euphorique.

Repasser dans le quartier, en fouler le sol aujourd'hui, pour faire ses Réels ou pour n'importe quelle autre raison, c'est pour Perec réaccomplir un geste rituel, presque religieux au sens d'abord où il s'agit d'un devoir imposé par le projet. Le caractère « trihebdomadaire » de ces passages renforce la dimension rituelle. Or tout passage dans le quartier est bon, pour n'importe quelle raison, on le constate aussi à propos d'autres lieux : visite ou simplement passage en métro ou en voiture. C'est à cause de ce caractère rituel que Perec se remémore de manière si détaillée des visites qui pourraient sembler futiles : en 1969, il se souvient être passé à Gaité « récemment deux fois », une fois pour un rendez-vous et une fois pour aller visiter un appartement à louer. Ce qui compte, c'est que « les deux fois, j'ai été sensible au fait de passer non loin de la rue de la Gaité, dans la mesure où ce mois de juin était, lui était *consacré*. », écrit-il le 27 juin 1969 (*L* 12, p. 100, je souligne). Ecrire un Réel n'est pas l'affaire d'un instant, non, le mois entier est placé sous le signe des deux lieux prescrits par la table de permutation. En 1974, Perec constate qu'il est passé dans le quartier mais pas dans la rue de la Gaité elle-même. Alors que le Réel Gaité sera fait à un tout autre moment de l'année[12], on voit ici que même cette présence accidentelle sur les lieux renforce le parcours mental propre au Souvenir. Il est évident que le terme de « consacré » donne une dimension sacrée au lieu ...

Les Souvenirs comme les Réels portent le titre de « Gaité » mais la rue de la Gaité n'est à l'origine qu'un « endroit de passage » pour aller ailleurs : chez Jacques Lederer, chez d'autres amis ou Villa Seurat. Par là même, le terme de « Gaité » désigne au moins deux zones, assez éloignées, du XIVe arrondissement : la rue de la Gaité et la Villa Seurat. Et il y en a une troisième, c'est le croisement du métro Edgar Quinet : dans le Souvenir de 1975, Perec le décrit de mémoire et fait mentalement le tour des rues attenantes, en en dénombrant les commerces. Gaité n'est donc pas un lieu clairement définissable topographiquement mais plutôt une zone diffuse, qui se déplace au gré de l'imaginaire et de la mémoire. Zone-source, zone-mère comparable à ce que Proust

---

11   Selon Lejeune, « Ce sont des 'lieux de projection', 'des sortes d'écrans' (dans tous les sens du mot) », donc aussi au sens psychanalytique des souvenirs écran de Freud (Lejeune, *op. cit.*, p. 163).

12   En 1969, Souvenir et Réel sont assez écartés : Souvenir fait le 27 juin, Réel le 1er décembre ; c'est encore plus le cas en 1973-1974 : Réel le 27 février 1973, comme prévu, mais Souvenir le 24 novembre 1974, avec un an et demi de retard. Pour ces décalages, voir Lejeune, *op. cit.*

appelait les « gisements profonds de mon sol mental »[13] : « La Villa Seurat, bien sûr [est un des douze lieux], mais ce n'est pas vraiment un lieu, ou alors tous les autres y mènent ... » (L 41, p. 199).

Le cas de Gaité montre que le lieu perecquien est composé d'itinéraires qui à leur tour tracent les contours de l'espace. Vivre ses lieux c'est les parcourir physiquement, par la marche, ou bien par la mémoire et l'écriture. Or chez Perec, ce quadrillage des lieux est lié au désir d'organiser ses espaces, de les ériger en système, ce qui résulte en une pluralité de schémas, de classifications visant à ordonner l'espace. C'est le cas pour tous les *Lieux* de Perec ; voyons comment cela se passe dans les Gaité Souvenirs.

## 2  Organiser la mémoire de Gaité

Une première classification – mi-sérieuse mi-ludique – opérée par Perec est celle entre « souvenirs itinérants » et « souvenirs non itinérants » (L 77, p. 307). Etant donné que la majorité des souvenirs de Gaité proviennent de cet itinéraire récurrent, en 1956-57, de la rue Saint-Honoré à la Villa Seurat (en passant par la rue de la Gaité), les souvenirs de Gaité sont presque tous « itinérants ». Ce sont les choses, les personnes, les micro-événements rencontrés pendant ces déambulations : commerces, cinémas, théâtres, restaurants ... Il y a assez peu de souvenirs « non-itinérants », qui sont tous « lié[e]s à ce que j'appellerai 'la vocation théâtrale' de la rue de la Gaité ». Il s'agit de spectacles vus mais surtout des répétitions et de la première de *L'Augmentation*, créée au Théâtre de la Gaité Montparnasse en février 1970. Cette production sera pour Perec l'occasion d'un séjour prolongé dans le quartier. La distinction entre souvenirs « itinérants » et « non-itinérants » peut sembler banale, mais elle renvoie à deux manières fondamentales d'être dans l'espace : déambuler, arpenter l'espace ou bien y séjourner, y demeurer en un lieu fixe. La distinction correspond, au niveau des Réels, à celle entre ce que Philippe Lejeune a appelé les « Réels debout » et les « Réels assis »[14]. Cette distinction est d'ailleurs commune aux Réels et aux Souvenirs : tous deux sont des descriptions – ambulantes ou assises – des lieux, les premiers sur place, les seconds par la mémoire. Au niveau stylistique, ces textes sont souvent proches.

Cette aspiration à organiser ses souvenirs et à les classifier est liée au désir d'exhaustivité. Au fil des textes, nous verrons la grande inventivité que déploie

---

13   *À la recherche du temps perdu*, J.-Y. Tadié éd., Paris, Gallimard, coll. Bibliothèque de la Pléiade, 1987, tome I, p. 182.
14   Lejeune, *op. cit.*, p. 182.

Perec dans la création de systèmes. Dans le Gaité Souvenir de 1969, par exemple, il déploie la « cartographie » de ses cinémas. L'époque de ses allers-retours réguliers dans le XIV<sup>e</sup> arrondissement est ce qu'il appelle avec enjouement « mes années cinéphiliques » et « l'arpentage de la rue de la Gaité était souvent lié à la recherche d'un cinéma. ». Dans les Gaité Souvenirs, il épelle et commente les cinémas de la rue de la Gaité, mais non content de se limiter aux cinémas de cette rue, il élargit à tous ceux qu'il fréquentait à vingt ans et en dresse la carte : « D'une manière générale, on peut dire que j'ai exploré systématiquement, au cours de mes années cinéphiliques, quatre grands axes cinématographiques. » (*L* 12, p. 102) Ces axes, ce sont le Quartier latin, Gaité, les grands boulevards et Franklin-Roosevelt (qui est aussi un des douze lieux). Entre ces axes et entre les cinémas, Perec note les différences de qualité des films, les différences de prix du ticket …

Chez lui, le cinéma n'est pas l'activité planifiée qu'elle est souvent aujourd'hui mais une manière comme une autre d'arpenter la ville, de se laisser porter par la rue, de flâner. Etrange mélange de hasard et de systématisation après coup, qui n'est pas sans rappeler les déambulations dans *Un homme qui dort*. En traçant des axes imaginaires dans Paris, le protagoniste de ce roman se sent « le maître du monde » : « tu règnes sur Paris : tu gouvernes le nord par l'avenue de l'Opéra, le sud par les guichets du Louvre, l'est et l'ouest par la rue Saint-Honoré. » (*HD* 53) Malgré son caractère ludique, la tentative de classifier ses espaces cinématographiques, dans *Lieux*, exprime un désir semblable de maîtrise de l'espace et du monde. En outre, elle traduit une conscience claire du caractère orienté du corps dans l'espace.

Pourtant, ce système serait très peu perecquien s'il n'était pas déconstruit en cours de route, par une sorte de *clinamen*. En effet, après avoir dénombré ses quatre axes, il en désigne immédiatement un cinquième – les cinémas situés « entre Mouton-Duvernet et la Tombe-Issoire » –, et même un sixième, qui serait celui des « cinémas de mon enfance », à Passy. Parti pour ne dénombrer que les zones cinématographiques de ses années d'étudiant, Perec finit par y inclure également les autres périodes de sa vie, de sorte que la série demeure ouverte, incomplète.

Le Gaité Souvenir 1975 propose une autre forme de systématisation, liée elle aussi à l'espace. Dans ce texte, Perec évoque non la rue de la Gaité mais le croisement du métro Edgar Quinet : croisement qui constitue une étape de l'itinéraire originel. Là se croisent cinq rues : le boulevard Edgar Quinet, la rue Delambre, la rue du Montparnasse, la rue d'Odessa et ladite rue de la Gaité. Il les passe successivement en revue, en inventoriant les souvenirs qui leur sont liés. Cependant, ces souvenirs datent de périodes différentes : certains sont anciens, d'autres sont beaucoup plus récents, ils datent de ses passages dans le quartier pour faire ses Gaité Réels : ainsi le « mini marché aux puces avec des hippies vendeurs d'encens et flûtes » vu « pendant quelques semaines, un été (71 ?) », boulevard Edgar Quinet (*L* 121, p. 423). Ainsi, le projet de *Lieux* se nourrit lui-même, étant donné que les visites sur les lieux sont parfois à l'origine de nouveaux souvenirs.

Cette organisation par rue rend la première moitié de ce Souvenir très systématique. La seconde moitié décrit en détail la cinquième rue, celle de la Gaité. Elle classifie les souvenirs par catégories : restaurants, théâtres, cinémas, magasins. Cela donne à cette partie du texte une allure de guide touristique mais ce catalogue est tout personnel : chaque lieu comporte un souvenir personnel de rencontre, de repas en commun ou de spectacle. Là aussi, le catalogue est le signe d'une aspiration à l'exhaustivité.

### 3  La constitution d'un lieu de mémoire : habiter, manger, boire

Si Gaité est un lieu de mémoire, ce n'est pas à cause des 'grands événements' qui s'y sont produits mais parce que c'est un lieu vécu. Certes, on pourra rétorquer à juste titre que la psychanalyse est pour Perec un événement capital mais celle-ci n'est décrite qu'indirectement, par les gestes et les itinéraires qui la marquent. Par cette primauté du quotidien, Perec est proche de Michel de Certeau et de *L'Invention du quotidien*, recherche sur les « opérations des usagers », les « manières de faire » bref les pratiques quotidiennes des Français. Ces pratiques – habiter, marcher dans la ville, manger, boire, cuisiner, lire … – coïncident largement avec celles qui sont inventoriées dans *Lieux*. Et on y trouve la même créativité de l'habitant, qui « invente » ses lieux, « ruse » avec les « produits imposés par l'ordre dominant » et s'érige ainsi en « braconneur » de l'espace public. Ce sera surtout visible dans les Réels, comme on verra plus loin.

Dans les Souvenirs, Perec dresse l'inventaire de ses propres pratiques passées : marcher, arpenter l'espace mais aussi habiter, manger et boire – activités par excellence conviviales. Pour Perec, son « empaysement » dans le quartier est intimement lié au fait d'habiter, c'est pourquoi il fait montre d'une véritable obsession des adresses, notant minutieusement les déménagements des uns et des autres, et regrette de n'avoir jamais habité le quartier, ni même dormi une seule nuit rue de la Gaité (*L* 77). Il signale cependant comment il a été plusieurs fois sur le point d'y louer un appartement (*L* 12)[15]. Son lien affectif avec le quartier est donc dû non seulement au souvenir de l'analyse mais tout autant à

---

15   Ces recherches d'appartement en 1969 sont liées à sa rupture avec Suzanne Lipinska, qui fait qu'il quitte le Moulin d'Andé (Paulette Perec, éd., *Portrait(s) de Georges Perec, op. cit.*, p. 76).

ce réseau d'habitations d'amis qui quadrille le quartier, le rendant « habitable » (*EE* 176). Il n'est pas étonnant alors qu'en 1974, en notant ses souvenirs de Gaité, il constate que ses liens avec le quartier se sont relâchés parce que plus aucun de ses amis n'y habite : « Rue de la Gaité : je me demande même si j'y suis passé une fois cette année [...] Jacques L[ederer] ne vit plus dans le coin, Michelle Deissart a quitté Paris pour Tunis [...] ; je vais rarement voir Bénabou ou les Queysanne et en ce cas ce n'est presque jamais par la rue de la Gaité que je passe ; quant au théâtre, je n'y vais jamais. » (*L* 99, p. 376)

Mais habiter un quartier, le vivre au quotidien c'est aussi y manger et y boire. Et c'est ce que Perec fait en abondance, lors de ses visites de Gaité qui est depuis toujours un quartier très festif[16], avec un café ou un restaurant à chaque coin de rue. Cela explique que les « souvenirs alimentaires » (*L* 77, p. 307) soient si nombreux dans les Gaité Souvenirs, dont certains sont de véritables catalogues de restaurants et de cafés. Catalogues très personnels, dotés de jugements parfois amusants sur le rapport qualité-prix :

> Il y a un café au coin de l'avenue du Maine et de la rue Vercingétorix, c'est-à-dire tout au bout de la rue de la Gaité. En 56-57 on pouvait manger au comptoir une saucisse-frites qui n'était vraiment pas chère, peut-être moins chère qu'à « La Petite Source ».
>
> *L* 12, p. 100

Bien entendu, il ne s'agit pas pour Perec de confectionner un nouveau Guide Michelin mais d'inventorier ses « souvenirs alimentaires », anciens (datant de 1956-57) et plus récents : souvenirs de repas amicaux. Ainsi, les restaurants et les cafés contribuent à répertorier les réseaux d'ami(e)s et de connaissances. Au fil des Gaité Souvenirs, quelques restaurants et cafés reviennent ; leur récurrence semble aussi tenir à leur nom : ainsi le restaurant Les Mille colonnes, que Perec ne mentionne jamais sans dire qu'à l'époque, il avait cru qu'il s'appelait Les mille colonies, ou le café La Belle Polonaise, couramment appelé La Belle Po (*L* 33) ou la « Belpo » (*L* 121) et où il « habitera » surtout l'hiver 1970, lors des répétitions de *L'Augmentation*. En 1975, Perec fait une dernière fois l'inventaire des « souvenirs alimentaires » liés à la rue de la Gaité. Plus que de se souvenir de ce qu'il y a mangé ou bu, il s'agit de cartographier ses rencontres. Ainsi la Belpo n'est pas seulement fréquentée à l'époque de *L'Augmentation*, mais « y ai pris plus tard un pot avec P[aulette], J[ean] F[rançois] A[dam], Weingarten, Dubillard, après la première d'une pièce (sketches) de Dub[illard] jouée par ? et Jacques Seiler » (*L* 121, p. 424).

---

16   Voir § 5-7.

## 4   Le lieu vécu par l'écriture et le cinéma

Chez Perec, le lieu peut devenir un lieu de mémoire de plusieurs manières : on le parcourt sans relâche, on le remplit d'itinéraires, on l'habite (ou on rêve de l'habiter), on y mange, on y boit et, dans quelques cas, le lieu est un lieu d'écriture, lié à l'œuvre en devenir. Si, dans le quartier de la Gaîté, Perec n'a écrit aucune œuvre, il y a quand même vécu la création de sa pièce *L'augmentation*, dans le Théâtre de la Gaîté Montparnasse, en février 1970. Certes, ce souvenir est récent, il coïncide avec le travail sur *Lieux*, donc c'est un souvenir qui vient s'ajouter aux anciens, enrichir la mémoire de nouvelles sédimentations.

A partir de juin 1970, l'allusion à la création et à la période des répétitions de *L'Augmentation* revient chaque année. Lorsque, dans *Lieux*, Perec parle de ses œuvres, de son travail d'écriture, on ne trouve jamais de réflexion sur leur contenu ou sur leur réception : quelle fut la réaction du public à la première de *L'Augmentation* ? Le texte se garde de le dire, s'attachant uniquement à la pratique de l'écriture, dans son enracinement dans le lieu. Qu'est-ce qui compte alors, pour Perec ? C'est d'abord le fait que, dans ce théâtre du XIV$^e$ arrondissement, la générale et la première ont réuni un grand nombre des personnes qui lui sont chères, amis et famille :

> *L'Augmentation*, créé en 70 à La Gaîté Montparnasse. Je fréquente assidument les cafés du coin, et surtout la Belle Po(lonaise). C'est l'occasion de voir pas mal de gens que je vois rarement (et jamais dans ces quartiers ; je pourrais même dire : jamais ailleurs que chez eux, ou en tout cas jamais « dans la rue » (Bernard L[amblin]) : Henri Chav[ranski], Crubs, Lefebvre, Zéraffa. Rassemblement curieux dans le petit hall le soir de la générale ! En vrac : Hugelin, Esther, Lili, Rappeneau, Voiral, Grunberg, Romain… !
> 
> L 77, p. 308

Rassemblement curieux à cause de son caractère hétéroclite mais surtout parce qu'aux yeux de Perec, ces personnes sont en quelque sorte déplacées : elles se trouvent loin de leur « habitat » originel, dans d'autres lieux. Désormais, Gaîté, ce sera aussi ce réseau de personnes chères s'attachant au lieu comme une grappe de noms propres. L'autre effet mentionné dans la citation est que les répétitions ont mené Perec à « s'empayser » dans le quartier pendant plusieurs semaines de suite, au point d'y « habiter » provisoirement, en fréquentant assidûment certains cafés et restaurants.

Il est un autre fil, plus ténu, qui rattache Gaîté à l'œuvre de Perec : c'est le film *Un homme qui dort*, tourné avec Bernard Queysanne de mars à juillet 1973. Après coup, Perec soulignera volontiers qu'en cette année où il a provisoirement arrêté le travail sur les lieux, il a compensé cette interruption en incluant beaucoup de ses lieux dans le film. C'est particulièrement visible pour la rue Vilin (la séquence finale du film), beaucoup moins pour d'autres lieux, comme Gaité. En effet, Perec affirme n'avoir pas tourné rue de la Gaité mais tout près : « Avenue Edgar Quinet (arbres, arbres très noirs, Spiesser courant, la Tour au fond derrière les feuillages qui défilent, un homme balade son chien). » (*L* 99, p. 378)

## 5 Guetter Gaité

Dans la version publiée en revue[17], les Gaité Réels portent le titre « Guettées »[18]. Ce jeu de mots renvoie certes au lieu lui-même mais en outre, il est autoréférentiel : il résume parfaitement ce que fait Perec dans les Réels et dans ses recherches ultérieures sur « l'infra-ordinaire » dans l'espace urbain. Pour décrire « les choses communes », il ne suffit pas simplement de les observer, il faut « les traquer, les débusquer, les arracher à la gangue dans laquelle elles restent engluées » (*IO* 11) : il s'agit de *guetter* l'infra-ordinaire. Guetter c'est prendre tout son temps, attendre, traîner, se concentrer et en même temps faire le vide. Le terme implique que l'infra-ordinaire est loin d'être donné, il est toujours à conquérir. Perec fait également un clin d'œil au Surréalisme et à André Breton pour qui le poète flâneur est un guetteur : « J'aimerais que ma vie ne laissât après elle d'autre murmure qu'une chanson de guetteur, d'une chanson pour tromper l'attente. Indépendamment de ce qui arrive, n'arrive pas, c'est l'attente qui est magnifique. », écrit Breton dans *L'Amour fou*[19]. Par ce titre, Perec met donc implicitement sa recherche en rapport avec la quête surréaliste. Pourtant, si Breton espère surprendre l'insolite et le merveilleux, Perec par contre s'en détourne pour se concentrer sur l'habituel et le banal[20].

Le verbe guetter présuppose que l'enquête perecquienne passe d'abord par la vue. On se souvient de la citation de Jules Verne qui figure en tête de *La Vie mode d'emploi* : « Regarde de tous tes yeux, regarde ! » Il semble bien que la vue

---

17  Les § 5-7 sont une version revue et corrigée de notre article « Guettées, une archive personnelle et collective ? », *Cahiers Georges Perec*, no. 12, 2015, pp. 187-202. Alors que cet article était une lecture de la version du texte publiée en revue, le présent chapitre s'attache en premier lieu aux Réels, en les comparant à la version publiée.
18  *Les Lettres nouvelles*, no. 1, février-mars 1977, pp. 61-71. Sur le contexte de publication de cet article, voir Schilling, *op. cit.*, p. 157-159.
19  André Breton, *L'Amour fou*, Gallimard, 1971, p. 41.
20  Cependant, cette opposition n'est pas aussi tranchée qu'on ne pourrait le croire. Car épuiser un lieu parisien, aller au fond de la recherche, cela fait parfois que le lieu prend un tour « improbable », fantastique (*EE* 105).

ait une place privilégiée[21], chez Perec, peut-être parce que c'est l'organe qui est traditionnellement associé à la connaissance, à la maîtrise du réel. Plus que l'ouïe et l'odorat, elle est susceptible de fournir un savoir exhaustif du lieu. C'est donc par la vue surtout – et par l'écriture ensuite – qu'on peut espérer « épuiser » un lieu parisien. Cela explique que dans les Gaité Réels, les perceptions visuelles l'emportent sur les autres types de perceptions. D'un bout à l'autre de ces six textes, il s'agit de ce que voit le guetteur, depuis son poste d'observation dans divers cafés ou dans la rue. Par la vue, il enregistre les micro-événements de la vie quotidienne dans les cafés et les rues d'un quartier populeux. Il note les trajectoires des passants et de la circulation. Pourtant, si on le compare à l'espace réel, cet espace est presque muet. A peine une chanson de Moustaki au jukebox, quelques conversations entendues, le bruit des boules de billard, la sonnette du flipper, et quelques notations générales : « brouhaha » (L 100, p. 381), « rires » (ibid.). Le Réel parle peu des aspects non-visuels de l'expérience du lieu[22].

La question du point de vue préoccupe particulièrement Perec. Qu'il soit en poste dans un café ou qu'il arpente la rue, il est toujours conscient du fait que sa vision du lieu est nécessairement limitée dans l'espace et dans le temps, ce qu'il explicite de plusieurs manières. D'abord, il note la date et l'heure de ses observations, sur le modèle des recherches ethnographiques : « 31-X-71. Dimanche. 18h10. Froid. » Ensuite, il se fait un scrupule de ne rien noter qui n'appartienne pas à son champ de vision, depuis le poste d'observation qu'il occupe, à moins de le signaler explicitement : « plus loin (invisible) « Bobino » : Gilles Vigneault. » (L 68, p. 284). Cette insistance sur le caractère limité de sa perspective indique-t-elle une aspiration à l'objectivité ? Son flirt avec les sciences sociales et le langage apparemment neutre qui caractérise l'écriture de l'infra-ordinaire (que ce soit dans les Réels ou ailleurs) ont pu porter à le croire.

Ainsi, dès 1980, Catherine Kerbrat-Orecchioni a soumis *Tentative d'épuisement d'un lieu parisien* à une analyse linguistique et discursive serrée, dans le cadre d'une recherche sur les traces de la subjectivité dans le langage. Or pour elle, ce texte se veut « un enregistrement passif d'un donné perceptif »[23], visant à éliminer l'impact de la subjectivité et à produire une description objective du monde extérieur. Son analyse montre les problèmes insolubles que pose

---

21   De multiples commentateurs ont souligné cette primauté de la vue, voir notamment dans Heck, *op. cit.* la partie intitulée « Histoires de l'œil ».

22   Il en est autrement, bien entendu, de l'émission radiophonique « Tentative de description de choses vues au carrefour Mabillon le 19 mai 1978 ».

23   Catherine Kerbrat-Orecchioni, *L'Enonciation. De la subjectivité dans le langage*, Armand Colin, 1980, p. 142.

une telle ambition, aussi bien au niveau de la perception que du langage : la vision toujours limitée de Perec ne saurait atteindre qu'une objectivité relative, à cause de la mobilité du regard, qui « ne peut accommoder en même temps sur tous les points du champ de vision » ; ce regard est en plus variable selon les individus[24].

Cependant, malgré l'acuité de ces analyses, Kerbrat-Orecchioni se méprend sur la visée de Perec. En effet, comme elle le constate, celui-ci est bien conscient des limitations de son champ de vision. Dans les Gaité Réels, presque toutes les observations sont faites depuis des cafés. Le plus souvent, Perec change au moins une fois de café ou revient le même jour, à une heure différente. Cette insistance sur la limitation du regard n'est cependant pas un regret, comme semble le croire Kerbrat-Orecchioni, mais une manière de montrer que tout regard est incarné, qu'il est la fonction d'un corps qui est orienté dans l'espace et donc d'un regard lui aussi braqué dans une certaine direction. Et ce regard est forcément celui d'un individu, en l'occurrence de Perec. C'est vrai *a fortiori* des Réels, qui font partie d'un projet autobiographique, mais aussi de textes comme *Tentative d'épuisement d'un lieu parisien* ou *Espèces d'espaces*, qui ne sont pas explicitement autobiographiques. Cela fait que les traces subjectives discernées par Kerbrat-Orecchioni – notations affectives, interprétations supposant un bagage culturel ou idéologique, modalisateurs d'incertitude – ne sont pas accidentelles, présentes malgré lui[25], mais parfaitement intentionnelles. Dans l'écriture de l'infra-ordinaire, le regard est exploité dans toute sa corporalité, en en acceptant les limitations. C'est aussi la raison pour laquelle Perec explicite l'itinéraire pour arriver sur les lieux et pour en repartir. Par quel côté aborde-t-on un quartier ? Au terme de quel itinéraire habituel ? Y arrive-t-on à pied ou en métro ? Dans les années 1970, Perec n'arrive plus à Gaité par l'itinéraire préférentiel de 1956-57, décrit dans les Souvenirs.

## 6     Épuiser Gaité ?

Les Gaité Réels – comme les autres Réels – sont une tentative d'« épuiser » ce lieu. Ce terme d'épuisement est souvent compris comme une aspiration à l'exhaustivité, un essai de totalisation. Il s'agit non seulement de décrire l'espace – la rue, ses magasins et devantures, son mobilier – mais aussi tout ce qui s'y passe à un moment donné, compte tenu de la restriction de son champ de

---

24   *Ibid.*, p. 132.
25   Perec, dans TELP, « manifeste malgré qu'il en ait des options subjectives » (Kerbrat-Orecchioni, *op. cit.*, p. 135).

vision. En principe, rue de la Gaité, il faudrait donc noter tous les individus qui passent et les mouvements de la circulation ou du moins tous ceux qui « attirent [son] regard » (*EE* 106). La distinction est subtile, mais essentielle : elle montre que Perec est conscient du caractère sélectif de son regard, qu'il fait apparaitre par exemple dans les nombreuses énumérations :

> Un homme seul, mangeant un bout de baguette.
> Vieille dame, une baguette à la main [...]
> Un homme en espadrilles jaunes, un journal plié à la main, va traverser l'avenue du Maine. Veste molletonnée noire.
> Un autre : journal *idem* mais manteau et chapeau.
>     *L* 68, p. 285

La stratégie est celle de la liste d'éléments hétéroclites, sans lien entre eux, disposés dans un ordre paratactique. Pourtant, le regard est classificateur, il est en quête de règles, de lois, de ressemblances (ou de différences) : chez plusieurs personnes, Perec remarque le même geste banal de tenir un journal plié à la main. Le passage se termine par « und so weiter » : la série de personnes qui passent à un moment donné dans son champ de vision est infinie, donc ils ne sauraient être tous notés ni même entrevus. La formule est également l'expression d'une certaine lassitude[26], du désir d'éviter la répétition.

Or la répétition est inévitable, si on veut « épuiser » un lieu :

> Beaucoup ont des paquets.
> Des pains. [...]
> Encore des pains, des paquets, des sacoches.
> Travailler fatigue.
>     *L* 21, p. 140

« Travailler fatigue » est probablement un coup de chapeau à Cesare Pavese, dont le principal recueil de poèmes porte ce titre[27]. Poèmes qui ont justement pour sujet la vie quotidienne et ses tribulations. Perec se sert de cette allusion intertextuelle au titre de Pavese pour qualifier l'existence grise, routinière des passants de la rue de la Gaité, mais aussi son propre travail d'observateur. C'est donc aussi une formule métadiscursive. Si le guetteur qui traîne dans la rue ou au café peut avoir l'air d'un oisif, il fournit en réalité un labeur acharné et parfois monotone.

---

26  Lassitude qui est l'expression d'une intervention de type affectif, encore selon Kerbrat-Orecchioni, *op. cit.*, p. 138.
27  Cesare Pavese, *Lavorare stanca*, Einaudi, 1968 [1936].

A d'autres moments, Perec coupe court la répétition en distribuant les gens par groupes : « Promeneurs endimanchés. Clients. Ennui. Groupes. Familles : mari, femme, bébé en poussette, petite sœur. Oisifs seuls, mains dans les poches. » (*L* 68, p. 284) Ou dans un autre texte :

> Deux copains dans les dix-huit ans.
> Des familles.
> Des couples. Des couples de couples.
> Des gens à chiens. Des baladeurs solitaires.
>   *L* 74, p. 299

L'emploi de ce « vocabulaire parental » dénote certes une interprétation de la part du sujet qui regarde, interprétation basée sur des présupposés idéologiques, comme le montre encore Kerbrat-Orecchioni[28]. Comment savoir à coup sûr, en effet, que tel groupe forme une famille ? Que tel adulte est le parent de tel enfant ? Mais Perec semble pleinement accepter cette subjectivité, l'exhiber même, puisqu'il joue sur le mot « couple » dans « couples de couples » et crée de nouvelles catégories sociologiques un peu loufoques comme les « gens à chiens ».

Ni la liste d'observations individuelles, ni la classification par catégories ne permettent d'épuiser Gaité, car cet épuisement a également un sens non-quantitatif. Certes, Perec aspire à saisir dans son filet la *totalité* de ce qui fait un lieu, à un moment donné, mais il s'acharne tant à le questionner qu'en fin de compte le lieu révélera un autre visage. Quel autre visage ? Dans *Espèces d'espaces*, la recherche sur les espaces vise à les libérer de leur fonctionnalité, de manière à leur rendre leur dimension de jeu et à les rendre à nouveau « habitables ». Ainsi le chapitre « L'appartement » montre comment la distribution fonctionnelle des chambres dans un appartement modèle impose un rythme de vie standard à la famille moyenne (*EE* 59 sq.). Perec y donne une série d'alternatives qui transgressent cette fonctionnalité « univoque », comme cet appartement qui compte une pièce pour chaque jour de la semaine (*EE* 66). Or au niveau non de l'appartement mais du quartier, les Gaité Réels contiennent également une telle critique de la fonctionnalité et de ses excès. En effet les Gaité Réels décrivent comment un vieux quartier populaire, celui du Montparnasse, tombe en proie à la modernisation radicale des années 1970. En rasant des immeubles, en effaçant des rues pour faciliter la circulation, en construisant des tours et des centres commerciaux à la place, on visait à transformer ce quartier résidentiel en quartier d'affaires et donc à

---

28   Kerbrat-Orecchioni, *op. cit.*, p. 139.

modifier fondamentalement le mode de vie de ses habitants. Comme dans les Vilin Réels[29], Perec se fait ici le scribe de la démolition d'un quartier : forme extrême de « vieillissement des lieux » qu'il souhaite documenter dans *Lieux*. En effet, des douze lieux, seules la rue Vilin et la rue de la Gaité font l'objet d'une radicale rénovation urbaine, en ces années 1970. D'autres, comme la rue de l'Assomption ou le rond-point Franklin-Roosevelt, changent très peu, leur « vieillissement » est presqu'imperceptible.

Ce bouleversement commence dès 1969, lorsque Perec retourne sur les lieux pour la première fois, plus de dix ans après les avoir fréquentés assidument pendant son analyse : « la Nouvelle Gare Montparnasse » a surgi et le café où il voulait s'arrêter s'avère fermé, pour cause de faillite ou de vente. La disparition de ce café « connu de longue date » est pour Perec le signe précurseur des bouleversements à venir : « attente d'une transformation radicale du quartier dans les années qui viennent : il est vrai que l'autoroute annulera *toute* la rue Vercingétorix. » (*L* 21, p. 139) Ainsi, il dénonce implicitement le fait que ce quartier autrefois si vivant soit sacrifié aux affaires et au fonctionnalisme. Quand il revient trois ans après, en 1972, il note encore la construction de la Gare Montparnasse et la rue Vercingétorix en travaux : « Ouvertures sur la rue Vercingétorix barrée aux voitures. Grues. Petit pan de mur bleu (papier peint). » (*L* 74, p. 300) On pourrait voir dans cette dernière phrase une allusion au petit pan de mur jaune de Proust, dans le célèbre passage sur la *Vue de Delft* de Vermeer[30]. Chez Proust comme chez Perec, il s'agit d'un paysage urbain mais l'allusion est ironique : avec l'immeuble éventré dont on voit encore un morceau de papier peint, on est aux antipodes de l'expérience de beauté et de perfection que représente le petit pan de mur jaune si bien peint par Vermeer, aux yeux de Bergotte. Le dernier Gaité Réel, écrit en 1975, signale la démolition de la rue Vercingétorix, qui « n'est plus qu'un vestige », et cette démolition touche aussi la rue de la Gaité, qui est « éventrée du côté impair. » (*L* 132, p. 443)[31] De plus, « les stations de métro ont été changées » et à la place du Monoprix, il y a un trou béant. Cette destruction du vieux Montparnasse donne une tonalité mélancolique aux Gaité Réels, qui reflète indirectement l'état d'esprit de Perec à l'époque de son analyse.

Pourtant, cette mélancolie est contrecarrée par la richesse de ces Réels, qui donnent à voir un quartier qui résiste à sa manière à la démolition et à la

---

29   Voir le chap. 6.
30   Marcel Proust, *À la recherche du temps perdu*, Jean-Yves Tadié éd., Gallimard, coll. Bibliothèque de la Pléiade, 1988, tome III, p. 692.
31   Ces deux expressions sont certes subjectives, dirait Kerbrat-Orecchioni, puisqu'elles constituent respectivement une évaluation et une métaphore, mais c'est un subjectivisme voulu (Kerbrat-Orecchioni, *op. cit.*, p. 138).

fonctionnalisation galopante. Il y résiste non en descendant dans la rue mais simplement par ses manières de vivre : pour paraphraser de Certeau, les habitants « inventent leur quotidien » par « mille manières de braconner »[32]. Cette résistance à la fonctionnalisation se fait surtout par le jeu. En effet, les Gaité Réels sont parsemés de toutes sortes de jeux. Dans les cafés, Perec entend la sonnerie du flipper et le bruit des boules de billard qui s'entrechoquent, on y joue au tiercé (*L* 68) et à la loterie (*L* 100). Ou bien on met une pièce de monnaie dans le jukebox et on écoute Georges Moustaki (*L* 21). Et le jeu n'est pas seulement dans les cafés, il est partout dans la rue : dans les jeux d'enfants d'abord, comme cet enfant qui, avec sa corde à sauter, gêne le passage d'une dame (*L* 74). Il est aussi, et surtout, dans les nombreux théâtres, cinémas et music-halls et leurs spectacles. Chaque année, Perec fait l'inventaire de ce qu'on y joue, transformant son texte en un hebdomadaire des spectacles personnel :

> Au Splendid, *Hercule et la reine de Lydie* (pas de Cottafavi)
> Au Théâtre Montparnasse : *C'était hier !*
> A la Gaité-Montparnasse : *Zamfir*[33]
>     *L* 68, p. 284

Nous verrons plus loin l'effet décapant de ces titres de pièces ou de films insérés dans le texte de Perec (cf. § 7). Voyons d'abord comment il construit, an par an, une archive de titres, afin de préserver la mémoire de ce qu'il y a de plus éphémère : le film ou la pièce à l'affiche, autrement dit la mémoire d'un quartier où on sort, où on danse, où on joue ou bien on flâne tout simplement, bref d'un quartier où on s'amuse.

D'où vient cette présence du jeu, du théâtre, dans Gaité ? Il s'agit d'une « gaité » historiquement liée à ce quartier, qui a toujours été celui des spectacles populaires. Comme on sait, la rue doit son nom à la « gaité » qui y régnait aux 18$^e$ et 19$^e$ siècles, et jusqu'à la fin des années 1930, grâce au grand nombre de cabarets, de théâtres, de music-halls et de bals populaires[34]. Perec, qui n'a connu ce quartier qu'au lendemain de ces jours de gloire, fait un coup de chapeau à quelques grands artistes d'avant-guerre, comme le pianiste de jazz

---

32   Michel de Certeau, *L'Invention du quotidien*, Gallimard, Folio Essais, 2014, vol. I, p. XXXVI.
33   Zamfir n'est d'ailleurs pas un spectacle mais le nom d'un musicien, Gheorghe Zamfir, un joueur de flûte de pan, célèbre à l'époque.
34   La rue de la Gaité se situait juste à l'extérieur du Mur des Fermiers généraux, les entrepreneurs y étaient donc libres d'impôts. Autour de 1850, c'était « une longue rue [où] les bals, les restaurants, les cabarets foisonnent et le soir, la foule se presse aux portes d'un théâtre. » (Emile de Labédollière, *Le Nouveau Paris*, Gustave Barba Libraire éd., 1860, p. 221)

Budd Spencer (*L* 74). Mais ici aussi, il ne faut pas oublier la dimension autobiographique. Pour Perec, on l'a vu, Gaité est lié à une époque de « tilts, cinéma, dem » donc de désœuvrement. Le jeu était alors pour lui un mode de vie, une manière compulsive et mélancolique de tuer le temps.

Dans les Gaité Réels comme dans les Souvenirs, le jeu est aussi celui de l'écriture, auquel il est plusieurs fois fait allusion. Il y a l'allusion plaisante (car consciemment spéculative) à l'écrivain toujours en mal d'argent : « Non loin, un écrivain ( ?) a bu une bière, mangé un gruyère sur assiette, et s'apprête à boire un déca. Il menace de ne pas signer son bon à tirer si Belfond ne lui paie pas ce qu'il lui doit ? » (*L* 100, p. 381) Le 27 février 1973, depuis la Brasserie Les Mousquetaires, avenue du Maine, Perec inventorie de mémoire les spectacles et les magasins rue de la Gaité, qu'il vient d'arpenter[35]. Il assimile cet exercice mnémotechnique à « un jeu de kim urbain » (*L* 100, p. 380), jeu de mémoire bien connu où les joueurs mémorisent des objets disposés sur la table ; on en retire ou on en déplace un à leur insu, et c'est à eux de dire ce qui a changé. Ici, au lieu d'attendre la fin du projet, Perec tente de dire tout de suite ce qui a changé, quel magasin a disparu, quel immeuble a été démoli, bref comment Gaité a « vieilli ». Exercice d'autant plus périlleux qu'il s'est interdit de relire les textes une fois écrits ; c'est donc uniquement à sa mémoire – défaillante ou au contraire hyperactive, selon le moment – qu'il a recours.

Mais qui dit écriture comme jeu, dit écriture sous contrainte. En dernière instance, l'écriture est une puissance capable de contrecarrer, de subvertir la fonctionnalisation de la vie quotidienne dans la ville. Les contraintes inhérentes au projet (algorithme, enveloppes scellées ...) se doublent de contraintes touchant à la vie[36] : comme tous les Réels, les Gaité ont forcé Perec à mettre son vécu quotidien sous contrainte, en organisant son temps (ou en tous cas en visant à l'organiser) en fonction de ses visites annuelles à la rue de la Gaité, à des moments différents de l'année. Il y a ensuite des contraintes d'écriture qui régissent tous les Réels. Elles règlent l'observation : noter scrupuleusement le jour, l'heure, le poste d'observation ... D'autres contraintes d'écriture sont moins évidentes. Nous avons vu comment les exigences de neutralité et d'exhaustivité sont relativisées par Perec lui-même, qui ne refuse pas la dimension subjective de ses observations. Consciemment, il les interprète, les mettant en rapport avec ses propres préoccupations. Or on a le même effet au niveau du style. Style neutre et impersonnel à première vue : ce sont des phrases courtes,

---

35   Exercice mnémotechnique qui n'est donc pas très éloigné de celui des Souvenirs, sauf qu'ici très peu de temps s'écoule entre l'expérience et le souvenir.
36   Christelle Reggiani, *Rhétoriques de la contrainte. Georges Perec – L'Oulipo*, Éditions InterUniversitaires, 1999, p. 437.

souvent incomplètes, sans verbes, faites de substantifs le plus souvent dénués d'article : « Buée. Semi-foule brouhaha » (L 42, p 202) Dans ces brèves notations, on est frappé par l'absence de mots de liaison et la forme linéaire, proche de la liste :

> Canadiennes. Fourrures.
> Une vieille vendeuse de *France-Soir*.
> Les joueurs viennent de gagner une partie (« ploc » caractéristique) : hommes jeunes (2), en imperméable.
>
> L 100, p. 379

Malgré sa lassitude fréquente, Perec ne craint pas la répétition ou la monotonie, qui résultent de la tâche même qu'il s'est imposée :

> Travaux au début de la rue.
> Travaux de réfection à la devanture du Gaité-Palace.
>
> L 42, p. 202

Catherine Kerbrat-Orecchioni a montré que ce style ne manque pas de marques affectives, de termes évaluatifs (évaluant le nombre ou la durée) et parfois de modalisateurs[37] comme « je crois » : « Je crois avoir vu passer J[acques] L[ederer] sur sa moto » (L 74, p. 299). Ces « traces de subjectivité » prouvent selon elle que le langage, qui « classe, ordonne, analyse, évalue, présuppose, infère, explique », fonctionne comme un « filtre » qui vient « s'interposer » entre le sujet et le référent[38]. En effet, une des questions centrales dans l'essai de Perec « Approches de quoi ? » est de savoir « comment *décrire* l'infra-ordinaire », comment « donner un sens, une *langue* » à « ces choses communes », afin de faire « qu'elles *parlent* enfin de ce qui est, de ce que nous sommes. » (*IA* 11, je souligne) Le langage n'est pas ici un pis-aller mais il est la voie royale de la quête de l'infra-ordinaire. On comprend alors que, pour faire le relevé de ses lieux, Perec ait recours au stylo, à l'écriture, quoi qu'en pense Kerbrat-Orecchioni, pour qui le stylo reste un outil inférieur à la caméra, qui « seule [...] saurait enregistrer et restituer la totalité du paysage urbain et ses micro-métamorphoses incessantes »[39].

Cependant, les Gaité Réels comportent assez peu de figures de style, ce qui n'est pas étonnant puisqu'il s'agit de notations le plus souvent griffonnées sur

---

37   Kerbrat-Orecchioni, *op. cit.*, p. 144.
38   *Ibid.*, p. 145.
39   *Ibid.*, p. 135.

place et à la hâte. Les rares métaphores surgissent lorsque Perec s'indigne de la démolition du quartier, comme dans la phrase déjà citée : « Toute ou plutôt presque toute la rue de la Gaîté est éventrée, côté impair. » (*L* 132, p. 443). Cette métaphore marque le caractère affectif de la réflexion. Des changements de registre viennent également rompre la monotonie du style : quelques phrases familières (« va te faire lamer », *L* 74) et les allusions littéraires que Perec ne peut s'empêcher de faire. Outre le proustien petit pan de mur bleu et l'allusion à Pavese, déjà signalés, il y a, comme souvent chez Perec, un clin d'œil à Raymond Queneau : « Café peu fréquenté *asteure* : joueurs de tilt (sonnette aigrelette). » (*L* 100, p. 379) Le néo-français de *Zazie dans le métro* semble particulièrement à sa place ici, vu le caractère populaire du quartier.

En somme, à part les contraintes formelles du projet, la formule de description des Réels laisse à Perec une marge considérable de liberté. Cette liberté augmente encore lorsque, en 1977, deux ans après l'abandon de *Lieux*, il transforme les Réels pour en faire l'article intitulé « Guettées ». Bien entendu, la publication même de ces textes, indépendamment des Gaité Souvenirs, en les isolant du reste du projet et en les disposant en série chronologique, marque une première infidélité au projet. Il y a ensuite les infidélités – ou transformations – mineures, comme les retards, qui s'y étaient glissées dès l'époque où Perec écrivait ses lieux. Ainsi, après le Réel de février 1973, écrit au moment prévu, il arrête pendant près de deux ans ; c'est pour cela que dans « Guettées », il n'y a pas de texte daté 1974 ; le sixième et dernier texte date de juin 1975. « Guettées » échappe donc aux contraintes de *Lieux* ; Schilling et Sheringham[40] s'accordent sur le fait qu'en publiant les Réels sous cette forme, Perec fait transiter ces textes vers un autre genre, celui de la « description de lieu parisien ». Selon Schilling, le média de publication – en l'occurrence une revue littéraire, *Les Lettres nouvelles* – et le fait même de la publication changent la donne de ces textes, en en modifiant le statut. Cependant, malgré le caractère de la revue, Schilling a du mal à déceler une dimension littéraire dans ces textes qui en effet, ne sont pas vraiment « une promenade littéraire »[41]. Ils répondent donc assez peu à « l'horizon d'attente » du lecteur. Perec, sagement peut-être, n'a pas voulu les transformer en textes littéraires, il a simplement effectué un « toilettage » stylistique des textes, les rendant lisibles pour le public. Voyons en quoi consiste cette opération, qui reste assez modeste. Un exemple :

---

40  Derek Schilling, *op. cit.*, p. 154 ; Sheringham, *op.cit.*, pp. 259-260.
41  Schilling, *op. cit.*, p. 157.

> Petit café en face du Gaité Palace.
> Pairs (jusqu'à la rue du Maine) :  charcuterie cuisine
> Singer
> Revil Chausseur
> Gaité Palace la chevauchée de la vengeance
> Les chemiseries françaises
> Ferel Chausseur.
>
> *L* 42, p. 202

Et voici la version revue et corrigée :

> Je suis dans le petit café en face du Gaité Palace. Du côté des numéros pairs, se succèdent, jusqu'à la rue du Maine :
>
> Une charcuterie cuisine
> « Singer »
> « Revil Chausseur »
> Le Gaité Palace (où l'on passe *La Chevauchée de la vengeance*)
> « Les Chemiseries françaises »
> « Ferel Chausseur »[42]

Perec a donc transformé ses notes en un texte suivi, fait des phrases en style lié, avec leur ponctuation, leur sujet, leur verbe et leurs connecteurs. Ces phrases donnent les explications nécessaires mais il faut remarquer l'introduction d'un Je sujet, qui explicite le point de vue de ces observations. Modifications nécessaires, semble-t-il, pour passer d'un texte privé à un texte destiné à un lecteur. Cela implique aussi que Perec élimine certaines références personnelles qui lui semblent trop subjectives (« un de mes actuels dadas », *L* 21) ou peu pertinentes, comme ses notations sur son emploi du temps (*L* 42). Ainsi, les Réels (s'il faut encore les appeler des Réels) s'éloignent de l'autobiographie, se rapprochant de l'essai « sociologique ». Cela l'amène à sacrifier certaines formules humoristiques : « peu de suiveurs ou suiveuses de mode » (*L* 21) devient « peu de gens suivent la mode »[43] et « Moustaki chante sa gueule de métèque » (*L* 21) est remplacé par une formule neutre : « Moustaki chante *Avec ma gueule de métèque*. »[44] Enfin, dernier point, la typographie est modifiée : les notations

---

[42] « Guettées », *Les Lettres nouvelles*, 1977, no. 1, p. 63.
[43] *Ibid.*, p. 62.
[44] *Ibid.*, p. 61. On perd la figure de style qui suggérait une tonalité autobiographique de la chanson.

éparses sont transformées en paragraphes compacts et les titres de spectacles ou de films sont mis en italiques, ce qui facilite la lecture. Il faut ajouter que ce toilettage typographique est déjà fait en partie là où Perec a dactylographié son texte, ce qui est le cas pour le Gaité Réel 1969.

## 7 La rue comme texte : le travail citationnel dans les Gaité Réels

Alors que les fictions de Perec sont truffées de citations implicites (ce que Bernard Magné a appelé implicitations[45]), il n'y en a que trois ici, comme nous l'avons vu (Proust, Queneau et Pavese). Ce n'est pas la littérature qui investit le texte, mais la ville. En effet, Gaité, comme les autres Réels, est parsemé de textes empruntés à la réalité : noms de rues, de cafés, de magasins, de cinémas et de théâtres, et titres de pièces de théâtre (au moins six) et de films (une quinzaine) qui y sont à l'affiche. Si d'autres Réels – Saint-Honoré par exemple, et pour cause puisque c'est une rue très commerçante – sont de véritables listes de magasins, ici l'accent est nettement sur les cinémas, les théâtres et leurs spectacles : c'est le caractère de la rue de la Gaité qui l'impose, bien entendu, mais aussi la cinéphilie de Perec à l'époque où il fréquente le plus ce quartier.

Or ces noms et ces titres ont un statut particulier : ce ne sont pas des descriptions mais des « fragments 'bruts' de discours hétérogènes », selon la formule de Bernard Magné qui a étudié ce type d'interventions dans *La Vie mode d'emploi*[46]. Ces citations de titres et de noms affectent le texte-cible, modifiant par là même le statut de l'écrivain, qui devient ici scripteur. Il est clair que ces citations ont un puissant effet de réel : elles sont la transcription d'énoncés pris dans la réalité et de plus présentés dans l'ordre contingent où ils défilent devant les yeux de l'observateur. Ainsi, voici ce que voit Perec depuis le café Florida le 27 février 1973 : « Au cinéma Gaité-Palace, on joue *La Grande Vadrouille* (De Funès, Bourvil etc.). Puis : Chemiserie française, et Férel, chausseur, puis la rue du Maine. » De cette manière, le texte se fait l'équivalent écrit de la rue, il importe la ville en son sein. Ce procédé est plus poussé encore dans d'autres Réels où Perec reproduit jusqu'à la typographie particulière et la mise en page des enseignes, transformant son texte en un collage[47]. A la question de savoir quel est le texte source de ces citations, il faut certes répondre que c'est la ville, mais présentée comme texte, comme système de signes à lire ou à déchiffrer. Car, proche de Roland Barthes pour qui la ville est « une écriture,

---

45   Bernard Magné, *Perecollages. 1981-1988*, Presses Universitaires du Mirail-Toulouse, 1989, p. 73.
46   *Ibid.*, pp. 72-73.
47   Cf. C. Reggiani, *Rhétoriques de la contrainte, op. cit.*, p. 399.

une inscription de l'homme dans l'espace »[48], Perec ne conçoit d'autre espace qu'écrit, constitué par « des mots, des signes tracés sur la page blanche » (*EE* 26). Dès avant d'être décrite et transcrite, la ville est déjà un espace de lettres, un espace écrit.

Abordons à présent ces citations sous un autre angle : quel est leur effet sur le texte cible ? Comment l'affectent-elles, le modifient-elles ? D'une manière générale, ces titres de spectacles ou de films et ces noms de magasins ont un effet décapant sur la description, ils se rapportent à elle sur le mode de la subversion et de la rupture. Rupture de registre d'abord, donc de style. Le style des descriptions de la rue de la Gaité est neutre en apparence, informatif (sans être proprement scientifique), fonctionnel par rapport à son but : « l'épuisement » du lieu en question. Or ces citations viennent rompre cette fonctionnalité apparente du style, en y juxtaposant les registres les plus divers : quotidien (les noms de magasins : « Boulanger, Glacier, Pâtissier, Salon de thé, M. Avisse », *L* 100, p. 380), dramatique, suggestif pour certains titres de films : « Sept hommes pour Tobrouk », « La chevauchée de la vengeance »… Car le texte source dont proviennent ces titres n'est pas seulement la ville, la rue, mais le film ou le spectacle en question. Si certains de ces titres sont éloquents, renvoyant à des films très connus (par exemple un western comme *La Chevauchée de la vengeance*), d'autres sont inconnus du lecteur de l'époque. Cette ignorance est propre à tout titre, qui annonce une œuvre sans la dévoiler. Un bon titre de film attire, séduit, fait rêver, et c'est l'effet qu'il a sur Perec – et à travers lui sur le lecteur – dans ses déambulations urbaines. Enfin, comme toutes les citations, ces titres et noms de magasins font que dans ce texte, l'énonciateur est sans cesse interrompu par d'autres voix, parlant dans d'autres registres et d'autres styles.

On peut discerner une dimension autobiographique ou auto-référentielle dans certaines de ces citations, les lire comme des références indirectes à la vie de Perec ou à l'entreprise de *Lieux*. Ainsi, la chanson de Georges Moustaki « Le métèque », qui sort par deux fois du jukebox : « avec ma gueule de métèque ». Perec cite cette première ligne, et on serait tenté d'ajouter : « De Juif errant, de pâtre grec ». En 1969, lorsque Perec fait son premier Gaité Réel, cette chanson vient de sortir ; c'est celle qui, avec l'album du même titre, va rendre Moustaki célèbre. Comment ne pas la lire comme un autoportrait caché, ironique ?[49] De même pour *C'était hier* (*L* 68), le titre français d'une pièce de Harold Pinter[50]. Par ce titre, Perec semble anticiper sur la fonction

---

48   Roland Barthes, « Sémiologie et urbanisme », *Œuvres complètes* II, Seuil, 2002, p. 1278.
49   Dans le Junot Souvenir 1975, Perec relate un rêve où quelqu'un le traite de « fils de métèque ».
50   *Old Times* (1971).

ultérieure de *Lieux* : s'il décrit aujourd'hui des lieux, inventorie des spectacles, c'est afin de pouvoir dire un jour : « c'était hier », afin de s'en souvenir. En effet, la description d'un Réel est « un archivage pour l'avenir. » [...], destiné à « [...] enregistrer, archiver le Réel pour en fournir le souvenir idéal pour un futur proche. »[51] Cela nous amène à un point plus général : le but de ces descriptions de lieux n'est donc pas seulement de contribuer à l'étude du quotidien, comme le soutient Michael Sheringham[52], mais tout autant de constituer une archive pour l'avenir. Cette archive – la polyphonie causée par les multiples intertextes l'atteste – est à la fois personnelle (donc autobiographique) et collective, aux yeux de Perec.

Comme on l'a vu, il a conçu le projet de *Lieux* comme une bombe du temps[53]. Or l'inventaire de spectacles, de films et d'acteurs dans les Gaité Réels confirme cela : si on tente de situer ces titres et ces noms – tantôt connus, tantôt inconnus – dans leur contexte, on obtient un portrait en pointillé de la scène cinématographique et théâtrale des années 1970, avec quelques-uns de ses grands chanteurs (Moustaki et Régine[54]), de ses grands acteurs de cinéma (Catherine Deneuve, Louis de Funès, Marlon Brando, Philippe Noiret, Ugo Tognazzi, Marthe Keller, la liste est longue), de ses grands cinéastes (dont Bertolucci) et auteurs de théâtre (Ionesco, Harold Pinter), mais aussi avec une foule d'acteurs et de spectacles oubliés aujourd'hui.

Dans cette « tentative d'épuisement » du cinéma des années 1970, on discerne des traces subjectives ou même autobiographiques, qui prouvent que le regard est nécessairement sélectif, comme l'a montré Catherine Kerbrat-Orecchioni[55]. Deux traits de cet inventaire pointent tout particulièrement vers cette dimension subjective : premièrement, est-ce un hasard s'il y a un nombre relativement important (quatre sur quinze) de films sur la Seconde Guerre mondiale ? *Le Chat miaulera trois fois*, « une comédie avec Francis Blanche en ss »[56] (*L* 74, p. 299), *Murphy*, « film de guerre ? avec Peter O'Toole et Philippe Noiret ? »[57] (*ibid.*), *Sept hommes pour Tobrouk*[58] et *La Grande Vadrouille* (*L* 21). Cela indique non seulement le regain d'intérêt collectif pour ce sujet, en ce début des années 1970, mais peut-être aussi un marquage personnel.

---

51  J.-L. Joly, *Connaissement du monde*, op. cit., t. II, p. 945.
52  M. Sheringham, *Everyday Life*, op. cit., p. 260.
53  Notamment dans *Espèces d'espaces* (109), voir *infra* chap. 1, § 3.
54  Régine Zylberberg (1929-2022), chanteuse et actrice.
55  Kerbrat-Orecchioni, *op. cit.*, p. 133.
56  1961. C'est la version française de *A noi piace freddo*, avec Ugo Tognazzi et Peppino de Filippo.
57  *La Guerre de Murphy* (1971), film de guerre britannique. Perec retient-il le seul nom de Murphy à cause du titre du roman de Beckett, ou pour aller vite ?
58  De Mino Loy (1969).

Deuxièmement, cet inventaire est génériquement très hétérogène : les classiques du cinéma (*La Ruée vers l'or*) y côtoient les films en passe de le devenir (*La Grande Vadrouille, Dernier tango à Paris*[59]) mais aussi les westerns (*La Chevauchée de la vengeance*), les thrillers (*Dr. No*, de la série des James Bond), les films policiers (*Police Connection*) et les films de série B, érotiques ou autres : *Les Jouisseuses* et un film dénommé « *Les deux gousses*[60], de Benazeraf (photos interdites) » (*L* 132, p. 443). Cette diversité générique, où le canon de la 'haute culture' côtoie les films de série B, est certes inévitable lorsqu'on inventorie les films qui passent dans une rue, mais le résultat sied bien à Perec qui, dans son œuvre, fait volontiers voisiner les genres haut de gamme comme la poésie à contrainte avec des genres populaires comme le roman d'aventures et le roman policier.

On voit la même diversité générique pour le théâtre. Traditionnellement, la rue de la Gaîté – comme le nom l'indique, une fois encore – est un des centres du théâtre populaire : théâtre de boulevard, vaudeville, comme *Le Saut du lit* (*L* 100)[61] ou comédie, comme *Un pape à New York* (*L* 100)[62] ou *Mise en pièces du Cid* (*L* 21)[63], titre calembour qui a pu amuser Perec. Pourtant, et ici la subjectivité de son regard s'avère peut-être encore, parmi les quelques titres mentionnés, les classiques sont majoritaires : *Jeux de massacre* d'Eugène Ionesco (*L* 42) et *C'était hier*, déjà mentionné, de Pinter, ainsi que *Joe Egg* de Peter Nichols[64]. Mais c'est plus difficile à dire car il y a moins d'intertextes qui se réfèrent au théâtre.

Pourvu qu'on s'y arrête, ces listes de titres de films ou de pièces de théâtre, greffées sur le texte, sont donc loin d'être des énumérations ennuyeuses et stériles. Elles contribuent à faire des Gaîté Réels une archive à la fois personnelle et collective des années 1970.

---

59 *Dernier tango à Paris* de Bertolucci prend d'ailleurs ici une résonance particulière puisque ce film, que Perec a pu voir autour de 1972, est partiellement situé dans le quartier de Gaîté, et que c'est un des rares films à montrer la démolition du quartier, et la Tour Montparnasse en construction (je remercie Danielle Constantin de m'avoir signalé ce fait).

60 Le nom du metteur en scène permet de retrouver le titre exact de ce film : il s'agit non des deux gousses ( ?) mais des *Deux gouines*.

61 Vaudeville de Ray Cooney (1972).

62 C'est la version française de *The House of the Blue Leaves*, comédie noire américaine de John Guare (1971).

63 Titre que je n'ai pas retrouvé mais le calembour montre qu'il s'agit d'un persiflage de Corneille.

64 *Un jour dans la mort de Joe Egg*, version française de *A day in the death of Joe Egg*, pièce de Peter Nichols (1967), sur une famille avec un enfant handicapé.

L'étude de Gaité révèle tout d'abord comment des événements autobiographiques à la fois explicites (les amitiés) et largement implicites (l'analyse) ont contribué à le constituer en lieu de mémoire. Il est passionnant de voir comment le rapport au lieu se fait par le déplacement, processus central de l'inconscient : le déplacement spatial par lequel la rue de la Gaité devient un substitut de la Villa Seurat, faisant de 'Gaité' une zone diffuse plutôt qu'un lieu précis, reflète parfaitement ce processus freudien bien connu. Cas exemplaire de la manière si féconde dont Perec transforme un mécanisme de l'inconscient en procédé d'écriture.

Notre analyse, si elle traite successivement les Souvenirs et les Réels, nous a pourtant fait découvrir un important point commun entre les deux : malgré leurs différences, les deux types de textes parlent des manières de vivre le lieu, d'être dans l'espace, bref des « pratiques quotidiennes » des lieux. Pratiques passées, individuelles dans les Souvenirs, collectives dans les Réels. Mais dans les deux cas, ces pratiques sont basées sur la déambulation : déambulations passées dans les Souvenirs, déambulations présentes dans les Réels. C'est pourquoi, nous l'avons vu, l'itinéraire de la rue Saint-Honoré à la Villa Seurat, en passant par la rue de la Gaité, est si fondamental : c'est de lui que naissent et Souvenirs et Réels. Si dans les Souvenirs, Perec note des réminiscences ponctuelles de déambulations dans le quartier, de rencontres entre amis, de visites de cafés, de restaurants, de cinémas, les Réels sont des relevés non seulement de ses propres manières de vivre le quartier au présent, mais de celles de l'« usager » des lieux, donc des riverains. S'y ajoute alors une dimension critique, politique puisqu'il s'agit d'« inventer le quotidien », de subvertir les modes de vie imposés par des urbanistes en proie au fonctionnalisme.

A lire ensemble les Gaité Réels et les Gaité Souvenirs, on s'aperçoit également d'une similarité au niveau de l'organisation des éléments décrits, qui se fait par les mêmes moyens : la classification, la liste, la cartographie, éléments qu'on retrouve à tous les niveaux de *Lieux*. On verra plus loin comment cette organisation très visible (et explicitement méditée) apparente *Lieux* à la rhétorique classique, dont la Disposition est une composante essentielle[65]. Mais la rhétorique est présente également par un autre élément dans ces textes : le fait que ces lieux sont des « lieux communs » au sens de lieux partagés, fondant une communauté d'usagers, mais aussi de lieux rhétoriques. Enfin, notre analyse nous a confrontée à la tonalité émotionnelle de ces textes : mélancoliques d'une part (les Souvenirs surtout, qui ramènent Perec à une période de crise) mais respirant par moments une joyeuse énergie créatrice (dans les Réels). Au chapitre suivant, nous explorerons cette ambivalence au niveau des émotions ainsi que l'ambition propre à *Lieux* de s'ériger en archive.

---

65    Ch. 7.

CHAPITRE 4

# Joie et mélancolie d'une archive urbaine

*Lieux*, Philippe Lejeune l'avait déjà signalé, n'est pas (encore) une œuvre. C'est un projet, un « chantier », un réservoir de textes et de documents. En tant que tel, le projet peut être considéré comme une archive. Plusieurs commentateurs ont discerné cette dimension d'archivage, qui n'est pas étonnante quand on songe que Perec a été documentaliste pendant une bonne partie de sa vie. Pour Jean-Luc Joly également, *Lieux* est une série de « conservatoires mémoriels, pour suppléer à une mémoire défaillante ou occultée et pour *préparer* une mémoire tendant à l'exhaustivité. »[1] Les Souvenirs mais aussi les Réels constituent un travail d'archivage en vue de l'avenir : « enregistrer, *archiver* le réel pour en fournir le souvenir idéal pour un futur proche »[2].

Dans son analyse de *Lieux*, Schilling fait un pas de plus en assignant une place centrale à la notion d'archive. Il montre la nouveauté de l'approche de Perec en la faisant résonner avec la réflexion de Derrida et d'Arlette Farge sur l'archive. A partir des années 1990, les travaux d'historiens comme Farge et de philosophes comme Derrida et Foucault ont en effet profondément modifié la vision contemporaine de l'archive : initialement simple dépôt matériel d'un patrimoine hérité, l'archive – par le biais de la psychanalyse, de la philosophie et des sciences sociales – devient un « geste de notre vie mentale » (Derrida), une métaphore de la mémoire humaine. Avec la confection de ses « archives », Perec semble donc, comme artiste et écrivain, anticiper cette évolution de la pensée. Cependant, dans son essai *Staging the Archive*, Ernst van Alphen a montré que dans les arts plastiques, le « geste » de l'archivage est une pratique fort répandue dès les années 1970 : de l'art conceptuel au pop art, nombre d'artistes se consacrent à la « mise en scène », à la visualisation de l'archive, dès lors comprise d'une manière nouvelle, comme outil ou « métier à tisser notre identité »[3]. C'est dans cette mouvance – celle par exemple de Christian Boltanski et d'Andy Warhol – qu'il faut voir l'entreprise d'archivage qu'est *Lieux*.

Dans ce chapitre, nous poursuivrons ces lectures de *Lieux* comme archive en nous attachant au concept du projet mais aussi à la pratique des textes et documents et à leur matérialité. D'abord, dans le prolongement de Schilling, on examinera la fécondité *a posteriori* de la réflexion de Derrida pour le projet

---

1 Joly, *Connaissance du monde, op. cit.*, t. II, p. 930, je souligne. Voir également *infra* chap. 1 § 3.
2 Joly, *ibid.*
3 Jeffrey Wallen cité par Ernst van Alphen, *Staging the Archive, op. cit.*, p. 15.

de *Lieux*, dans son rapport à la « pulsion d'archive » et à sa vertu à la fois créatrice et destructrice (« le mal d'archive »). On verra que cette tension au cœur de l'archive est très présente dans *Lieux*, où elle se traduit par une ambivalence face à l'archivage de la ville. En effet, au cours de son travail sur ses lieux de mémoire, le scripteur semble affecté de pulsions contraires : surtout au début du projet, il est tout à la joie de parcourir ses lieux, de noter, d'accumuler, de décrire, bref de créer ses lieux de mémoire mais dans d'autres textes, c'est le malaise et la mélancolie qui prennent le dessus, comme on l'a vu à propos de Gaîté. Mélancolie qui tient certes à la rapide transformation et parfois démolition des lieux (Vilin, Gaîté) mais aussi à la conscience du caractère forcément lacunaire de la mémoire : stérilité répétitive de certains souvenirs, impossibilité de parvenir à un état des lieux exhaustif et en fin de compte, échec de la mémoire devant certains lieux (Vilin encore, et Saint-Louis). Cette ambivalence de la pulsion d'archive, nous la montrerons à l'œuvre dans les Réels et Souvenirs de la rue Saint-Honoré. Là, l'archive mélancolique des Souvenirs contraste avec celle des Réels.

Cependant, la notion derridienne de « pulsion d'archive » ne permet guère de comprendre la dimension critique, politique même de *Lieux* en tant qu'archive. Afin de la saisir, on se tournera vers Arlette Farge dont les travaux, dans le sillage de Foucault, montrent comment l'archive met à nu les conflits entre l'individu et l'Etat et le caractère parfois répressif de ce dernier mais aussi les manières, de la part de l'individu, d'y résister. Le rapprochement entre Perec et Farge a été fait dans une étude récente de Claude Burgelin, dont nous reprendrons quelques points essentiels pour les confronter à *Lieux*.

Enfin, si *Lieux* est une archive, c'est encore et surtout à cause de sa matérialité, comme un système d'enveloppes, donc de conteneurs, système organisé selon l'algorithme qui régit le projet. Nous étudierons cette dimension matérielle dans la dernière partie de ce chapitre. Sur les enveloppes de *Lieux*, un travail précieux a été effectué par Philippe Lejeune. Les enveloppes de la période la plus « expressionniste » de Perec sont-elles seulement « inquiétantes et cauchemardesques »[4] ? Ou dénotent-elles aussi une mise en valeur de l'écriture, dans son aspect matériel ? La graphie des enveloppes gagnera à être mise en rapport avec l'esthétique matérialiste de la lettre, telle que Perec la pratique partout dans son œuvre, notamment dans *Espèces d'espaces*, qui date de la même époque.

---

4 Lejeune, *La Mémoire et l'oblique, op. cit.*, p. 175.

## 1   *Lieux* et les théories contemporaines de l'archive

Si l'on considère le projet du point de vue des résultats obtenus, affirme Schilling, « le mode d'existence propre de *Lieux* [...] est celui de l'archive. »[5] Par son caractère matériel, son hétérogénéité et sa structure, qui répond à une classification préétablie, *Lieux* peut en effet être rapproché de l'archive. Cette analogie avec l'archive ne concerne pas seulement *Lieux* tel que nous le possédons, dans son inachèvement, mais aussi son programme. Cette hétérogénéité n'est d'ailleurs que relative, puisque le projet consiste en grande majorité en des textes. Quant à la classification, elle fait de *Lieux* une archive d'un type particulier : ce n'est pas un simple dépôt (de documents en vrac) mais une « collection » c'est-à-dire un ensemble ordonné, catégorisé[6].

Dans *Mal d'archive*, Derrida pense l'archive en rapport avec la psychanalyse, qu'il considère comme une « science générale de l'archive, de tout ce qui peut arriver à l'économie de la mémoire et à ses supports, traces, documents [...] »[7]. Or *Mal d'archive* contient une série d'intuitions fructueuses pour la compréhension de *Lieux*. L'essai s'ouvre, comme souvent chez Derrida, par un retour à l'étymologie du terme : « archive » vient du mot *archè* qui signifie « à la fois le *commencement* et le *commandement* »[8]. La dimension de commandement est évidente pour *Lieux*[9] étant donné son protocole : ensemble de contraintes qui touche à l'écriture (faire deux descriptions par mois, pendant douze ans etc.) autant qu'à l'action, puisqu'il commande au corps de se trouver, au moment voulu, dans le lieu en question. C'est ce que Maryline Heck appelle la « contrainte par corps » : chez Perec, l'écriture « commande [au corps de l'écrivain] de se tenir en un certain lieu et de regarder d'une certaine façon »[10]. Dans beaucoup de textes sur l'infra-ordinaire, l'écriture constitue « une contrainte pour le corps »[11]. La dimension de commencement semble moins évidente : l'archive serait le lieu, l'espace « où les choses commencent »[12]. Cependant, les lieux décrits par Perec ne sont-ils pas, presque tous, les lieux de ses commencements ? Quatre sur douze touchent à l'enfance (Vilin, Assomption, Junot, Franklin-Roosevelt), quatre autres touchent à ses

---
5   Schilling, *op. cit.*, p. 171.
6   Pour cette distinction entre dépôt et collection, voir Ernst van Alphen, *Staging the Archive*, *op.cit.*, p. 55.
7   Derrida, *Mal d'archive*, Galilée, 2008, p. 56-57.
8   *Ibid.*, p. 11.
9   Voir également Schilling, *Mémoires du quotidien*, *op. cit.*, p. 173.
10  M. Heck, *Georges Perec. Le corps à la lettre*, *op. cit.*, p. 217.
11  *Ibid.*
12  Derrida, *Mal d'archive*, p. 11.

années d'étudiant (Saint-Honoré, Contrescarpe, Italie, Gaité). Italie, en particulier, a trait aux commencements de l'écriture[13] et on pourrait aussi ranger Choiseul sous cette catégorie, puisque c'est là que Perec conçoit le projet de *Lieux*[14]. Jussieu a trait à ses premières années avec Paulette, donc aux commencements de l'amour. Dans cette perspective, Saint-Louis serait la seule exception. *Lieux* : une tentative d'archiver les commencements ?

*Lieux* est également une archive au sens d'un lieu, d'un espace matériel. Derrida y insiste particulièrement : c'est « *là* où les choses commencent », « *là* où s'exerce l'autorité »[15]. Ce « là » est en principe « une maison, un domicile, une adresse »[16]. Ce qui compte ici est que l'archive est un lieu, un « support stable »[17] où les documents sont « assignés à résidence », rassemblés, précisément par la loi, par le commandement qui prescrit l'archivage. Dans ce sens, l'archive est « hypomnésique » : elle est un « auxiliaire ou aide-mémoire », un « supplément ou représentant mnémotechnique »[18]. Derrida emprunte ce terme à une lettre du père de Freud à son fils, accompagnant une Bible qu'il lui offre pour son trente-cinquième anniversaire[19]. Dans la dédicace, Shlomo Freud énonce ainsi la « loi de l'archive, [qui est d'être à la fois] : *anamnèsis, mnèmè, hupomnèma* »[20]. L'archive (ici la Bible) est donc pour Freud le support indispensable pour qu'il puisse y avoir, plus tard, remémoration (anamnèse), mémorisation et commémoration. Or nous verrons que ces trois formes de mémoire sont toutes à l'œuvre ou, du moins, visées dans *Lieux*[21].

Les enveloppes, l'aspect matériel de *Lieux*, tout cela répond bien sûr à un besoin de construire un support stable, littéralement un lieu fixe où déposer, rassembler descriptions et souvenirs, photographies et autres témoignages d'un passage – réel ou par le souvenir – sur les lieux. Car si la mémoire est d'abord dans les pierres, dans les lieux, ceux-ci sont fragiles comme le dit la dernière page bien connue d'*Espèces d'espaces*. Seule l'écriture pourra « méticuleusement retenir quelque chose, faire survivre quelque chose » (EE 110) et donc se faire créatrice de lieux de mémoire. On retrouve ici le double sens propre au titre de *Lieux*. Cette écriture se construit sur fond de désastre et c'est pourquoi Perec

---

13   Sur les lieux de mémoire de l'écriture, voir chap. 9, § 1.
14   *L* 109, p. 400.
15   Derrida, *Mal d'archive*, p. 11.
16   A l'origine, dans l'Antiquité grecque, c'est « la demeure des magistrats supérieurs, les archontes », *ibidem*, p. 12.
17   *Ibidem*, p. 14.
18   *Ibidem*, p. 26.
19   Lettre citée par Derrida, p. 41-42, empruntée à Yosef Hayim Yerushalmi, *Freud's Moses, Judaism Terminable and Interminable*.
20   Derrida, *op. cit.*, p. 44.
21   Voir chapitre 8.

assimile régulièrement ses lieux à des bombes du temps[22]. La bombe du temps repose certes sur l'idée d'une archive pérenne à redécouvrir dans un lointain avenir mais Perec est surtout fasciné par ses présupposés, qui sont ceux d'un désastre ayant frappé toute vie sur terre :

> L'intérêt des bombes du temps est double : *il laisse quelque chose d'un passé supposé annulé par une catastrophe* ; il renseigne surtout sur la pensée de ceux qui ont suffisamment cru au temps pour concevoir l'idée d'une bombe du temps.
> 
> *L* 12, p. 104, je souligne

Or la catastrophe qui, pour les bombes du temps déposées sur la lune dans les années 1970, était pure supposition théorique (inspirée notamment par la menace nucléaire) n'a rien d'une théorie pour Perec. C'est la réalité à laquelle il se trouve acculé par la Shoah et par son appartenance à la génération d'après. Le passé que Perec enferme dans ses enveloppes est – du moins en partie, on songe à la rue Vilin – un passé d'emblée annihilé par le désastre. Ce sera une raison, on le verra, de son goût pour le style photographique de Christine Lipinska et de sa collaboration avec elle[23].

Ce caractère double de l'archive ou du lieu de mémoire chez Perec – à la fois conservatoire et signe du désastre – mène à un propos central de Derrida. En effet, celui-ci conçoit lui aussi l'archive comme une notion contradictoire : lieu de conservation, elle « travaille toujours contre elle-même »[24], à sa propre destruction. La première raison est le fait que l'archive est motivée par la crainte de la perte et l'anticipation de sa destruction : « l'archive a lieu au lieu de défaillance originaire et structurelle de ladite mémoire »[25]. Une autre raison est que la répétition nécessaire à la conservation (« reproduction, réimpression ») est liée à la destruction. En effet, sa logique est celle de la compulsion de répétition qui « reste, selon Freud, indissociable de la pulsion de mort. Donc de la destruction. »[26] Ainsi, dans la mesure même où l'archive est accumulation de données, elle joue contre elle-même et contribue à son autodestruction. C'est ce paradoxe que Derrida appelle « le mal d'archive », et la description qu'il en donne s'applique particulièrement bien à *Lieux* et à son auteur. Être « en mal d'archive » : l'expression désigne à la fois une souffrance et un manque :

---

22   Voir chapitre 1, § 3.
23   Voir chap. 5.
24   Derrida, *Mal d'archive*, p. 12.
25   *Ibidem*, p. 26.
26   *Ibidem*.

c'est « brûler d'une passion. C'est n'avoir de cesse, interminablement, de chercher l'archive là où elle se dérobe, courir après elle là où, même s'il y en a trop, quelque chose en elle s'anarchie. »[27] S'anarchie c'est-à-dire se défait, passe de l'ordre à l'anarchie. Être en mal d'archive, c'est encore « se porter vers elle d'un désir compulsif, répétitif et nostalgique, un désir irrépressible de retour à l'origine, un mal du pays, une nostalgie du retour au lieu le plus archaïque du commencement absolu. »[28]

Nul besoin de souligner le caractère répétitif du projet de *Lieux* : la répétition est le principe même de son protocole, qui consiste à revenir sur un même lieu, *in situ* ou bien en pensée ; elle est parfaitement exprimée dans certains passages métatextuels : « Je ne veux pas oublier. Peut-être est-ce le noyau de tout ce livre : garder intact, répéter chaque année les mêmes souvenirs, évoquer les mêmes visages, les mêmes minuscules événements [...] » (*L* 41, p. 197). Le protocole de *Lieux* est une institutionnalisation de la compulsion de répétition, si l'on ose dire. La citation comporte également l'idée d'un « mal du pays », d'un désir de retour au « commencement absolu ». Or ce commencement absolu constitue le noyau caché du dossier 'Vilin', qui est lui-même le centre de gravité de *Lieux*[29]. Les Vilin Réels et Souvenirs – comme les chapitres correspondants de *W* – sont en effet entièrement orientés vers l'espoir de faire resurgir le visage oublié de la mère, ou n'importe quel souvenir la concernant. Claude Burgelin, dans *Les Parties de dominos chez Monsieur Lefèvre*, voit *La Vie mode d'emploi*, voit l'œuvre entière de Perec comme une réponse à ce « drame de l'oubli », amnésie que celui-ci tente de « colmater » par « une impressionnante hypermnésie »[30]. En génial « cryptophore », Perec aurait construit un caveau bien scellé autour du vide du visage oublié de la mère. Dans ce sens, *Lieux* est le tombeau non seulement d'un amour (Lejeune) mais également de la mère disparue, donc des commencements.

Voyons maintenant ce que signifie le rapport à l'archive, ainsi conçue, au niveau de la fabrique des textes. Il pourra éclairer le contenu parfois déconcertant, décevant même, des textes de *Lieux*. En effet, ce que Perec vise à conserver, c'est l'infra-ordinaire, les traces de la vie au quotidien : les choses, les faits et gestes de la vie quotidienne, dont il fait le relevé. Cela vaut pour les Réels qui sont un inventaire du quotidien, de l'ici et du maintenant d'un lieu donné, mais aussi, de manière moins visible, pour les Souvenirs, qui collectionnent des menus faits de sa vie quotidienne liés à un lieu donné :

---

27   *Ibidem*, p. 142.
28   *Ibidem*.
29   Voir chapitre 6.
30   Claude Burgelin, *Les Parties de dominos*, *op. cit.*, p. 77.

rencontres, occupations, choses, tout cela décrit *more geometrico*, par la liste ou le schéma[31]. L'assimilation de *Lieux* à l'archive éclaire également le fait que, dans ces textes qui sont des « descriptions », Perec s'abstient en principe de toute explication ou interprétation (sauf dans les passages métatextuels, où il s'interroge sur le sens du projet dans son ensemble). C'est un aspect des Souvenirs qui peut frustrer le lecteur mais il est conforme au caractère de l'archive comme collection ou banque de données. Son protocole exclut toute interprétation de ces données ou du moins la remet à plus tard, au moment où Perec ouvrira les enveloppes.

Or ces deux éléments – orientation sur l'infra-ordinaire et absence d'interprétation – mènent à la réflexion d'Arlette Farge sur l'archive. Le rapprochement avec Farge, développé par Claude Burgelin dans son article, pointe vers une dimension politique de l'écriture infra-ordinaire de Perec en général[32], et de *Lieux* en particulier. À la suite de Foucault, Farge conçoit l'espace urbain, tel qu'il se dit à travers les archives, non comme une donnée mais comme un lieu de conflits, toujours à conquérir sur un Etat susceptible de répression, de « surveillance », de normalisation et d'uniformisation[33]. Uniformisation qui se manifeste également au niveau de la planification urbaine, de la configuration même d'une ville, imposant ses modes d'habiter – on peut songer ici au chapitre sur l'appartement, dans *Espèces d'espaces*, dont la partition hyperfonctionnelle dicte des modes de vie patriarcaux (*EE* 59 *sq*.). Dans *Espèces d'espaces* mais aussi dans *Lieux*, est à l'œuvre « l'usager » de l'espace qui « invente » sa vie quotidienne en subvertissant par mille « ruses » les modes de vie imposés par les urbanistes, pour reprendre les termes célèbres de Michel de Certeau. Dans les archives qu'elle étudie, Farge voit cet « usager » résister à l'emprise du pouvoir, or c'est précisément ce qui se passe à mainte page des Réels, nous l'avons vu à propos de Gaité[34], où les riverains résistent de multiples manières à la rénovation urbaine. Résistance qui, comme l'a relevé Burgelin à propos de *La Vie mode d'emploi*, est créatrice d'un « vivre ensemble », d'un « espace commun »[35].

---

31  Voir chapitre 8.
32  De même que Maryline Heck qui, dans une analyse des *Récits d'Ellis Island*, établit clairement la portée politique de l'écriture infra-ordinaire de Perec, comme une « manière de voir autrement » et de se situer à contre-courant de l'idéologie dominante (Maryline Heck, « Pour un Perec politique », *Relire Perec*, études réunies et présentées par Christelle Reggiani, Presses Universitaires de Rennes, 2016, pp. 73-88).
33  Voir Claude Burgelin, « Perec et l'archive. A la lumière d'Arlette Farge », *Europe. Revue littéraire mensuelle*, no. 993-993, janvier-février 2012, p. 74.
34  Chapitre 3, § 5-7.
35  Burgelin, *art. cit.*, p. 76.

Ce caractère politique de l'archive fait que les textes de *Lieux* ne sont pas purement mélancoliques. Il ne s'agit pas seulement de construire une crypte autour de la disparition de la mère (Burgelin), archive absolument privée. L'archive de Perec étant une vaste collection de faits et de gestes quotidiens, elle est aussi une archive publique, témoignant d'une mémoire collective. L'archive, dit encore Derrida, se situe « à la limite instable entre le public et le privé, entre la famille, la société et l'Etat, entre la famille et une intimité encore plus privée que la famille, entre soi et soi. »[36] C'est cette dichotomie entre joie et mélancolie de l'archive qui sera exposée à présent à l'aide des textes autour de la rue Saint-Honoré.

## 2    Saint-Honoré Souvenirs : archiver le passé ?

Les enveloppes Souvenirs de la rue Saint-Honoré constituent un ensemble d'une grande diversité[37]. Elles contiennent des textes mais aussi des photographies et des documents privés : le brouillon d'une lettre à Michel Leiris, un télégramme, une liste de choses à faire. Entre 1969 et 1975, Perec se contraint, une fois par an, à jeter un regard rétrospectif sur la période où, quand il avait autour de vingt ans, il habita deux fois de suite rue Saint-Honoré. Cependant, si la plupart des Souvenirs sont de sages exercices de remémoration, certains virent au journal : instantanés non du passé mais du présent, comme en 1971, où le Souvenir est écrit à un moment de crise dans sa vie affective autant que dans son travail d'écrivain.

Le premier Souvenir (1969) compare les deux séjours rue Saint-Honoré, courts mais très différents. De janvier à juin 1957, Perec habita une toute petite chambre de bonne au sixième étage du 203, rue Saint-Honoré. C'est la chambre qui est décrite dans *Un homme qui dort*. Les menus faits inventoriés dans les Souvenirs montrent implicitement qu'il s'agit dans la vie de Perec d'une période de désarroi, de pauvreté et de solitude (« période d'inhibition maximum », *L* 83, p. 327). Elle est dominée par les séances d'analyse, trois fois par semaine, chez Michel de M'Uzan. Deux ans après, en 1959, il habite à nouveau rue Saint-Honoré, pendant six mois. La chambre, plus spacieuse, est sise quelques numéros plus loin, au premier étage du 217, à l'intérieur d'un appartement d'amis. Epoque de tonalité très différente où, avec quelques amis, il essaie

---

36    Derrida, *op. cit.*, p 141.
37    Les paragraphes 2 et 3 de ce chapitre sont une version remaniée de mon article « Perec, *Lieux*. Joie et mélancolie d'une archive urbaine », *Malaise de la ville*, Sylvie Freyermuth & Jean-François Bonnot éds., Bruxelles, Peter Lang, 2014, pp. 289-303.

de monter la revue *La Ligne Générale* (qui d'ailleurs ne verra jamais le jour[38]), travaille à son roman *Gaspard pas mort* et est « beaucoup plus sociable » (*L* 5, p. 75).

Mais dans ces Souvenirs, c'est la première période – celle de la chambre de bonne – qui revient le plus souvent. C'est la mélancolie de cette période qu'il se remémore chaque année, également par les Réels, lorsqu'il fait sa description annuelle de la rue. La rue Saint-Honoré est doublement un lieu de mémoire : d'une part parce qu'il y a vécu, de l'autre à cause d'*Un homme qui dort*, qui est le récit fictionnalisé de cette période. Cela explique que le lieu soit surdéterminé pour Perec. S'y ajoutent encore, à partir de 1973, les souvenirs du tournage du film *Un homme qui dort* (1974).

Dans ces Souvenirs, une fois de plus, Perec parle indirectement de lui, par le biais de la description de l'espace et des choses. Le Souvenir de 1974 donne la disposition des meubles : le lit-banquette dont les montants ne peuvent être rabattus faute de place ([...] « ce qui fait que je dormais la tête et les pieds en position oblique »), la bibliothèque en face (entre les deux, « juste la place de passer »), la penderie, le lavabo et serrée entre les deux, une table « dont le plateau ne devait pas dépasser 50 cm sur 20 ». La table était sur roulettes, « genre plaque ciré noir hideux », la surface exiguë de la chambre « posait un problème de place insoluble. » (*L* 28, p. 164). En donnant ainsi les mesures précises et la disposition des meubles, en passant sous silence son état d'esprit (sauf par quelques adjectifs évaluatifs comme « hideux », « insoluble ») Perec évoque de manière éloquente l'atmosphère de solitude et de pauvreté qui caractérise cette période.

Ces textes ne contiennent aucune appréciation non plus sur ses conditions matérielles de l'époque, mais uniquement quelques sèches données : « je me chauffais avec un soufflant Calor qui, je crois, avait un nom de colonie française (Togo peut-être) » (*L* 105, p. 392) ; la chambre est froide en hiver et trop chaude en été. Cette chaleur étouffante est décrite au début d'*Un homme qui dort*. A cette époque, il se nourrit de saucisses et de frites et boit des alcools infects (*L* 28) et ce n'est guère mieux en 1959 (*L* 83). Le seul achat vestimentaire est un manteau vert et un costume commandés au père de son ami Jacques Lederer, qui est tailleur (*L* 105). De manière tout aussi lapidaire, il mentionne ses revenus et dépenses de l'époque. Il travaillait le matin à la Bibliothèque de l'Arsenal, où il gagnait 13.000 francs anciens[39] par mois (*L* 5). Le loyer de la chambre

---

38   Sur le projet de *La Ligne générale*, voir Georges Perec, *L. G. : une aventure des années 60*, Paris, Seuil, 1992.
39   Environ 268 € d'aujourd'hui.

était de 50 francs nouveaux[40] (*L* 83). En sus, il faisait des notes de lecture pour divers éditeurs, qui le payaient 3000 francs (*L* 28).

Quelles sont les occupations de Perec, dans cette chambre ? Comme le protagoniste d'*Un homme qui dort,* il lit assis sur son lit, faute de fauteuil. Pour des revues, il fait des comptes rendus de romans et des résumés d'articles de sciences humaines. Du point de vue littéraire, c'est une période de découragement, depuis que son premier roman *Les Errants*, peu apprécié par ses amis, est resté dans le tiroir[41]. En cette année 1957, sa psychanalyse avec Michel de M'Uzan domine toutes ses autres occupations. Comme on l'a vu, elle l'amène, trois fois par semaine, à faire de longues marches à pied, depuis la rue Saint-Honoré, ponctuées d'arrêts au café, pour le flipper, ou au cinéma[42] : c'est l'époque du « Tilts cinémas Dem Dem tilts cinéma [...] » (*L* 28, p. 165). L'abréviation « Dem » pour de M'Uzan révèle à quel point la psychanalyse est le centre névralgique de cette époque. La parataxe, l'élision des articles et la répétition en boucle des trois termes font de cette formule l'expression iconique de la monotonie compulsive et du malaise qui caractérisent la période. Expression aussi iconique qu'hermétique, par l'abréviation utilisée et par sa manière de taire l'essentiel (sa crise intime) sauf par le biais de ses occupations quotidiennes.

Tout au long des six textes de ces Souvenirs, Perec ressasse les mêmes maigres données sur ses séjours rue Saint-Honoré, il en est de plus en plus conscient au fur et à mesure que les années passent et qu'il accumule les textes. Est-ce la raison pour laquelle ces Souvenirs – surtout les derniers – ressemblent parfois aux Réels c'est-à-dire à des descriptions mais du présent ? L'archive du passé se rapproche alors de l'archive du présent que sont les Réels. C'est le cas des Souvenirs Saint-Honoré datés 1971 et 1972.

Il n'est pas indifférent que le Souvenir 1971 soit daté le 13 mars de cette année. C'est un moment de crise profonde, autant au niveau de la vie que de l'œuvre. En effet, précisément autour de cette date, suite à sa rupture définitive avec Suzanne Lipinska, Perec tente de se trancher les veines. Les biographes ne sont pas parvenus à dater exactement ce fait, mais Bellos le situe quelques jours avant le 15 mars, date où Perec commença les répétitions avec Philippe Drogoz et Eugen Helmle, à Saarbrücken, de la pièce radiophonique *Tagstimmen*[43]. C'est alors que ce Souvenir semble avoir été écrit. Or c'est un des rares textes,

---

40   Environ 7,50 € d'aujourd'hui.
41   Voir Paulette Perec, *Portrait(s) de Georges Perec, op. cit.*, p. 41 *sq.*, qui décrit avec précision cette année 1956-57.
42   Voir les « Gaité Souvenirs » et *infra*, le chap. 3.
43   David Bellos, *Georges Perec, op. cit.*, pp. 467-69.

dans *Lieux*, à relater une expérience érotique. Elle date de 1959, elle se situe donc dans la 'seconde' chambre, rue Saint-Honoré. Avec franchise, Perec raconte l'émerveillement mais aussi l'inhibition et le manque d'expérience de deux jeunes amants. L'expérience en restant aux caresses, elle se solde par un échec aux yeux de Perec, échec dont il se hâte d'assumer l'entière responsabilité (« j'étais incapable d'aimer J[eannette]. », *L* 50, p. 236). Il en tire des considérations générales sur l'imperfection de sa vie amoureuse : « Les éléments du système étaient en place : elle avait besoin de moi, elle s'offrait à moi et je la repoussais. Elle ne me fascinait pas ; elle ne cherchait pas à m'échapper. » (*ibid.*). Ce souvenir érotique lointain est également à lire à la lumière de la rupture actuelle, qui l'a peut-être déclenché et qui explique les généralisations pleines d'auto-reproches sur sa vie amoureuse.

Le contexte de la rupture avec Suzanne Lipinska, au début de cette année 1971, éclaire le sens d'un autre document dans l'enveloppe. Il s'agit de la copie d'un télégramme envoyé le 6 février depuis le bureau de poste de Saint-Pierre-du-Vauvray, la gare la plus proche du Moulin d'Andé : « on part affection ». Selon toute éventualité, il s'agit d'un télégramme envoyé par Perec à Suzanne au moment de son départ[44]. Les termes du télégramme sont amicaux mais déjà impersonnels et distants. C'est suite à cette crise de mars 1971 que Perec a entrepris son analyse avec Jean-Bertrand Pontalis.

Cette crise sentimentale, existentielle va de pair avec une crise dans sa vie d'écrivain. En effet, début 1971, le travail sur *W ou le souvenir d'enfance* piétine ; il ne sera repris qu'en 1974, lorsque l'analyse avec Pontalis « lui aura donné accès à (son) histoire et à (sa) voix »[45]. Dans son étude détaillée de la genèse du roman[46], Philippe Lejeune montre qu'en 1970-71, Perec s'était enlisé dans une structure de plus en plus compliquée, où les deux séries de chapitres autobiographiques et fictionnels devaient être complétées par une troisième série comportant « tout ce qui était de l'ordre du commentaire, de l'illustration, du métadiscours »[47]. La complication de cette « structure ternaire »[48] et la difficile gestation de *W* ont pu susciter des sentiments d'impuissance et de doute sur ses aptitudes littéraires.

Sentiments qu'on trouve reflétés dans un autre document glissé dans l'enveloppe de 1971 : le brouillon d'une lettre écrite rue de Seine, datée ce même 13 mars 1971, à « 0h30 » et destinée à Michel Leiris puisqu'il y est question de

---

44  Sur la chronologie de sa relation avec Suzanne Lipinska, cf. Bellos, *op. cit.*, p. 465 *sq.*
45  Lejeune, *op. cit.*, p. 135.
46  *Ibid.*, pp. 92-140.
47  *Ibid.*, p. 130. Dans la version finale, cette série sera éliminée, ou plutôt intégrée aux autres.
48  *Ibid.*, p. 112.

*Nuits sans nuit* et de *La Règle du jeu*. Cette lettre, interrompue au milieu d'une phrase, ne sera jamais envoyée ; l'écriture tourmentée en est très différente de l'écriture habituelle de Perec, plutôt claire et précise. Lettre qui contient déjà sa propre impossibilité, ce qui fait son caractère désespéré. Perec, on le sait, est un admirateur de longue date de Leiris. Ici, sous le coup d'une relecture de *Nuits sans nuit*, il exprime le besoin soudain et urgent d'une rencontre mais c'est une rencontre manquée d'emblée : « il ne faut pas écrire ce genre de lettres – ou bien il faut les écrire mais ne pas les envoyer », affirme-t-il pour commencer. C'est donc une lettre destinée à rester dans ses papiers. Et qui plus est, la rencontre dont il rêve un moment est également manquée d'avance car « je vous connais assez pour savoir que cette chose est à la fois impossible et nécessaire, que toute rencontre sociale qui n'aurait pas manqué de se faire [...] aurait été un échange poli de convenances et non cette vérité évidente qui est née pour moi depuis longtemps déjà au-delà de la connivence (fausse/vraie ?) née de la lecture forcenée de *La Règle du jeu* » C'est là, sans point final, que la lettre s'interrompt. Donc inutile d'écrire cette lettre, mais il faut l'écrire quand même ; inutile de nous voir, mais je dois vous voir : voilà le *double bind*, l'impasse où se trouve Perec en cette nuit du 13 mars 1971. Ce n'est pas ici le lieu d'examiner le rapport de Perec à Leiris[49], fort complexe. A de tels moments de doute sur lui-même, son admiration est mêlée d'envie, comme dans son rapport à ses autres grands modèles comme Roland Barthes, Queneau ou Roussel :

> Je ne suis qu'un pitre. Je n'ai pas le droit de me réclamer de Roussel ni de Queneau
> Etc etc.
> Je ne serai jamais Leiris ; Leiris ne me lira jamais
> Etc etc
> Etc etc
> Etc etc
> *L* 30, p. 170

Un dernier document dans l'enveloppe confirme cette crise dans son travail d'écrivain. C'est une petite page de calepin, datée 7 mars – jour de son 35ᵉ anniversaire – avec une liste de choses à faire : « Aller chercher le linge », « Payer le tiers » ; deux autres démarches sont biffées, donc apparemment accomplies, mais les travaux d'écriture ne le sont pas : « Mots croisés », « Saint-Louis

---

49    Sur Perec, Leiris et le travail sur les lettres, voir Heck, *Georges Perec. Le corps à la lettre, op. cit.*, pp. 191-194.

Réel », « Italie Réel », « Souvenir Junot », « Souvenir Saint-Honoré », « Souvenir Franklin », « Le Condottiere ». Cela confirme d'abord le retard que Perec avait pris, en ce mois de mars 1971 : le Souvenir Saint-Honoré était prévu pour janvier, il est fait le 13 mars. Les autres textes susnommés seront écrits avec des retards de deux à quatre mois en moyenne. Mais le plus surprenant est la mention du *Condottiere* : comme on sait, ce roman de jeunesse, écrit entre 1957-1960, a été refusé par Gallimard en décembre 1960. Perec l'a cru égaré pendant des années (*L* 17). Un exemplaire du manuscrit a été retrouvé par David Bellos longtemps après la mort de Perec, et le roman a été publié au Seuil en 2012[50]. On voit donc mal comment Perec aurait pu envisager de s'y remettre, en mars 1971, mais il en a eu tout au moins l'intention, ce qui est conforme à une lettre de 1960 à Jacques Lederer où il affirme qu'il reprendra le texte « dans dix ans, époque où ça donnera un chef-d'œuvre [...] »[51]. Mais en 1971, il est loin de la juvénile confiance de cette lettre. La référence au *Condottiere* renvoie à l'échec premier.

Ces documents (télégramme, lettre, liste) montrent comment lorsque la vie actuelle se fait trop incisive, les Souvenirs se muent en archive du présent, en dépôt de témoignages, de pièces à conviction. De tels documents ont un statut sémiotique différent de celui des descriptions (Souvenirs ou Réels). C'est le cas pour tous les documents glissés dans les enveloppes de *Lieux*, hormis les photographies. En effet, pour reprendre les termes bien connus de Peirce, les descriptions (comme les photographies) sont des icônes : ce sont des *représentations* du lieu, qui sont en rapport de *similitude* avec lui. Par contre, les trois documents mentionnés sont des *index* : ils renvoient directement au lieu, ils sont en rapport de *contiguïté*, de métonymie avec lui et font donc partie intégrante du lieu. Ces « index » ont un effet de réel plus fort que les « icônes » : c'est là leur valeur ajoutée. Par cette manière de se servir des choses mêmes au lieu de leur image (écrite ou photographiée), *Lieux* se rapproche des œuvres d'art conceptuel des années 1970-80 qui archivent le réel, comme les vitrines ou les « Canada » de Christian Boltanski[52].

---

50    Voir la préface de Claude Burgelin au *Condottiere*, Seuil, 2012.
51    *« Cher, très cher, admirable et charmant ami ... » Correspondance Georges Perec et Jacques Lederer*, J. Lederer éd., Flammarion, 1997, p. 570, cité par Claude Burgelin, préface à Georges Perec, *Le Condottiere*, Seuil, 2012, p. 7.
52    Le rapport entre *Lieux* et l'art conceptuel a été exploré par Schilling qui en donne de nombreux exemples, de Sol Lewitt à Vito Acconci, Lawrence Weiner, Hanne Darboven et On Kawara (Schilling, *op. cit.*, pp. 148-150). Sur le rapport entre Perec et Boltanski, voir Guillaume Po, « Perec et Boltanski, deux interrogations sur la disparition », *L'œil d'abord ... Georges Perec et la peinture. Cahiers Georges Perec* no. 6, Seuil, 1996.

Un autre rapprochement possible est celui avec les bombes du temps (« time capsules ») d'Andy Warhol. Elles montrent, tout d'abord, que Perec était loin d'être le seul artiste, dans les années 1970, à s'inspirer des bombes du temps de la NASA. A sa mort, Warhol a laissé non moins de six-cents cartons de dimensions standard, collection qu'il avait commencée en 1974. Dans ces cartons, qu'il gardait à portée de main dans son atelier, il jetait tout ce qui lui passait par les mains : journaux, revues, photographies, lettres reçues, correspondance d'affaires, dessins, reproductions, livres, catalogues d'art mais aussi beaucoup de documents qu'on appelle joliment « ephemera » en anglais – il s'agit d'annonces de spectacle, de cartons d'invitation etc.[53] Il remplissait en moyenne un carton par mois, le fermait et l'envoyait dans un dépôt situé ailleurs.

Ce bref descriptif montre déjà les ressemblances mais aussi les différences avec le projet de Perec. Leurs archives se rejoignent quant à leur caractère quotidien, tous deux ils conservent paradoxalement l'éphémère, les objets dérisoires, les constituant en un 'conservatoire' de l'infra-ordinaire, pour ainsi dire. Et, deuxième trait commun, cartons et enveloppes constituent des autobiographies par le biais des choses[54]. Mais si Warhol semble traiter avec négligence ses cartons, les envoyant impitoyablement au dépôt, avec l'intention apparente de faire place à autre chose (littéralement et au sens figuré)[55], Perec couve jalousement ses enveloppes et les sacralise de multiples manières, comme on a vu. Les cartons de Warhol sont des « dépôts », selon la distinction qu'on vient de faire, peut-être même pourrait-on, avec quelque irrévérence, les qualifier de dépotoirs, même si ces dépotoirs sont aujourd'hui étudiés et inventoriés par toute une équipe de chercheurs ! *Lieux* par contre est une « collection », soumise depuis le début à des contraintes de classement. Différence qui montre bien la spécificité du projet de Perec, tout entier orienté sur la mémoire[56].

---

53   Voir John W. Smith, « Saving Time : Andy Warhol's Time Capsules », *Art Documentation : Journal of the Art Libraries Society of North America*, printemps 2001, vol. 20, no. 1, pp. 8-10. Sur les 'ephemera' dans l'art conceptuel, voir aussi Raoul Delemazure, « *L'Herbier des villes* de Georges Perec », *Cahiers Georges Perec* no. 12, « Espèces d'espaces perecquiens », Le Castor astral, 2015, p. 207.

54   Bien entendu, il faut ici faire la part de la différence entre un artiste, qui produit des œuvres visuelles et un écrivain, qui produit des textes. Il semble que les cartons de Warhol contiennent également certaines de ses œuvres picturales, voir Smith, *art. cit.*

55   Warhol parle de « tout jeter » dans le carton et se soucie peu que le carton se perde, car ce serait « one less thing to think about, another load off your mind », Smith, *art. cit.*, p. 8.

56   La présence de documents glissés dans les enveloppes de *Lieux* est bien entendu également à mettre en rapport avec *L'Herbier des villes*, son projet de collecte de documents urbains et personnels, voir Raoul Delemazure, « *L'Herbier des villes* de Georges Perec », *art. cit.*

Revenons pour terminer aux Souvenirs de la rue Saint-Honoré. Celui de 1972, comme celui de 1971, glisse vers le présent ; son écriture est plutôt celle du journal. Loin d'évoquer la rue Saint-Honoré quinze ans plus tôt, Perec y raconte la nuit qui vient de s'écouler, passée à courir plusieurs boîtes de nuit avec des amis. Ce Souvenir est également en contraste avec les autres en ce qui concerne sa tonalité car c'est un moment de bonheur : « Le jour se lève. Nous sommes heureux. » Suit un deuxième texte, daté trois jours après, écrit dans le train de Dinard, « entre Rennes et Paris à 140 km/h ». (*L* 83, p. 326)

D'une manière générale, Perec écrit régulièrement ses Souvenirs dans le train ou dans l'avion. Cela donne un texte où les souvenirs de la rue Saint-Honoré sont entrecoupés de notations sur les autres voyageurs et sur ce qu'il voit par la fenêtre du compartiment : « Km 347. Il y a deux rues Saint-Honoré. La première [...] C'était l'année 56-57. Traversée de Vitré : km 335, collines ensoleillées, bocages, vaches. » Le regard est ici le même que dans les Réels : ce que Perec note, ce sont des chiffres et des lettres : des noms de gares, des textes de pancartes publicitaires (« La vache qui rit ») et donc ces numéros des bornes kilométriques qui ponctuent la description. C'est là un jeu séduisant par ses contraintes et par ses interdits. Il consiste, dans le train, à « éviter de regarder les kilomètres mais non les centaines de mètres, pendant le plus longtemps possible » et ainsi à « estimer où l'on est. Mettons 165. En fait 176 ! » (*L* 83, p. 328) Ce jeu est proche de la quête topographique propre à *Lieux* dont tous les textes, Réels ou Souvenirs, sont un positionnement dans l'espace, une topique[57]. Cela explique, dans ce Souvenir, la fusion entre lieu présent et lieux passés et le fait que le Souvenir vire parfois au Réel, à l'archive du présent. Les cloisons entre Réels et Souvenirs ne sont pas si étanches que le protocole du projet semble le supposer.

## 3  Saint-Honoré Réels : archiver le présent

Si les Souvenirs reviennent sans cesse à la chambre étouffante d'*Un homme qui dort*, les Réels apportent une bouffée d'air frais : ils nous parlent de la rue, dans leurs méticuleux relevés de la rue Saint-Honoré. Bien entendu, ce relevé ne concerne que le segment de la rue où se situent les deux chambres : c'est un des traits autobiographiques de ces textes. Inventorier, année par année, le quotidien de « sa » rue, afin de voir au bout du compte ce qui change et ce qui reste, observer « le vieillissement des lieux » (*EE* 110), c'est là le but explicite des Réels.

---

57  Topique elle-même propre au caractère rhétorique du projet, voir chap. 7 et 8, § 1.

Perec parcourt la rue Saint-Honoré, calepin en main, et numéro par numéro, il fait le relevé des immeubles – surtout des magasins dans cette rue très commerçante. Cela donne des descriptions sous forme de listes, dont les ingrédients sont dignes des *Choses* :

> [...] Au 203 : « La Ferme Saint-Roch », pailles et poutres : charcuterie, fromagerie, épicerie de luxe [...]
> au 205 : « Maroquinerie Leobag »
> « Laiterie parisienne »
> « A la Princesse Mary » (lingerie)
> à l'étage : « Presti » (« la fermeture incoinçable, Richefeu ») [...] ».
>   *L* 16, p. 120-121

Il note non seulement les denrées vendues mais aussi le décor, les textes publicitaires ... En même temps, il s'agit bel et bien d'un pèlerinage sur des lieux où il a habité, donc d'une entreprise autobiographique. C'est peut-être pour cela qu'il ne parcourt que le côté impair[58] de la rue, s'arrêtant aux immeubles qu'il a habités : « je suis rentré dans la cour du 203[59]. Blanchisserie au fond. Ascenseur (nouvellement ?) installé. Pas de plaque au nom de J. Tacheff (fourreur) » (*L* 16, p. 120). Cette plaque au nom de Tacheff, qui revient plusieurs fois dans *Lieux*, avait inspiré à son ami Jacques Lederer le calembour « ji ti tue et J. Tacheff. » (*L* 105, p. 392). Un peu plus loin, Perec entre également dans la cour du no. 217 (la deuxième chambre) : « (entré dans la cour ; rien reconnu ; où étaient mes (ma ?) fenêtres ?) » (*L* 16, p. 122). La sensation d'étrangeté rappelle celle lors de son premier retour rue Vilin, au début des années 60 : « La rue n'évoqua en moi aucun souvenir précis, à peine la sensation d'une familiarité possible. » (*W* 68). Mais il faut noter la parenthèse. Comme l'a montré Jacques Dürrenmatt, l'usage de la parenthèse est fréquent chez Perec et presque toujours à contre-courant : loin de signifier un ajout « suppressible et non essentiel », la parenthèse est chez lui « un espace exotique [...] à forte densité subjective »[60]. Ici, les membres de phrase entre parenthèses contiennent la motivation personnelle des Réels, c'est-à-dire le fait qu'il a habité dans cette rue. On retrouvera le même usage des parenthèses dans les Réels de la rue Vilin[61].

---

58  Les deux immeubles en question portaient des numéros impairs (203 et 217) ; en outre, comme l'a montré Magné, l'impair est un autobiographème chez Perec, renvoyant au manque et à l'absence (Magné, *Georges Perec, op. cit.*, ch. 4).

59  L'immeuble où se situait la chambre de bonne de 1957.

60  Jacques Dürrenmatt, « Que dit la ponctuation de Perec ? », *Georges Perec artisan de la langue*, Véronique Montémont & Christelle Reggiani éds., Presses universitaires de Lyon, 2012, p. 35.

61  Chapitre 6, § 1.

Les Réels Saint-Honoré, comme ceux de Gaité, s'attachent également aux « micro-événements » : passants, circulation ou menus événements, comme ce livreur qui, devant la crémerie au bas du 205, met de l'ordre dans son camion (*L* 16). L'une des règles de cette écriture, nous l'avons déjà rencontrée pour Gaité, c'est de ne décrire que ce qui se trouve strictement dans son champ de vision : « 209 : Aux Tuileries (papetier ?). Puis un tailleur ( ?) actuellement masqué par une 204 au premier plan » (*L* 16, p. 121). Quant à cette Peugeot 204, Perec est témoin d'un micro-événement qui en appelle à son esprit de romanesque : voyant un homme prendre congé de deux dames, sur le point de partir en voiture, et leur recommander de lui téléphoner à sept heures, ou le sept (Perec n'est pas sûr d'avoir bien entendu), il les voit immédiatement comme un père, sa femme et sa fille, et imagine plusieurs scénarios : départ en vacances, voyage d'affaires, grosse livraison ou même *hold up* ! En ironisant ainsi sur sa propre aptitude au romanesque, il montre implicitement qu'il n'existe pas de description qui soit neutre ; toute observation est l'observation de quelqu'un, donc d'une subjectivité, comme dans Gaité, pour des micro-événements semblables[62].

Les premières années de *Lieux*, Perec exécute sagement le projet qu'il s'était fixé, qui est, pour les Réels, de décrire un lieu et un seul. A partir de 1972, lorsque la formule du projet commence à lui peser, les textes deviennent plus libres et plus hétérogènes. Ainsi les Réels Saint-Honoré de 1972 et 1974 sont le compte rendu de longues promenades dans Paris, qui passent certes par la rue Saint-Honoré mais aussi par d'autres lieux du projet. Ainsi, un dimanche de mai 1972, Perec part de la rue de Seine, où il habite à ce moment-là, rejoint la rive droite par le Pont des Arts et parcourt la rue Saint-Honoré, où il fait son relevé habituel des magasins et des immeubles. Il s'assied un instant à la brasserie des Tuileries, le temps de noter le calme qui règne : « de longs moments sans la moindre voiture. Un double express au lait froid et deux pains au lait. Deux heures sonnent au clocher de Saint-Roch. » (*L* 80, p. 315) Cette phrase ramène le lecteur aux premières pages d'*Un homme qui dort* : « Deux heures sonnent au clocher de Saint-Roch. Tu relèves les yeux, tu t'arrêtes de lire, mais tu ne lisais déjà plus depuis longtemps. » (*HD* 18) C'est le moment précis où, pour l'étudiant assommé par la chaleur dans son étroite chambre de bonne, commence l'expérience de l'indifférence dont le roman de 1967 est le récit. Faut-il lire la promenade qui suit comme une réitération des longues marches obsessionnelles de l'« homme qui dort » ? Pour l'étudiant, d'abord flâneur dans un Paris proche de celui de Baudelaire et des Surréalistes, la marche finit par devenir un stupéfiant qui provoque l'oubli. Marchant jour et nuit, il se laisse porter par

---

62  Chapitre 3, § 5-6.

la foule, sans savoir où il va, « comme un prisonnier, comme un fou dans une cellule. Comme un rat dans le dédale cherchant l'issue. » (*HD* 118)[63]

Or dans ces Réels Saint-Honoré des années 1970, nous voyons aussi une autre expérience de l'espace urbain, expérience qui éloigne de la mélancolie d'*Un homme qui dort*. Marcher c'est flâner, sillonner la ville d'un bout à l'autre, explorer l'espace urbain et l'inventorier. A la Madeleine, Perec prend le métro jusqu'à Lamarck-Caulaincourt. Et dans le métro, il s'amuse à faire un Réel : c'est le seul texte de *Lieux* écrit dans le métro. Il relève les noms des stations et note les textes des panneaux publicitaires :

> Trinité : « Pendant ce temps-là ça mijote ... » ; « Et si le vers n'existait plus !.. »
> Notre Dame de Lorette : « Branca Menthe » (la très sauvage ... ?) ; « Pour vous l'allemand c'est du chinois ? Oui ... alors Berlitz. »
> L 80, p. 316

Ici comme dans d'autres Réels, Perec passe à ce que Bernard Magné, dans une étude des multiples écriteaux, pancartes et autres de *La Vie mode d'emploi* appelait « le mode reprographique » : le fait d'insérer dans le texte des « fragments 'bruts' de discours hétérogènes » au texte principal[64]. Cependant si *La Vie mode d'emploi* reproduit jusqu'à la typographie de ces textes (fictifs pour la plupart), dans les Réels il s'agit de textes réels, relevés sous forme de discours rapporté. L'effet de réel se double alors d'un effet poétique dû à la juxtaposition de ces textes et à leur interaction.

De la station Lamarck, Perec a vite fait d'emprunter l'avenue Junot, où habitaient sa tante Berthe et son cousin Henri, sa première « famille de remplacement » juste après la Libération[65]. Lorsqu'il parcourt la rue en 1972, la tante Berthe est déjà décédée et la famille a quitté les lieux. Ici, Perec fait un bref relevé des numéros avant de monter jusqu'à Montmartre contempler Paris du haut de la Butte : « Paris se hérisse de buildings : hauteur insoupçonnée de la Tour Maine-M.[ontparnasse]. » En regardant de loin la Tour Montparnasse, il touche virtuellement encore un troisième de ses douze lieux, Gaîté. Dévalant ensuite la Butte jusqu'au métro Anvers, il s'arrête chez un ami rue Rochechouart, avant de traverser tout le 9e arrondissement de nord en sud, puis le 2e arrondissement, pour emprunter la rue du Faubourg Montmartre, les

---

63    Sur le motif du flâneur chez Perec cf. Annelies Schulte Nordholt, « Georges Perec : flâneur immobile, flâneur en marche », *art. cit.*
64    Magné, *Perecollages, op. cit.*, p. 71.
65    La tante Berthe Chavranski s'occupa du jeune Perec en 1944-45, à Villard-de-Lans. Elle a disparu en 1969. Cf. Paulette Perec, *Portrait(s) de Georges Perec, op. cit.*, pp. 26-27 ; Bellos, *Georges Perec. A Life in Words, op. cit.*, pp. 79-80.

passages Verdeau, Jouffroy et des Panoramas. Or le protagoniste d'*Un homme qui dort* fréquente lui aussi les passages, haut-lieu des flâneurs du 19ᵉ siècle :

> Tu découvres les passages : Passage Choiseul, Passage des Panoramas, Passage Jouffroy, Passage Verdeau, leurs marchands de modèles réduits, de pipes, de bijoux en strass, de timbres, leurs cireurs, leurs comptoirs à hot-dogs.
>
> HD 60

Mais en mai 1972, Perec ne fait que noter les titres et les prix des livres aux devantures des libraires et ne rejoint pas le passage Choiseul, proche de la Bibliothèque nationale, qui constitue aussi un des douze lieux. En passant par les Halles et Châtelet, il ferme la boucle en repassant sur la rive gauche par le Pont Notre-Dame.

Dans cette longue promenade, la marche – et conjointement la description, l'archivage de l'itinéraire parcouru – prend donc une autre valeur que dans *Un homme qui dort*. Elle n'est pas le symptôme d'un malaise mais une manière de maîtriser l'espace, de faire l'inventaire de la ville en s'attachant à l'infra-ordinaire. Elle correspond à l'un des rares moments où Perec s'affranchit du carcan qu'il s'est imposé, où il rompt le cloisonnement des lieux, les reliant entre eux. C'est aussi ce qui se passe l'année d'après, en 1973, où il travaille au film d'*Un homme qui dort*. A un moment où *Lieux* était provisoirement interrompu, Perec voyait le film comme une poursuite de *Lieux* par d'autres moyens : « Notre film, s'il se fait, devant traverser les douze lieux de *Lieux*. »[66] Dans une interview après la sortie du film, il concède que les lieux ne figurent pas tous dans le film, mais en signale au moins deux : Vilin par le long plan final, qui est une vue plongeante sur la rue Vilin (où il est né) et sur Paris, du haut du croisement de la rue du Transvaal et de la rue Olivier-Métra, et, plus indirectement, Italie (la place d'Italie) « qui est représenté par la main de Spiesser [l'acteur qui joue le protagoniste] qui fait poinçonner un ticket d'autobus. » (*E & C I*, 161) Bien entendu, ce sont là des allusions autobiographiques qui ne sont pas visibles pour le spectateur non-initié. Des allusions ou « implicitations » de nature privée, si l'on veut.

C'est alors avec une caméra qu'il parcourt ses lieux de mémoire. Sauf par le medium – la caméra au lieu du stylo – il y a une autre manière dont le film diffère fondamentalement du projet de *Lieux*. En effet, dans ce qui devait être un « film sur Paris » (*E & C I*, 171, note 9), chaque lieu n'est plus enfermé dans le vase clos d'une séance d'observation, il n'est plus un univers à part mais

---

66   Cité par Paulette Perec, *Portrait(s) de Georges Perec*, op. cit., p. 89.

grâce à la marche forcenée du protagoniste, il est relié aux autres, formant un vaste réseau.

Dans leur bipolarité de Souvenirs et de Réels, les textes et documents autour de la rue Saint-Honoré constituent donc une archive ambivalente : mélancolique quant aux Souvenirs, plus joyeuse quant aux Réels. Dans les Souvenirs, c'est surtout la mélancolie de l'archive qui domine : du point de vue autobiographique, le lieu renvoie à une période particulièrement troublée de la vie de Perec, on l'a vu. En outre, *Un homme qui dort* fait de la rue Saint-Honoré un lieu de mémoire qui n'est plus seulement personnel mais qui est devenu un de ses lieux de mémoire littéraires. De ce fait, la chambre de bonne n'est plus seulement la sienne, mais aussi celle de son personnage et plus largement du lecteur. Par là même, le travail du souvenir semble devenir moins urgent : venus après le récit, les Souvenirs risquent de n'être qu'un ressassement. L'exercice mnémotechnique n'apporte alors rien de nouveau. C'est comme si *Un homme qui dort* s'interposait entre Perec et son passé[67].

Cela expliquerait pourquoi les Réels Saint-Honoré constituent une archive plus riche que les Souvenirs. Plus nourris, ils se donnent à la joie d'inventorier l'espace urbain : la richesse débordante des choses – par exemple la liste de denrées alimentaires vendues dans ladite rue – et la variété des mouvements de passants dans la rue. La vie actuelle de la rue met en branle les facultés d'observation mais aussi l'imagination de l'auteur. Après l'archive aporétique des Souvenirs, enfermée dans l'étouffante chambre de bonne, Perec prend ici le large, par les descriptions sur place mais aussi par les relevés de ses itinéraires à travers la ville. Enfreignant joyeusement une des contraintes du projet – le cloisonnement des douze lieux, chacun dans leur enveloppe scellée – il est ici en passe de construire une archive urbaine en réseau, reliant plusieurs de ses lieux de mémoire par la marche et par l'écriture.

## 4    La matérialité de l'archivage : les enveloppes

Constatant que leur taille varie beaucoup, Philippe Lejeune a pris la mesure des enveloppes et dressé un utile graphique de l'évolution de leur taille : commençant, en 1969-70, par des enveloppes de format A4, Perec passe, en 1971-72, au format folio mais à partir de l'été 1972, le format ne fait que diminuer, pour

---

67    On observe un phénomène comparable pour les *Lieux* sur le Rond-point Franklin-Roosevelt : leur raison d'être est qu'ils sont « les lieux d'une fugue », de la fugue qu'il fit à douze ans. Mais le texte homonyme, écrit dès 1965, semble rendre plus difficile l'exercice de mémoire, comme le constate Perec dans les Franklin-Roosevelt Souvenirs.

aboutir, en 1974-75, à de petites enveloppes de correspondance[68]. Le graphique montre que « l'évolution de leur taille mime très fidèlement l'évolution du projet lui-même »[69], depuis l'enthousiasme initial au désintérêt progressif et au désinvestissement final.

Il décrit également la pratique quotidienne du projet, montrant comment Perec préparait d'avance ses enveloppes. Cela explique pourquoi la date sur l'enveloppe ne correspond pas toujours à la date d'écriture du texte et aussi pourquoi il existe quelques enveloppes sans contenu, ou contenant seulement une série de photographies[70]. L'autre trait frappant des enveloppes est leur graphie. Chacune porte le titre du lieu, la date prévue et, en haut à droite, le numéro (de 1 à 138). Or la variation typographique est très grande : Perec n'utilise « pratiquement jamais le même procédé, [il y a] une invention permanente »[71]. Ces variations graphiques peuvent à leur tour être mises en rapport avec l'évolution générale du projet : si les enveloppes des premières années sont très travaillées, avec une apogée à l'automne 1970 (titres immenses, couvrant l'enveloppe entière), l'effort graphique chute dès le début de l'année suivante, où Perec se contentera de griffonner rapidement le titre[72]. Chronologiquement, le point culminant de la graphie ne coïncide donc pas avec celui des enveloppes, ce qui pourrait indiquer un désinvestissement plus précoce.

Le travail sur les enveloppes fait partie du rituel d'archivage propre au projet : c'est une manière de se consacrer au lieu et par là de sacraliser le lieu en question. L'effort graphique est au cœur de cette sacralisation, qui concerne non seulement le lieu lui-même mais son nom. Le travail de Perec sur les lettres témoigne d'une véritable adoration du nom de lieu, qui vient par métonymie se substituer au lieu lui-même. Si le lieu lui-même est d'emblée perdu, dans certains cas radicalement disparu (Vilin) ou bien appartenant au passé, la graphie des enveloppes contribue à faire de *Lieux* un objet matériel, un « équivalent écrit » du lieu et peut-être de l'univers, comme le voulait Mallarmé. Il faut donc examiner de près ce travail graphique, qui fait littéralement de Perec l'« homme de lettres » qu'il désirait être.

De janvier à mars 1969, pour les premières enveloppes de *Lieux*, Perec se sert de capitales de type Letraset. C'est un choix typiquement d'époque puisque ces lettres de transfert, à frotter sur la page, créées en 1960 par la firme américaine Letraset, connurent un grand succès dans les années 60-80, jusqu'à la diffusion

---

68  Philippe Lejeune, *La Mémoire et l'oblique*, *op. cit.*, p. 174.
69  Lejeune, *op. cit.*, p. 173.
70  Le Réel Saint-Louis de 1971 ne contient que des photographies, cf. chap. 5.
71  Lejeune, *op. cit.*, p. 174.
72  Donc début 1971, au moment de la crise dont on vient de parler.

FIGURE 4.1  Enveloppe Lieu no. 1 (Jussieu Souvenir 1969)
© INDIVISION RICHARDSON SALUDEN – BNF

des ordinateurs. Pendant l'été et l'automne 1969, il utilise également des minuscules Letraset, le plus souvent en combinaison avec des lettres manuscrites. Les lettres Letraset étaient supposées créer un effet d'imprimé (donc faciliter l'alignement symétrique) mais c'est rarement le cas chez Perec, qui colle ses lettres de manière assez fantaisiste et les laisse se balader sur la page. Parfois, pour obtenir des lettres d'imprimerie, il passe l'enveloppe dans la machine à écrire (Gaîté souvenir 1969) ou bien il imite à la main les caractères d'imprimerie (novembre-décembre 1972). L'emploi des lettres Letraset ou l'imitation des caractères d'imprimerie pourrait renvoyer à un besoin de dépasser le stade du manuscrit, de « fabriquer » un objet imprimé (fig. 4.1).

Ceci dit, la plupart des enveloppes sont manuscrites. Les titres sont écrits au stylo, en minuscules (mars-mai 1969) ou bien au feutre noir. A partir de janvier 1970 et jusqu'en avril de la même année, l'écriture se fait plus soignée en se servant de lettres ornées, comme on les apprenait jadis dans les écoles. A cause du temps qu'elles demandent, les lettres ornées, comme les lettres Letraset, dénotent un fort investissement dans la tâche et un besoin de « décorer » donc d'embellir, de rehausser l'objet. Cet objet, nous l'avons dit, est à la fois le lieu lui-même et le nom du lieu, qui le remplace métonymiquement.

FIGURE 4.2  Enveloppe Lieu no. 38 (Jussieu Réel 1970)
© INDIVISION RICHARDSON SALUDEN – BNF

On arrive alors à la période faste des enveloppes, de juillet à octobre 1970 : chacune de ces sept enveloppes de dimension A4[73] est « une espèce d'œuvre d'art »[74], avec de grandes lettres calligraphiées, très travaillées. La page est partout très saturée : elle est couverte à 80 % et parfois à 100%. Les deux enveloppes de juillet (un Vilin Souvenir et un Jussieu Réel) portent des lettres creuses, blanches sur fond noir ; les interstices sont noircis. Les lettres apparaissent ainsi en négatif, elles se détachent plus que de simples lettres noires sur fond blanc. C'est une manière de mettre en valeur les espaces entre les lettres, leurs interstices : les « blancs » sont ici devenus des « noirs » (fig. 4.2) !

Lejeune se montre surtout sensible au caractère « inquiétant, cauchemardesque » de ces lettres immenses sur fond noir. C'est certainement vrai quand on considère la saturation de la page, avec ses lettres couvrant pratiquement toute l'enveloppe. Mais il y a autre chose : dans son analyse des « aencrages thématiques » de la fiction de Perec, Bernard Magné discerne

---

73  Juillet 1970 : Vilin Souvenir et Jussieu Réel ; août 1970 : Italie Souvenir et Franklin Roosevelt Réel ; septembre 1970 : Gaîté Réel et Saint-Louis Souvenir ; octobre 1970 : Junot Réel.
74  Lejeune, *op. cit.*, p. 175.

l'aencrage du manque (s'exprimant par les figures de la dégradation, de l'amputation ou de la disparition) mais aussi la figure inversée du manque, son « double négatif », qui serait la « tentative de saturation »[75]. Elle se manifeste au niveau thématique par l'aspiration à l'exhaustivité (centrale dans le projet de *Lieux*, nous l'avons vu), mais nous la retrouvons ici au niveau graphique, dans la saturation de la page. De surplus, en ce même mois de juillet 1970 où Perec confectionne ces deux enveloppes à lettres creuses sur fond noir, il note également un rêve cauchemardesque où interviennent des lettres creuses similaires, qui forment le mot « COPULEZ ». C'est le rêve no. 16 de *La Boutique obscure*, intitulé « L'arrestation » : se trouvant à Tunis, Perec est en passe d'être arrêté par la police, arrestation qui est liée à sa judéité et à la Shoah. Le mot « copulez » s'avère un calembour ou mot-valise lorsque le policier prend son stylo et « repasse sur les trois premières lettres en en noircissant l'intérieur », ce qui fait apparaître le mot « COP », « policier ». Or cet étonnant mélange de cauchemar et de jeux de mots (mis en valeur par la matérialité des lettres) nous semble significatif, comme si cette matérialité de la lettre mettait provisoirement en échec la menace de mort et de destruction. Il en est de même pour les lettres creuses des deux enveloppes de *Lieux* : elles évoquent certes un étouffement propre au cauchemar mais par leur matérialité – leur taille, leur caractère creux, leurs interstices noircis, leur disposition sur la page – elles dépassent cela.

Cette interprétation va dans le sens de l'essai de Maryline Heck, *Georges Perec. Le corps à la lettre*, qui étudie la question du corps chez Perec : l'absence, la disparition du corps, liée à la disparition des parents et à la Shoah, mais aussi « l'écriture-corps » qui exprime, traduit cette disparition. C'est une écriture consciente de sa spatialité, de la dimension plastique de la lettre et de sa disposition sur la page, écriture attentive à la graphie et à la typographie – ce dont témoigne tout particulièrement *Espèces d'espaces* mais on le voit aussi dans les multiples graphismes des manuscrits de Perec, par exemple dans le *Cahier des charges* de *La Vie mode d'emploi*. C'est une écriture qui se fait « calligraphe » et qui s'origine dans une « esthétique fondamentalement matérialiste »[76].

Dans le graphisme du Jussieu Réel (juillet 1970, fig. 4.2), les interstices noirs dévorent la page, occupant plus de place que les lettres elles-mêmes. De plus, les deux S de « Jussieu » prennent la forme du sigle SS. Ce graphisme surgit ailleurs dans *Lieux*, dans le Vilin Réel 1969, où Perec tente de dessiner la forme de la rue Vilin : son angle « donne à la rue l'allure générale d'un S très allongé (comme

---

75  Bernard Magné, *Georges Perec, op. cit.*, p. 46.
76  Heck, *op. cit.*, p. 166-167.

FIGURE 4.3 Enveloppe Lieu no. 39 (Italie Souvenir 1970)
© INDIVISION RICHARDSON SALUDEN – BNF

dans le sigle ss) »[77]. Et l'on songe bien entendu au passage de *W* où, à l'aide de graphismes aussi, il retrace les métamorphoses de la lettre X, qui forment sa « géométrie fantasmatique » (*W* 106). Heck a montré que la « lettre-chose » que forme ici le X produit à la fois des « signes de mort » (ablation, croix gammée, sigle ss) et des « signes de vie » (multiplication, étoile juive) : « il suffit de quelques permutations pour que se rejoignent insigne nazi et étoile juive »[78]. De telle manière, Perec, met en valeur la puissance proprement magique de l'écriture, dans sa dimension matérielle de travail sur les lettres. De la lettre, il fait non seulement un mélancolique symbole mais encore un outil de vitalité, qui ouvre « la possibilité d'un dépassement de la mélancolie »[79] et donne confiance en la littérature c'est-à-dire en les lettres.

---

77   Voir *infra* chapitre 6, § 3.
78   Heck, *op. cit.*, p. 185.
79   *Ibid.*, p. 250.

FIGURE 4.4 Enveloppe Lieu no. 40 (Franklin-Roosevelt Réel 1970)
© INDIVISION RICHARDSON SALUDEN – BNF

Pour les deux enveloppes du mois d'août (Italie Souvenir et Franklin-Roosevelt Réel), Perec utilise également des lettres creuses mais cette fois les interstices sont presque tous blancs, ce qui en change la tonalité. Sur l'enveloppe Italie Souvenir, les lettres occupent 100% de la page (fig. 4.3). Quant à celle du Réel Franklin-Roosevelt, elle comporte trois groupes de mots : « Août 70 », « Franklin-Roosevelt » et « Réel », qui se détachent d'autant plus qu'ils sont entourés d'une bulle comme dans les bandes dessinées (fig. 4.4). Deux d'entre eux ont même une « queue »[80], qui dans les bandes dessinées indique la personne qui parle. Mais cette queue pointe hors-champ, vers un locuteur invisible. La forme des bulles rend les lettres plus dynamiques et la référence à un locuteur, même hors-champ, leur donne une sorte d'oralité assez rare chez Perec[81].

---

[80] Voir « Dessiner les bulles de bd », https://www.forum-dessine.fr/tutoriels/dessiner-les-bulles-de-bd.

[81] Dans son étude, Heck souligne à juste titre que chez Perec le travail sur les lettres est graphique, écrit, dessiné, que les sonorités ne jouent pas un grand rôle (175). Ce graphisme pourrait être vu comme l'exception qui confirme la règle.

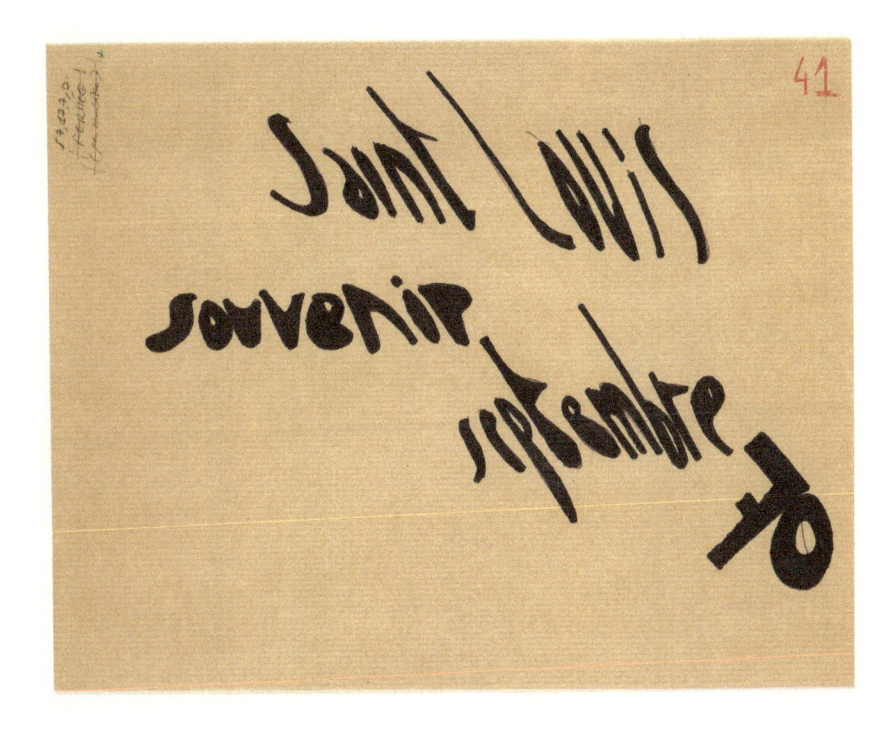

FIGURE 4.5    Enveloppe Lieu no. 41 (Saint-Louis Souvenir 1970)
© INDIVISION RICHARDSON SALUDEN – BNF

Au mois de septembre, Perec change encore complètement de musique, ou plutôt de style graphique. L'enveloppe de l'Ile-Saint-Louis Souvenir (fig. 4.5) est garnie de minuscules noires (pleines cette fois) très étirées (surtout les voyelles) et qui penchent fortement vers la gauche. En outre, la première ligne (« Saint Louis ») descend en diagonale vers le bas alors que la troisième (« septembre ») remonte légèrement en diagonale vers le haut, ce qui fait que les deux lignes tendent à se rejoindre. La quatrième ligne (« 70 ») penche, elle, fortement vers la droite et le bas. Les lettres étirées évoquent tout d'abord les miroirs déformants, qui étirent parfois en longueur la figure humaine, lui conférant une allure monstrueuse. Dans le contexte de l'œuvre, les miroirs déformants rappellent Gaspard Winckler et sa confection de miroirs de sorcière. L'inclinaison à gauche de ces lettres, elle, pourrait être mise en rapport avec ce que Magné appelle la « symétrie bilatérale » chez Perec, qui fait que bien des figures sont lisibles de gauche à droite mais aussi inversement : « aencrage » géométrique qu'il retrouve dans les palindromes, les chiasmes et les diagonales de l'œuvre[82].

---

82    Magné, *op. cit.*, pp. 82-83.

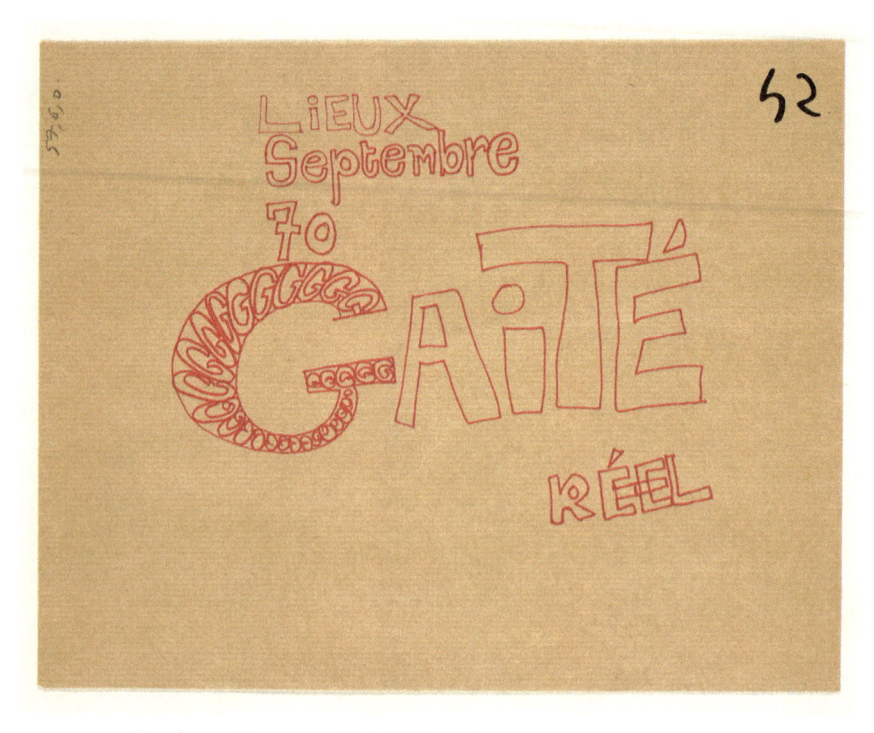

FIGURE 4.6  Enveloppe Lieu no. 42 (Gaité Réel 1970)
© INDIVISION RICHARDSON SALUDEN – BNF

L'enveloppe du Gaité Réel 1970 est, elle, aussi gaie que son nom le suggère : elle est calligraphiée en lettres creuses sur fond blanc (enfin, brun puisqu'il s'agit d'une enveloppe kraft), parmi lesquelles le mot de « Gaité » se détache par sa taille, au moins trois fois plus grande que les autres (fig. 4.6). En outre, le G majuscule initial de « Gaité » est rempli d'un bout à l'autre de petits G majuscules en lettres creuses elles aussi, ce qui lui confère un caractère dynamique. C'est une enveloppe qui n'a rien d'inquiétant ni de mélancolique mais qui semble toute à la joie d'archiver et d'écrire son lieu.

À partir d'octobre 1970, les enveloppes commencent à rentrer dans le rang. La première (Choiseul Souvenir) ne comporte que le titre, en lettres minuscules, sans graphismes. La seconde – Junot Réel – est la dernière enveloppe travaillée de *Lieux*. Trois lignes : « Octobre 70 », en minuscules creuses, avec un r à longue queue vers le bas ; « Junot », en majuscules cette fois à triples traits, et « réel », à nouveau en minuscules creuses. A partir de novembre 1970, la typographie des enveloppes ne sera plus travaillée ; à quelques exceptions près, elles ne comportent plus de graphismes.

Cette brève étude de la graphie des enveloppes les plus travaillées nous apprend plusieurs choses. Tout d'abord, l'attention extrême accordée aux contenants matériels du projet révèle le désir de construire une archive des lieux et par là même de sanctifier les lieux ainsi que leur nom propre, par le biais des titres. Certains aspects graphiques, comme la saturation de la page et les interstices noirs, semblent renvoyer à la dimension mélancolique et obsessionnelle du projet. D'autres par contre, comme l'inventivité, le jeu avec la disposition des lettres et les blancs, le dynamisme des lettres, renvoient à une vitalité certaine, une joie de l'écriture et de la calligraphie, correspondant à une esthétique matérialiste. *Lieux* s'avère donc une archive ambivalente, autant du côté thématique que du côté matériel. Cette ambivalence correspond bien à la nature contradictoire de l'archive qui, selon Derrida, est un conservatoire travaillant à sa propre perte. La réflexion de Derrida nous a également aidée à mieux comprendre le lien de *Lieux* au « commandement » (les contraintes du projet) et aux « commencements », qu'on retrouve dans la dimension autobiographique de *Lieux*, comme archivage de ses propres commencements. En outre, la dimension matérielle de l'archive de Perec apparait maintenant plus clairement, enracinée comme elle l'est dans le « lieu » physique que sont les enveloppes, véritables boîtes d'archive. Le chapitre suivant s'attachera à l'autre forme d'archivage matériel que sont les photographies.

CHAPITRE 5

# La photographie dans *Lieux*

Les enveloppes de *Lieux* contiennent six séries de photographies. Cinq sont l'œuvre de Christine Lipinska, une est de Pierre Getzler. Celles de Lipinska datent toutes de l'automne et de l'hiver 1970 : les 38 photographies de Gaité datent du 6 octobre 1970, les 35 de Junot d'octobre également ; les 35 photographies d'Assomption, de novembre ; les 29 photographies de Saint-Honoré de décembre 1970. Celles de l'Ile Saint-Louis, enfin, qui sont les plus nombreuses (75) datent de mars 1971. Cependant, l'enveloppe Saint-Louis Réel 1970 ne contient pas de texte mais seulement la série de photographies, qui se substitue à un texte qui n'a jamais été écrit[1].

Dans *Espèces d'espaces*, Perec a décrit avec précision les circonstances de ces séances de photographie :

> A plusieurs reprises, je me suis fait accompagner sur les lieux que je décrivais par un ou une ami(e) photographe qui, soit librement, soit sur mes indications, a pris des photographies que j'ai ensuite glissées sans les regarder (à l'exception d'une seule) dans les enveloppes correspondantes […]
> 
> *EE* 109

Lipinska a accompagné Perec lorsqu'il a fait les Réels de Gaité, de Junot, d'Assomption et de Saint-Honoré et elle a donc photographié l'Ile Saint-Louis sans lui. Getzler, lui, était là le 25 juin 1970, lors du Réel de la rue Vilin[2] ; sa série est la mieux connue puisque la planche-contact a été publiée plusieurs fois[3] et circule sur internet. Certaines de ces photographies ont été publiées également dans la revue américaine *Files AA*[4], ce qui leur a valu une modeste réception dans le monde anglo-saxon[5].

---

1 On peut en supputer la cause, qui tient à la rupture définitive avec Suzanne Lipinska, en février 1971 et à la crise profonde qui en résulta en mars, voir chap. 4, § 2.
2 Série qui a été glissée dans l'enveloppe Vilin Souvenir de 1970.
3 Par Philippe Lejeune dans « Vilin Souvenirs. Georges Perec », *art. cit.*, par Jacques Neefs et Hans Hartje dans *Georges Perec. Images*, Seuil, 1993, p. 120-121 et dans *Lieux*, texte 37.
4 *Files AA*, no. 45-46, 2001.
5 Ian Trowell, « Perecquian fieldwork : Photography and the Fairground », *Georges Perec's Geographies. Material, Performative and Textual Spaces*, Charles Forsdick, Andrew Leak e.a. eds, Londres, UCL Press, 2019, pp. 200-217.

Les photographies de Christine Lipinska, par contre, sont pour la plupart inédites[6]. Pour des raisons que nous ignorons, Perec lui-même n'a jamais souhaité les publier, aussi n'ont-elles pas été ajoutées à la version des Réels Gaîté, Assomption et Saint-Honoré qu'il a publiée en revue. Après sa mort, seule la planche-contact de Gaîté a été publiée[7]. Dans notre analyse, nous nous concentrerons sur les photographies de Lipinska, et ce pour plusieurs raisons : d'abord, leur volume est important - cinq séries, près de 230 photographies en tout – et elles n'ont pas été étudiées jusque-là. Ensuite, et c'est le plus important, leur esthétique photographique semble adhérer de près à celle de Perec lui-même, ce qui fait que photographies et textes forment un ensemble très homogène. Homogénéité qui peut étonner puisque Perec n'a pas donné de directives à Christine Lipinska, qui a travaillé en autonomie. Lipinska se souvient que Perec l'avait invitée à photographier ses lieux après avoir vu les photographies destinées à son court-métrage *Après nous le désert*[8]. Or ce court-métrage « raconte l'histoire d'une petite fille et d'un monsieur âgé [qui sont] les rares survivants d'un désastre écologique ayant entraîné la presque totale disparition de l'Homme. »[9] Les deux personnages « tentent de trouver quelque part, vers la mer, un 'ailleurs' encore vivable », ils « partent de Paris déserté et traversent une France détruite, usines à l'abandon, maisons murées, façades grillagées, paysages calcinés, arbres morts, végétation brûlée, villages en ruines, horizon bouché, mer morte etc. »[10] Il y a là une analogie avec l'idée des *Lieux* comme des « bombes du temps », qui naissent elles aussi sur fond de désastre[11]. Il semble donc que Perec ait pu se reconnaître dans les photographies de Lipinska, c'est probablement pourquoi il lui a laissé toute liberté de photographier à sa manière :

> Il ne m'avait donné aucune directive, et m'avait laissé totalement autonome. Quand nous faisions les photographies, il était là, je me souviens de sa présence presque mutique et de la façon discrète dont il me regardait photographier ses lieux à lui, sans faire aucun commentaire[12].

---

6   Nous remercions Christine Lipinska pour l'autorisation de reproduire les photographies de ce chapitre. On retrouvera toutes les photographies mais sous forme de planches-contact dans l'édition de *Lieux* au Seuil.
7   Dans Jacques Neefs et Hans Hartje, *Georges Perec. Images, op. cit.*, p. 122-123.
8   Christine Lipinska, *Après nous le désert*, 1972.
9   Nous remercions Christine Lipinska de cette communication par lettre, datée du 8 mai 2019.
10  *Ibid.*
11  Voir chapitre 4, §1.
12  Communication par lettre de Christine Lipinska.

Dans le contexte de *Lieux*, la photographie a été une expérience passagère dont on ne peut que deviner la fonctionnalité. A première vue, il s'agit d'une manière additionnelle – plus immédiate ? adhérant plus étroitement à l'espace urbain, puisque non-verbale ? – d'inventorier le lieu, d'enregistrer son état présent, de le documenter. Comme l'a montré Christelle Reggiani, le caractère sériel des photographies peut être mis en rapport avec l'ambition d'« épuiser » le lieu[13] – lieu qui, on l'a vu par exemple dans le cas de Gaité, englobe souvent un quartier, une zone entière. Mais le travail en série est également le reflet du mouvement de la marche et donc des phases successives de la vision.

Selon Ian Trowell, les photographies de *Lieux* ne documentent pas seulement ce qui est vu mais aussi le processus de la vision[14], or le travail en séries s'y prête particulièrement. Pour Trowell, lui-même photographe, leur but n'est donc pas esthétique mais documentaire : comme les textes, les photographies sont le résultat d'un « travail sur le terrain » (« fieldwork »). En effet, les séries adhèrent souvent étroitement au Réel correspondant : elles sont prises en remontant une rue – la rue de la Gaité, de l'Assomption, la rue Saint-Honoré ou la rue Saint-Louis-en-l'Île – et représentent successivement les façades ou les devantures de magasins de la rue en question. Si Perec avait persévéré dans la voie de la photographie, cela aurait résulté en des séries successives de prises de vue d'un même lieu, d'un même quartier, lui permettant de mesurer « le vieillissement des lieux »...

Cependant, un premier coup d'œil jeté sur ces photographies nous mène déjà à douter de ce but purement documentaire. On voit certes quelques « hauts lieux » de la mémoire perecquienne, souvent mentionnés dans les Souvenirs : rue de la Gaité, le restaurant Mille Colonnes, le Théâtre de la Gaité-Montparnasse ; rue Saint-Honoré, le numéro 203 (où il a habité), l'église Saint Roch et son clocher ; l'avenue Junot, la statue d'Eugène Carrière ... Mais ces photographies de lieux individualisés sont une exception car la plupart d'entre elles montrent des objets anonymes : façades de magasins (en grand nombre), façades d'immeubles, portes d'immeubles (le plus souvent fermées), enfilades de façades souvent barrées d'échafaudages ... Il n'y a personne, ou très peu de monde dans la rue, et s'il y a quelqu'un, la personne est vue de loin et de dos. Fidèle au programme de Perec, Lipinska enregistre non l'extraordinaire mais l'infra-ordinaire, le quotidien. En parcourant ces cinq séries, on est frappé par leur monotonie thématique, qui leur confère une grande unité. Il y a aussi homogénéité sur le plan formel : le cadrage est souvent le même – immeubles

---

13  Reggiani, « Perec : une poétique de la photographie », *Littérature* no. 129, 2003, p. 105. Cet article a été repris dans C. Reggiani, *L'Eternel et l'éphémère. Temporalités dans l'œuvre de Georges Perec*, Amsterdam-New York, Rodopi, 2010.

14  Trowell, « Perecquian fieldwork : Photography and the Fairground », *art. cit.*, p. 200.

pris de biais et, pour les commerces, des images saturées, ne laissant aucun espace hors cadre – , et l'angle de prise de vue aussi : on ne voit le plus souvent que la partie supérieure des façades, qui semblent planer dans les airs. Ce cadrage et cet angle de prise de vue donnent des images presque toujours tronquées, incomplètes. De telle manière, les façades deviennent interchangeables et le référent s'efface. Or dans son importante étude sur la photographie chez Perec, Christelle Reggiani montre que la rupture, la troncation et la « déréférentialisation » allant, dans certains cas, jusqu'à un « évanouissement radical de toute représentation »[15], sont des constantes de la poétique perecquienne de la photographie. Et pour cause, puisque ces caractères renvoient à certains des « aencrages » qui structurent son œuvre : aencrages thématiques – le manque, l'absence – et géométriques, comme le carré[16]. C'est cette intuition, développée par Reggiani pour *La Clôture* et pour nombre d'autres œuvres de Perec, que nous désirons interroger en examinant les séries photographiques de *Lieux*.

## 1 Continuité et différence avec les photographies de *La Clôture*

Avant d'en venir à ces cinq séries, il faut mentionner que Christine Lipinska a pris une sixième série de photographies, hors-cadre pour ainsi dire, car elles n'appartiennent pas à *Lieux*. C'est la série de la rue Vilin, qui constitue le corpus photographique de *La Clôture* (1977). Certes, il s'agit là d'une œuvre à part, créée et publiée plusieurs années après l'arrêt de *Lieux* mais elle est née de *Lieux*, car la rue Vilin est un lieu-clé du projet. De surplus, ces photographies ont été prises pendant le travail sur *Lieux*, comme le précise Perec dans l'appel à souscription, qui en explique la genèse :

> A plusieurs reprises, au cours de ces dernières années, je suis revenu rue Vilin pour tenter de décrire à la fois les souvenirs qui me rattachent à cette rue (la maison de mes grands-parents au no. 1, la maison de mes parents et le magasin de coiffure de ma mère au no. 24) et les vestiges chaque fois plus effacés de ce qui fut une rue.
>
> En même temps, Christine Lipinska photographiait les traces de cette clôture[17].

---

15   Reggiani, « Perec, une poétique de la photographie », *art. cit.*, p. 77.
16   Voir Bernard Magné, *Georges Perec*, *op. cit.*
17   Mireille Ribière et Bernard Magné, *Les Poèmes hétérogrammatiques. Cahiers Georges Perec* no. 5, Valence, Editions du Limon, 1992, p. 153.

Ce texte ne peut que faire allusion à *Lieux* puisqu'il mentionne les deux formes de tentatives de description, sur place et par le souvenir. Quand ces photographies ont-elles été prises exactement ? On l'ignore, mais selon Mireille Ribière, qui a minutieusement étudié le dossier, et comparé les textes des Réels avec les photographies de Lipinska et celles de Getzler, ce serait autour de 1971[18], à l'époque où le travail sur *Lieux* bat son plein. Il existe donc deux séries de photographies de la rue Vilin : celle de Getzler et celle de Lipinska, qui lui est légèrement postérieure. Dans un entretien avec Jean-Charles Lepaule, Getzler affirme, lui, avoir reçu des directives de la part de Perec (par exemple de ne photographier que les façades et non Perec lui-même), directives qu'il a cru bon ne pas respecter, ce qui nous a valu des photographies précieuses de Perec en action. En photographiant les façades de biais, parfois avec Perec en train de décrire sa rue en marchant, il a souhaité montrer la manière perecquienne de « concevoir le mouvement et la ville »[19]. Dans l'entretien, il se démarque nettement de Christine Lipinska qui en photographiant les façades de face, aurait représenté « un espace déjà mort, comme si une bombe à neutrons était tombée sur la ville », ce qui selon lui n'était pas conforme à la réalité d'un « quartier populaire, dégradé, en mauvais état, mais pas un espace mort. »[20] Une ville dévastée par une bombe à neutrons, Getzler ne croyait pas si bien dire, puisque c'est précisément ce qui a attiré Perec dans le travail de Lipinska de l'époque ! L'invitation faite à Lipinska montre bien que l'écrivain avait autre chose en vue qu'un portrait photographique réaliste de la rue Vilin ...

Revenons aux photographies de la rue Vilin par Christine Lipinska. Etant donné qu'elles ont été prises environ deux ans avant la publication de *La Clôture*, on peut supposer qu'en première instance, elles aient été destinées à *Lieux*. Il n'est pas étonnant alors que ces photographies présentent des ressemblances formelles avec les cinq séries glissées dans les enveloppes de *Lieux*. Or Mireille Ribière a constaté que les photographies de *La Clôture*, loin d'être une illustration des poèmes hétérogrammatiques qui les accompagnent, forment avec eux un « iconotexte »[21], c'est-à-dire une œuvre intermédiale « mettant en scène les tensions entre deux systèmes de signes hétérogènes » (*i.e.* l'écriture et l'image)[22]. Ribière a étudié les correspondances thématiques et formelles entre les photographies et les poèmes, par exemple les effets de répétition :

---

18   Ribière, « La photographie dans La Clôture », *art. cit.*, p. 112.
19   Pierre Getzler et Jean-Charles Depaule, « Perec, la langue, la ville », *Europe* no. 993-994, janvier-février 2012, p. 87.
20   *Ibid.*, p. 88.
21   Mireille Ribière, « La photographie dans *La Clôture* », *Le Cabinet d'amateur*, no. 7-8, 1998, p. 113.
22   Selon la définition d'Alain Montandon, reprise par Ribière. Alain Montandon, éd., *Iconotextes*, Paris, C.R.C.D. – OPHRYS, 1990, p. 5-6.

aux motifs répétés des photographies (rectangles, retour des mêmes objets, clôtures ...) répondent, au niveau des textes, des structures syntaxiques et lexicales récurrentes[23]. Cependant – et il en est de même dans *Lieux* – mots et images forment deux séries absolument séparées, entre lesquelles un écart se creuse. Ribière discerne ensuite plusieurs caractéristiques de la photographie dans *La Clôture*, que nous exposerons brièvement ici parce qu'elles nous serviront d'outils d'analyse des photographies de *Lieux*.

La première touche précisément à cet écart entre images et textes : il s'agit de la *dualité* impliquée par ce type de photographie, à l'intérieur d'un « iconotexte » qui est par définition « fondé sur le manque [...], sur une béance entre le texte et l'image »[24] bref, sur une cassure[25]. Dans cette mesure, *La Clôture* « s'inscrit dans la lignée de *W ou le souvenir d'enfance* et du projet de Lieux* mais marque aussi un nouveau départ »[26] à cause précisément du recours à la photographie et donc à un mode d'expression mixte. Les trois œuvres (*W*, *La Clôture* et *Lieux*) ont en commun ce caractère double – dispositif où deux séries de textes (ou de textes et d'images) s'enchevêtrent, tissant une intersection non-explicitée. Cependant, entre les chapitres autobiographiques et les chapitres fictionnels de *W*, Perec a inséré des « sutures » visibles au lecteur attentif. Il n'en est rien dans *La Clôture*, ni dans *Lieux*, où Réels et Souvenirs restent juxtaposés, séparés par un vide. Et comme *Lieux* est déjà, en soi, un projet duel, la présence de photographies renforce cette dualité, la redouble en quelque sorte, en lui ajoutant une troisième série.

Une deuxième caractéristique de la photographie est ce que Ribière appelle la *fragmentation* ou la *discontinuité*. Certes, toute photographie est par définition « une découpe dans le continuum perceptif »[27] mais les photographies de *La Clôture* s'affichent explicitement comme telles, elles soulignent le fait que la représentation est fragmentaire, discontinue. En effet, sur ces photographies, les référents sont le plus souvent tronqués, incomplets. Cette troncation résulte du cadrage : l'image remplit entièrement le cadre, sans recul possible. Or cette fragmentation est également une caractéristique des photographies de Lipinska pour *Lieux*. Fragmentation non seulement au niveau des photographies individuelles mais aussi des séries qu'elles forment, puisque la série est par définition une suite de fragments, sur le mode de l'éclatement.

---

23   Ribière, *art. cit.*, p. 115-116.
24   *Ibid.*, p. 118.
25   Cet écart est également souligné par Reggiani pour qui la photographie perecquienne obéit à « une stratégie anti-textuelle » (Reggiani, *art. cit.*, p. 98). Notons par ailleurs que la cassure est un des deux aencrages thématiques définis par Magné.
26   *Ibid.*
27   Ribière, *art. cit.*, p. 113.

Malgré l'éclatement, les photographies de *La Clôture*, comme celles de *Lieux*, font cependant série et cette *sérialité* est un troisième trait à développer. Comme l'affirme Reggiani, cette approche sérielle peut être rattachée « à la notion d'épuisement »[28], au désir d'être exhaustif. Elle se constitue par la *répétition* d'éléments thématiques et formels. Or dans *La Clôture*, Ribière discerne un ensemble de motifs ou de thèmes récurrents, que nous retrouverons, avec des modifications, dans les photographies de *Lieux*. Dans la liste qui suit, nous reprenons ceux de ces thèmes récurrents qui pourront servir à l'analyse de ces photographies :
- Les façades et devantures de magasins : prédominantes dans *La Clôture*, elles sont récurrentes dans les séries Gaité, Assomption, Saint-Louis et Saint-Honoré ;
- Les façades d'immeubles : toujours prises de face dans *La Clôture* ; prises tantôt de face, tantôt de biais et en enfilade, notamment dans les séries Gaité, Saint-Honoré et Saint-Louis ;
- Les éléments qui font grille[29] ou réseau : les clôtures et les poutres dans *La Clôture* ; les motifs de grille sont beaucoup plus variés dans *Lieux* : grillages, quadrillages ou réseaux créés par les branchages (Saint-Honoré) ou les troncs d'arbres (Gaité), ou par des rangées de fenêtres ;
- Le motif de la fermeture : prépondérant dans *La Clôture*, avec les portes et fenêtres aveugles ou murées de la rue Vilin, il l'est un peu moins dans les photographies de *Lieux* dont certaines, notamment Saint-Louis, comportent pourtant aussi de nombreuses portes et fenêtres fermées ;
- La dégradation : les cadrages serrés de murs délabrés, les trous dans le tissu urbain. Motif qui est au cœur de *La Clôture* mais qui est également important dans Gaité à cause des démolitions pour la construction de la nouvelle Gare Montparnasse et de la Tour du même nom. Certes, une grande partie de Paris – à l'exception peut-être du 1er arrondissement (Saint-Honoré) et du 16e (Assomption) – est délabré en ce début des années 1970. Mais c'est un délabrement particulièrement bien venu ici, si l'on ose dire, puisqu'il correspond à la poétique perecquienne de la photographie qui, comme le souligne Reggiani, est particulièrement sensible à l'altération potentielle de la photographie, à son « exposition au temps »[30].

Au niveau formel, ces motifs se complètent par les procédés photographiques utilisés. Sur ce plan, il y a à la fois continuité et différence entre *La Clôture* et *Lieux*. Pour ce qui est du cadrage, la première œuvre prend les façades de

---

28 Reggiani, *art. cit.*, p. 78.
29 Avec Reggiani, nous mettrons ce motif de la grille en rapport avec l'autobiographème du carré (Reggiani, *art. cit.*, p. 102).
30 Reggiani, *art. cit.*, p. 81.

face alors que la seconde les prend en général de biais, laissant plus de place à l'enfilade de façades et permettant plus de recul au spectateur. *Lieux* comporte également plus d'échappées sur une rue entière ou une avenue. Quant à l'angle de prise de vue, il est assez différent dans *Lieux* puisque les images sont souvent en contre-plongée.

## 2    Tentative d'épuisement d'une rue ?

Pendant longtemps, les photographies de Lipinska pour *Lieux* ne nous étaient connues que par leurs planches-contact. Celles-ci révèlent un trait fondamental de cette photographie : son caractère sériel. Cette sérialité est à contre-courant de la photographie urbaine classique, qui produit volontiers de belles prises de vue isolées. Elle adhère étroitement au travail d'écriture de Perec sur les lieux, lui aussi sériel : qu'il s'agisse des Réels ou des Souvenirs, les textes reflètent le parcours d'une rue ou d'une place (et parfois plus largement d'un quartier, dans le cas de Gaîté par exemple). Ainsi, année par année, les Réels Vilin décrivent ce que voit Perec « en remontant la rue Vilin »[31]. Le choix de la sérialité, pour les textes comme pour la photographie, reflète bien entendu le désir d'« épuiser » une rue, un lieu, d'en faire un relevé aussi complet que possible, apte à être comparé aux relevés des autres années.

Cette « tentative d'épuisement » n'empêche pas que pour un lieu ou une zone donnée, le choix des endroits photographiés soit sélectif puisqu'il s'agit d'un travail autobiographique : rue Saint-Honoré par exemple, l'objectif de l'appareil parcourt surtout le côté impair, qui était « le côté de chez Perec » (puisqu'il a habité au 203 et au 217) et s'arrête longuement Place Saint-Roch. La sérialité révèle aussi la fonction centrale de cette photographie qui est d'être une description ; par là même, la photographie redouble le travail de « description d'un lieu parisien » et nous verrons qu'elle obéit aux mêmes contraintes : fidélité à la limitation du champ visuel, aux obstacles susceptibles d'en boucher l'horizon, décentrement de l'objet, vision de biais ...

Par la sérialité, la photographie se fait un reflet de la marche dans la rue – du mouvement et de la progression qui la caractérisent, de ses prises de positions changeantes, s'attachant tantôt à l'ensemble tantôt au détail. Sur ce point, on discerne une parenté avec la photographie d'Eugène Atget qui, dans ses grands albums sur le vieux Paris, ne travaillait qu'en séries. Dans un lieu donné, il se déplaçait lentement en photographiant une même rue, monument ou cour de multiples points de vue successifs. Les photographies reflétaient sa marche lente, chargé du lourd attirail de son matériel. Selon David Harris, le recours

---

31    Pour reprendre le titre particulièrement bien choisi du film de Robert Bober (1992).

à la série est chez Atget une tentative de « simuler l'expérience physique de la marche dans la rue »[32], de visualiser la progression à travers une rue ou un quartier – progression qui est celle du piéton moyen. Ainsi ses vues de monuments et d'églises ne sont pas des prises de vue isolées mais les composantes du « portrait cumulatif »[33] d'un quartier. Comme Perec, il visait à montrer l'espace urbain tel qu'il est vécu au quotidien par l'usager – point de vue qui est tout à fait contraire à celui de la photographie artistique ou touristique. De plus – et cela a pu marquer Perec – Atget revenait régulièrement dans certains lieux, afin de documenter la transformation, lente ou brutale, du tissu urbain, comme dans le cas de la place Bernard-Halpern (près de l'église Saint-Médard) ou de la zone autour de l'église Saint-Séverin, où il revient à plusieurs reprises, entre 1898 et 1923. Comme celle d'Atget, la photographie de Lipinska/Perec visualise la présence d'un sujet qui regarde, et qui est également un corps orienté, pris dans ses positions successives dans l'espace.

FIGURE 5.1   Planche-contact de Gaité (588)
© CHRISTINE LIPINSKA

---

32   David Harris, *Eugène Atget. Unknown Paris*, New York, The New Press, 2003, p. 22 (je traduis). Ce livre est la traduction anglaise de *idem, Eugène Atget : Itinéraires parisiens*, Éditions du Musée de la Ville de Paris/Éditions du Patrimoine, 1999.
33   *Ibid.*, p. 17.

## 3    Décentrage, troncation, saturation

Quand on parcourt les cinq[34] séries de photographies, on est frappé par le nombre de prises de vue de façades de magasins et d'immeubles. Qu'il s'agisse de la rue de la Gaité, de la rue Saint-Honoré ou de l'Assomption, de l'avenue Junot ou de la rue Saint-Louis-en-l'Ile, l'objectif de l'appareil parcourt la rue et en fait le relevé. Pour certains Réels, cela résulte en un véritable inventaire de façades. Examinons une de ces façades de magasins, située rue de Gaité :

FIGURE 5.2    Gaité (610)
© CHRISTINE LIPINSKA

Cette prise de vue va à l'encontre des règles de la photographie, qui prescrivent de centrer sur un objet en l'intégrant dans le cadre et d'obtenir une vue dégagée (par exemple on attend qu'une voiture soit passée avant de prendre sa photographie). Tout au contraire, le cliché de Lipinska est plaqué sur son objet, tel qu'il est à ce moment-là, avec une voiture garée devant, qui dérobe partiellement à la vue la devanture d'un des magasins. Voilà qui est conforme au regard que Perec pose sur les lieux, dans ses Réels : souvent, il y est question d'obstacles qui limitent la vue. Mais ce n'est pas seulement la voiture qui dérobe les devantures au regard. Le cliché ne montre qu'un fragment des deux devantures, rejetant hors cadre la moitié de chacune, ainsi que leur bord supérieur. L'inscription sur les deux devantures est par là même incomplète.

---

34    Nous laissons de côté la série Vilin, qui ne saurait être étudiée séparément des poèmes de *La Clôture*.

Le choix d'un tel cadrage serré, montrant un objet tronqué, correspond aux Réels, qui insistent souvent sur le fait que le regard ne saisit qu'une tranche découpée dans le champ perceptif. L'image qui en résulte est en plus saturée : elle ne laisse aucune place au ciel et produit ainsi une sensation de trop-plein. En outre, l'image est décentrée : elle est orientée non sur un des deux magasins mais sur leur intersection, avec dans l'entre-deux, une coupure causée par le trou sombre du portail adjacent. Ainsi ce cliché semble vouloir refléter le regard oblique, fragmentaire et sans profondeur qui est le nôtre, montrant combien celui-ci est éloigné de la photographie-modèle qu'on trouve dans les beaux livres sur Paris.

Cela ne veut pas dire que les séries ne comportent aucune « belle photographie » obéissant aux règles classiques de l'art – mais ce sont là des exceptions. Rue Saint-Honoré par exemple, Lipinska photographie deux vendeurs en blouse blanche posant fièrement devant la devanture de leur magasin :

FIGURE 5.3
Saint-Honoré (722)
© CHRISTINE LIPINSKA

Il s'agit de « L'Ancienne Maison E. Millien, aujourd'hui Franquet. Couleurs, vernis, brosserie » (*L* 16). C'est l'une des rares photographies d'un lieu individualisé, avec des personnes au premier plan, qui de plus posent pour l'objectif. Photographie bien centrée, qui montre toute la devanture du magasin : une image digne d'un « beau livre » sur les commerces du quartier ! En tant que telle, elle fait exception ; la raison en est probablement que ce magasin se situait au bas de l'immeuble où Perec habitait en 1956-57.

Dans la photographie des devantures rue de la Gaîté (fig. 5.2), on discerne plusieurs traits qui s'avéreront récurrents dans les cinq séries : la fragmentation ou troncation de l'objectif et le cadrage serré, résultant en des images saturées et dénuées de second plan et souvent en une cassure divisant l'image. Or ces traits se retrouvent aussi dans les prises de vues des façades d'immeubles. Ainsi cette façade brique ponctuée par les frises au-dessus des fenêtres :

FIGURE 5.4  Gaîté (592)
© CHRISTINE LIPINSKA

Ici aussi, la vue est tronquée : la caméra ne vise ni la base ni le sommet de l'immeuble mais son milieu seulement, ce qui accentue la façade, au détriment de l'immeuble lui-même. C'est encore une image qui occupe 90 % du cadre, laissant un petit coin de ciel. S'y ajoute l'angle de prise de vue : l'immeuble est pris de biais, ce qui accentue les lignes de fuite des décorations des fenêtres. Nous avons affaire ici à un autre phénomène encore qui est celui de la répétition : celle des rangées de fenêtres et de leurs frises où alternent les briques sombres et claires. Tous ces éléments contribuent à en faire une image stylisée, ce qui éloigne de l'objet représenté ; il s'ensuit une « déréférentialisation » de l'objet, qui selon Reggiani, est également un des traits particuliers de la photographie chez Perec[35] : dans et par la photographie, le référent s'efface.

C'est encore plus le cas de toute une série de photographies en contre-plongée, qui ne montrent que le sommet des immeubles :

FIGURE 5.5  Saint-Honoré (743)
© CHRISTINE LIPINSKA

Dans cette image d'un segment de la rue Saint-Honoré, on ne voit que les étages supérieurs de l'immeuble, avec leurs rangées symétriques de fenêtres. Vu de cet angle, l'immeuble perd son individualité et devient interchangeable. La rangée est de plus prise de biais, de manière à orienter le regard du bas vers le haut. Dans *Espèces d'espaces*, Perec consacre un chapitre à l'immeuble – chapitre qui se termine par diverses méthodes de dépaysement : emprunter un

---

35      Christelle Reggiani, « Perec : une poétique de la photographie », *art. cit.*, p. 92.

autre escalier, aller voir chez les voisins mais aussi : « Dans les immeubles en général :
– Les regarder ;
– Lever la tête [...] » (*EE* 88)
Lever la tête, c'est ce geste inhabituel que fait ici la photographe et qu'elle incite le lecteur à faire, par cette image en contre-plongée. Dans la même rue Saint-Honoré, Lipinska photographie plusieurs fois l'église Saint-Roch, autre lieu de mémoire perecquien, songeons aux sonneries du clocher qui ponctuent *Un homme qui dort*. Est-ce une raison supplémentaire de braquer l'objectif sur le sommet de la façade ?

FIGURE 5.6 Saint-Honoré - Église Saint-Roch (730)
© CHRISTINE LIPINSKA

Cette photographie prise au moment où l'horloge vient de sonner quatre coups porte à le croire. Observons encore combien cet angle de prise de vue est déviant par rapport aux photographies courantes d'une façade d'église. Le léger décentrage vers la gauche la rend asymétrique et surtout, l'angle élevé lui coupe sa moitié inférieure : église tronquée, sans parvis ni nef ni entrée. La photographie suivante accentue encore cette orientation :

FIGURE 5.7  Saint-Honoré - Église Saint-Roch (729)
© CHRISTINE LIPINSKA

Cette fois-ci, seule la partie gauche de la façade se trouve devant l'objectif : une fraction du portail gauche, plus une portion du fronton gauche, avec au sommet, les statues des deux Pères de l'Eglise. Certes on pourrait considérer cette photographie comme centrée sur ces deux statues mais dans ce cas-là, on aurait attendu un gros plan. Or ce n'est pas le cas car les deux statues, perchées au sommet de l'immense façade, semblent fort lointaines. Il n'y a aucune tentative de les rapprocher – ce qui est bien conforme à l'ambition de visualiser les limitations du champ visuel. Cela porte à croire que – intentionnellement ou peut-être parce qu'elle ne disposait que d'un appareil assez rudimentaire – Lipinska n'a pas utilisé de techniques supplémentaires pendant ses prises de vue, comme le téléobjectif.

Un dernier exemple de cette vue en contre-plongée, qui tronque les images :

FIGURES 5.8-5.9   Junot (568 et 585)
© CHRISTINE LIPINSKA

De ces deux images de l'immeuble à l'angle de l'avenue Junot et de la rue Caulaincourt, la première – malgré sa troncation – reste conforme aux normes de la photographie artistique, avec, au premier plan, la statue d'Eugène Carrière, le cadrage des branches d'arbre et surtout, les pigeons dans le ciel. En plus, dans cette première photographie, l'objet est exposé en pleine lumière. Par contre, dans l'autre, Lipinska a pris le même immeuble à contre-jour, ce qui le rend sombre et impressionnant. Cela est renforcé par l'angle de prise de vue, qui coupe l'immeuble en deux : pris en contre-plongée, il semble planer dans les airs, menaçant de nous tomber dessus.

Toutes ces prises de vues d'immeubles sont proches par leur technique photographique, ce qui renforce leur caractère sériel. Il s'agit plus précisément de trois caractères ou techniques qu'on peut mettre point pour point en rapport avec des aencrages propres à l'œuvre de Perec. La première technique est la troncation de l'image, par le biais du gros plan ou bien de l'élévation de l'angle de prise de vue : comme l'a observé Christelle Reggiani, cette troncation correspond à l'aencrage du manque[36]. Outre le caractère incomplet, parfois même mutilé des photographies, il faut noter la présence récurrente de trous noirs

---

36   Reggiani, *art. cit.*, p. 99.

(portes ou portails, couloirs sombres menant à des cours intérieures, comme dans plusieurs images de l'Ile Saint-Louis) et le caractère décentré de beaucoup d'images.

La deuxième technique est le cadrage serré, qui fait que beaucoup de ces images sont si saturées. Cette saturation renvoie elle aussi au manque, qui peut être chez Perec l'image inversée ou le double négatif du manque[37]. Par saturation, Magné entend la fascination de Perec pour l'exhaustif, qui explique ses « tentatives d'inventaire » et d'épuisement. Or c'est là aussi la fonction des séries de photographies, destinées comme les textes à « épuiser un lieu parisien ». S'y ajoute la saturation fréquente de l'image elle-même : un plein qui renforce le vide et le manque.

La troisième technique, elle, touche à l'angle de la prise de vue, qui est en général oblique : les façades sont souvent prises de biais. Il serait peut-être un peu facile de rattacher cela au privilège de l'oblique et de l'indirect, chez Perec. Il s'agit plutôt, dans le sillage d'Atget, on l'a vu, de visualiser le point de vue du piéton. Dans leur accumulation au sein d'une même image, ces techniques résultent en la « déréférentialisation » signalée plus haut.

## 4      Echappées de vue, absence de présence humaine et dégradation

Dans son analyse des photographies de *La Clôture*, Mireille Ribière observe qu'à aucun moment, ces images ne donnent une échappée de vue de la rue entière et donc du ciel. La rue n'est pas vue comme enfilade mais comme série discontinue de façades[38]. Ce n'est pas le cas pour les photographies de *Lieux*, dont toutes les séries comportent quelques vues d'ensemble. La série Ile-Saint-Louis est prise presqu'exclusivement en remontant (ou en redescendant) la rue Saint-Louis-en-l'Ile :

---

37    Magné, *Georges Perec, op. cit.*, p. 46. Cette paradoxale équivalence entre la saturation et le manque s'exprime aussi dans l'incipit du neuvième poème de *La Clôture* : « Sature l'incomplet ».

38    Ribière, *art. cit.*, p. 114.

LA PHOTOGRAPHIE DANS LIEUX 127

FIGURE 5.10   Ile Saint-Louis (686)
© CHRISTINE LIPINSKA

Cette photographie embrasse la rue d'est en ouest, dans la direction de Notre Dame. L'image est de facture classique, bien centrée, elle révèle la profondeur et entraîne le regard vers le point de fuite de l'horizon. Comparée aux autres photographies de *Lieux*, elle comporte une large portion de ciel. Si Perec avait fait son Réel ce jour de mars 1971, il eût noté la circulation à sens unique, les voitures en conséquence garées d'un seul côté de la rue, le clocher de l'église Saint-Louis entouré d'échafaudages … La rue est invariablement déserte : de rares passants sont vus de loin et de dos. Vue isolément, la série Ile-Saint-Louis respire l'harmonie, le calme propre à l'endroit mais le photographe semble avoir mis ce calme au service de l'impression de vide et de solitude que Perec a pu ressentir en y revenant, et qu'expriment les Réels et les Souvenirs Ile-Saint-Louis.

La série Gaité comporte plusieurs échappées de vue de la rue de la Gaité mais elles respirent une autre atmosphère :

FIGURE 5.11   Gaité (590)
© CHRISTINE LIPINSKA

La circulation intense, l'encombrement, les bouchons, la multiplicité de panneaux publicitaires, la foule sur les trottoirs, la pluie : contrairement aux photographies de l'Ile-Saint-Louis qui semblent intemporelles, cette image est un instantané de la vie urbaine, un jour pluvieux d'octobre 1970. Si elle montre classiquement la rue comme une enfilade, avec un pan de ciel à l'horizon, elle défie pourtant les règles de l'art en choisissant un angle de vue décentré sur la gauche et un cadrage serré qui attire l'attention sur les voitures en stationnement. Cela donne une image saturée, qui fait ressortir les obstacles dans le champ de vision et renforce l'atmosphère étouffante de l'image.

Ces échappées de vue d'une rue mènent à se poser la question de la présence humaine dans les photographies de Lipinska, ou plutôt de son absence. Elles montrent en effet très peu de personnes et de plus prises de loin. Ainsi la série Assomption montre des rues désertes. Dans la série Ile-Saint-Louis, on voit quelques rares passants de loin et de dos (fig. 5.10) ou s'arrêtant devant un étalage. Avenue Junot, en octobre 1970 aussi, Perec voit passer une dame avec son chien, « des enfants portant cartables au dos » et « des ménagères [qui] reviennent du marché » (Junot Réel 1970) mais sur les photographies, personne, à l'exception près d'une jeune fille prise de face : gros plan sur son T-shirt, dont les motifs ont pu amuser Perec et Lipinska[39]. Certes, les séries Gaité et Saint-Honoré comportent beaucoup de passants. La figure 5.11 les montre presque tous de loin et de dos : silhouettes sombres qui se détachent à peine de l'arrière-fond de la rue. Il y a une photographie qui nous semble emblématique de l'approche de Perec, quant à la présence humaine :

FIGURE 5.12   Saint-Honoré – Place du Théâtre français (735)
© CHRISTINE LIPINSKA

Prise place André Malraux (à l'époque place du Théâtre français), devant la fontaine, cette photographie est digne d'un album d'artiste, par son caractère centré, bien cadré et par l'harmonie de la composition, faite de lignes verticales (la silhouette de l'homme, le tronc d'arbre, le réverbère) et horizontales (chaussée, bord de la fontaine, lignes des fenêtres et des balcons). Photographie assez classique donc, si ce n'est que cet homme est pris de dos. Il regarde lui aussi la

---

39   Junot, photographie no. 562.

scène et dans ce sens il incarne l'objectif de l'appareil. Mais cette vue de dos amène surtout à mettre cette image en rapport avec le phénomène de « déréférentialisation » dont Christelle Reggiani a montré le rôle dans les photographies polaroids prises par Perec lors de sa traversée de l'Atlantique[40]. Dans le cas présent, l'homme vu de dos est certes désindividualisé, il est anonyme car sans visage, simple passant, mais cela va plus loin car il semble en passe de disparaître, de s'éclipser, ce qui ramène à la thématique du film de Lipinska, *Après nous le désert*, dont il était question plus haut.

Dans le contexte de l'œuvre de Perec, cet homme vu de dos renvoie à la question de l'absence du corps et en particulier du visage, thème récurrent dans son œuvre littéraire comme cinématographique comme l'a montré Maryline Heck[41]. Cette photographie peut être rapprochée du projet de long-métrage *Signe particulier : NEANT*, conçu en 1978, jamais réalisé mais abondamment décrit par l'auteur – description dont Mireille Ribière rapporte l'essentiel dans son précieux répertoire des projets cinématographiques inaboutis de Perec[42]. Dans les mots de Perec, il s'agissait de faire un film « dans lequel, à aucun moment, le spectateur ne verra le *visage* des acteurs »[43]. Cet interdit devait être la contrainte centrale du film : contrainte aussi forte, semble-t-il, que celle de *La disparition*, dont le film se voulait « l'équivalent cinématographique »[44]. Bernard Queysanne a confirmé que, dès l'époque du film *Un homme qui dort*, Perec avait ce désir de « faire disparaître le personnage de l'écran »[45] Ce but y est partiellement atteint par le décalage entre Jacques Spiesser, mutique, et la voix féminine et désincarnée de Ludmila Mikaël.

La photographie de l'homme vu de dos est donc emblématique de l'approche de la personne humaine dans les photographies de *Lieux*. Dans la plupart de celles-ci, les lieux sont déserts et si des formes humaines apparaissent, elles se dématérialisent et font place à l'absence, ce qui en fait des occurrences de l'aencrage du manque.

Si la présence humaine s'éclipse, c'est au profit, bien entendu, des rues, des bâtiments et des façades dont ces séries font le relevé, comme les Réels qui leur correspondent. Ici, le manque se manifeste non seulement par la troncation

---

40   Reggiani, *art. cit.*, p. 79.
41   Maryline Heck, *Georges Perec. Le corps à la lettre, op. cit.*, pp. 77 sq.
42   Mireille Ribière, « Cinéma : les projets inaboutis de Georges Perec », *Cahiers Georges Perec* no. 9, « Le cinématographe », Bordeaux, Le Castor Astral, 2006, pp. 151-171.
43   Cité par Ribière, *art. cit.*, p. 160.
44   *Ibid.*
45   Ribière, *art. cit.*, p. 161.

et le décentrage, mais aussi par la dégradation[46]. Ce n'est certes pas le cas de toutes les séries – Junot, Assomption et Saint-Honoré appartiennent aux quartiers élégants – mais surtout de Saint-Louis et de Gaité. Ile Saint-Louis, en ce début des années 1970, le ravalement des façades n'en est qu'à ses débuts et il reste beaucoup de façades délabrées :

FIGURE 5.13    Ile-Saint-Louis (636)
© CHRISTINE LIPINSKA

La majesté de cette façade d'hôtel particulier, aux hautes fenêtres, contraste avec son caractère noirci, décrépi. Cependant, contrairement à la rue Vilin ou à la rue de la Gaité, sujettes à la démolition entière ou partielle, l'Île vient alors d'être proclamée monument historique et sera conservée et restaurée dans les décennies qui suivront. Par contre, rue de la Gaité, Perec arrive juste à temps pour décrire – par les textes et par la photographie – l'« Opération de renouvellement urbain 'Maine-Montparnasse' » qui aboutira à la construction de la Gare et de la Tour, donc à la destruction d'un secteur entier. La série Gaité montre la dégradation du tissu urbain d'un vieux quartier mal entretenu :

---

46   Voir Magné, *Georges Perec, op. cit.*, p. 40.

FIGURE 5.14   Gaité (618)
© CHRISTINE LIPINSKA

Cette image montre des façades décrépies et une chaussée inondée, des fils d'électricité sur les toits ... Les dimensions modestes des immeubles et la rue qui monte en tournant lui donnent un aspect de village : ce sont les restes du vieux village de Montparnasse dont de larges parties sont en proie, en ce début des années 1970, à une agressive campagne de rénovation urbaine. Plusieurs photographies montrent de loin la Gare Montparnasse en construction :

FIGURE 5.15   Gaité (594)
© CHRISTINE LIPINSKA

Cette image met en évidence la taille disproportionnée de la Gare par rapport au tissu urbain ambiant : ce cube géométrique, avec ses centaines de petites fenêtres, bouche l'horizon et jure avec les immeubles anciens, comme un corps étranger venu éventrer la rue. Cette photographie vient compléter les Gaité Réels, qui enregistrent an par an le bouleversement d'un quartier sacrifié aux affaires et au fonctionnalisme[47]. Alors qu'à l'époque, Perec était un des rares à remarquer cet état de choses, les riverains s'accordent aujourd'hui à qualifier leur quartier de « démodé », « agressif », « bétonné » et « froid », ce qui a résulté récemment en le lancement d'un nouveau plan décennal de rénovation visant à le rendre plus « habitable »[48]. Pourtant, il faut se garder de voir les Gaité ou les Vilin Réels comme un nostalgique plaidoyer en faveur de la conservation du vieux Paris. Comme le montre le chapitre d'*Espèces d'espaces* sur le quartier, l'expression « mort d'un quartier » n'est pour Perec qu'un « bien grand mot » (*EE* 115) ; il plaide au contraire pour le mouvement et pour la « dispersion » comme dans ce rêve d'avoir à la fois, « éparpillées dans Paris, cinq ou six chambres » (*EE* 116). A ce moment-là,

> J'irais dormir à Denfert, j'écrirais place Voltaire, j'écouterais de la musique place Clichy, je ferais l'amour à la Poterne des peupliers, je mangerais rue de la Tombe-Issoire, je lirais près du parc Monceau etc.
> 
> *EE* 116

La joyeuse liberté de ce rêve[49] est en contraste net avec les motifs de clôture qui caractérisent les séries photographiques de *Lieux*.

## 5   Grilles, carrés, clôture

Dans son analyse des photographies de *La Clôture*, Mireille Ribière note le « motif omniprésent du rectangle (portes et fenêtres, grilles et moellons obstruant les ouvertures, enseignes, plaques, blocs d'ombre et de lumière) »[50]. Ce motif est également récurrent dans les cinq séries d'images de *Lieux*, où il prend les mêmes formes. Dans son article sur la photographie, Reggiani interroge plus spécifiquement deux motifs : la grille et les petits carreaux, ou

---

47   Voir infra chap. 3, § 6.
48   Projet urbain Maine-Montparnasse publié par la Mairie de Paris en 2018, disponible sur internet.
49   Rêve qui passe d'ailleurs par plusieurs de ses lieux : Denfert (Italie), place Clichy (dernière page d'*Un homme qui dort*), rue de la Tombe-Issoire (la rue qui mène à la Villa Seurat donc à la cure avec de M'Uzan, voir chap. 3).
50   Ribière, *art. cit.*, p. 115.

le quadrillage[51], qui renvoient tous deux au cadre, c'est-à-dire au découpage du réel qui est propre à toute photographie. Ce découpage « marque formellement à la fois la cohérence et la rupture »[52]. Or nous avons vu cette préférence de Perec pour le cadre, qui enferme le sujet représenté dans un périmètre limité, au prix de la troncation et du rejet hors cadre du reste du perçu. La présence obsessive du rectangle, de la grille et du quadrillage renvoie également à l'aencrage géométrique du carré[53], qui affecte la structure formelle de tant de textes perecquiens, du bicarré latin (*La Vie mode d'emploi*, *Lieux*), aux poèmes carrés (*Alphabets*)[54]. Selon Magné, le carré est à la fois une contrainte formelle visant à éliminer le hasard et un renvoi à la judéité, par le biais des lettres carrées.

Dans les photographies de *Lieux*, les carrés prennent de multiples formes et significations. Bien sûr, le sujet même de ces photographies – une rue ou une place – implique l'omniprésence de carrés : façades d'immeubles, portes et fenêtres forment tout naturellement des rectangles et des grilles de rectangles ou des quadrillages. Le motif du carré n'a donc ici rien d'original, à première vue. Cependant, l'approche de Perec/Lipinska, avec son point de vue surélevé et son découpage net de l'image, vise clairement à mettre en valeur le carré sous toutes ses formes. Une première grille est celle qui est formée par les façades elles-mêmes. Revenons à l'image de la Gare Montparnasse surgissant au fond de la rue de la Gaité (fig. 5.15) : c'est certes un cube de taille disproportionnée, qui bouche l'horizon de sa masse, mais n'y a-t-il pas également ici une fascination pour la grille que forment les centaines de petites fenêtres, réseau beaucoup plus fin que celui des façades des immeubles anciens ? Il en est de même pour la façade de briques également située rue de la Gaité (fig. 5.4) : la stylisation de la décoration déréférentialise l'objet représenté, le transformant là aussi en une grille, une forme géométrique.

Dans d'autres images, le quadrillage formé par la façade est doublé par une grille la parcourant. Grille qui peut être naturelle, comme les branchages dans cette photographie de la rue Saint-Honoré :

51    Reggiani, *art. cit.*, p. 101.
52    *Ibid.*, p. 103.
53    *Ibid.*, p. 102.
54    Cf. Magné, *op. cit.*, pp. 75-82.

FIGURE 5.16
Saint-Honoré (733)
© CHRISTINE LIPINSKA

Certes, la fine dentelle des branchages dérobe légèrement la façade à la vue, soulignant ainsi les limitations du regard mais elle constitue surtout une deuxième grille qui se superpose à la première et en rend la structure plus complexe. Ces grilles se superposant au quadrillage des façades sont d'ailleurs plus souvent artificielles que naturelles, comme les échafaudages, qui attirent l'œil du photographe :

FIGURE 5.17
Saint-Honoré (724)
© CHRISTINE LIPINSKA

Les échafaudages hérissent cette façade de la rue Saint-Honoré. Leur quadrillage double celui des fenêtres, renforçant ainsi la géométrie des façades, les transformant en des damiers qui rappellent les bicarrés chers à Perec. Cependant, les grilles que forment les fenêtres ne sont certainement pas toutes transparentes comme celles-ci. Les séries comportent aussi de multiples images de fenêtres closes :

FIGURE 5.18    Junot (554)
© CHRISTINE LIPINSKA

Cette image de fenêtres avenue Junot est prise d'un point de vue élevé qui détache la rangée de fenêtres du reste de l'immeuble et du sol, la rendant autonome par rapport à l'immeuble dont elle fait partie. Le cadrage serré – trait caractéristique, nous l'avons vu, de beaucoup de ces photographies – braque le regard du spectateur sur ces fenêtres mystérieuses, l'empêchant de prendre de la distance, le confrontant donc directement à cette image d'exclusion et de solitude. Image renforcée par l'absence de figure humaine.

On perçoit une même ambiguïté pour les portes d'entrée, qu'il s'agisse de portes cochères ou de grilles en fer forgé : tantôt elles déclinent une figure géométrique transparente, tantôt elles sont la figure de la fermeture et donc de l'exclusion. Rue de l'Assomption, la série comporte trois vues successives[55] du no. 14-16 (à côté du 18, où Perec a habité), dont voici la dernière :

---

55   Il s'agit des photographies nos. 754-756.

LA PHOTOGRAPHIE DANS LIEUX 137

FIGURE 5.19   Assomption (756)
© CHRISTINE LIPINSKA

Ces vues insistent sur le motif de la grille. L'image montre une grille en fer forgé au centre, flanquée de part et d'autre de deux grillages plus finement réticulés. Dans leur transparence, les grillages redoublent le quadrillage des portes et des fenêtres, semblables en cela aux images d'échafaudages ou de branchages rythmant les façades.

Il en est de même des images de portes cochères dans la série Saint-Honoré, notamment celle du 203 :

FIGURE 5.20   Saint-Honoré (746)
© CHRISTINE LIPINSKA

Reprenons le Réel 1969 :

> au 203 : « La Ferme Saint-Roch » ; pailles et poutres : charcuterie, fromagerie, épicerie de luxe.
> Je suis rentré dans la cour du 203 ; blanchisserie au fond. Ascenseur (nouvellement ?) installé. Pas de plaque au nom de J. Tacheff (fourreur).
> *L* 16, p. 120

Le 203 est bien sûr l'immeuble où il a habité une chambre de bonne, en 1956-57, qui est décrite dans *Un homme qui dort*. La porte cochère est ici mi-fermée, ou mi-ouverte, si on veut, mais le trou noir de son ouverture semble prohibitif. Elle est en cela semblable à la porte cochère de l'immeuble qui la jouxte, au 201, rue Saint-Honoré :

FIGURE 5.21  Saint-Honoré (744)
© CHRISTINE LIPINSKA

Cette porte semble fermée et le nom du magasin attenant – « la porte ouverte » – commente ironiquement cet effrayant trou noir, image de fermeture et d'exclusion qu'on pourrait rapporter à l'aencrage du manque.

En définitive, certaines grilles dérobent l'objet représenté au regard, le dissimulant derrière des barreaux et suscitant une sensation d'emprisonnement. D'autres par contre – rangées de portes ou de fenêtres ponctuant, rythmant les façades – semblent plutôt structurer l'objet, l'enfermer dans un cadre géométrique qui le stylise et le formalise. D'autres encore – portes, fenêtres fermées – forment une clôture qui exclut le sujet qui regarde, comme une interdiction d'entrer. Le carré prend ainsi une fonction comparable à celle de la contrainte textuelle, fonction à la fois restrictive et créatrice.

Malgré le fait que Christine Lipinska a pris ses photographies sans directives de la part de Perec, leur esthétique semble donc adhérer étroitement à celle de ce dernier. Aussi forment-elles un tout homogène avec les Réels. En effet, si l'objectif premier de *Lieux* est de créer un dispositif capable de faire fusionner l'autobiographique et l'infra-ordinaire, afin de parvenir à parler de soi par le biais des lieux et de l'espace urbain, ces photographies semblent y avoir remarquablement réussi. On peut les lire comme des variations de ces aencrages que Bernard Magné a considéré comme « la dimension la plus féconde et l'aspect le plus original de l'écriture de Georges Perec »[56]. L'aencrage thématique du manque est visible dans le décadrage de ces photographies et dans leur sérialité, qui reflète une ambition de complétude. Les trous dans le tissu urbain ou au contraire la saturation de celui-ci sont également des images du manque. Le caractère désert des lieux dit l'effacement de l'être humain, qui passe par celle de son visage. La dégradation du tissu urbain peut également être mise en rapport avec le manque. Enfin, par leur insistance sur les quadrillages formés par les fenêtres et les grilles constituées par les branchages ou les échafaudages, ces photographies expriment l'aencrage géométrique du carré.

On peut donc conclure que les photographies de *Lieux*, comme celles de *La Clôture*, s'accordent remarquablement avec les textes de Perec, qui a trouvé en Christine Lipinska une interlocutrice privilégiée.

---

56  Bernard Magné, *Georges Perec, op. cit.*, p. 28.

CHAPITRE 6

# Autour de la rue Vilin

La rue Vilin est un lieu-clé dans la topologie parisienne de Perec. Lieu complexe, riche en tensions. En effet, la rue Vilin est à la fois le lieu de la petite enfance, puisque Perec y vécut les six premières années de sa vie, en union avec ses parents, et le lieu où cette union fut brutalement brisée – par la mort du père, le départ de l'enfant à Villard-de-Lans et la déportation de la mère. La rue Vilin semble donc un lieu de mémoire à double face, aux connotations tantôt de sécurité, tantôt de brutalité, de destruction et d'oubli.

C'est ce que soulignent également de nombreux commentateurs. Pour Pierre Siguret, la rue Vilin est le « microcosme », le « centre » du Paris de Perec : elle incarne « le monde en raccourci » ; en reprenant une expression de Mircea Eliade, Siguret assimile la rue Vilin à l'*imago mundi* : « cette image unique et première au monde, cette image fondatrice de l'identité individuelle »[1]. Jacques-Denis Bertharion, lui, la considère comme « le véritable centre de gravité de *Lieux* »[2]. En effet, la hantise de décrire et de conserver les onze autres lieux de sa vie n'a d'autre origine que la disparition de ce lieu originel et des souvenirs qui lui sont liés. Au-delà du désir explicite d'observer le « vieillissement » des lieux, de ses souvenirs et de son écriture, l'entreprise de *Lieux* naît de la tentative de dire, ne serait-ce qu'en la contournant, la fracture originelle du traumatisme d'enfance.

La rue Vilin est doublement le lieu de la disparition, pour Perec. Lorsque, en 1969, il y commence ses descriptions pour *Lieux*, c'est déjà une rue en démolition ; il arrive à point nommé pour en documenter la lente disparition. Les Réels annuels sont certes destinés à archiver ce qui reste des lieux de son enfance, à documenter les différents stades de sa démolition mais ils vont de pair, dans les Souvenirs, avec le fol espoir de mettre en branle la mémoire de ce qui a disparu. Selon Myriam Soussan, il n'est pas indifférent que ces exercices annuels de remémoration se fassent dans un lieu en voie de démolition : plus que les lieux intacts, les « lieux en ruine » l'ont « invité à se souvenir »[3]. Elle rappelle à ce propos la visite de Perec à Lubartow, le village de ses ancêtres, en

---

[1] Pierre Siguret, « Perecologie du Larinville : *l'imago mundi* de la rue Vilin », *Cahiers Georges Perec* no. 8, J.-F. Chassey, dir., Paris, Le Castor Astral, 204, p. 222.
[2] Jacques-Denis Bertharion, « Des Lieux aux non-lieux : de la rue Vilin à Ellis Island », *Le Cabinet d'amateur*, juin 1997, no. 5, p. 53.
[3] Myriam Soussan, « La mémoire vivante des lieux », *Le Cabinet d'amateur*, décembre 2000, texte en ligne, s.p.

Pologne : lieu intact, mais muet. En revanche, la gare d'Orsay[4], Ellis Island, la rue Vilin, tous des lieux en ruine, semblent lui avoir plus « parlé ». On peut se demander pourquoi. Est-ce, comme le soutient Soussan, parce que « la montée des souvenirs associés à ce lieu apparaît comme indissociable de l'état de délabrement avancé de la rue Vilin »[5] ? Ou bien parce que cet état de délabrement, cette démolition progressive s'érige en image par excellence de la disparition – celle de la mère et au-delà, celle de toutes les victimes de la Shoah ?

Comme Perec le relate au chapitre X de *W ou le souvenir d'enfance*, l'histoire de ses rapports avec la rue Vilin est passablement complexe, comme l'est l'histoire des textes. Après un bref retour sur les lieux en 1946, avec sa tante, suivent quinze années où « je n'eus ni l'occasion, ni l'envie d'y revenir » (*W* 68). Années où il oublie jusqu'à l'emplacement exact de la rue. C'est « en 1961 ou 1962 » seulement qu'il y revient pour la première fois, avec son ami Pierre Getzler qui habitait à proximité, sans pourtant rien reconnaître et sans arriver à identifier « la maison où j'avais passé les six premières années de ma vie » (*W* 68). Quelques années plus tard, Getzler lui signale que la rue est en démolition ; peu après, en 1969, Perec l'inclut dans le projet de *Lieux* et commencera ses visites annuelles.

De la rue Vilin, nous possédons plusieurs états ou versions. Le premier – qui sera au cœur de ce chapitre – ce sont les six Réels et les cinq Souvenirs écrits de 1969 à 1975. Le second, ce sont les chapitres IV, VII et X de *W ou le souvenir d'enfance* qui, dans un processus de réécriture et de réagencement, rassemblent les descriptions (Réels et Souvenirs) de *Lieux*. Deux ans après *W*, en 1977, Perec publie en revue la série des Réels : « La rue Vilin »[6] est, pour ce qui est des Vilin Réels, le seul texte dont aient disposé les commentateurs jusqu'à la publication de *Lieux*. Mais ces trois ensembles de textes ne sont que la partie visible de l'iceberg : comme l'a montré Lejeune dans son étude des avant-textes de *W*, si la première moitié des années 1970 se caractérise par une quête autobiographique particulièrement intense, elle n'est pourtant que « la reprise d'une tentative maintes fois interrompue », qui s'amorce dès 1959 avec le texte sur ses parents reproduit en gras dans *W* et qui passe par de nombreuses autres versions inédites[7]. A cet ensemble de textes s'ajoutent, dans les mêmes années 1970, les approches de la rue Vilin par d'autres médias que la prose : par le cinéma, dans certaines prises de vue du film *Un homme qui dort* (1974) et par la

---

4  Voir le film *Inauguration* de Robert Bober et Georges Perec (1981).
5  Soussan, *art. cit.*
6  « La rue Vilin », *L'Humanité*, 11 novembre 1977, republié dans *L'infra-ordinaire, op. cit.*, pp. 15-31.
7  Lejeune mentionne notamment le roman de jeunesse *J'avance masqué* et le projet de *L'arbre* (*La Mémoire et l'oblique, op. cit.*, p. 124).

poésie et la photographie dans *La Clôture* (1976). Dans ce chapitre, nous nous concentrerons sur les textes de *Lieux* dans leur rapport à *W* et à « La rue Vilin ».

Dans *Mémoires du quotidien*, Derek Schilling a montré l'importance du contexte de publication, pour les cinq Vilin Réels publiés en revue. Ainsi, le choix de publier « La rue Vilin » dans *L'Humanité* implique selon lui un pacte de lecture particulier : l'auteur, se posant en journaliste, propose un reportage sur un îlot insalubre de Belleville, à un lecteur implicite qu'on pourrait définir comme « [un] militant ou sympathisant communiste [qui] perçoit les coûts sur la vie sociale d'une politique d'assainissement des quartiers »[8]. On sent la distance qui sépare un tel pacte de lecture de celui des Réels qui, comme les autres textes de *Lieux*, n'étaient en première instance destinés à aucun public, sauf à lui-même. Ce sont des textes qu'on pourrait appeler introvertis – ce qui explique le nombre d'allusions et d'abréviations, le style parfois télégraphique. Ainsi, on le verra, le travail de transformation des Réels en un texte publiable est plus incisif qu'il ne semble : il consiste à tourner le texte vers l'extérieur, vers un lecteur (quel qu'il soit) autre que lui-même. Ce mouvement, qui éloigne le texte du genre autobiographique qui était le sien, se joue surtout au niveau du style, c'est pourquoi nous nous attacherons aussi aux aspects matériels, scripturaux de l'inscription de la disparition, dans les Réels : structure des textes, lexique, style (notamment la ponctuation), dimensions arithmétique et géométrique, iconicité ...

Une dernière question préalable est celle de l'ordre des Réels et des Souvenirs. Ils ont bien sûr été écrits alternativement, dans l'ordre prescrit par la table de permutations. Faut-il aussi les étudier dans cette alternance ? Perec lui-même désirait éviter le plus possible toute proximité temporelle entre le réel et le souvenir d'un même lieu, afin d'empêcher toute 'contamination' de l'un par l'autre. Dans la table de permutations, des fléchettes signalent une telle proximité[9]. On en trouve beaucoup dans le cas de Vilin : trois années sur les cinq où Perec a écrit un texte, le Réel et le Souvenir sont très rapprochés dans le temps, se situant à un mois de distance à peine[10]. En 1975, Réel et Souvenir devaient même « tomber » le même mois de septembre, mais Perec n'a écrit que le Souvenir, qui fut le tout dernier texte de *Lieux*. Cependant, malgré cette proximité dans le temps, les textes ne communiquent d'aucune manière entre eux. La seule exception, mineure, est qu'en août 1969, dans le premier Souvenir,

---

8    Schilling, *Mémoires du quotidien*, op. cit., p. 169.
9    Voir les tableaux synoptiques dans *Lieux, op. cit.*
10   Le Réel 1970 est prévu et écrit en juin (25 juin), le Souvenir en juillet ; le Réel 1972 est prévu en octobre, écrit en novembre, le Souvenir prévu en novembre et écrit en décembre ; le Réel 1974 est prévu et écrit en octobre, le Souvenir en novembre.

Perec se souvient avoir visité la rue Vilin pour la première fois en février de la même année. Mais il hésite sur le numéro de son immeuble, alors qu'en février, il a décrit la rue numéro par numéro. Grâce à la contrainte des enveloppes scellées – qui semblent aussi sceller la mémoire –, les deux axes des Réels et des Souvenirs restent donc rigoureusement dissociés, ils forment des vases clos, au niveau matériel autant que mémoriel.

On peut spéculer ce qu'il en aurait été lors du montage envisagé au terme du projet. Les Réels et les Souvenirs devaient-ils alors communiquer, fusionner au sein d'un même texte ? L'œuvre finale devait-elle « décrire *à la fois les souvenirs* qui me rattachent à cette rue [...] *et les vestiges* chaque fois plus effacées [*sic*] de ce qui fut une rue », comme l'énonce Perec en 1976 dans *La Clôture* (je souligne)[11] ? Cela sera le cas dans *W*, où le chapitre X commence par une description de la rue, pour laquelle Perec a pu se servir des Réels, et s'achève tout naturellement par trois souvenirs d'école et par celui du départ pour Villard, tirés des Souvenirs. Au niveau de *Lieux* cependant, Perec ne peut les décrire à la fois mais seulement tour à tour, et sans « sutures ». C'est une des raisons pour lesquelles nous étudierons séparément les deux séries, sans pour autant négliger leurs correspondances.

## 1    Vilin Réels : écrire la disparition d'une mère et de la judéité

Pendant cinq ans, Perec s'attache chaque année à recueillir les traces des habitants passés et présents de la rue Vilin – y compris sa propre présence et celle des siens[12]. Ces traces sont inscrites dans les lieux, d'où le besoin de les inventorier en détail. Dans le sillage de Perec, Modiano a écrit dans *Dora Bruder* : « On se dit qu'au moins les lieux gardent une légère empreinte des personnes qui les ont habitées. Empreinte : marque en creux ou en relief. »[13] Pour la famille de Perec comme pour celle de Dora Bruder, il s'agit bien entendu d'une empreinte en creux, qui évoque quelqu'un dans son absence, sa disparition. Par une puissante métonymie, les lieux – l'immeuble des grands-parents, celui des parents – viennent se substituer aux êtres disparus. Nous verrons plus loin l'importance des noms propres dans le travail d'archivage poursuivi par

---

11   Lettre de souscription à *La Clôture, Cahiers Georges Perec* no. 5, 1992, p. 153. Encore faudrait-il savoir ce que Perec a voulu dire par « à la fois », au niveau de la structure du texte. A la fois ? Ou tour à tour, dans un enchevêtrement similaire à celui de *W* ?

12   Les paragraphes sur les Réels sont une version remaniée et complétée de mon article « Georges Perec, 'La rue Vilin' : écrire la double disparition », dans *Lire, écrire, pratiquer la ville*, N. Roelens et T. Vercruysse éds, Paris, Kimé, 2016, pp. 251-264.

13   Patrick Modiano, *Dora Bruder*, Gallimard Folio, 1999, p. 29.

Perec : ils s'érigent en mémoriaux[14]. S'y ajoute ici le rôle privilégié des numéros d'immeuble. Si Modiano parcourt tous les numéros d'immeubles où les Bruder ont habité, Perec remonte inlassablement chaque année la rue Vilin, numéro par numéro.

Certes, c'est pratique courante de désigner un immeuble par son numéro, mais chez Perec (comme chez Modiano du reste) on observe une véritable obsession pour ces numéros et donc pour les nombres : l'immeuble *est* le numéro qu'il porte, ce qui fait que les nombres sont surdéterminés. De la présence/absence de ses proches, ils parlent par indirection. Cependant, en première instance, le savoir de Perec sur leur lieu d'habitation exact est flottant :

> Sur la gauche (côté impair), le numéro 1 a été ravalé récemment. C'était, m'a-t-on-dit, l'immeuble où vivaient les Szulewicz[15]. Nulle boîte aux lettres dans l'entrée minuscule. Au rez-de-chaussée, un magasin, jadis d'ameublement (la trace des lettres « MEUBLES » est encore visible) [...].
> L 4, p. 68

Son savoir est de seconde main, il renvoie à une époque dont il ne se souvient pas. Le numéro 24 – l'immeuble où il vécut avec ses parents – l'attire et le repousse irrésistiblement. Voici la description qu'il en fait dans la version mise au net de 1969[16] :

> Au 24 [c'est là que je vécus, non au 7 : c'est très **vilain** d'habiter 7 rue Vilin !]
>     *d'abord* un bâtiment à 1 étage
>     avec au rez-de-chaussée une porte (**condamnée**)
>         portant encore, *tout autour*, des traces de peinture et *au-dessus*, non
>             tout à fait **effacée**,
>         la mention « Coiffure Dames »
>
>     *puis* un bâtiment **bas** avec une porte
>     la porte donne sur une **longue** cour

---

14   Voir chap. 8 § 3.
15   Dans la version publiée, « les Szulewicz » est remplacé par « les parents de ma mère » (*10* 16). C'est en modifiant de tels détails que Perec transforme un texte « privé » en un texte destiné à un public.
16   Nous gardons ici la ponctuation de notre propre transcription. Ce premier Vilin Réel, fait le 27 février 1969, compte deux versions : les notes prises sur place (six feuilles de cahier) et la version mise au net, une demi-heure plus tard, dans un café (six cartes de bristol). Voir Lejeune, *La Mémoire et l'oblique, op. cit.*, pp. 185-187. En outre, il y a bien sûr la version publiée sous forme d'article.

> pavée avec quelques décrochements (escaliers à 2 ou 3 marches)
> *à droite* un **long** bâtiment à un étage (le bâtiment à un étage avec la porte **condamnée** en constitue donc la section)
> avec un double perron de béton
> *au fond* un bâtiment **informe**
> *à gauche* des espèces de clapiers ?
> je ne suis pas rentré
> un vieil homme, venant du fond, a descendu les 2-3 marches qui mènent sans doute au logement dont la porte **condamnée** fut jadis une entrée (*id est* à « notre logement »)
> un autre, vieux, est rentré avec un **lourd** ballot (du linge ?) sur le dos
> puis, enfin, une petite fille
>
> *L* 4, p. 70, je souligne

Dans les Souvenirs et au chapitre x de *W*, Perec se souvient que lors de son « retour » rue Vilin, autour de 1961-62, avec son ami Pierre Getzler, il était persuadé que sa maison était au numéro 7. Cette confusion confirme la surdétermination des nombres (le 7 renvoie au 7 mars 1936, date de naissance de Perec). On peut s'étonner que l'information « c'est là que je vécus » soit mise entre crochets, comme s'il s'agissait de quelque chose de secondaire, qui pourrait être supprimé sans changer le sens de la phrase, car c'est là la signification courante de la parenthèse. Or il n'en est rien dans ce passage, il n'est que de voir le nombre et la longueur des parenthèses : il y en a non moins de six en ces quelques lignes, ce qui leur donne un caractère passablement laborieux. La plupart de ces parenthèses ont une fonction de commentaire et de clarification : elles traduisent un effort pour décrire avec précision la configuration spatiale des lieux.

Mais comme le montre Christelle Reggiani dans une lumineuse analyse de la parenthèse chez Perec, la complexité textuelle[17] résultant des parenthèses a d'autres significations encore. D'abord, et c'est un phénomène qu'elle discerne dans d'autres écrits mémoriels de Perec, les parenthèses servent à exprimer deux plans temporels différents : le présent et le passé[18]. Dans le Vilin Réel, c'est le cas des crochets de la première phrase, qui marquent un passage radical du présent et au passé simple : « [c'est là que je vécus] » : ce pronom personnel et ce temps verbal éminemment littéraire renforcent le contraste avec le reste du

---

17  Christelle Reggiani, « Parenthèses perecquiennes », *L'Éternel et l'éphémère. Temporalités dans l'œuvre de Georges Perec*, Amsterdam – New York, Rodopi, 2010, p. 47.
18  Reggiani, *art. cit.*, p. 54.

texte. On le voit aussi dans l'ajout « (*id est* à « notre logement ») », où le brusque passage au « nous » et les guillemets marquent le décalage entre aujourd'hui et « jadis » - mot lui aussi de style littéraire qui surgit dans la même phrase. La parenthèse est alors un moyen de visualiser la rupture entre présent et passé et donc de figurer l'absence, le manque.

Cette fonction temporelle de la parenthèse mène Reggiani à considérer celle-ci comme en rapport étroit avec le procédé de l'indirection, si fréquent dans l'écriture autobiographique de Perec : la parenthèse serait le lieu privilégié d'« un discours intime qui parait autrement indicible »[19], un espace où inscrire le « je » et exprimer ce qu'il est impossible de dire autrement : la disparition de la mère, l'absence qui en résulte et donc la question de la parenté. Le « jeu verbal implicite », chez Perec, entre les mots « parenthèses » et « parenté », en serait une confirmation[20]. En somme, comme « décrochement textuel », la parenthèse est pour Perec un procédé stylistique « particulièrement approprié à l'écriture autobiographique dont les objets privilégiés, formels et thématiques, sont précisément le manque et la cassure. »[21]

Dans une analyse plus générale de la ponctuation chez Perec, Jacques Dürrenmatt arrive à la même conclusion : la parenthèse est paradoxalement une manière non d'escamoter, mais au contraire de mettre en valeur un membre de phrase, de faire un « ajout à forte densité subjective »[22]. Elle est donc un mode de l'indirect, une manière de révéler quelque chose ou quelqu'un tout en le dérobant et en en exhibant l'absence. On remarquera que la version publiée, « La rue Vilin », conserve ces six parenthèses, tout en en modifiant parfois légèrement le contenu pour en clarifier le sens. Ainsi, le premier membre de phrase, entre crochets dans le Vilin Réel, devient : « (c'est dans ce bâtiment que nous vivions ; le salon de coiffure était celui de ma mère) » (*IO* 19).

Dans la citation ci-dessus, nous avons souligné les prépositions spatiales. Elles sont nombreuses - « tout autour », « à droite », « au fond », à gauche » - et reproduisent l'ordre de perception du lieu. Ainsi – comme dans d'autres Réels – elles suivent le parcours du regard et sont également le garant de la complétude de la description. Ici, le croquis est en quelque sorte remplacé par un dessin verbal. Nous avons également souligné les adjectifs. Le style des Réels se caractérise par une grande sobriété mais ce bref passage compte non moins de dix adjectifs, qui accentuent presque tous l'aspect misérable du lieu :

---

19   *Ibid.*, p. 55.
20   *Ibid.*, p. 60.
21   *Ibid.*, p. 58.
22   Jacques Dürrenmatt, « Que dit la ponctuation de Perec ? », Véronique Montémont et Christelle Reggiani, dir., *Georges Perec artisan de la langue, op. cit.*, p. 35.

bâtiments bas, étroitesse de la cour, caractère « informe » d'un autre bâtiment et enfin ce mot « condamné », qui revient trois fois en quelques lignes (dont une fois entre parenthèses, ce qui le met en valeur), et d'innombrables fois dans l'ensemble des Vilin Réels. Le terme est bien entendu d'abord utilisé au sens technique d'une porte murée mais Perec fait résonner son sens littéral. La porte, avec son inscription « Coiffure Dames », est ainsi personnifiée, elle devient une trace tangible de la mère disparue qui, elle aussi, est « condamnée ». Cette porte peut également être vue comme l'image de l'impossible accès à la mémoire et à un passé partagé : image d'un passé qui s'efface, de l'oubli.

La phrase « je ne suis pas rentré », également reprise dans la version publiée, a souvent été commentée. Pourquoi « rentré » et non simplement « entré » ? Est-ce à cause de l'idée inconsciente de « rentrer chez lui », de revenir dans un lieu qui fut un jour « notre logement » ? Ou bien simplement l'emploi familier de « rentrer » à la place d'« entrer » ? Un emploi délibéré du mot est plus que probable, étant donné que deux lignes plus bas, il est question d'un vieil homme qui « rentre » chez lui avec un ballot de linge. Quoiqu'il en soit, la maison en voie de démolition où Perec vécut avec ses parents constitue un signe puissant de leur absence.

Il en est de même pour les rares traces de la vie juive disparue du quartier, recueillies par Perec :

> Au 27, un magasin fermé « La Maison du Taleth » avec, encore visibles, des signes hébreux et les mots Mohel, Chohet, Librairie, Papeterie, Articles de culte, Jouets, sur une façade d'un bleu délavé.
> *L* 4, p. 70

Les Juifs pratiquants pouvaient donc y acheter leur châle de prière (*taleth*) mais on pouvait également y trouver un circonciseur (le *mohel*) et un boucher de viande cachère (le *chohet*). Mais ces explications, Perec se garde de les donner : le magasin est fermé, disparu, et ces mots et ces signes (comme sur la porte du 24) sont la seule trace de cette disparition. Des « signes hébreux » d'abord : remarquons que Perec ne dit même pas « des lettres hébraïques », et qu'il ne les reproduit pas dans son texte, alors que les textes d'enseignes y sont toujours fidèlement reproduits. Cela indique que pour lui, ce ne sont pas des lettres identifiables, ni certes lisibles[23]. Il reproduit en revanche les mots en caractères latins sur l'enseigne, mais sans explication comme pour signifier que personne ne connaît plus le sens de ces mots hébreux, ni le lecteur moyen

---

23  Comme le montre aussi le flottement sur la soi-disant lettre hébraïque dans les Vilin Souvenirs et dans *W*.

ni peut-être Perec lui-même, qui se voit comme un Juif coupé de ses racines, comme il l'explique dans *Récits d'Ellis Island* : « être juif [...], ce n'est pas un signe d'appartenance, ce n'est pas lié à une croyance, à une religion, à une pratique, à un folklore, à une langue ; ce serait plutôt un silence, une absence, une question, une mise en question, un flottement, une inquiétude. »[24]

Par cette enseigne, la vie traditionnelle juive de Belleville est évoquée en tant que disparue. Il en est de même pour les rares autres indices de vie juive, comme l'enfant de dix ans rencontré par Perec en 1972 :

> [...] Rencontre un enfant de 10 ans né au 16
> Part dans son pays (Israël) dans 8 semaines
>   *L* 92, p. 348

Cette notation – encore une fois truffée de chiffres – dit indirectement que cet enfant est en quelque sorte le dernier avatar de la communauté juive de Belleville, dont les rares survivants ont déménagé ailleurs en France ou en Israël, comme l'a également fait la grand-mère paternelle de Perec, après la guerre.

## 2   Vilin Réels : écrire la disparition d'une rue

Le relevé annuel de Perec relève à la fois de la mémoire personnelle et de la mémoire collective : mémoire d'un quartier populaire de Paris, quartier ouvrier et artisan d'avant-guerre. Cela explique l'abondance des petites entreprises, rue Vilin : commerces, cafés, hôtel. « Epuiser » ce lieu parisien, ce sera, entre autres, faire chaque année l'inventaire de ces commerces. On est frappé par leur abondance et comme le montre Philippe Piédevache, si certains de ces métiers sont courants – le Vilin laverie ou laiterie – d'autres sont déjà désuets en 1970 : la bonneterie, le boutonniériste, le parage de peaux, le Vins et Charbons ...[25] En ce début des années 70, c'est la vie d'un quartier en voie d'extinction qui est achevée par le boulet de la démolition. Mais ce Paris artisanal d'avant-guerre n'est pas sujet à un regret nostalgique de la part de Perec. Celui-ci ne fait que constater sa disparition et enregistrer sans tendresse ce qui a surgi à la place : « immeubles neufs ou plutôt HLM récentes mais déjà vieilles » (*L* 4, p. 68).

---

24   *Récits d'Ellis Island*, Paris, P.O.L., 1994, p. 58.
25   Philippe Piédevache, « 'La rue Vilin' : téléscopage de l'Histoire », *Le Cabinet d'amateur*, juillet 2011, p. 4.

Comme les Assomption Réels, les Vilin Réels visent un inventaire aussi exhaustif que possible des numéros de la rue, c'est pourquoi Perec recommence chaque année à zéro : sans référence à la description de l'année précédente (qui se trouve bien entendu sous enveloppe scellée), il refait le même parcours, qu'il commence toujours au même point, au bas de la rue Vilin, pour ensuite la « remonter » : remonter au sens littéral de remonter cette rue en pente, jusqu'aux escaliers qui la terminent, mais aussi au sens de remonter les numéros, du premier au dernier. Comme dans les autres Réels, il commence, en bon apprenti ethnographe, par noter les circonstances de sa visite (le temps qu'il fait, l'heure) et particulièrement l'itinéraire emprunté pour y arriver. Ainsi, en 1969, assis au café où il met au net les notes qu'il vient de prendre sur place, il note en détail l'itinéraire parcouru :

> J'ai marché du CHU Saint-Antoine à la Nation
> j'ai pris le métro de Nation à Couronnes
> j'ai pris la rue des Couronnes jusqu'à la rue Vilin
> que j'ai montée jusqu'à la rue Piat
> d'où selon un itinéraire combiné d'avance
> j'ai gagné ce café (où je suis déjà venu
> il y a 4-5 ans ? avec Pierre car nous sommes
> tout près de la rue de l'Ermitage)
>    *L* 4, p. 68

Outre l'importance de l'angle d'approche d'un site (déjà notée à propos d'autres Réels), ce passage montre que pour Perec, « faire son Réel », c'est effectuer un parcours itératif qui appartient à sa topographie personnelle. En éliminant de la version publiée le passage ci-dessus, il a probablement voulu effacer cette dimension autobiographique et subjective, notamment la référence à son premier retour sur les lieux, avec Pierre Getzler.

A chaque visite, Perec scrute les restes de vie dans cette rue : quels commerces sont encore ouverts ? Certaines façades ont-elles été ravalées ? Sont-elles au contraire décrépies ? Quels immeubles sont encore habités ? Pour s'en assurer, rien de mieux que de vérifier s'il y a encore de la lumière aux fenêtres le soir. Pour s'en assurer, il revient spécialement le soir, en 1969, et constate déjà : « Il y a très peu de fenêtres éclairées – à peine deux par immeuble – dans la portion supérieure mais davantage au début » (*L* 4, p. 72). D'une visite à l'autre, il verra de plus en plus de portes condamnées et de fenêtres aveugles. « Condamné », « aveugle » : ce sont certes des termes empruntés au langage technique de la construction mais leur effet est puissant à cause de la tension entre leur froideur scientifique et le sens qu'ils prennent dans le contexte de l'histoire familiale de Perec :

150   CHAPITRE 6

> 26   Deux étages ; rez-de-chaussée **condamné.**
> 27   Magasin **fermé.** Après le 27, palissades en ciment → 41.
> 28   Deux étages. Des enfants jouent, l'un avec un pistolet, identique à celui que avions rue du Bac (que P[aulette] a toujours).
> 29
> 30   Deux étages. Partiellement **murés.** Magasin de mode.
> 31
> 32   Boutiques **condamnées** (vins liqueurs)
> 33
> 34   Presque entièrement **muré.**
>    *L* 36, p. 184, je souligne

Et voici la version publiée en revue de ce passage :

> Au 26, un rez-de-chaussée **condamné.** Au 27, un magasin **fermé.** Puis, jusqu'au 41, une palissade en ciment. Au 30, une maison de deux étages partiellement **murée** ; un magasin de mode. Au 32, des boutiques **condamnées** (Vins et Liqueurs). Le 34 est presque entièrement **muré.** Après le no. 36 commence le terrain vague.
>    *IO* 25, je souligne

Dans les deux cas, la structure énumérative qui résulte de l'inventaire des numéros d'immeuble produit une accumulation de ces termes, répétés de manière obsédante et à un rythme de plus en plus serré, encore plus sensible d'ailleurs dans la version publiée, qui concentre les notations en un seul paragraphe. A partir de 1972, un autre terme vient s'ajouter à ce vocabulaire déjà obsessionnel : « détruit ». Dans les Réels, il apparait sous forme d'abréviation : « det ». C'est pour aller vite, bien entendu, de manière à abréger une tâche de plus en plus douloureuse et peut-être fastidieuse, mais l'effet en est d'étioler encore plus le texte. Cette année-là, les notations de Perec sont griffonnées d'une grosse écriture difficilement lisible, et il parcourt la rue dans un ordre plus chaotique que d'habitude[26].

La version manuscrite nous apprend bien d'autres choses encore. Elle montre d'abord que ce sont les numéros d'immeuble qui rythment surtout les Réels et leur donnent l'aspect spatial d'une déambulation. C'est ici la même démarche que pour d'autres relevés de rues (Réels Assomption ou Saint-Honoré) où, à chaque visite, Perec parcourt d'un bout à l'autre la rue et en dresse l'inventaire, numéro par numéro. Dans le cas de la rue Vilin, il zigzague des numéros pairs

---

26   Voir *L* 92, p. 349 pour une reproduction du manuscrit.

aux numéros impairs, les enregistrant en principe dans l'ordre[27]. Pourtant, les rues de l'Assomption et Saint-Honoré restent imperturbablement égales à elles-mêmes, au cours de ces années ; seuls, quelques magasins changent de propriétaire et donc de devanture. La rue Vilin par contre est en proie à une démolition galopante, ce que reflète cette page de Réel, pleine de vides comme une mauvaise dentition. Les Réels de 1969 à 1972 sont disposés sur deux colonnes : à gauche, la liste de tous les numéros répertoriés, à droite une ou plusieurs lignes de description, ou un blanc. C'est particulièrement visible dans le passage du Réel 1970 cité ci-dessus, où la liste des numéros est d'une écriture si régulière qu'elle semble dressée à l'avance, afin d'être complétée sur place. Du coup, les blancs font impitoyablement apparaitre les vides des immeubles démolis. Or ces blancs ne sont plus visibles dans la version publiée en revue, qui fond les numéros dans un seul paragraphe, en en omettant certains.

Toutes les versions révèlent une même litanie de nombres, qui mène à une structuration arithmétique de l'espace : litanie des dates, des heures, litanie des numéros d'immeubles, plus les chiffres de tout ce qui peut être dénombré, compté. Il est permis de penser que certains chiffres ont une valeur ludique autant qu'autobiographique, comme le soutient aussi Pierre Siguret : lorsqu'au haut des escaliers de la rue Vilin, Perec voit deux Algériens, deux Noirs et plus loin deux enfants qui « se battent en duel avec des épées-tringles » (*L* 4, p. 72), le sourire n'est pas loin devant cette parfaite coïncidence[28]. Par contre, il n'est pas indifférent que la dame qui se souvient de la mère de Perec habite au 36 depuis 36 ans : ce chiffre répété renvoie forcément pour Perec à l'année de sa naissance et prend la valeur d'un aencrage arithmétique. Il renforce le lien ténu avec la mère qui se crée par cette rencontre fortuite.

Il faut cependant résister à la tentation de glisser vers la numérologie. Ainsi Piédevache, observant que l'année 1973 a été sautée par Perec, assimile allègrement 1973 et 1943 et fait de ce manque une allusion cachée à la déportation de la mère : « Il manque 1973, ce qui serait une autre manière de dire qu'il manque 1943. »[29] Mais ce manque n'a pas de rapport avec l'année de déportation de la mère ; il est uniquement dû au fait que Perec a pratiquement interrompu son travail sur *Lieux*, tout au long de l'année 1973[30]. Pourtant, on sait qu'en 1973, il retourna rue Vilin tourner la dernière scène de son film *Un homme qui dort*, ce qui fut à ses yeux une autre manière de la décrire. Le film en effet s'achève sur une vue plongeante sur Paris du haut des escaliers de la rue Vilin. Dans leur

---

27  Siguret signale que c'est la méthode dite « du tricot », dont se servent les facteurs pour distribuer le courrier (*art. cit.*, p. 227).
28  A moins qu'il ne s'agisse, comme le soutient Siguret, de jeux sur les chiffres : sur les multiples de deux d'abord, de trois ensuite (*ibid.*).
29  Piédevache, *art. cit.*, p. 8.
30  Voir Lejeune, *op. cit.*, p. 199.

ouvrage sur Perec, Jacques Neefs et Hans Hartje donnent une précieuse photographie du personnage d'*Un homme qui dort* descendant la rue Vilin, accompagnée d'une citation du scénario :

> Puis, au petit jour, un matin de juin, le personnage arrive sur les hauteurs de Belleville. Une année peut-être s'est écoulée. Il regarde les rues **condamnées**, interroge les façades **aveugles**, les immeubles **effondrés** et, au-delà des chantiers de constructions, il découvre enfin, devant cette Ville qui s'éveille, l'étendue de son illusion : il a peut-être appris à regarder la Ville mais il n'en a jamais été le Maître. Il n'a pas réussi à arrêter le temps : il n'est qu'un homme parmi les hommes[31].

Les adjectifs soulignés montrent la continuité entre le film et *Lieux* : non seulement le personnage se retrouve dans le même lieu, surdéterminé pour Perec, mais le scénario décrit celui-ci exactement dans les mêmes termes. Continuité qui serait à étudier plus en détail, en considérant également le récit lui-même et sa tonalité autobiographique désormais communément admise[32].

La litanie des chiffres – surtout celle des numéros d'immeuble – a une dimension iconique, contribuant à visualiser la rue et la déambulation qu'y effectue Perec. Cette iconicité se retrouve également dans les enseignes et les inscriptions qui sont littéralement transcrites, avec leur typographie et leur mise en page particulière. Comme tous les Réels, ceux de la rue Vilin comportent un grand nombre d'éléments extratextuels, qui transforment le texte en collage et l'écrivain en scripteur[33]. Dans le Réel 1969, il y a l'inscription « Coiffures Dames », l'enseigne de la Maison du Taleth (déjà commentés) et l'enseigne suivante :

> Force                               lumière
>               A. MARTIN
> Bobinage                        moteur
>
>           installation générale d'usines
>
> *L* 4, p. 70

---

[31] La photographie et la citation se trouvent dans Jacques Neefs et Hans Hartje, *Georges Perec. Images*, op. cit., p. 97, je souligne.

[32] Voir Claude Burgelin, *Georges Perec*, Seuil, coll. Les contemporains, 1990, pp. 71-74 ; Manet van Montfrans, *La Contrainte du réel*, op. cit., chap. 3 ; Annelies Schulte Nordholt, *Perec, Modiano, Raczymow*, op. cit., p. 67 sq.

[33] Bernard Magné a fait une analyse des « discours hétérogènes » dans *La Vie mode d'emploi*, dont les enseignes dans « Quelques problèmes de l'énonciation en régime fictionnel : l'exemple de *La Vie mode d'emploi* », *Perecollages 1981-1988*, Presses Universitaires du Mirail-Toulouse, 1989, p. 72.

La version faite sur le terrain reproduit les termes en vrac ; la version mise au net, elle, les dispose comme ci-dessus et l'édition publiée en revue, enfin, met tous les mots en capitales, soulignant ainsi leur caractère de citation (*IO* 20). Les mots « force » et « lumière » sont en contraste flagrant avec la phrase qui précède : « Au rez-de-chaussée un magasin condamné. » Par antiphrase, le délabrement actuel de la vieille industrie et de la rue elle-même est ainsi mis en valeur. Insérées dans ce relevé du dépérissement d'une rue, certaines inscriptions en deviennent tristement ironiques, comme la bonneterie « Au bon travail », au numéro 3 (*L* 4), où lors de sa visite de 1971, Perec lira « au bon accueil ». L'optimisme de ces deux noms jure avec l'état actuel des lieux. Il en est de même, au haut de la rue, de l'Hôtel du Mont Blanc et du Vins et Charbons « Au repos de la montagne », qui témoignent d'une fierté naïvement comique devant cette « montagne » parisienne qu'est Belleville. Dans la version manuscrite, le souci de reproduire non seulement l'enseigne mais sa forme typographique est visible également dans l'enseigne du no. 30, avec ses lettres anglaises : « Mode » (*L* 49, p. 235). La version imprimée ne peut la décrire que verbalement : « au 30, un magasin de modes avec l'inscription MODES en anglaises » (*IO* p. 27). Presque toutes les enseignes y sont d'ailleurs mises en lettres capitales, ce qui fait ressortir leur caractère allographe.

Par l'abondance et la précision typographique de ces enseignes et inscriptions, le texte devient un succédané de la ville, qui vise à se substituer à l'espace urbain en train de disparaître. Nous avons observé le même phénomène dans les Gaîté Réels, où les noms de magasins, de cafés et de théâtres et surtout les titres de pièces et de films transforment le texte en un équivalent écrit de la rue : un lieu rhétorique vient remplacer et conserver l'inscription réelle, en voie d'effacement[34]. C'est aussi ce que l'on lit à la dernière page d'*Espèces d'espaces* : « Il n'y aura plus écrit en lettres de porcelaine blanche collées en arc de cercle sur la glace du petit café de la rue de la Coquillière : 'Ici, on consulte le Bottin' et 'Casse-croûte à toute heure' » (*EE* 180). Tout de suite après cette méticuleuse description – et reproduction – d'une inscription, Perec affirme la capacité de l'écriture d'inscrire la trace de ce qui a disparu.

## 3   Les Vilin Réels comme cartographie d'un lieu

Si la présence insistante des chiffres révèle une approche arithmétique de l'espace de la rue Vilin, la géométrie, cette autre branche des mathématiques, joue un rôle tout aussi important. Les Réels – Vilin ou autres – sont une tentative de description topographique des lieux, visant une cartographie, même si c'est

---

34   Voir chapitre 3, § 7.

avec les moyens forts modestes d'un stylo et d'un carnet. Ils comportent de nombreux croquis tentant de visualiser la configuration de l'espace. Cette ambition de cartographie ne se limite pas aux Réels d'ailleurs ; elle est sensible aussi dans les Souvenirs car la carte géographique est un outil mais aussi une image de la mémoire telle que la conçoit Perec[35]. A plus forte raison, comme le montre Simon Miaz dans *L'Atlas de la mémoire dans l'œuvre de Georges Perec*, la carte géographique et l'atlas (carte, mappemonde, portulan ...) sont un thème récurrent et également un geste de l'écriture qui parcourt l'œuvre entière. Selon Miaz, Perec écrit ses textes de manière à inviter le lecteur à une lecture comparable à celle d'une carte topographique : lecture non linéaire mais procédant point par point pour ensuite tracer des liens de l'un à l'autre de manière à faire apparaitre des constellations de lieux ou de personnages. Ce procédé est particulièrement bien visible dans la polygraphie du cavalier qui régit l'ordre d'écriture des chapitres de *La Vie mode d'emploi*[36].

Mais de quel type de cartographie s'agit-il dans les Vilin Réels ? En 1969, dans son premier relevé de la rue Vilin, Perec fait une étude précise du tracé de la rue : tournants, inclinaison, carrefours, forme de la rue ... Philippe Lejeune a commenté les modifications que le texte a subi, depuis les notes de terrain à la mise au net et à la publication en revue : ici, Perec fait beaucoup plus que recopier, il réécrit, en développant certaines choses, en explicitant ou précisant d'autres, grâce au souvenir qu'il a de son passage tout récent sur les lieux. Le « travail » accompli est donc une « opération de mémoire » mais aussi d'écriture[37].

Dans ce travail de réécriture, qu'advient-il des croquis ? Ils sont éliminés dès la mise au net et remplacés par des descriptions. Il n'en restera rien dans la version publiée. On imagine certes que Perec n'ait pas souhaité reproduire ces croquis un peu maladroits et que leur reproduction posait des problèmes pratiques à l'éditeur, mais leur élimination reste une modification de taille, dont il faut interroger les effets.

Les notes de terrain du Réel 1969 comportent trois séries de croquis : 1) ceux du tracé de la rue ; 2) celui des escaliers au fond de la rue et 3) le croquis du croisement en haut des escaliers. Voici les deux premières :

---

35  Voir chapitre 8, § 1.
36  Simon Miaz, Mémoire de master, Université de Neuchâtel, 2010, non-publié (voir la bibliographie pour le lien). Nous reviendrons au chapitre 8 à la pertinence de l'image de l'atlas pour *Lieux* dans son ensemble.
37  Voir Philippe Lejeune, *op. cit.*, p. 185.

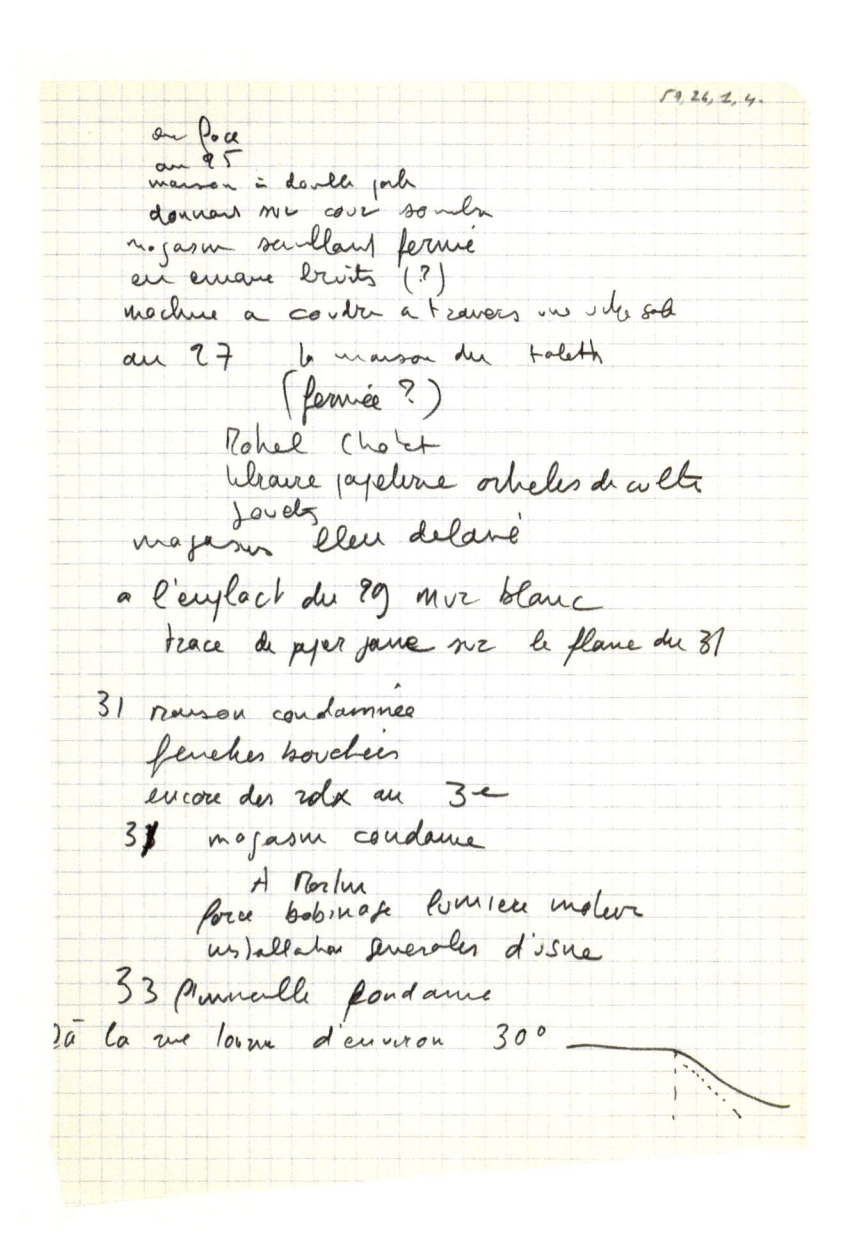

FIGURE 6.1  Vilin Réel 1969, notes de terrain (Bibliothèque Nationale de France/Fonds Georges Perec, 57, 24, 1, 4)
© INDIVISION RICHARDSON SALUDEN

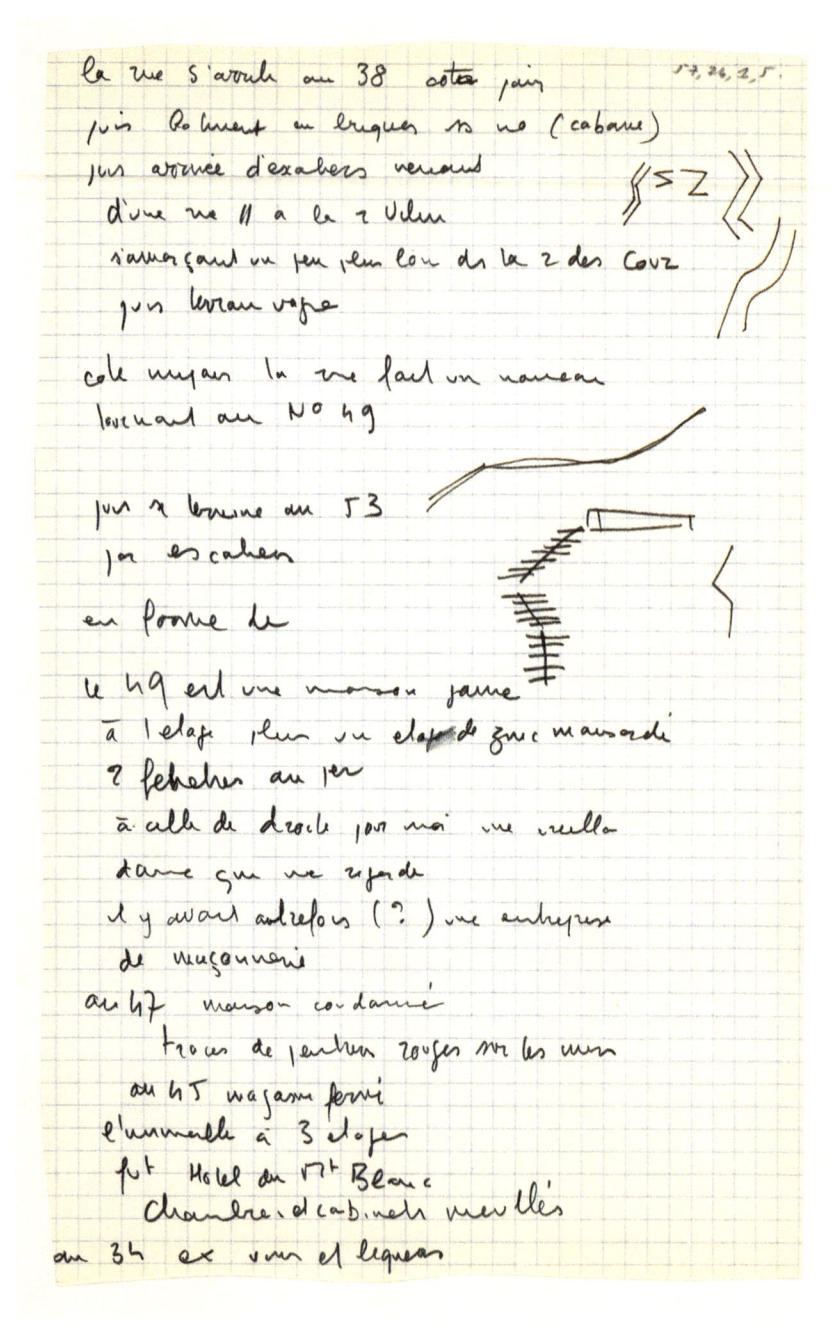

FIGURE 6.2   Vilin Réel 1969, notes de terrain (Bibliothèque Nationale de France/Fonds Georges Perec, 57, 24, 1, 5)
© INDIVISION RICHARDSON SALUDEN

Voici la transcription de la deuxième page :

> Là [numéro 33] la rue tourne d'environ 30° [croquis]
> La rue s'arrête au 38 côté pair
> Puis bâtiment en briques sans numéro (cabane)
> Puis arrivée d'escaliers venant d'une rue // [parallèle] à la rue Vilin [croquis]
> S'amorçant un peu plus loin dans la rue des Couronnes
> Puis terrain vague
> Côté impair la rue fait un nouveau tournant au numéro 49
> Puis se termine au 53 par escaliers en forme de [croquis]

Et la transcription de la version mise au net :

> La rue fait, sur la droite, un angle d'environ 30 degrés.
> Du côté pair, la rue s'arrête au no. 38, puis il y a une cabane en briques **rouges**[38], puis l'arrivée d'un escalier venant d'une rue parallèle à la rue Vilin, mais s'amorçant un peu plus loin dans la rue des Couronnes (p**uisqu'on voit tout en bas l'**HLM **miteux**). Puis un grand terrain vague, **caillasses, herbes pelées**.
> Côté impair, la rue, au no. 49, fait, à gauche, un angle **d'à peu près 30° également (ce qui donne à la rue l'allure générale d'un S très allongé, comme dans** SS [sigle]) **puis** se termine aux nos 53-55 par un escalier, **ou plutôt par 3 escaliers esquissant eux aussi la double sinuosité d'un S (disons plutôt d'un point d'interrogation à l'envers :** [signe])[39].

La version mise au net est un développement des notes de terrain, qui sont complétées par de nombreux éléments supplémentaires, auxquels nous reviendrons plus loin. Examinons d'abord le caractère géométrique de l'approche de Perec. En véritable arpenteur, il utilise non le mot « virage » mais le mot « angle », au sens géométrique : la seule manière de décrire scientifiquement les deux tournants de la rue est en effet de mesurer ou d'estimer leur angle et de le noter en degrés, comme on le fait en géométrie. Or la géométrie de Perec est plane : elle ne s'intéresse ni au degré d'inclinaison de la rue, ni à celui des escaliers, pourtant assez fort. En revanche, il accorde une grande importance à l'orientation dans l'espace du corps percevant. Cela explique son insistance sur l'opposition droite-gauche et l'abondance des prépositions

---

38  Je mets en gras les mots qui ont été rajoutés dans la mise au net.
39  Pour le sigle et le signe, difficiles à reproduire ici, voir *L* 4, p. 71.

spatiales, comme dans sa description de l'immeuble du 24 rue Vilin, citée au paragraphe 1[40]. Ces croquis diffèrent donc de la cartographie courante, qui donne une vue aérienne des lieux. Pour Perec par contre, il s'agit du regard de l'usager de l'espace, du marcheur qui se trouve au ras de la rue ; il désire reproduire l'espace du point de vue du marcheur, visualiser son itinéraire. Quelques années après ces textes, dans *L'Invention du quotidien*, Michel de Certeau insistera sur le même point : la marche dans la ville, dit-il, n'est pas une vue à vol d'oiseau, comme depuis le World Trade Center[41], mais une vue d'en bas : « c'est en bas que vivent les pratiquants ordinaires de la ville »[42].

Les croquis et le texte forment la description d'un parcours, d'un chemin à suivre (et suivi annuellement). Dans ce sens, on pourrait comparer à des portulans ces descriptions pourvues de croquis, qu'on trouve aussi dans les Réels Jussieu et Contrescarpe. Selon Michel de Certeau encore, ces « premières cartes médiévales » différaient des nôtres parce qu'elles décrivaient et par là même prescrivaient un parcours, guidaient le navigateur ou le marcheur, au lieu de donner une figuration abstraite de l'espace géographique[43]. On sait la passion de Perec pour ces cartes médiévales qui donnent le tracé des côtes, avec les noms des ports, cartes destinées à pourvoir les navigateurs d'un itinéraire sans danger. Le portulan est un thème récurrent chez Perec, depuis Jérôme et Sylvie qui en possèdent un[44], dans *Les Choses*, jusqu'au chap. 69 de *La Vie mode d'emploi*, où la page de titre d'un portulan se trouve reproduite, et à la page d'*Espèces d'espaces* où il compare son travail de description de l'espace avec celui de ces premiers cartographes : « Décrire l'espace : le nommer, le tracer, comme ces faiseurs de portulans qui saturaient les côtes de noms de ports, de noms de caps, de noms de criques, jusqu'à ce que la terre finisse par ne plus être séparée de la mer que par un ruban continu de texte. » (*EE* 26)

Le croquis du croisement en haut des escaliers de la rue Vilin peut paraitre bien éloigné de ces portulans mais il illustre ce phénomène : il ne s'agit pas d'une vue aérienne du carrefour, comme sur les cartes courantes mais d'une indication de l'orientation des quatre rues par rapport au regard de celui qui débouche sur ce carrefour. Aussi, ce croquis sera-t-il « traduit », dans la mise au net, par une description de parcours : « **En haut** des escaliers, on arrive

---

40   Maryline Heck insiste également sur le fait que l'écriture de l'infra-ordinaire (donc des Réels) est « une manière de se donner un ancrage dans le réel, de situer son corps dans l'espace environnant. » (Heck, *Georges Perec. Le corps à la lettre, op. cit.*, p. 71)
41   Michel de Certeau, *L'Invention du quotidien, op. cit.*, p. 139.
42   *Ibid.*, p. 141.
43   *Ibid.*, pp. 177-178.
44   Comme Perec lui-même : il précise dans un entretien que ce portulan lui avait été offert par sa cousine Bianca.

à un petit carrefour donnant **à gauche** sur la rue Piat, **en face** sur la rue des Envierges, **à droite** sur la rue du Transvaal. » (je souligne)

Revenons maintenant aux ajouts de la version mise au net. Ce sont des détails dont Perec se souvient plus tard mais aussi des réflexions *a posteriori* sur les croquis qu'il vient de faire, et que cette version ne donnera pas. En mettant au net ses notes, il examine ses croquis du tracé et c'est alors seulement qu'il y voit les deux S allongés (ou éclairs) du sigle nazi. Presque tous les commentateurs – qui n'avaient à disposition que la version publiée – ont relevé cette comparaison, soulignant que la configuration de la rue provoque chez Perec des associations avec les crimes du nazisme, mais c'est là une analogie qu'il ne voit qu'après coup, autant dire une association projetée sur le lieu. C'est aussi ce que suggère Robert Bober lorsque, dans son film[45], il montre par un plan de la rue réelle que son tracé n'a rien d'un S, sauf aux yeux de Perec. Il faut donc lire le sigle ss dans le contexte de sa « géographie fantasmatique » (*W* 106). En effet, dans la célèbre page de *W* sur la lettre X, le sigle ss est un des nombreux avatars de cette lettre, avatar obtenu par un travail de décomposition de la figure visuelle du X, considérée comme composée d'un « V dédoublé » ou de deux V. Ce travail en apparence ludique sur le X consiste en deux séries différentes d'opérations ou de métamorphoses du double V, qui aboutissent chacune à des « symboles majeurs de [son] enfance ». La première consiste à « prolong[er] les branches du X par des segments égaux et perpendiculaires » ; il en résulte d'abord la croix gammée et ensuite, par rotation de celle-ci, le sigle ss (similitude visuelle qui prouve la parenté des deux symboles). La seconde, qui part d'une autre disposition des deux V, non superposés mais « tête-bêche », aboutit à des figures tout à fait différentes : l'étoile de David et le sigle de « deux X entrecroisés » qui, dans *Le Grand Dictateur* de Charlie Chaplin, remplace la croix gammée sur les insignes du dictateur.

Ces deux séries d'avatars montrent combien la lettre X est contradictoire, ambiguë, pour Perec : elle renvoie d'une part à la mort et à la destruction, de l'autre à la résistance à cette destruction, donc à la vie, par la judéité et par le sigle inventé par Charlie Chaplin qui, comme le montre Maryline Heck, s'attaque au nazisme avec toute la vitalité de la satire et du ludisme, réduisant Hitler à une « figure de bouffon »[46]. Quelques lignes plus haut, Perec dénombre les différentes acceptions du signe X, qui est :

---

45   Robert Bober, *En remontant la rue Vilin*.
46   Heck, *op. cit.*, p. 189.

> le signe **contradictoire** de l'**ablation** [en neurophysiologie, où, par exemple, Borison et MacCarthy (*J. Applied Physiol.*, 1973, 34 : 1-7) opposent aux chats intacts (*intact*) des chats auxquels ils ont coupé soit les vagues (VAGX) soit les nerfs carotidiens (CSNX)] et de la **multiplication**, de la mise en ordre (axe des X) et de l'inconnu mathématique [...]
>
>     *W* 105, je souligne

Qu'en neurophysiologie, le X soit le signe de l'ablation, seul son travail de documentaliste à l'institut de neurophysiologie a pu le lui apprendre. La référence à cet article de neurophysiologie est-elle fantaisiste, pareille aux pastiches d'articles de *Cantatrix sopranica* ? Il n'en est rien, car cet article existe bel et bien[47]. Il traite d'expériences scientifiques consistant à couper certains nerfs cérébraux aux chats afin de découvrir où se situe précisément le siège de leur capacité à se tenir debout. Cette mutilation des chats à finalité scientifique fait écho à une série d'allusions à la torture et à la souffrance physique dans les chapitres autobiographiques mais aussi fictionnels de *W*. Heck a finement analysé cette dimension de torture du X en montrant comment la croix de Saint-André, qui forme l'image initiale du X chez l'enfant (*W* 105) renvoie au père mort au front (dont Perec a longtemps cru qu'il s'appelait André) mais bien sûr aussi au martyre de l'apôtre du même nom, qui serait mort écartelé sur une telle croix transverse[48]. Dans les chapitres autobiographiques, Heck relève aussi la scène, tirée d'un livre pour enfants, *Michaël, chien de cirque*, où un athlète est faussement écartelé à l'aide de quatre câbles disposés en x (*W* 192). Ce dernier épisode mène tout droit aux chapitres sur l'île de W où le sadisme et la torture sont si omniprésents qu'il est inutile de le détailler ici. Il suffit de se souvenir que les prisonniers de l'île portent un « survêtement gris frappé dans le dos d'un immense W blanc » (*W* 92). La référence à la mutilation « scientifique » des chats prend alors de sinistres résonances par rapport aux « expérimentations », sur les hommes cette fois, dans les camps nazis.

Or cette allusion à un article scientifique se trouve enfermée dans une double parenthèse, où Perec se sert du signe rare des crochets. C'est d'abord un geste stylistique qui a pour effet d'éloigner l'un de l'autre les deux contraires, ce qui souligne spatialement leur décalage. Mais la parenthèse n'est jamais innocente chez Perec, on l'a vu. Dans le Vilin Réel 1969, à propos du 24 rue Vilin, les crochets contiennent l'élément le plus intime et le plus douloureux qui soit :

---

47  H.L. Borison and L.E. McCarthy, « $CO^2$ ventilatory response time obtained by inhalation step forcing in decerebrate cats », *Journal of Applied Physiology*, vol. 34, no. 1, January 1973, pp. 1-7.

48  Heck, *op. cit.*, p. 188.

« [c'est là que je vécus]. » Les parenthèses, loin de marquer une digression, sont un signal de l'essentiel, qui ne saurait être dit qu'indirectement. En interrompant la continuité de la phrase, elles visualisent donc performent chez Perec la cassure et le manque[49]. Dans cette perspective, il faudrait analyser toute cette longue phrase sur les diverses associations avec la lettre X : elle s'étend sur deux pages et comprend non moins de neuf parenthèses (W 105-106).

Mais revenons à la version mise au net du Vilin Réel 1969. Elle remplace les croquis par des mots et en fait un texte lié. Perec fait maintenant des phrases complètes et tente d'établir des rapports entre ses observations : entre les deux tournants qui ont la même ouverture d'angle d'une part, entre le tracé de la rue et celui des escaliers de l'autre. En effet, son croquis des escaliers lui a révélé que « les trois escaliers » esquissent aussi « la double sinuosité d'un S allongé ». Ainsi, les escaliers semblent également associés au sigle des SS. Cependant, il hésite sur cette image et son croquis lui rappelle aussi une autre figure, un point d'interrogation inversé : signe iconique de l'incertitude devant la signification de ses propres croquis. Pour des raisons inconnues, la version publiée porte le mot « sinusoïté » au lieu de « sinuosité » (*IO* 21). On peut penser à une simple faute de lecture ou peut-être à un néologisme construit sur la racine de « sinus » - ce qui renforcerait le caractère géométrique de la description.

En parcourant les différentes versions de cette description, on voit comment c'est par l'écriture que la rue réelle se transforme en la rue fantasmatique et paradoxale qu'elle est pour Perec. D'un texte à l'autre, elle devient le noyau douloureux d'expériences contradictoires, où s'affrontent les images de sa propre naissance et de sa petite enfance (qu'on pourrait mettre sous le signe de la « multiplication », de la vie) et celles de la disparition violente de la mère, « ablation » qui fait du jeune Perec un mutilé ou du moins un blessé (ce à quoi renvoie notamment le souvenir du bandage herniaire, W 77).

## 4    Les Vilin Souvenirs

Si pour les Vilin Réels, nous disposons de deux, parfois trois états du texte, il n'en est rien pour les Vilin Souvenirs qui, comme les autres Souvenirs de *Lieux*, consistent en un seul texte par an, écrit du premier jet et non-revu. Selon Lejeune, c'est ce qui fait l'originalité de l'écriture de *Lieux*, « écriture sans travail », sans histoire, d'emblée « fixée, fétichisée, enregistrée comme un signe de l'instant qui l'a produite […] »[50]. Cette caractérisation vaut certes pour tous les

---

49    Voir § 1.
50    Lejeune, *La Mémoire et l'oblique, op. cit.*, p. 145.

textes de *Lieux*, dans la mesure où les textes ont été enfermés dans des enveloppes et jamais relus, mais tout particulièrement pour les Souvenirs.

C'est grâce à Philippe Lejeune encore que les lecteurs de Perec ont eu accès assez tôt aux Vilin Souvenirs, qu'il a publiés en facsimile en 1992, avec une description génétique de chaque texte[51]. Le dossier ne comporte pas de transcription des textes parce que pour Lejeune, « seul le facsimile semble pouvoir être vraiment fidèle à la volonté de Perec de 'saisir' le présent de l'écriture. Une partie du sens se perdrait si tous ces textes étaient réduits à une typographie homogène. »[52] Ce plaidoyer pour une édition en facsimile souligne encore une fois l'importance de la dimension graphique, matérielle des textes. Dans les Vilin Souvenirs, celle-ci s'exprime dans les variations calligraphiques du texte manuscrit, assez importantes, mais aussi par les enveloppes[53] et les pièces glissées : un « Budget 72 » dans le Vilin Souvenir 1972 et les planches-contact des photographies faites par Pierre Getzler le 25 juin 1970, lors de la rédaction du Réel de cette année-là.

Dans ce qui suit, nous ferons une lecture rapprochée des deux premiers textes : le Souvenir de 1969 et celui de 1970. Bien différents par leur thématique et par leur style, ces deux textes sont très représentatifs de l'expérimentation formelle que sont les Souvenirs.

### 4.1 *Vilin Souvenir 1969* : « *aucun souvenir des lieux, aucun souvenir des visages* »

Selon Myriam Soussan, Perec semble étrangement attiré par les lieux en ruine parce que, plus que les lieux intacts, ils seraient aptes à stimuler la résurgence de la mémoire[54]. Cependant, la rue Vilin s'avère paradoxalement moins féconde en souvenirs que des lieux intacts comme la rue de l'Assomption ou la place de la Contrescarpe. Nous avons constaté la disparité entre la pauvreté des Vilin Souvenirs d'une part, et de l'autre la profusion des Souvenirs de la plupart des autres lieux (sauf ceux de l'Ile Saint-Louis). En se contraignant chaque année à faire l'inventaire de ses souvenirs de la rue Vilin, Perec se heurte à un mur, dont la porte condamnée du Coiffure Dames est une image éloquente : « Peut-être n'y a-t-il pas de souvenirs ? même pas rafistolés ? Rien qui rattache à une histoire réelle, vécue : tout a été obnubilé. », constate-t-il en 1972 (*L* 93, p. 353), après la enniène tentative d'inventaire de ses « souvenirs d'enfance ». Le Souvenir 1969 est encore plus clair : « Même compte tenu de ces diverses

---

51  Philippe Lejeune, « Vilin Souvenirs. Georges Perec », *art. cit.*
52  Lejeune, *art. cit.*, p. 130.
53  Notamment l'enveloppe de 1970, très travaillée, voir chapitre 4, § 4.
54  Soussan, *art. cit.*, 2000.

particularités[55] il reste inconcevable que je n'aie aucun souvenir de la rue Vilin où j'ai dû pourtant passer l'essentiel des sept (ou six) premières années de ma vie ; j'insiste sur cet 'aucun' ; cela signifie aucun souvenir des lieux, aucun souvenir des visages. » (*L* 15, p. 116). Aucun souvenir des visages de ses parents, ni de ceux de ses grands-parents paternels : effacement radical que nul inventaire de ses maigres souvenirs d'enfance ne saurait combler.

Dans *Les Parties de dominos chez Monsieur Lefèvre*, Claude Burgelin commente en détail la psychanalyse de Perec avec Jean-Bertrand Pontalis (de 1971 à 1975) et établit un lien de causalité entre la fin abrupte de l'analyse, le 3 juin 1975 et la réaction négative de Pontalis à la lecture du manuscrit de *W* ainsi que ses publications peu discrètes et prématurées sur « le cas Perec ». Une entrée de l'agenda de Perec, citée par Burgelin, mentionne que Pontalis aurait qualifié le manuscrit de *W* de « tas de reliques »[56]. Selon Burgelin, Pontalis voyait *W* mais aussi les autres écrits auxquels travaillait Perec à l'époque – les descriptions des chambres où il avait dormi, les descriptions de rues donc *Lieux* – comme une quête stérile des traces de la mère disparue : « il arpente des villes, des rues, des chambres, autant de lieux vides et désaffectés [...] » et produit des « fragments minuscules [...], qui n'autorisent aucune reconstruction d'un tout. [...] Des reliques, mais que sont les reliques si elles n'ont pas touché un corps ? », se demande Pontalis[57].

Burgelin critique à juste titre les connotations péjoratives du terme de « reliques » qui, aux yeux de Pontalis, implique une « sacralisation abusive », une « fétichisation morbide du déchet », mais se montre sensible à la vérité de ce terme, puisque toute relique est « un ersatz » et a quelque chose « d'une métonymie ou d'une métaphore incongrument logée »[58]. Dans les lieux – et notamment dans la rue Vilin en démolition – Perec « adore », sacralise (sans aucun abus) les fragments épars du passé disparu et au-delà, les reliques d'un corps, celui de la mère. Car décrire chaque année la rue Vilin, sur place et de mémoire, essayer d'évoquer l'immeuble du no. 24 et les souvenirs qui s'y rattachent, c'est bel et bien aspirer à décrire le seul lieu que le corps de la mère ait touché, habité. Dans ce sens, la rue Vilin et cet immeuble sont de vraies reliques, quoiqu'en dise Pontalis. Les décrire, c'est inscrire dans un support matériel les traces de cette vie commune, elle aussi tout à fait matérielle, physique, comme le souligne Perec dans un passage célèbre de *W* :

---

55   *I.e.* le fait que Perec ait été mis à l'abri à la campagne, pendant l'exode de 1940.
56   Burgelin, *Les Parties de dominos, op. cit.*, p. 100.
57   Pontalis, *Perdre de vue*, pp. 296-97, cité par Burgelin, *op. cit.*, p. 102.
58   Burgelin, *ibid*.

> J'écris parce que nous avons vécu ensemble, parce que j'ai été un parmi eux, ombre au milieu de leurs ombres, *corps près de leurs corps* ; j'écris parce qu'ils ont laissé en moi leur marque indélébile et que *la trace en est l'écriture* [...].
>
> W 59, je souligne

Comme l'a montré Maryline Heck, ce rapprochement de la chair et du texte fait que celui-ci devient « le lieu d'une inscription charnelle »[59] et que l'écriture devient « incarnée ».

Le Vilin Souvenir de 1969 est le plus long des cinq. Perec prend tout son temps pour faire un inventaire aussi complet que possible de ce qu'il sait de la rue Vilin et des souvenirs qui s'y rattachent. C'est un texte important parce que c'est la première fois qu'il met par écrit ses souvenirs de la rue Vilin[60] et qu'il le fait selon les contraintes de *Lieux*. Elles impliquent tout d'abord l'écriture de mémoire, sans recherches préalables et sans recours à aucun document ou photographie. Autrement dit, ce 22 août 1969, au Moulin d'Andé, il s'agit de rédiger un texte qui reflète l'état présent de sa mémoire. Il s'interdit de consulter des documents et aussi de se relire ou d'apporter des corrections ultérieures à son texte (la mise sous scellé du texte y pourvoit). Une troisième contrainte est celle de la séparation absolue entre les Réels et les Souvenirs : pas question de consulter le premier Vilin Réel, écrit quelques mois plus tôt, en février 1969 ; les deux textes restent chacun enfermé dans son vase clos, sans communication même si, au terme de ce Vilin Souvenir, Perec se souvient avoir visité les lieux en février de la même année.

Dans un autre contexte[61], nous avons constaté le flou total de ces souvenirs, écrits sans aucun soutien matériel. On dit souvent que les souvenirs d'enfance des chapitres 4 et 10 de *W* sont maigres, incertains, fragmentaires, mais ils sont parfaitement articulés et solides comparés à ceux de *Lieux*. Le style de ces Souvenirs renforce ce flottement : il fourmille de modalisateurs (« je crois », « je ne crois pas que ... », « je ne sais pas si ... », « je crois me souvenir que ... »), de réserves (« m'a-t-on dit », « en principe », « si je ne m'abuse » ...), d'hésitations et de points d'interrogation. Rien à voir avec le style des chapitres correspondants de *W* qui, malgré leurs gloses et leurs notes en fin de chapitre, ne manquent pas d'assurance, du moins au niveau de la forme, très maîtrisée.

---

59   Heck, *Georges Perec. Le corps à la lettre*, op. cit., p. 165.
60   Si l'on excepte le document rédigé autour de 1959 et repris en caractères gras au chapitre VIII de *W*. Selon Lejeune, l'écriture autobiographique se poursuit ensuite par de multiples tentatives, à travers ses premiers romans, le projet de *L'Arbre*, *Les lieux d'une fugue* ... (Lejeune, *op. cit.*, p. 124).
61   L'analyse qui suit est une reprise modifiée et complétée de mon ouvrage *Perec, Modiano, Raczymow. La génération d'après et la mémoire de la Shoah*, op. cit., p. 173-177.

Cette incertitude ne touche pas à des détails mais à la racine même de l'existence, à ses données vitales : les lieux, les dates, les personnes, et ce dès la première phrase :

> Je crois que je ne suis même pas né rue Vilin, mais, non loin, rue des Pyrénées (dans une clinique ? un hôpital ? un dispensaire ?). Je ne sais même pas si la rue Vilin est dans le 19ᵉ ou dans le 20ᵉ. J'ai longtemps pensé que c'était dans le 20ᵉ, mais mon acte de naissance dit, si mes souvenirs sont exacts, « Paris 19ᵉ » ; peut-être suis-je né rue des Pyrénées dans le 19ᵉ, mais que, quand même, la rue Vilin est dans le 20ᵉ.
>
> L 15, p. 114

Ces phrases contrastent avec la première phrase du chapitre VI de W : « Je suis né le samedi 7 mars 1936, vers neuf heures du soir, dans une maternité sise 19, rue de l'Atlas, à Paris, 19ᵉ arrondissement. » (W 31). D'un côté, il y a une exactitude proche de la langue de l'administration (« sise », l'adresse), férue de nombres, de l'autre, un flottement total sur son lieu de naissance et sur l'emplacement même de la rue Vilin, sur l'arrondissement où elle se trouve et sur les nombres. Le texte de W ressemble à un acte de naissance alors que le Souvenir s'interdit de consulter tout aide-mémoire et s'écrit à l'aveuglette.

Par sa thématique et sa méthode, ce texte se rapproche des multiples tentatives ultérieures d'écrire son autobiographie. Ainsi, dans le « petit carnet noir » de 1970, étudié par Philippe Lejeune, et dont sont tirées les pages connues sous le titre « Je suis né », on retrouve le même blocage après avoir écrit la phrase « je suis né le 7 mars 1936 » et la même incertitude sur les lieux : « Où ? A Paris. Pas dans le 20ᵉ, comme je l'ai longtemps cru, mais dans le 19ᵉ. Dans une maternité sans doute : le nom de la rue m'échappe encore (je pourrais le retrouver itou dans un bulletin d'état civil). » (JSN 13) Et qui plus est, on y voit la même méthode rhétorique[62] qui est celle de la topique : « Tapons dans la topique : Quoi ? Qui ? Quand ? Où ? Comment ? Pourquoi ? » (JSN 12). Autrement dit, pour faire le tour de la question, cherchons les *topoi* ou les lieux communs de la question – méthode qui conduira Perec à statuer, dans le Souvenir 1970, que « mon seul lieu est rhétorique »[63].

Outre son incertitude sur l'emplacement de la rue Vilin, Perec hésite sur le numéro de l'immeuble :

> Il n'y a pas un seul lieu rue Vilin, mais deux : le 23 (je crois me souvenir maintenant que c'était le 24 ; j'ai longtemps cru que c'était le 7), où

---

62  Sur cette méthode rhétorique, centrale dans *Lieux*, voir le chapitre 7.
63  Nous commenterons cette formule importante au paragraphe suivant.

> vivaient, si je ne m'abuse, mes grands-parents, mes parents et moi ; c'était au rez-de-chaussée (en fait c'était une sorte de loge de concierge) ; et le 1, à je ne sais plus quel étage où vivaient mes grands-parents maternels et leur fille Fanny.
> 
> *L* 15, p. 116

Le deuxième chiffre du nombre 23 est biffé, ce qui indique l'incertitude de Perec sur le numéro de l'immeuble. Notons la formule initiale : non pas « ma famille a habité deux immeubles, rue Vilin », mais « il n'y a pas un seul lieu rue Vilin, mais deux », comme si le lieu lui-même se scindait en deux, devenant double, ambigu – ce qui ne fait qu'augmenter l'incertitude[64]. La confusion avec le 7 est récurrente dans *Lieux*, elle est aussi évoquée dans les Réels. Dans *W*, Perec se souvient que cette confusion persistait encore la première fois qu'il repassa rue Vilin (*W* 68). Pourquoi le 7 ? On peut supputer que c'est à cause de sa date de naissance, le 7 mars 1936 : date qui resta longtemps sa seule « autobiographie », comme on l'a vu, au point de croire, également, pendant un temps, que l'invasion de la Pologne par Hitler avait eu lieu le 7 mars 1936 (*W* 31).

Si les lieux sont flous, les dates sont tout aussi fluctuantes :

> En principe j'ai vécu rue Vilin de ma naissance – mars 1936 – à ma 8$^e$ ou 9$^e$ année, 42 ou 43, époque à laquelle je suis parti à Villard.
> 
> *L* 15, p. 114

Notons d'abord que Perec ne donne pas sa date de naissance, mais vu que ces textes sont d'abord destinés à lui-même, cela est probablement superflu. La suite est plus étonnante puisque l'année du départ est floue dans sa mémoire : 1942 ou 1943, comme si c'était indifférent ; la date réelle est le printemps 1942 (cf. *Œuvres*, I, p. xxx). Mais surtout, Perec se trompe sur son âge, se donnant huit ou neuf ans au lieu des six ans à peine qu'il avait à l'époque. C'est le séjour à Villard qui se déroule entre ses six et neuf ans. Il y a ici un flottement sur tous les repères temporels : les dates exactes du départ pour Villard mais aussi du bref séjour à la campagne lors de l'exode, et celles de la déportation de ses proches. Le texte est étonnamment vague sur ce point vital : « Je crois qu'ils furent tous déportés *très tôt*, sauf ma grand-mère Rose qui parvint à se réfugier à Villard. Il est possible aussi que pendant toute cette époque, je sois resté à la campagne. » (*L* 15, p. 115, je souligne) La seconde phrase est une preuve de

---

[64] Nous avons constaté plus haut, à propos des Réels, le caractère double de la rue Vilin, lieu à la fois de l'enfance et des horreurs de la déportation.

plus du flottement sur la date de son départ pour Villard. Le texte est tout aussi flou sur les occupations de la mère après la mort du père : « après la mort de mon père, ma mère continua de travailler (comme ouvreuse de cinéma ? mais certainement quelque temps – un temps très court, d'après une attestation que j'ai demandée et obtenue voici quelques années – comme ouvrière chez Jaz). » (*ibid.*) Perec se souvient ici d'un document qui atteste que, du 11 décembre 1941 au 8 décembre 1942 (donc environ un mois avant son arrestation), Cyrla Perec travailla comme ouvrière dans une usine de mécanique horlogère[65].

Après les lieux et les dates, voyons les personnes. La citation ci-dessus mentionne les proches avec qui il vivait rue Vilin, avec le numéro de leur demeure respective. Une deuxième énumération, sous forme de liste, surgit lorsque Perec se demande qui le gardait lorsque sa mère partait travailler :

– mes grands-parents maternels, au 1 rue Vilin
– Ma tante Fanny, sœur de ma mère (elle devait avoir 13 ans)
– Mes grands-parents paternels (au 24). (*L* 15, p. 115)

Dans les deux cas, il s'agit uniquement d'un inventaire ; l'absence de détails sur les personnes renvoie tout d'abord à l'absence de souvenirs sur leur compte. Nous verrons plus loin que cette formule d'inventaire des personnes qui peuplent un lieu est une constante dans tous les Souvenirs : elle est liée au modèle rhétorique de la Topique[66].

Cependant, le flou temporel et spatial qui règne dans la mémoire de Perec en 1969 ne tient pas seulement aux contraintes de *Lieux* (notamment l'interdiction de consulter aucun document). Elle est aussi à mettre en rapport avec la totale « absence de repères » qui est le propre de ses années d'enfant caché, telles qu'il les décrit au chapitre XIII de *W* : flottement sur les lieux, sur la chronologie et sur les personnes :

> Ce qui caractérise cette époque c'est avant tout son absence de repères : les souvenirs sont des morceaux de vie arrachés au vide. Nulle amarre. Rien ne les ancre, rien ne les fixe. Presque rien ne les entérine. Nulle chronologie sinon celle que j'ai, au fil du temps, arbitrairement reconstituée : du temps passait.
> *W* 94

---

65  Le document est reproduit dans Paulette Perec, *Portrait(s) de Georges Perec*, op. cit., p. 14-15.
66  Voir chapitre 7.

La « topique » de la rue Vilin se devait d'être le point de départ de l'évocation des souvenirs, qui sont annoncés comme

> [...] une énumération de phantasmes, petites scènes mi-réelles, mi-inventées (ou bien : les unes un peu réelles, les autres totalement inventées) dans lesquelles j'apparais (comme bébé, bambin, *enfant sans corps ni visage définis*) au milieu *d'êtres sans visages*, comme des personnages de Chirico [...]
>
> L 15, p. 116, je souligne

La référence à De Chirico est éclairante. En effet, dans ses tableaux, beaucoup de figures humaines ont des visages de forme géométrique (souvent en forme de quille), parfaitement lisses, sans nez ni bouche et avec parfois à peine une ligne hachurée indiquant le contour des yeux ou du nez. Les termes de Perec renvoient certes à ses propres souvenirs mais ils semblent une parfaite évocation de « La famille du peintre », tableau autobiographique de De Chirico[67] qui aurait pu toucher Perec de plusieurs manières : la disposition du père, de la mère et de l'enfant renvoie au *topos* pictural de la Sainte Famille[68] ; de plus, comme le titre et le tableau sur un chevalet l'indiquent, il y est question de l'enfance de l'artiste, qu'il soit peintre ou écrivain. Cette absence de visages explique l'étrange impersonnalité des proches de Perec (se traduisant par l'absence totale de description dans l'ensemble de ce Souvenir). Dans les séries photographiques de *Lieux*, nous avons noté la même absence de visages, allant de pair avec un retrait des corps – absence qui parcourt de part en part l'œuvre de Perec, de ses romans (*Les Choses, Un homme qui dort, W*) à son cinéma.

La seconde moitié du Vilin Souvenir 1969 consiste en la liste de ces « souvenirs ». Il y en a sept. Dans l'ordre de leur apparition, on distingue : la lettre hébraïque, la clef, la croix (ou médaille) arrachée, l'enfermement et l'accusation à tort, la piqûre de guêpe, le dessin des ours et enfin le départ de la Gare de Lyon. De ces sept souvenirs, le seul à n'être pas mentionné dans la première partie de *W* est celui de la piqûre de guêpe car il se situe à Lans-en-Vercors, non rue Vilin[69]. Pour chacun de ces souvenirs, il y aurait un travail de genèse à

---

67   Pour une reproduction, voir https://www.wikiart.org/en/giorgio-de-chirico/the-painter-s-family-1926. Selon le site du Tate Gallery, où se trouve ce tableau, il fut inspiré par *Les Chants de la Mi-Mort*, drame écrit par le frère de De Chirico, Alberto Savinio, et publié en juillet-août 1914 dans la revue d'Apollinaire *Les Soirées de Paris*. Le protagoniste en est un homme sans voix, sans yeux et sans visage.
68   *Topos* qui est également présent dans le souvenir de la lettre hébraïque.
69   Voir *W* 173 (chapitre XXVII) ; la piqûre de guêpe est ici devenue une piqûre d'abeille, mais elle est décrite dans les mêmes termes.

faire, comme l'a fait Philippe Lejeune pour la lettre hébraïque, analysant son évolution à travers les Souvenirs et quelques avant-textes de $W$[70]. Ce n'est pas notre propos ici ; nous nous limiterons à quelques remarques plus générales.

Premièrement, observons que dans ce texte, les souvenirs de la rue Vilin, de Villard et de Lans-en-Vercors se mêlent dans l'esprit de Perec : le souvenir de la croix arrachée, à l'école communale de la rue des Pyrénées, provoque par association une « scène analogue », à Lans, qui est également un épisode d'injustice. Et celle-là mène, à son tour, au souvenir de la piqûre de guêpe, à Lans aussi, ainsi qu'à un souvenir bien plus tardif de piqûre de moustique. Les trois souvenirs, situés en des lieux différents et à des époques différentes, sont des expériences d'injustice. Ainsi, dans le Souvenir de 1969, Perec travaille par association d'idées, laissant librement son esprit glisser d'un lieu et d'une période à l'autre. Liberté qui sera bien moindre dans les chapitres correspondants de la première partie de $W$, voués à se tenir strictement à la rue Vilin.

Une deuxième observation touche à la forme, à la mise en page de ce texte qui est tapé à la machine : elle reflète le caractère décousu de ces souvenirs, le fait qu'ils sont « sans amarre ». En effet ils semblent flotter sur la page : ils sont séparés par des blancs, parfois par quelques tirets mais les nouveaux paragraphes ne commencent pas par une majuscule mais par une minuscule (alors que les phrases à l'intérieur des paragraphes commencent bien par des majuscules). Cette absence de majuscules n'est visible que dans cette partie médiane qui fait l'inventaire des souvenirs, non dans la « topique » initiale ni dans la page finale, qui relate les retours successifs de Perec sur les lieux.

Ce Souvenir de 1969 est de loin le plus élaboré des cinq, comme c'est souvent le cas pour les Souvenirs. Perec refera un bref inventaire dans le Souvenir 1971 (écrit début janvier 1972) mais uniquement « pour mémoire », afin de pouvoir comparer plus tard avec les autres Souvenirs. Selon Lejeune, le fait qu'il ne refasse pas l'inventaire chaque année ne tient pas seulement à l'effacement de ses souvenirs mais aussi à l'évolution de l'œuvre et en particulier au travail sur $W$, qui se poursuit en parallèle à partir de 1970. Si le Souvenir 1971 ne fait qu'un bref inventaire, c'est parce qu'en août-septembre 1970, il a fait une tentative systématique d'évocation de ses souvenirs d'enfance, dans le petit carnet noir déjà mentionné[71]. En 1974, Perec saute carrément l'évocation puisque « c'est cette année que j'ai écrit $W$ » ($L$ 115, p. 411). S'en souvenir est donc devenu superflu.

---

70  Lejeune, « La lettre hébraïque : un premier souvenir en sept versions », *La Mémoire et l'oblique*, op. cit., pp. 210-230.

71  Sur le Petit Carnet noir et ces tentatives successives, voir Lejeune, *op. cit.*, p. 123 *sq*.

Les Souvenirs 1970 et 1972 ont chacun une autre facture : le premier est un essai de poétique, le second une tentative d'écriture intermédiale à partir de la musique de Wagner, faite pendant une tentative d'audition intégrale du Ring. Pourquoi cette diversité générique ? Faut-il y voir des exercices de style pour forcer le souvenir, le contraindre en traquant le passé de multiples manières ? Contre Jacques-Denis Bertharion qui voit ces Souvenirs comme un échec, comme des « traces illisibles »[72], nous montrerons à présent l'extrême inventivité du Souvenir 1970, où le lieu réel, plongé dans l'oubli, va faire place à un lieu de substitution fait de langage, d'écriture : « le lieu rhétorique ».

### 4.2   *Vilin Souvenir 1970 : « mon seul lieu est rhétorique »*

En 1970, nous sommes devant un texte d'un genre très différent : ce n'est pas une liste numérotée de souvenirs mais une méditation générale sur l'acte même du souvenir dans ses rapports à l'écriture – bref un texte autoréflexif, appartenant au versant métadiscursif de *Lieux*. Un texte très « écrit », fait de longues phrases sinueuses, avec une abondance de parenthèses et plusieurs jeux de mots. Nous verrons en quoi ce style très littéraire correspond au propos même de ce texte.

Perec écrit ce Souvenir dans la maison de campagne d'un ami, au bord du lac d'Annecy, où il passe quelques jours, en juillet 1970. Ce lieu d'écriture est important puisque le texte est construit sur le contraste (la disparité) entre ce lieu et la rue Vilin. La villa d'Annecy, c'est d'abord une série de choses matérielles :

> [...] (balustrade sur le lac, tennis, canot à moteur, grand salon de famille, ses fauteuils, ses puzzles etc.) et même et surtout le carrelage des chiottes, carreaux blancs aux coins écornés par des petits losanges bleus : ce carrelage, à lui seul, suffirait à enraciner une existence, à justifier une mémoire, à fonder une tradition [...]

> Ce qu'il y a d'extraordinaire ici, ce qui en fait un lieu modèle, c'est que je ne fais qu'y passer, que j'y vois les choses (les « choses », les signes d'*ancrage*), [...] qu'elles m'imposent leur nostalgie (regret d'un pays natal, d'une demeure ancestrale, j'aimerais tellement me retirer sur mes terres comme Athos) [...] (je souligne)[73]

---

72   Jean-Louis Bertharion, *art. cit.*, 1997, p. 57.
73   Sauf indication contraire, toutes les citations de ce paragraphe proviennent de *L* 37, p. 187-188.

Par tous ces éléments, la villa lui semble le prototype de la maison familiale qu'il n'a jamais connue ; elle éveille chez lui le sentiment de la perte, du manque d'un tel lieu où s'enraciner. Le contraste avec la rue Vilin n'est donc pas celui entre l'opulence et la pauvreté, mais entre « l'enracinement » et ce qu'il appelle ici « l'errance ». Si l'enracinement était possible (mais ce n'est pas le cas pour Perec), il se ferait par les choses quotidiennes, qui fonctionnent comme des « signes d'ancrage », du moins pour les habitants permanents des lieux.

La mention humoristique du « carrelage des chiottes » souligne le caractère trivial de ces choses. Il y a bien entendu une forte ironie à parler de « justifier une mémoire » et de « fonder une tradition » sur le carrelage des toilettes ! Pourtant, ce carrelage forme aussi une grille comparable à celle des puzzles, également mentionnés par Perec : grilles, réseaux qu'on ne saurait s'empêcher d'assimiler au travail de l'écriture, seul « encrage » qui lui soit donné, comme le dit la suite du texte.

Ce passage est proche de la dernière page d'*Espèces d'espaces,* écrite quelques années plus tard : « J'aimerais qu'il existe des lieux stables, immobiles, intangibles, intouchés et presque intouchables, immuables, enracinés [..] : Mon pays natal, le berceau de ma famille, la maison où je serais né, [...], le grenier de mon enfance rempli de souvenirs intacts. » (*EE* 179) Or dans *Espèces d'espaces*, Perec le dit explicitement : « De tels lieux n'existent pas [..] » ; les expressions « pays natal » et « berceau de ma famille » sont des clichés, des formules toutes faites, qui renvoient à un mythe. Il en est de même dans ce Vilin Souvenir : malgré ses séductions, la villa d'Annecy n'est que le modèle, l'image de ce mythe, auquel Perec est d'autant plus sensible qu'il n'habite pas cette villa, contrairement aux habitants des lieux, pour qui tout cela est habituel[74]. Ce « grenier plein de souvenirs intacts », il ne peut qu'en rêver : « Je rêve de greniers où retrouver mes joujoux d'enfant (la petite voiture rouge) mais ils n'existeront jamais : il ne reste pas de trace des lieux que j'ai habités [...] » (*EE* 179).

Cependant, le texte est loin de s'en tenir à une démystification de cette nostalgie de l'enracinement. Avec assurance, Perec statue que son écriture est « fondée » sur le contraire de l'enracinement, sur « l'errance » :

> [...] ce n'est pas un simple jeu de mots (même si c'est ce jeu de mots qui le fonde et je devrais mieux me souvenir de ma répulsion et de mon attirance pour ce thème) qui fait de l'errance mon propos essentiel (*Les Errants*, titre de mon premier roman, le navire démâté, etc.) : l'errance et son envers, la recherche du lieu.

---

74   On retrouve là l'idée, développée dans « Approches de quoi ? » (1973), qu'il faut « briser le sommeil sans rêves » de l'habitude, « interroger l'habituel » malgré le fait qu'il est habituel (*IO* 11).

Ce style très dense, plein de concessions et de parenthèses est celui d'un homme qui se cherche et qui tâtonne avant de trouver l'expression qui convienne. Le jeu de mots sur « errance » reste obscur mais on peut songer à la polysémie résultant du sens propre (spatial) du mot et de son sens figuré, renvoyant à l'erreur[75]. Comme il le redira plus clairement dans la même page finale d'*Espèces d'espaces*, c'est parce que les lieux stables où s'enraciner n'existent pas que « la recherche du lieu », sa quête et son interrogation sont au cœur de son projet littéraire. Perec reprend alors les termes de « mémoire » et de « tradition » (d'abord employés à propos de la villa d'Annecy et de l'enracinement) en leur donnant un autre sens :

> [...] ma seule tradition, ma seule mémoire, mon seul lieu est rhétorique : signe d'*encrage* (la différance, la diffi(icile) errance, ici l'errance). (je souligne)

C'est là la phrase-clef du texte. Perec n'y dit pas qu'il n'a ni tradition ni mémoire mais qu'elles se trouvent ailleurs : elles ne s'enracinent pas dans un lieu stable ni dans les choses mais dans le langage, dans l'écriture. Cette mémoire, nous le verrons, est une mémoire rhétorique, apparentée à l'art de la mémoire. Le mot « encrage » fait bien sûr écho à « ancrage », quelques lignes plus haut : privé des « signes d'ancrage » que sont les choses, Perec cherche et trouve ses « signes d'encrage » dans le langage. Cela ne veut pas dire qu'il n'a pas de lieu mais que ces lieux sont des « encrages » c'est-à-dire des « lieux rhétoriques ». Dans *W*, on rencontre également ce jeu de mots sur ancrage et encrage : la croix de bois sur le tombeau du père est pour lui à la fois « ancrage dans l'espace, [et] encrage sur la croix », par l'inscription qu'elle porte du nom, prénom et matricule du père (*W* 54).

Or ces lieux rhétoriques, on le sait, ce sont les lieux communs (*topoi* ou *loci communi*) de la rhétorique classique dont la première partie, l'*Inventio*, consiste en l'art de (re)trouver les arguments ou les contenus se rapportant à un sujet donné, afin de faire le tour de la question. En 1967, quelques années avant ce texte, dans sa conférence de Warwick, Perec avait expliqué comment il avait érigé cet aspect de la rhétorique en véritable méthode romanesque et l'avait appliquée dans *Les Choses* et dans *Un homme qui dort*. Il y définit l'écriture comme « une espèce de parcours », d'itinéraire partant d'un thème et consistant, à l'aide de « tout un acquis culturel qui existe déjà », « à dire tout ce que l'on peut dire sur le thème dont je suis parti. » (*LC* 161) Ces contenus ne

---

[75] A moins que Perec n'anticipe dès ici sur le jeu de mots qui surgit plus loin, sur « différance » et « difficile errance ».

sont pas nouveaux, ils ne sont pas inventés mais trouvés par le rhéteur car ils appartiennent au patrimoine commun de l'humanité.

Cette prédilection pour les lieux rhétoriques fait que Perec affirme, au paragraphe suivant de ce Souvenir, avoir « choisi pour terre natale des lieux publics, des lieux communs ». Il y a ici une tension entre « terre natale » (forcément personnelle, individuelle) et « lieux publics ». De plus, le mot lieu, dans « lieux publics » et « lieux communs », prend un sens double. Il est à la fois le lieu topographique (des rues comme la rue Vilin) et le lieu rhétorique, fait de langage. Les deux sont inséparables et cette polysémie est également au cœur du titre de *Lieux* : décrire les lieux c'est en faire le tour, à la manière des rhéteurs, et les transformer en lieux rhétoriques, en texte. Dans ce Vilin Souvenir, Perec formule donc la poétique même de *Lieux*, son inspiration par ce que Roland Barthes appelait « l'ancienne rhétorique ».

On comprend alors pourquoi ce texte est si « écrit », si chargé de figures de style et de jeux de mots : dans le plus pur style rhétorique, Perec y fait profession de foi rhétorique, ce qui rend le texte performatif. Cela apparait dans le jeu de mots : « la différance, la diff(icile) errance ». La parenthèse montre que l'errance est inclue dans le mouvement même de la différance, que la différance – en bonne orthodoxie derridienne – en tant que mouvance infinie du sens, mouvance propre à l'écriture, est au fond une errance. Comme Derrida, Perec écrit ici le mot différence avec un -a – néologisme que Derrida avait utilisé pour la première fois dans « Cogito et histoire de la folie » (1964), essai repris en 1967 dans *L'Écriture de la différence*. Perec avait-il eu connaissance de ce texte ? Il est plus probable que le mot était simplement dans l'air, en cette fin des années 60.

Que conclure de cette microlecture des Vilin Réels et Souvenirs ? On y voit d'abord l'extrême créativité de Perec dans ces textes, qui sont un véritable laboratoire d'expérimentation, où le paradoxe de la disparition est exploré de multiples manières et par une variété de moyens stylistiques et rhétoriques. Dans les Réels, Perec se sert sciemment du lexique de la démolition immobilière et des parenthèses pour dire indirectement la disparition de ses proches. Il en est de même des nombres : litanie des numéros d'immeubles disposés en colonnes qui d'année en année, présentent plus de trous, mise en valeur de tout ce qui est comptable. Nous avons relevé aussi l'usage savant des enseignes et inscriptions, dont le message fait souvent antiphrase avec la rue en démolition – inscriptions allographes qui transforment le texte en un équivalent écrit de la rue. Enfin, nous avons vu la dimension cartographique des Réels, notamment les croquis topographiques : plus que des vues à vol d'oiseau, ils se veulent la description d'un parcours, d'un itinéraire, ce qui les rapproche du portulan, cher à

Perec. Quant au tracé de la rue Vilin, que Perec, au moment de la mise au net de son texte, associe au sigle ss, la comparaison à un passage-clef de *W* montre que ce tracé, qui a sa place dans les jeux fantasmatiques sur la lettre X, révèle l'ambivalence de la rue Vilin, lieu de vie et de mort.

Ce travail stylistique et rhétorique est également au cœur des Souvenirs. Le Souvenir de 1969, le premier inventaire des souvenirs d'enfance, est construit comme une topique, méthode rhétorique consistant à se poser les questions où ? qui ? quoi ? quand ? Mais cette topique est en contraste avec le flottement total de ce texte quant aux données vitales sur les lieux, les dates et les personnes de la première enfance, qui sont ici beaucoup plus floues que dans *W*. Le Souvenir 1970 vient compléter le premier : il explicite l'apport de la rhétorique dans la quête perecquienne du lieu. Devant l'impossibilité de tout « ancrage » des souvenirs et du moi dans l'espace – ancrage dénoncé comme une illusion – Perec statue que la mémoire n'est pas ancrée dans l'espace, mais ne saurait être qu'« encrée » dans le langage, dans l'écriture. Proposition centrale pour le projet de *Lieux*. Elle se traduit par un texte performatif mettant en œuvre ce parti pris de rhétorique par une série de procédés formels, comme les jeux de mots. Cette conclusion nous amène à examiner de près, au chapitre suivant, les liens de *Lieux* avec la rhétorique – topique mais aussi art de la mémoire – que Perec admirait tant.

# PARTIE 3

*Éclairages sur les Souvenirs*

∴

CHAPITRE 7

# *Lieux*. Une œuvre (de) rhétorique

Dès *Quel petit vélo à guidon chromé au fond de la cour ?*, avec son extraordinaire index qui, de manière ludique, dénombre les « fleurs et ornements rhétoriques » de ce récit, la rhétorique est visible à l'œil nu dans l'écriture de Perec. Mais c'est la rhétorique au sens restreint de sa partie ornementale, qui est traditionnellement une composante de l'*Elocutio* : l'ensemble des tropes ou figures du discours. Ce n'est que dans sa conférence de Warwick (1967) que Perec révélera ce qu'il doit à la rhétorique qui, plus qu'un traité des figures, s'avère un véritable dispositif d'écriture. Il y relate sa découverte de la rhétorique, grâce à Roland Barthes et à son séminaire de 1964-65. Dans cet apport de la rhétorique, le mot-clef est celui des « lieux rhétoriques », qui permettraient à l'écrivain de « dire tout ce qu'on peut dire sur le thème d'où [il] est parti » (*LC* 161). Ainsi, « *Les Choses* sont les lieux rhétoriques de la fascination, c'est tout ce que l'on peut dire sur la fascination qu'exercent sur nous les objets. *Un homme qui dort*, c'est les lieux rhétoriques de l'indifférence, c'est tout ce que l'on peut dire à propos de l'indifférence. » (*ibid.*) Alors que le rapport de Perec à Barthes a été abondamment étudié[1], cette question du sens et du rôle des lieux rhétoriques dans la facture même de l'écriture de Perec demeure moins claire jusqu'à présent. Or elle est au cœur de *Lieux*, ne serait-ce que par son titre, qui renvoie tout autant aux lieux topographiques qu'aux lieux rhétoriques, et à leur imbrication mutuelle au sein même de la rhétorique. Il faut ajouter, à l'appui, la phrase désormais connue : « ma seule tradition, ma seule mémoire, mon seul lieu est rhétorique [...] » (*L* 37). Nous l'avons commentée plus haut[2] mais nous y reviendrons ici dans la perspective de la rhétorique.

Cette imbrication du lieu topographique et de la rhétorique semble mener directement aux lieux de mémoire et donc à l'art de la mémoire qui, comme l'a montré Christelle Reggiani[3], a eu un impact décisif sur la manière dont Perec a conçu son écriture. Le rapport de *Lieux* à l'art de la mémoire est certes déterminant et nous lui accorderons la place qui lui revient, mais la *Memoria* n'est

---

1 Mireille Ribière, « Georges Perec, Roland Barthes : l'élève et le maître », in Eric Beaumatin & Mireille Ribière éds., *De Perec etc., derechef. Textes, lettres, règles et sens*, Nantes, Joseph K, 2005.
2 Chapitre 6, § 4.2.
3 Christelle Reggiani, « Perec et l'art de la mémoire », *art. cit.*, 2009.

que la quatrième partie de la rhétorique. N'oublions pas les autres : l'*Inventio* surtout (l'art de « trouver » des choses à dire, des arguments, des contenus) mais aussi la *Dispositio* (la structure, le montage de ces contenus) et l'*Elocutio*, le style[4]. Le cours de Barthes avait bien informé Perec sur les trois premières parties de la rhétorique mais non sur la *Memoria*, qui y est laissée de côté. Cependant, il a pu la connaitre par d'autres sources, comme l'ouvrage de Frances Yates, *The Art of Memory*[5], bien connu à l'époque, même si cela est loin d'être sûr. Aussi, dans ce qui suit, ne s'agit-il pas d'établir une filiation avec des aspects précis de la rhétorique mais d'explorer des parallélismes possibles (parfois d'heureuses rencontres) avec elle. Rencontres qui concernent non seulement l'art de la mémoire mais également les autres parties de la rhétorique.

Dans un premier temps, nous partirons du séminaire de Roland Barthes afin de voir ce que Perec a pu en retenir, du point de vue de sa méthode ; nous développerons les concepts-clefs retenus par Perec (notamment celui de lieu rhétorique ou lieu commun) en nous basant sur plusieurs ouvrages spécialisés qui permettront de mettre Barthes en perspective[6]. Dans un deuxième temps, nous en analyserons le fonctionnement dans *Lieux*, ce qui nous amènera à interroger successivement l'impact sur *Lieux* de l'*Inventio*, de la *Dispositio*, de l'*Elocutio* et de la *Memoria*. Au chapitre suivant, nous étudierons leur apport respectif au niveau des textes, notamment des Souvenirs.

L'hypothèse générale de ce chapitre est que Perec est une figure de premier plan dans le renouveau de la rhétorique qui a lieu en France dans la seconde moitié du 20e siècle et qui est initié par des écrivains comme Raymond Queneau, Jean Paulhan et Francis Ponge. Son apport ne se situe pas tant au niveau théorique qu'à celui d'une thématisation et d'une application créatrices de la rhétorique, qui d'ailleurs ne vont pas sans déplacements, on le verra. *Lieux* en constitue une preuve et une expression des plus claires mais l'impact de la rhétorique s'étend à l'œuvre entière de Perec, notamment (outre les premiers romans, déjà cités), à *Espèces d'espaces* et à *La Vie mode d'emploi*.

---

4  Nous laisserons de côté la cinquième et dernière partie de la rhétorique, la *Dictio* (ou *Actio*). Elle concerne la réalisation orale du discours par les paroles et les gestes, peu pertinente ici.

5  Routledge, 1966 ; paru en français en 1975 chez Gallimard, Bibliothèque de l'Histoire. Pour ce qui est de *Lieux*, c'est donc uniquement l'édition originale qui a éventuellement pu être connue de Perec.

6  Goyet, Moss, Reggiani, Varga, Yates, voir la suite du chapitre. En effet, on le verra, l'exposé de Roland Barthes est très vite critiqué par les spécialistes de la rhétorique.

## 1 Perec avec et au-delà de Roland Barthes

« Elève titulaire »[7] au cours donné en 1964-65 par Barthes à l'Ecole Pratique des Hautes Etudes sur « L'ancienne rhétorique. Aide-mémoire », Perec est initié assez tôt à la rhétorique. Ce cours, dont le résumé est publié d'abord en 1970 dans la revue *Communications*[8], est ensuite repris dans *L'Aventure sémiologique*. Lors de sa publication en revue, Barthes dote le texte (présenté comme une transcription de son cours) d'un avant-propos et d'une brève postface qui en précisent l'intention. Il y affirme que la rhétorique n'y est pas étudiée en elle-même mais comme point de départ, comme origine (*a contrario*) de la « nouvelle sémiotique de l'écriture »[9], qui naît en opposition avec « l'ancienne rhétorique ». Pour Barthes, cette plongée dans la rhétorique va de pair avec son contraire : l'acte de « faire tomber la Rhétorique au rang d'un objet pleinement et simplement historique » et par là même de « revendiquer, sous le nom de *texte*, une nouvelle pratique du langage [...] »[10]. Ceci dit, comme l'a constaté Antoine Compagnon, cette déclaration d'intention contredit la facture même du texte, qui est un précis détaillé, scolaire même, de l'histoire et des concepts principaux de la rhétorique. Et nulle part dans ce texte Barthes ne revient sur cette visée polémique. Il n'est pas étonnant alors que ce texte ait eu une si grande influence dans le mouvement général de réhabilitation de la rhétorique, qui a lieu à partir des années 1950-60 en France, car il a « initié toute une génération à la rhétorique »[11]. Génération dont Perec faisait bien évidemment partie.

Selon Compagnon, si le texte a pour projet « d'enterrer à jamais la rhétorique au nom du Texte », il le fait du moins de manière « soigneu[se] »[12]. Ce n'est pas l'avis de Christelle Reggiani qui, dans *Éloquence du roman*[13], montre les faiblesses du texte de Barthes : non seulement il se moque des sources, préférant se limiter à « une reconstitution fictive d'un héritage oublié »[14], mais il néglige la longue histoire et les transformations successives de la rhétorique. De telle

---

7   Roland Barthes, « Recherches sur la rhétorique », *Œuvres complètes* vol. II, Seuil, 2002, p. 749.
8   *Communications*, no. 16, 1970. Lors de la conception de *Lieux*, Perec n'avait donc pas à disposition la version publiée du cours, mais peut-être en avait-il des notes personnelles.
9   Roland Barthes, « L'ancienne rhétorique. Aide-mémoire », in *L'Aventure sémiologique*, Seuil, 1985, p. 85.
10  *Ibidem*, p. 164.
11  Antoine Compagnon, « La réhabilitation de la rhétorique au XXe siècle », in Marc Fumaroli dir., *Histoire de la rhétorique dans l'Europe nordique, 1450-1950*, PUF, 1999, p. 1275.
12  *Ibid.*, p. 1274-75.
13  *Éloquence du roman. Rhétorique, littérature et politique aux 19e et 20e siècles*, Droz, 2008.
14  Christelle Reggiani, *Éloquence du roman*, *op. cit.*, p. 55.

sorte, « Viollet-le-Duc rhétorique, Barthes fabrique une Carcassonne de papier, mêlant les lieux et les époques en une totalité factice. »[15] Aussi s'accorde-t-elle avec Compagnon pour voir le texte de Barthes non comme une « exhumation » mais comme une « mise au tombeau » de la rhétorique. Ainsi, alors que Barthes reconnaît « la portée idéologique » du lieu commun, il ne voit pas que celui-ci soit susceptible de « constituer le socle d'une communauté humaine refondée »[16]. Or, nous verrons comment cette revalorisation du lieu commun comme une valeur partagée refera surface chez Perec. Reggiani reproche également à Barthes d'avoir amputé la rhétorique de ses deux dernières parties (la *Memoria* et l'*Actio*) mais cette omission a sa place dans la logique de Barthes[17].

Pourtant, avec Compagnon, elle reconnaît l'importance de ce texte pour la résurgence de la rhétorique chez nombre d'écrivains et de théoriciens d'après-guerre. En effet, l'intérêt de Perec pour la rhétorique est à voir dans le contexte de cette « réhabilitation de la rhétorique » où Compagnon a discerné deux directions majeures : d'un côté, la tendance à une « rhétorique généralisée » qui consiste, avec Derrida et De Man, à constater que « tout est rhétorique » c'est-à-dire « qu'il n'y a que de la vraisemblance et pas de vérité »[18]. De l'autre, il y a les écrivains (plutôt que les théoriciens) pour qui la rhétorique reprend le sens précis d'un art, d'une technique apte à « produire des discours » donc un ensemble d'outils servant à écrire, à produire des textes. C'est dans ce dernier sillage que se situent bien entendu les oulipiens mais aussi par exemple un Francis Ponge, dont certains poèmes reprennent l'éloge ou genre épidictique[19].

Malgré ses failles, le cours sur « L'ancienne rhétorique » sera une mine d'or pour Perec ; on en trouve de nombreuses traces dans son œuvre. En écrivain et créateur, il en fait une lecture sélective, qui en retient certains éléments pour en laisser d'autres de côté. Pour lui, la rhétorique est un art d'écrire, une poétique beaucoup plus qu'un art de convaincre. Aussi laisse-t-il de côté toute la dimension argumentative de la rhétorique. Nous verrons comment, en faisant un usage original de certaines notions rhétoriques qu'il affirme tenir de Barthes – l'*Inventio*, le lieu commun, l'*ekphrasis*, la grille des lieux rhétoriques – sa pratique de l'écriture mène celles-ci bien au-delà du cours de son maître.

---

15   *Ibid.*
16   *Ibid.*, p. 56.
17   Barthes affirme « laisser de côté les parties de la *technè rhetorikè* proprement théâtrales, hystériques, liées à la voix : actio et memoria », *op. cit.*, p. 163.
18   Compagnon, *art. cit.*, p. 1263.
19   Voir Paul J. Smith, « Ponge épidictique et paradoxal », in C.R.I.N. no. 32, 1996, pp. 35-46.

## 2 L'*Inventio* : lieux communs et topique

De toutes les parties de la rhétorique, c'est l'*Inventio* qui a le plus fasciné Perec, notamment l'idée que l'écrivain (comme l'orateur) n'a pas à inventer du nouveau, mais qu'il « trouve » (*invenire*) le matériau, les idées du texte à écrire, que ces idées, ces contenus existent déjà, faisant partie d'un patrimoine culturel commun. L'*Inventio*, dit Barthes, « renvoie moins à une invention (des arguments) qu'à une découverte : tout existe déjà, il faut seulement le retrouver ; c'est une notion plus "extractive" que "créative". »[20] La rhétorique libère l'écrivain de l'éternelle question « comment inventer des contenus ? », elle essaie, dit Barthes, « de résoudre la question angoissante : quoi dire ? »[21] Elle le fait en pourvoyant l'écrivain d'une méthode solide, corrigeant l'image romantique de l'écrivain comme Créateur pour la remplacer par celle d'un artisan qui connaît son métier (« l'homme de lettres », expression prise au sens littéral par Perec). C'est à cela que Perec fait allusion dans la conférence de Warwick lorsqu'il définit l'écriture comme « un acte culturel » et déclare que « tous les sentiments que j'éprouve, toutes les idées que j'ai ont déjà été broyées, ont déjà été passés, ont déjà été traversés par des expressions, des formes qui, elles, viennent de la culture du passé. »[22]

Mais où l'écrivain trouve-t-il, où découvre-t-il ces contenus pérennes ? Il les trouve dans les lieux communs et dans les listes, les systèmes ou les réseaux qu'ils forment : les Topiques, qui forment l'outil de base du rhétoricien. Comme on a vu, Perec avait retenu l'idée que chaque sujet a sa topique, autrement dit son répertoire d'idées, d'arguments, de points de vue : « tout ce qu'on peut dire », en l'occurrence, sur la fascination (*Les choses*) ou sur l'indifférence (*Un homme qui dort*). Il revient régulièrement à cette idée : en 1969, dans la lettre à Maurice Nadeau, à propos du projet de *L'Arbre*, il parle d'une « grille à partir de laquelle le discours pourrait se constituer, un peu comme ces catalogues de "Lieux (communs)" que dressaient les rhétoriqueurs (cette notion de lieu rhétorique, qui me vient de Barthes, est au centre de la conception que je me fais de mon écriture [suivent les exemples des *Choses* et d'*Un homme qui dort*, déjà donnés dans la conférence de Warwick]). » (*JSN* 56)

Or Barthes est peu précis sur les lieux communs, citant en vrac la définition aristotélicienne (« ce en quoi coïncide une pluralité de raisonnements oratoires ») puis celles de la Logique de Port-Royal et de la Rhétorique de Bernard

---

20   Barthes, « L'ancienne rhétorique », *art. cit.*, p. 125.
21   *Ibid.*, p. 137.
22   Perec, « Pouvoirs et limites du romancier français contemporain », *LC* 156-157.

Lamy[23], pour les renvoyer dos à dos et constater que, au-delà de ces définitions « abstraites », le lieu commun est une métaphore spatiale. Ce dernier point est certes capital mais il faut préférer une approche diachronique de la notion de lieu commun, comme celle de Christelle Reggiani qui, dans le sillage de Francis Goyet, distingue trois acceptions successives du terme, dans son *Éloquence du roman*.

La première est celle d'Aristote qui, dans les *Topica*, définit les lieux communs (*topoi*) comme des « schèmes argumentatifs »[24] : ce sont les concepts fondamentaux de la logique, comme la cause, l'effet, la définition etc. : lieux communs parce qu'ils servent à conduire des raisonnements dans n'importe quel domaine de la philosophie. Cependant, ce premier sens philosophique du lieu commun est sans pertinence pour Perec. Ensuite, dans sa *Rhétorique*, Aristote reprend ces mêmes schèmes argumentatifs pour les appliquer à l'art de bien parler. Les lieux communs deviennent alors des arguments « 'communs' à un large éventail de sujets, qu'il s'agisse du Droit, de la Physique, de la Politique ou de beaucoup d'autres sciences »[25] pourtant toutes liées à la pratique. Les lieux communs sont ici les arguments qui sont « communs aux trois genres rhétoriques (judiciaire, délibératif et épidictique) »[26], cela par opposition aux lieux propres, qui sont « spécifiques à tel genre ou telle cause »[27] ou bien à tel ou tel domaine du savoir.

Cette deuxième acception du lieu commun (*locus communis*) lui donne son sens proprement rhétorique : à partir de Cicéron et de Quintilien, le lieu commun est le « développement oratoire » d'un sujet, en s'attachant à sa « portée générale »[28]. On se rapproche déjà du but, quant à Perec, dans la mesure où, pour lui comme pour les orateurs de l'Antiquité, un lieu commun est « un passage d'un discours [ou d'un livre] traitant d'un sujet qui n'est pas particulier au cas dont il est question »[29], donc une réflexion générale sur quelque chose qui au départ, n'est qu'une « idée vague, un sentiment, une irritation, un refus, une exaltation »[30]. Les lieux communs forment des ensembles qu'on

---

23   Barthes, *art. cit.*, p. 137.
24   Reggiani, *Éloquence du roman, op. cit.*, p. 46.
25   Voir Ann Moss, *Les Recueils de lieux communs. Apprendre à penser à la Renaissance*, Genève, Droz, 2002, p. 23 et Aron Kibédi Varga, *Rhétorique et littérature*, Librairie Klincksieck, 2002, p. 40 ss, en ce qui concerne le XVIe-XVIIIe siècle.
26   Reggiani, *art. cit.*, p. 46.
27   *Ibid.*
28   *Ibid.*
29   Nous citons ici la définition du *locus*, dans le Dictionnaire Latin d'Oxford, cf. Moss, *op. cit.*, p. 20.
30   Perec, « Pouvoirs et limites ... », *art. cit.*, p. 160.

appelle des topiques : ce sont des collections donc des listes d'aspects ou de caractères (les lieux) à passer en revue lorsqu'on traite d'un sujet ; ces listes sont thématiquement divisées en rubriques dont les titres sont appelés lieux communs.

La liste des lieux communs a varié au cours des siècles mais elle a en général compris la définition, l'énumération des parties, le genre, l'espèce, la cause, l'effet, la comparaison et les circonstances[31]. Parmi ces multiples lieux communs, Perec en retiendra surtout un, dans *Lieux*, c'est la topique des circonstances qui, à propos du sujet à traiter, pose les sept questions suivantes : où ? quand ? qui ? quoi ? comment ? pourquoi ? à l'aide de qui ?[32] En effet quand Perec dit 'topique', il s'agit toujours de la topique des circonstances, dont il se sert abondamment dans les Souvenirs. Le 28 juin 1969, il complète son Souvenir par un texte intitulé 'Métatopique', où il fait le point sur les six premiers mois de son projet. Il y remarque que la dimension temporelle du projet a pour effet de « privilégier le métalangage », tendance qui est confirmée par ce texte-même, qui est donc performatif (il fait ce qu'il dit). Peu importe ici le contenu de son commentaire, ce qui compte c'est ce terme de 'métatopique' : il prouve que pour Perec, les Réels et les Souvenirs eux-mêmes sont des topiques car ils sont le produit d'un parcours de ses 'lieux communs'. Un autre texte qui confirme cette conception restreinte du mot topique est l'essai intitulé « Je suis né ». Dans cet avant-texte de *W ou le souvenir d'enfance*, Perec tente désespérément d'aller au-delà de la phrase « Je suis né le 7.3.36. » Confronté à une « quasi-impossibilité de continuer » (*JS* 10), donc de développer, d'amplifier cet énoncé, il fait appel à la topique :

> Tapons dans la topique : Quoi ? Qui ? Quand ? Où ? Comment ? Pourquoi ?
> Quoi ? Je suis né.
> Qui ? Je.
> Quand ? Le 7 mars 1936. [...]
> *JSN* 12

Enfin, il y a une troisième acception du lieu commun, à partir de l'humanisme de la Renaissance, que l'on pourrait également rapprocher de Perec. Reggiani la définit comme une « *rubrique*, souvent d'ordre moral, dans un *répertoire de citations*. »[33] C'est le terme de rubrique qu'il faut retenir ici. A la Renaissance,

---

31   Ann Moss, *op. cit.*, p. 25.
32   Varga cite la formule de Jean-Baptiste Louis Crevier : « quis, quid, ubi, quibus auxiliis, cur, quomodo, quando. », *Rhétorique et littérature*, *op. cit.*, p. 49.
33   Reggiani, *art. cit.*, p. 46, je souligne.

« les lieux communs désignent des recueils, des catalogues organisés par rubriques, par 'chefs' – *capita*. Ces compilations sont si on veut des sortes de fichiers indexés. »[34] Ce sont les « libri locorum » ou recueils de lieux communs, et c'est à eux que Perec fait allusion dans la lettre à Nadeau citée plus haut, où il rêve de « dresser des catalogues de lieux (communs) », « comme les rhétoriqueurs » (*JS* 56). Barthes mentionne en vrac quelques-unes de ces topiques, qui ont pu faire dresser l'oreille à l'élève Perec : la topique des passions, la topique du risible, la topique du sensible ou de l'imagination[35].

Selon Ann Moss, qui a écrit leur riche et longue histoire, ces recueils furent une des clefs de voûte de l'éducation humaniste, du 16e au 18e siècle. C'est en collectionnant citations, expériences et réflexions personnelles et en les rangeant sous des rubriques thématiques que l'élève se construit un tel recueil de lieux communs, où il puisera à son tour et qu'il pourra prendre pour modèles lorsqu'il sera question de traiter tel ou tel sujet. Ainsi, l'élève-rhétoriqueur passe naturellement de la lecture à l'écriture, de la réception à la production active de textes. C'est surtout dans ce sens de méthode active que le recueil de lieux communs a pu séduire Perec, et probablement moins au sens des recueils tout faits venant des grands penseurs humanistes (Gesner, Agricola, Erasme, Melanchthon ...). Moss souligne que l'ambition de ces recueils de lieux communs allait bien au-delà de l'art de l'éloquence, pour embrasser tout le savoir de l'époque : ambition encyclopédique qui a certes pu séduire Perec. Conçus de telle manière, les recueils de lieux communs sont un apprentissage de l'écriture et plus largement de la pensée, pour reprendre le sous-titre de Moss, « apprendre à penser à la Renaissance ».

Le lieu commun a donc un sens ambigu, Barthes le signale également : il désigne à la fois ces (têtes de) rubrique, qui sont des formes vides, et leur contenu (arguments, thèmes)[36]. Cette ambiguïté n'a rien de paradoxal car elle reflète le fait que les recueils de lieux communs sont des lieux de stockage donc des contenants (où on emmagasine ses lectures) mais aussi des gisements d'où l'on tire des contenus potentiels. Cela le mène à la définition des topiques comme des grilles de cases vides à parcourir et à remplir. Selon Barthes, la notion de lieu commun est en elle-même déjà une métaphore spatiale, ce que prouvent ses nombreuses désignations par les rhétoriciens, qui expriment toutes « l'idée d'un espace et celle d'une réserve » : « une *région* (où l'on peut trouver des arguments), une *veine de tel minerai*, un *cercle*, une

---

34    Francis Goyet, *Le Sublime du « lieu commun ». L'Invention rhétorique dans l'Antiquité et à la Renaissance*, Honoré Champion, 1996, p. 61.
35    Barthes, *art. cit.*, p. 142.
36    *Ibid.*, p. 139.

*sphère*, une *source*, un *puits*, un *arsenal*, un *trésor* [songeons au terme latin *thesaurus* pour le dictionnaire], et même un *trou à pigeons* (W.D. Ross). »[37] Avec Moss, ajoutons l'image de l'alvéole et avec elle, la métaphore de l'abeille, provenant de Sénèque, et qui éclaire particulièrement bien le travail du rhétoriqueur : l'abeille doit d'abord butiner « dans les fleurs les plus appropriées à la fabrication du miel » puis rassembler et disposer ce qu'elle a recueilli dans les alvéoles, après quoi elle en « fait son miel », qui sera un produit à la fois traditionnel et nouveau[38].

Métaphores dont Perec a su brillamment tirer parti : pour lui, écrire c'est faire le tour de ces lieux communs, d'où sa définition de l'écriture comme « une espèce de parcours [...], une espèce d'itinéraire que j'essaie de *décrire* à partir, disons, d'une idée vague, d'un sentiment [...] »[39] Notons ici que ce mot « décrire » est pris à la fois dans son sens spatial (décrire une courbe) et dans son sens scriptural. C'est dans ces deux sens qu'il faut comprendre le mot « décrire » chez Perec, notamment dans les textes sur l'infra-ordinaire, dont les Réels font partie. Bien entendu, ce parcours ne s'effectue pas dans n'importe quel ordre, mais dans un ordre préétabli : selon la contrainte du bicarré d'ordre 12 et la table des permutations qui en résulte, pour *Lieux*, et selon le bicarré d'ordre 10 et la contrainte du cavalier pour *La Vie mode d'emploi*. Contraintes qui sont bel et bien rhétoriques, car elles touchent à l'*Inventio* mais aussi à la *Dispositio*, on le verra.

Revenons un instant à l'autre terme de la troisième définition reprise par Reggiani : celle du recueil de lieux communs comme « répertoire de citations ». Elle semble surtout nous orienter vers ces dissertations d'antan, où l'on apprenait à l'élève à « orner » son propos de citations parfois tirées des pages roses du Dictionnaire Larousse. Là, le lieu commun a pris le sens péjoratif qu'il a depuis le 19e siècle : celui de cliché, de banalité. Cette acception n'a pu surgir que parce que, depuis le Romantisme, la conception même du travail d'écrivain a changé : l'artiste est maintenant considéré comme un Génie créant *ex nihilo* quelque chose d'inédit – ce qui disqualifie le lieu commun. Mais à la Renaissance, l'idée d'un « répertoire de citations » où puiserait l'écrivain est comprise autrement, dans un sens positif. En effet, dans *Le Sublime du « lieu commun »*, Francis Goyet montre qu'au 16e siècle, les lieux communs ou les « idées reçues » sont « les fondements solides sur lesquels bâtir un discours »[40] : ils sont considérés comme une « corne d'abondance », « un

---

37 Barthes, p. 137.
38 Moss, *op. cit.*, p. 34-35.
39 « Pouvoirs et limites ... », *art. cit.*, p. 160, je souligne.
40 Francis Goyet, *Le Sublime du « lieu commun »*, *op. cit.*, p. 8.

coffre où puiser indéfiniment »[41], par le biais de l'imitation littéraire. Il n'est que de penser au titre du manuel de rhétorique d'Erasme : *De copia rerum et verborum*. Le but de la rhétorique n'est pas d'ânonner des banalités mais de « trouver des idées judicieuses et subtiles »[42]. Donc lorsque, dans la conférence de Warwick, Perec affirme avoir construit *Les Choses* sur un tissu de citations empruntées à Flaubert, Antelme, Nizan et Barthes, de plus disposées en forme de grille[43] et qu'il plaide pour une « littérature citationnelle »[44], il se situe dans la lignée directe de la rhétorique[45].

Cette haute estime dont jouissait le lieu commun – estime qu'il retrouve avec Perec – avait d'ailleurs une autre raison que Goyet souligne dès la première page de son ouvrage : pour les auteurs de la Renaissance, l'adjectif « commun » ne renvoie pas au banal, mais « parle de communauté et de communion »[46]. Cela mène à la dimension politique de la rhétorique, qui a pour enjeu de « créer/recréer une communauté par la communion des esprits »[47]. Ou encore : « Le lieu commun touche à la Communitas, au lien social qui fonde la possibilité de la vie commune dans le même Etat. »[48] Sans soutenir que telle serait l'ambition de Perec avec ses « descriptions de lieux parisiens », il faut tout de même noter qu'il identifie lieux publics et lieux communs. Rappelons la phrase citée plus haut où il affirme « avoir choisi pour terre natale des lieux publics, des lieux communs ». Les lieux publics – lieux topographiques auxquels ses descriptions restituent leurs lettres de noblesse – sont pour lui des lieux communs au sens rhétorique c'est-à-dire des lieux donnés en partage, appartenant à tous, qui pourraient par là même constituer « le socle d'une communauté humaine refondée »[49].

Le cours de Barthes reste assez flou sur le lieu commun, ce qui a pu inciter Perec à dépasser cette « mise au tombeau » de la rhétorique par une pratique moderne du lieu commun et de la topique.

---

41  *Ibid.*, p. 15.
42  *Ibid.*, p. 20.
43  Perec, « Pouvoirs et limites ... », *art. cit.*, p. 158.
44  *Ibid.*, p. 164.
45  C'est également l'avis de Raoul Delemazure dans son historique de l'esthétique perecquienne de la citation, voir *Une vie dans les mots des autres*, *op. cit.*, p. 194 *sq*.
46  Goyet, *Le Sublime du lieu commun*, *op. cit.*, p. 7.
47  *Ibid.*, p. 9.
48  *Ibid.*, pp. 675-76.
49  Christelle Reggiani, *Éloquence du roman*, *op. cit.*, p. 56.

## 3    Une *Dispositio* potentielle ?

Dans la rhétorique classique, par *Dispositio*, on entend la distribution des contenus 'trouvés' par l'*Inventio* : dans quel ordre doivent-ils être disposés, de manière à former un discours, un livre convaincant ? Question capitale puisque *Lieux* est un projet extrêmement articulé, mais à laquelle Perec n'a jamais répondu étant donné que le projet a été abandonné. Bien sûr, le projet est fortement structuré mais la grille de permutations se situe au niveau de sa genèse, de la production des textes, dont elle détermine l'ordre. Dans ce sens, on ne saurait proprement parler de *Dispositio*, ou alors uniquement d'une *Dispositio* potentielle, qui reste spéculative.

La question de la composition, ou de l'ordre de *Lieux* se pose à plusieurs niveaux. Premièrement, il y a l'ordre dans lequel les descriptions (Réels et Souvenirs) sont prévues : c'est l'ordre virtuel que prescrit la grille de permutations, résultant elle-même du bicarré d'ordre 12. Cette grille de permutations n'est mise en œuvre qu'à partir de juillet 1969, lorsque Perec a déjà commencé *Lieux* depuis six mois[50] – ce qui constitue un premier 'clinamen' du projet. Deuxièmement, il y a l'ordre dans lequel les lieux ont été visités (dans le cas des Réels) et où les textes ont été écrits. Comme l'a montré Lejeune, ce deuxième ordre, actuel, de *Lieux*, révèle de nombreux écarts par rapport à l'ordre virtuel du programme : retards, accélérations, arrêts, rattrapages[51].

Enfin, il y a l'ordre dans lequel les textes seront disposés à l'avenir : leur ordre futur lors d'une éventuelle publication. Dans les passages métadiscursifs (la 'métatopique') de *Lieux*, Perec réfléchit régulièrement à ce montage à venir : « Quel sera exactement mon travail au 1er janvier 1981 ? Relire et publier ? Etablir un index ? (sans doute) Tout réécrire, en ne me servant de ces textes que comme notes ? » (*L* 12, p. 104). Rien n'est clair à ce propos, comme le montre aussi la « Lettre à Nadeau », datant de la même année : « j'ouvrirai alors les enveloppes cachetées, les relirai soigneusement, les recopierai, établirai les index nécessaires. Je n'ai pas une idée très claire du résultat final […] » (*JS* 59). Si la *Dispositio* envisagée par Perec restera toujours inconnue, en revanche les deux citations mentionnent l'intention d'établir un index. C'est là un autre point commun avec les recueils de lieux communs qui, à l'époque de leur apogée, au 17e siècle, étaient souvent pourvus d'index. On pourrait même soutenir que ces recueils – comme ceux d'Alsted – étaient eux-mêmes des index, puisque les lieux communs sont des rubriques avec leur titre ou en-tête, classées par

---

50    Voir Ph. Lejeune, *La Mémoire et l'oblique*, op. cit., p. 153.
51    *Ibidem*, pp. 198-199.

ordre alphabétique ou par domaine de connaissance ou par auteur (dans le cas des recueils de citations)[52].

Mais bien entendu, nul besoin des recueils de lieux communs pour constater le privilège des index chez Perec, qui renvoie à sa prédilection bien connue pour les listes de toute sorte, inventées ou non, qu'il inclut allègrement dans ses œuvres : catalogues, inventaires, répertoires, fragments d'annuaire, de recensement ... Outre les cinq index connus – dans *Quel petit vélo*, *La Boutique obscure*, *Espèces d'espaces*, *Je me souviens* et *La Vie mode d'emploi* – il y a ceux qu'on pourrait appeler potentiels puisque prévus mais jamais réalisés. Un extrait du dossier de l'*Arbre* nous en dit l'importance : « [...] un index qui sera, non un supplément, mais une véritable et même essentielle partie du livre. »[53] En quoi l'index est-il donc essentiel ? Comme liste, il exprime le désir de connaitre le monde, tout en étant conscient du caractère lacunaire de cette connaissance. C'est un fait bien connu désormais que les index de Perec sont ludiques : ils sont sciemment parsemés d'erreurs, de lacunes et d'inventions, ils exposent leur imperfection et disent implicitement l'impossibilité de tout index. Dans la perspective de *Lieux*, c'est un autre caractère de l'index qui nous retient, celui d'une invitation au lecteur à abandonner la lecture linéaire du texte, à naviguer dans plusieurs directions : l'index fonctionne alors comme une sorte d'« outil hypertextuel », comme l'a montré Bernard Magné[54]. Pourvu d'un index, *Lieux* serait passé de l'écrit privé, uniquement à l'intention de Perec lui-même, au statut d'ouvrage destiné à un lecteur, il serait devenu un « jeu qui se joue à deux »[55], quitte à entrainer le lecteur dans des fausses voies comme c'est le cas pour l'index de *La Vie mode d'emploi*.

Cependant, *Lieux*, pourvu d'index, serait-il alors un hypertexte ? Pablo Martin Sanchez a montré que ce terme est souvent manié avec trop de facilité. En effet, selon la définition de Theodor Nelson qu'il adopte, un hypertexte doit non seulement permettre une lecture non-linéaire, mais obliger à une telle lecture, de par même son écriture (notamment sa structure) non-séquentielle[56]. A l'aune de cette définition assez stricte, seules quelques œuvres, comme *Cent mille milliards de poèmes* de Raymond Queneau, sont véritablement hypertextuelles. Beaucoup d'autres, dont celles de Perec, sont plutôt à considérer comme des « pseudo-hypertextes » : terme un peu maladroit mais qui n'a rien de dépréciatif. Il désigne des œuvres dans lesquelles « on peut *sentir*

---

52   Moss, *Les Recueils de lieux communs*, op. cit., p. 379.
53   Cité par Ph. Lejeune, *La Mémoire et l'oblique*, op. cit., p. 20.
54   Bernard Magné, « Georges Perec on the Index », *Yale French Studies*, 2004, no. 104, p. 77.
55   *Ibidem*.
56   Pablo Martin Sanchez, « Hypertextualité et pseudo-hypertextualité dans l'œuvre de Georges Perec », *Le Cabinet d'amateur*, juillet 2011, p. 3.

l'hypertextualité mais qui en fin de compte ne sont pas vraiment des hypertextes, étant donné que leur lecture finit par se révéler linéaire et uniséquentielle : il n'y a pas de sauts, ni de liens, et le lecteur n'est pas obligé de choisir entre différents chemins. »[57] C'est le cas par exemple de *L'Augmentation*, basé sur un organigramme mais qui est développé, « épuisé » par Perec et non par le lecteur. Il en est de même, selon Martin Sanchez, de *La Vie mode d'emploi*, que l'on peut lire de manière linéaire ou bien, à l'aide de l'index ou de la table des matières, adopter d'autres parcours. Or il semble qu'il en est de même pour *Lieux* : si l'édition papier a opté pour l'ordre chronologique des textes[58], les index permettent plusieurs autres parcours, par séries, par Réels ou Souvenirs ou bien par personnes – parcours qui sont facilités par l'édition numérique. Cependant, la facture oulipienne de *Lieux* n'en fait pas pour autant un hypertexte.

Un autre modèle de lecture non-linéaire est celui de l'atlas. Dans « Lire : esquisse socio-physiologique », Perec voit l'acte physique de lire comme suivant un parcours qui n'est pas linéaire mais qui, balayant la page d'un seul coup d'œil, procède « par saccades et fixations », de manière « aléatoire et désordonnée » pour en extraire des « miettes de sens, quelque chose comme des mots clés qu'on repère » (*PC* 112-113). Or, selon Simon Miaz, cette conception de la lecture assimile la page à une carte topographique, en particulier à une carte des étoiles où le regard du lecteur relie les astres isolés, en en faisant des constellations. Cette « apologie de la lecture cartographique du texte »[59] correspond à une conception de l'écriture comme « pratique de l'atlas », projection du monde et de la mémoire sur « l'espace d'une feuille de papier »[60]. L'index est bien entendu une des voies royales favorisant cette pluralité de lectures potentielles.

A cause du bicarré d'ordre douze et de cette grille de permutations, *Lieux* est communément considéré comme un projet oulipien[61]. Mais on peut se demander si, au-delà de l'Oulipo, ce n'est pas également à la rhétorique qu'il faut s'adresser pour comprendre la structure du projet. En effet, la grille de permutations rappelle fortement les grilles ou tableaux de lieux communs dont nous venons de parler à propos de l'*Inventio*. Ces grilles, comme le rappelle Barthes, sont des tableaux faits de cases vides, de « compartiments dans

---

57   *Ibid.*, p. 4.
58   Plus précisément, l'ordre prescrit par la table des permutations, voir l'introduction de Jean-Luc Joly, *L*, p. 27 *sq*.
59   Simon Miaz, *L'Atlas de la mémoire dans l'œuvre de Georges Perec*, mémoire de maîtrise, Université de Neuchâtel, 2010 (en ligne en accès libre), p. 74.
60   *Ibid.*, p. 29 ; voir *infra* chap. 8, § 1.
61   Chap. 1, § 3.

lesquels on les range [les arguments] »[62]. Or, on l'a vu, c'est également le cas pour la grille de permutations de *Lieux* : elle consiste en des séries de cases à remplir par l'écriture[63]. Les images utilisées par les rhétoriciens pour décrire les grilles de lieux communs – « source, puits, arsenal, trésor, trou à pigeons »[64] – sont proches des termes dans lesquels la grille de permutations est décrite par certains commentateurs : « une ruche avec des alvéoles pleines. Un grillage. Un tourniquet obsessionnel. »[65].

Dans sa thèse, Jean-Luc Joly inventorie et commente les caractères oulipiens de *Lieux*. Or il semble que ces caractères soient en même temps rhétoriques : tout d'abord, l'omniprésence des contraintes, car le discours rhétorique est par définition un discours soumis à des règles, à des prescriptions, qui permettent de discourir à propos de n'importe quel sujet et – notamment par l'*ekphrasis*[66] – de décrire ce sujet de manière complète. *Lieux* est donc un projet rhétorique du fait même de sa facture oulipienne.

Un autre trait par lequel le programme de *Lieux* s'apparente à la *Dispositio* est ce que Barthes a appelé « l'obsession de classement » :

> [...] la rhétorique se donne ouvertement comme un classement (de matériaux, de règles, de parties, de genres, de styles). Le classement est lui-même l'objet d'un discours : annonce du plan du traité, discussion serrée du classement proposé par les prédécesseurs. [...] la plupart du temps, et c'est normal, l'option taxinomique implique une option idéologique : il y a toujours un enjeu à la place des choses : *dis-moi comment tu classes et je te dirai qui tu es*[67].

Cette passion du classement, des taxinomies est également relevée par Ann Moss à propos des recueils de lieux communs du 17ᵉ siècle, avec leur « extravagance systématique »[68], comme celui d'Alsted qui s'inspire du célèbre système médiéval de Raymond Lulle, avec ses 62 catégories et ses 3884 dérivés[69]. De tels systèmes (s'il en a eu connaissance) ont pu attirer Perec vers la rhétorique, lors

---

62    Barthes, *art. cit.*, p. 137.
63    Cela confirme que la grille de permutations appartient moins à la *Dispositio* qu'à l'*Inventio* de *Lieux*. Nous remercions Christelle Reggiani pour sa remarque dans ce sens.
64    Barthes, *ibid.*
65    Lejeune, *La Mémoire et l'oblique, op. cit.*, p. 154. Est-ce un hasard si Lejeune reprend ici la célèbre image de Sénèque sur l'abeille qui butine et fait son miel (voir § 2) ?
66    Voir le paragraphe suivant, sur l'*Elocutio*.
67    Barthes, *art. cit.*, p. 120.
68    Moss, *Les Recueils de lieux communs, op. cit.*, p. 376.
69    Moss, *ibid.*, p. 380.

des cours de Barthes : la phrase en italiques à la fin de la citation précédente pourrait presque servir d'exergue à un essai comme « Penser/Classer ». Dans *Lieux*, cette passion ou obsession de la taxinomie se retrouve au niveau de la structure du projet (la grille de permutation) mais aussi du métadiscours sur le projet. Dans ce « métalangage » ou cette « métatopique », il est souvent question de la structure du projet. C'est le cas toutes les fois – et c'est fréquent – où Perec a pris du retard et se sent obligé, dans les Souvenirs, d'en commenter les raisons.

Même si la grille de permutations n'est pas à proprement parler une *Dispositio* (puisqu'elle appartient à la genèse du projet), elle fonctionne comme une machine à ordonner, à unifier l'extrême diversité des douze lieux et des textes qui en résultent. Elle seule est capable de les constituer en un tout cohérent. Mais cette cohérence fait-elle de *Lieux* une œuvre (ou une série de textes) caractérisée par la continuité ? C'est difficile à soutenir puisque la grille de permutation elle-même introduit – et perpétue - la fragmentation et la discontinuité. Elle fait que *Lieux* se (dé)compose en 288 textes différents (en principe ; 133 en réalité), enfermés chacun dans son enveloppe cachetée de manière à éviter tout contact, toute 'contamination' entre eux. D'un texte à l'autre, il y a une interruption, un blanc qui fait que chaque texte est autonome mais aussi solitaire, isolé. Le protocole des enveloppes renforce la compartimentation imposée par la grille.

Plus que sur des règles, le programme de *Lieux* est fondé sur des interdictions : interdiction de relire un texte ancien, de s'y référer, interdiction (du moins à ce stade) d'établir des « sutures » entre les textes, comme Perec le fera dans *W ou le souvenir d'enfance*. Pourtant, la facture même du projet introduit des correspondances entre les textes, ne serait-ce que par les nombreuses répétitions : dans les Réels, la répétition, chaque année, d'un même parcours, ponctué par les mêmes bâtiments ; dans les Souvenirs, la récurrence annuelle des mêmes souvenirs (*L* 41) Seule, cette répétition pendant douze ans est susceptible, après coup, de faire apparaitre les différences : ce que Perec appelle le « vieillissement » des lieux, de ses souvenirs et de son écriture (*EE* 110).

### 4  *Elocutio* : l'*ekphrasis* d'un lieu parisien

Une fois que le rhéteur (ou l'élève-rhéteur) a trouvé les lieux, la topique propre à son sujet et qu'il a déterminé l'ordre de ses arguments, il s'agit d'exprimer verbalement ces lieux et donc de rédiger : c'est la partie de l'*Elocutio*. Ce terme est communément traduit par le mot style mais il embrasse beaucoup plus que le style. Nous avons rencontré des aspects stylistiques tout au long de cet essai mais ici, nous retiendrons un seul aspect de l'*Elocutio*, que nous rapprocherons brièvement du style de *Lieux* et de celui de l'écriture de l'infra-ordinaire en général. Il s'agit de la technique de l'*ekphrasis* ou description. Bien entendu, dans ce qui suit, il ne s'agira pas de mesurer l'impact réel (très peu probable et impossible à prouver) de cette notion sur le travail d'écriture de Perec mais d'explorer d'éventuelles parentés susceptibles d'éclairer sa manière de travailler.

Dans le cours de Barthes, la notion d'*ekphrasis* est seulement mentionnée au passage, et de plus dans un sens peu flatteur. Il ne lui donne une place que dans une phase tardive de la rhétorique : la « néo-rhétorique » des premiers siècles de notre ère. Alors, soutient Barthes,

> le discours, étant sans but persuasif mais purement ostentatoire, se déstructure, s'atomise en une suite lâche de morceaux brillants, juxtaposés selon un modèle rhapsodique. Le principal de ces morceaux était la *descriptio*, ou *ekphrasis*. L'*ekphrasis* est un fragment anthologique, transférable d'un discours à un autre : c'est une description réglée de lieux, de personnages [...][70]

Il revient plus loin à l'*ekphrasis* pour distinguer trois formes traditionnelles de descriptions, toutes fortement réglées : « les *topographies*, ou descriptions de lieux ; les *chronographies*, ou descriptions de temps, de périodes, d'âges ; les *prosopographies*, ou portraits. »[71] Or ce terme de « topographies » a pu être révélateur pour Perec, car ne pourrait-on considérer les descriptions de *Lieux* comme de telles « topographies » ? Et nous savons l'immense fortune de l'*ekphrasis* dans un autre sens, plus moderne et plus restreint, celui de la description d'une œuvre picturale, notamment dans *La Vie mode d'emploi*. Cependant, là encore, le texte de Barthes a été très critiqué. Selon Ruth Webb, à qui nous devons un ouvrage éclairant sur l'*ekphrasis* dans l'Antiquité, la vision de Barthes respire non seulement un certain mépris pour l'*ekphrasis*, mais aussi une méconnaissance fondamentale de sa nature structurée[72]. De l'ouvrage de Webb, nous pouvons retenir plusieurs points qui pourront éclairer la pratique perecquienne de la description des lieux[73].

---

[70] Barthes, « L'ancienne rhétorique », *art. cit.*, p. 102.
[71] *Ibid.*, p. 153.
[72] Ruth Webb, *Ekphrasis. Imagination and Persuasion in Ancient Rhetoric Theory and Practise*, Routledge, 2009, p. 13.
[73] Là encore, nous ne visons pas à établir une improbable filiation au niveau des concepts mais à mieux comprendre la description perecquienne dans ses accords (fortuits peut-être) avec l'*ekphrasis*.

Le premier est la distinction entre la signification moderne (et contemporaine) du mot *ekphrasis* et sa signification dans l'Antiquité. Aujourd'hui, et ce depuis la fin du 19ᵉ siècle, le mot *ekphrasis* désigne une description détaillée d'une œuvre d'art visuelle : peinture, sculpture ou autre, donc « des mots sur l'art » mais ce n'est là qu'un sens partiel, très spécifique de l'*ekphrasis* qui, dans l'Antiquité, s'étendait à un domaine beaucoup plus large. Une *ekphrasis* pouvait principalement avoir quatre objets : une personne, un lieu, une époque ou bien des événements (par exemple un meurtre, une bataille). Ces quatre types débouchaient respectivement sur les quatre sortes d'*ekphraseis* mentionnées par Barthes : les prosopographies, les topographies, les chronographies et les descriptions d'événements[74].

Dans l'œuvre romanesque de Perec, les critiques ont été frappés à juste titre par l'omniprésence des *ekphraseis* d'œuvres d'art. Ainsi, dans un article intitulé « Perec et le renouveau de l'ekphrasis », Chiara Nannicini fait une étude comparée entre les descriptions de photographies dans *W ou le souvenir d'enfance* et les descriptions de tableaux dans *La Vie mode d'emploi*, du point de vue de l'*ekphrasis*[75]. Elle définit celle-ci comme « la représentation verbale d'une œuvre visuelle » et limite donc son analyse aux descriptions d'œuvres d'art[76]. Cependant, les descriptions d'appartements dans *La Vie mode d'emploi* pourraient également être étudiées comme autant d'*ekphraseis* de lieux (ou « topographies »).

Quelle est donc la définition, selon Webb, de l'*ekphrasis* antique ? C'est « un discours descriptif qui met la chose devant nos yeux avec vivacité », avec une telle vivacité (*enargeia*) qu'elle nous permet de l'imaginer[77]. Cela demande une description détaillée et précise, méthodique du sujet en question, d'où le sens étymologique du mot *ekphrasis* : la préposition 'ek', selon Webb, a un sens intensif, elle signifie « telling in full »[78], décrire complètement le sujet. Ainsi, le portrait d'une personne se fait selon des règles préétablies, qui prescrivent notamment de la décrire systématiquement, dans un ordre fixe qui va des pieds à la tête. Ce caractère méthodique de l'*ekphrasis* fait qu'elle est un instrument de développement, d'amplification[79]. Une fois qu'on a fait l'inventaire des lieux

---

74   Barthes, *art. cit.*, p. 153.
75   C. Nannicini, « Perec et le renouveau de l'ekphrasis », *Le Cabinet d'amateur. Revue d'études perecquiennes*, octobre 2004.
76   Sujet qui a donné lieu à de multiples autres études, comme celle de Manet van Montfrans sur *Le Cabinet d'amateur*, dans la troisième partie de son *Georges Perec. La Contrainte du réel, op. cit.*
77   Webb, *op. cit.*, p. 51, définition qui reprend celle de Théon.
78   *Ibid.*, p. 74.
79   *Ibid.*, p. 76.

communs d'un sujet, l'*ekphrasis* permet d'en faire une description développée. Aussi Webb propose-t-elle de choisir, pour équivalent latin du mot *ekphrasis*, non pas « *descriptio* » mais « *explicatio* », au sens propre de déplier quelque chose[80]. Or ce caractère détaillé de l'*ekphrasis* peut être mis en rapport avec la prédilection de Perec pour les descriptions aussi minutieuses que systématiques. Dans *Lieux*, comme chez les anciens orateurs, la description est un moyen d'amplification. Par contre, l'*ekphrasis* classique, si elle est détaillée, n'est pas forcément une description qui épuise le sujet ; le désir perecquien d'« épuisement » d'un lieu parisien, ou en général de tout sujet, ne saurait donc être mis en rapport avec l'*ekphrasis*.

Quelles sont donc ces règles de l'*ekphrasis*, prescrites par la rhétorique ? Nous en examinerons trois. La première, déjà mentionnée, est qu'il faut travailler de manière méthodique, donc suivre la grille conceptuelle des lieux communs, notamment la topique de la narration. Cette règle consiste par exemple à suivre les lieux circonstanciels, en posant les questions propres à la topique des circonstances : où ? quand ? qui ? quoi ? etc. Ce sont précisément les questions qui forment un fil conducteur des descriptions de *Lieux*.

La deuxième règle de l'*ekphrasis* touche au style : il doit être simple, conforme au sujet décrit[81]. Il doit « imiter la chose complètement », donc la langue doit refléter l'objet. Règle problématique s'il en est, mais qui pourrait être mise en rapport avec l'effort, perceptible dans les Réels et en général tous les textes sur l'infra-ordinaire, d'ajuster sa langue au caractère prétendument quotidien de ce qu'il décrit. Ce style correspond à ce que la rhétorique a appelé le « stylus humile ».

Le dernier point est celui de l'*enargeia* (ou *evidentia*), caractère essentiel de l'*ekphrasis*, selon Webb[82]. Il consiste en la faculté de « poser [l'objet] devant les yeux » de l'auditoire, par exemple en faisant une description si vivante du lieu que l'auditeur (ou le lecteur) éprouvera le sentiment d'y être. L'*enargeia* implique donc aussi un impact sur l'imagination de l'auditeur (ou du lecteur), suscitant l'émotion du plaisir[83]. Or est-ce le cas pour les descriptions de *Lieux* ? Selon les rhétoriciens, l'un des moyens d'arriver à une telle description est l'amplification : plus il y a de détails, plus la description parle à l'imagination du lecteur[84]. Ce goût du détail et ce désir d'exhaustivité ne sont désormais plus à démontrer pour *Lieux*.

---

80   Pour cette équivalence entre description et 'explicatio', Webb se base sur les *Progymnasmata* de Théon, cf. Webb, *op. cit.*, p. 75.
81   *Ibid.*, p. 57.
82   Nous empruntons ces données sur l'*enargeia* au chapitre 4 de son ouvrage, cité plus haut.
83   Smith, *art. cit.*, p. 36.
84   Webb, *op. cit.*, p. 91.

Un autre point commun assez général avec l'*enargeia* antique est la primauté de la vue et de la visualisation, si souvent constatée à propos des Réels comme des Souvenirs[85] : décrire c'est apprendre à voir et partager cet apprentissage avec le lecteur. Cette ambition de visualisation et donc de présentification est claire dans les Réels : en témoignent le relevé initial de la date, de l'heure, du poste d'observation, qui situent résolument la description dans l'espace et le temps mais aussi le simple fait de faire une description sur place, en parcourant une rue numéro par numéro (Vilin, Saint-Honoré) ou depuis un poste d'observation (Gaîté). En outre, tous ces textes sont écrits au présent, ce qui crée un ici et maintenant qui engage également le lecteur.

Un autre procédé de visualisation est celui de l'iconicité, rencontrée dans beaucoup de Réels analysés dans cet essai : transcription des enseignes et des inscriptions, dimension cartographique (croquis dans les Vilin Réels, Jussieu Réels) et finalement, la présence des documents glissés, fruits d'une cueillette dans la rue[86]. Mais si tous ces procédés contribuent à créer un « effet de réel » auprès du lecteur, produisent-ils aussi l'émotion propre à l'*enargeia* antique ? A première vue, les Réels sont des descriptions factuelles, leur « stylus humile » semble éloigné de tout pathos. Pourtant, dans les Vilin Réels, nous avons bel et bien senti un pathos – mais indirect, oblique, déguisé en anti-pathos – dans les séries de numéros d'immeubles, de plus en plus incomplètes ou dans des expressions techniques prises au pied de la lettre comme « condamné »[87].

5    *Memoria*

Pour mesurer la part de la *Memoria* dans *Lieux*, il faut revenir une dernière fois au Vilin Souvenir no. 37 : « [...] ma seule tradition, ma seule mémoire, mon seul lieu est rhétorique [...] j'ai choisi pour terre natale des lieux publics, des lieux communs. » Perec se dit ici en manque de lieux d'origine, il se voit sans feu ni lieu, c'est pourquoi il s'attache aux « lieux rhétoriques » c'est-à-dire aux lieux communs : *topoi* ou *loci* formant une topique qui doit lui permettre de

---

85    Voir chapitre 3, § 5.
86    On pourrait comparer ces documents glissés aux preuves apportées par les orateurs à la cour : preuves d'un crime, comme un vêtement taché de sang ou un fragment d'os fracturé, qui font que l'auditeur se sent un témoin oculaire des événements (Webb, *op. cit.*, p. 90). Cette comparaison souligne le caractère « paradoxal » (au sens de la rhétorique classique) de ces documents glissés : il s'agit d'objets dérisoires comme un ticket de métro ou de café.
87    Chap. 6, § 1 et 2.

« trouver » le contenu de ses textes[88]. Aux « ancrages » dans l'espace s'opposent les « encrages », ce qui souligne le caractère rhétorique des lieux. Cependant, ces « lieux communs » sont aussi « des lieux publics », ce qui leur donne une dimension physique : ce sont les rues et les places qui sont au centre de *Lieux* (c'est là le double sens du titre du projet).

Mais dans la même phrase, ce n'est pas seulement « mon lieu » mais aussi « ma mémoire » qui est rhétorique, ce qui renvoie à la *Memoria*, à l'art de la mémoire[89]. Les lieux sont donc des « lieux de mémoire » : des lieux topographiques, réels ou inventés (par exemple les pièces d'un bâtiment, les espaces d'un temple) que le rhéteur choisissait pour y 'placer' les images et/ou les mots des contenus à retenir. Ensuite, il lui suffisait de parcourir mentalement ces lieux pour se souvenir, dans l'ordre, des contenus de son discours. C'est le principe bien connu de l'art de la mémoire comme méthode de mémorisation d'un discours, donc des matériaux qui ont été préalablement 'trouvés' par l'*Inventio*, ordonnés dans la *Dispositio* et exprimés (*Elocutio*).

Or la *Memoria* n'est pas seulement la quatrième partie de la rhétorique mais elle est nécessairement active dans toutes les parties de celle-ci. En effet comment l'*Inventio*, la *Dispositio* et l'*Elocutio* peuvent-elles être exécutées correctement sans mémoire, sans mémorisation ? Aussi la *Rhétorique ad Herennium* affirme-t-elle que la *Memoria* est « la gardienne de toutes les parties de la rhétorique »[90]. Cela explique que l'art de la mémoire se serve des mêmes lieux communs que l'*Inventio* : elle reprend ces lieux communs et les « dispose dans un espace physique », réel ou imaginaire[91]. Cet enracinement spatial existe depuis le début : Aristote désigne déjà les lieux communs de la dialectique comme des « topoi » parce qu'ils sont conservés dans des lieux de mémoire donc des lieux topographiques[92]. Lieux communs et lieux de mémoire sont donc une seule et même chose. Les recueils de lieux communs sont un bon outil pour exercer la mémoire : les classements qu'ils offrent facilitent la mémorisation[93]. Aussi n'est-il pas étonnant si par la rhétorique, Perec fait fusionner l'*Inventio* et la *Memoria*, fusion par laquelle il espère faire resurgir à la conscience des contenus oubliés.

---

88   Chap. 3, par. 4.2.
89   Voir Derek Schilling, *Mémoires du quotidien, op. cit.*, pp. 143-147 ; Christelle Reggiani, « Perec et l'art de la mémoire », *art. cit.*
90   « Nunc ad thesaurum inventorum atque ad omnium partium rhetoricae custodem, memoriam, transeamus. », *Rhetorica ad Herennium*, 3.16 (Loeb Classical Library, Cambridge MA, Harvard University Press, 1954). Nous remercions Paul J. Smith de nous avoir signalé ce passage.
91   Moss, *Les Recueils de lieux communs, op.cit.*, p. 29.
92   « [...] it is indeed probable that the very word 'topics' as used in dialectics arose through the places of mnemonics." (Yates, *The Art of Memory, op. cit.*, p. 46)
93   Moss, *op. cit.*, p. 29.

Mais revenons un instant en arrière. Comme nous l'avons vu, ce n'est pas par Barthes que Perec a pu connaitre l'art de la mémoire, puisque celui-ci saute à pieds joints par-dessus cette partie de la rhétorique. C'est peut-être par le livre de Frances A. Yates, très diffusé à l'époque de Perec et toujours de référence, *The Art of Memory*. La source principale de l'art de la mémoire est le traité déjà cité, la *Rhétorique Ad Herennium*, datant du 1er siècle E.C. et dont les notions centrales ont ensuite été développées par Cicéron et Quintilien, avant de former l'objet d'une fabuleuse résurgence à la Renaissance, de Giordano Bruno à Fludd, résurgence qui est au centre de l'ouvrage de Yates. Mais à l'origine, la *Memoria* est l'art de mémoriser un discours ; c'est donc une mnémotechnique, qui voit la mémoire comme un art qu'on peut apprendre et non comme un don inné. C'est là un premier aspect séduisant pour Perec, pour qui la mémoire naturelle est infiniment problématique.

La première étape de la mémorisation consiste à transformer, à traduire le discours en une série d'images mentales. L'orateur forme des images des objets ou des idées à retenir (*memoria rerum*) ou bien des images des mots du discours, mémorisation littérale qui est nettement plus exigeante (*memoria verborum*). Dans les deux cas, il faut noter le rôle prépondérant de la visualisation : cela présuppose que la mémoire fonctionne grâce aux impressions visuelles. Ce privilège de la vue (qui dans l'Antiquité, était considéré comme l'organe des sens le plus puissant) est un autre élément qui a pu attirer Perec, dont les descriptions – dans *Lieux* ou ailleurs, dans *La Vie mode d'emploi* notamment – sont presqu'exclusivement visuelles. Songeons aussi à la formule de Jules Verne que Perec a mise en exergue à ce roman : « Regarde de tous tes yeux, regarde. » Une fois que ces images ont été créées, l'étape suivante est de choisir un ensemble de lieux – espace, bâtiment réel ou imaginaire – où on va placer, dans l'ordre de la *Dispositio*, les images. C'est le fameux bâtiment ou palais de la mémoire dont les lieux sont les lieux de mémoire (*loci memoriae*)[94]. Reste à l'orateur, afin de prononcer son discours, de parcourir en pensée ces lieux de mémoire et de faire resurgir, dans l'ordre, les images qui lui sont liées et avec elles, les contenus qu'elles figurent.

Mais outre les similitudes, il y a aussi des différences importantes entre l'art de la mémoire antique et celui de Perec, qui le réinterprète sur plusieurs points. Une première différence, déjà signalée par Reggiani, concerne le choix des lieux : le rhétoricien les choisit en fonction du contenu à retenir, et non

---

94   Précisons que dans *Lieux*, contrairement à *La Vie mode d'emploi*, il n'est pas question d'un bâtiment de la mémoire (à trois dimensions) mais d'une grille numérique donc d'une structure plane, à deux dimensions – structure qui, comme le montre Reggiani, serait plus proche du lieu de mémoire médiéval (Lulle par exemple) que du palais antique de la mémoire (Reggiani, *art. cit.*, pp. 120-121).

pour eux-mêmes (c'est pourquoi les traités recommandent un lieu peu fréquenté, moyennement éclairé, clairement compartimenté etc.). Les lieux de Perec, par contre, sont autobiographiques et donc surchargés d'affects, surdéterminés. Chaque lieu, on l'a vu, renvoie métonymiquement à un pan de sa vie passée : « le lieu choisi l'est à cause de ses résonances affectives »[95]. Une autre différence, plus fondamentale, avec les traités antiques et médiévaux, concerne la productivité de la mémoire. Certes la mémoire antique – et avec elle toutes les parties de la rhétorique – est orientée sur la production de quelque chose (un discours, un texte) mais celle-ci semble exclure le surgissement de quelque idée inédite, d'un contenu oublié. Or pour Perec, parcourir ses lieux, les décrire (dans les deux sens mentionnés plus haut, à propos de l'*Inventio*) c'est aussi 'trouver' des souvenirs, mettre en branle la mémoire. Le lieu est supposé « assurer au sujet la reviviscence des souvenirs »[96]. Il est donc en quête d'une mémoire qui ne soit pas seulement mémorisation mais aussi remémoration, un moyen de faire resurgir l'oublié. On touche sans doute là aux limites de l'art de la mémoire et donc aussi de la rhétorique, dans *Lieux*. Se pose alors une autre question : y a-t-il véritablement remémoration, dans les Souvenirs ? Et dans quelle mesure cette remémoration aboutit-elle ?

Selon Reggiani, l'art de la mémoire perecquien n'est pas exclusivement rhétorique, il est également redevable à un topos bien plus récent, celui de la réminiscence[97] qui, de Rousseau à Proust, voit le lieu comme un catalyseur de la mémoire, faisant remonter des souvenirs qui se trouvaient cachés en lui. Idée chère à Perec dans la mesure où, pour lui, le passé ne se cache pas dans quelque for intérieur mais dans le monde extérieur : dans les choses (les objets sur ma table, mes vêtements ...) ou dans un lieu, un espace, comme chez Proust. On se souvient que, peu avant l'épisode de la madeleine, le narrateur compare le passé aux âmes des morts qui, selon la croyance celtique, demeurent cachées dans un arbre ou une chose inanimée jusqu'au jour où « nous nous trouvons passer près de l'arbre, entrer en possession de l'objet qui est leur prison. »[98]

Cependant, alors que chez Proust, la remontée des souvenirs est le fruit du hasard, elle est consciemment provoquée, délibérément cherchée par Perec. Quête tendue, douloureuse, infiniment recommencée, mais qui n'aboutit pas : devant l'absence de souvenirs d'enfance, la mémoire reste forcément « en défaut »[99] : « Le lieu de mémoire ne fonctionne pas, parce que les images qu'il

---

95  Reggiani, *art. cit.*, p. 110.
96  *Ibid.*, p. 111.
97  *Ibid.*, p. 110.
98  *À la recherche du temps perdu*, Jean-Yves Tadié éd., Gallimard, coll. Bibliothèque de la Pléiade, 1987, tome I, p. 44.
99  Reggiani, *art. cit.*, p. 113.

devait reconstruire ne parviennent pas à se former : un lieu est bien choisi, mais échoue à être traduit en signe mémoratif. »[100] Cet échec, Reggiani le constate aussi dans le chapitre x de *W ou le souvenir d'enfance*, et l'explique par le fait que, dans ses tentatives d'écrire les Vilin Souvenirs, Perec se heurtait sans cesse à l'absence de souvenirs d'enfance. A cet échec de l'art de la mémoire, elle oppose alors la fiction, et montre comment, dans *La Vie mode d'emploi*, il va inventer, « construire ses propres *loci memoriae* »[101], évitant l'impasse de la mémoire. Ce seront des lieux de mémoire inventés, et pour cela prêts à être meublés, remplis de contenus également imaginaires, ce qui est parfaitement conforme à l'art de la mémoire où l'orateur est lui aussi libre de choisir ses lieux et de les remplir à sa guise.

Sans vouloir nier le contraste entre la pauvreté des souvenirs dans *W* et dans certains Souvenirs (Vilin, Saint-Louis) d'une part, et de l'autre la prolifération d'histoires de *La Vie mode d'emploi*, il semble pourtant que la question de la remémoration (et de son échec ou non) soit à poser dans le contexte de *Lieux* dans son ensemble. Sa publication permet désormais de ne plus se limiter à Vilin mais d'examiner également les onze autres lieux, dont la plupart sont d'une grande richesse, on l'a vu. C'est une question que nous poursuivrons au chapitre suivant car elle ne concerne plus la dimension proprement rhétorique du projet.

## 6 Conclusion

En définitive, notre hypothèse initiale semble confirmée par l'analyse : par ses pratiques d'écriture, Perec est bel et bien une figure importante dans le renouvellement de la rhétorique qui a lieu dans les années 60-70. *Lieux* en constitue une preuve éclatante. Le cours de Barthes l'a mis sur la voie de la rhétorique en lui enseignant des notions centrales comme le lieu commun, la topique et l'*ekphrasis*. Mais si pour Barthes, la rhétorique est une discipline « ancienne », rejetée en faveur de la sémiologie, pour Perec c'est au contraire un outil vivant, fécond, qu'il adapte et transforme à volonté. En effet, pour lui, la rhétorique est un art d'écrire, une poétique plus qu'un art de convaincre. La dimension argumentative est absente chez lui, d'où la position centrale de l'*Inventio*, qui correspond bien à sa conception de l'écrivain comme artisan, scripteur qui puise dans le fonds commun des *topoi* dont il fait son miel. La rhétorique lui fournit aussi une méthode, celle de la Topique : une grille de lieux rhétoriques dont

---

100  *Ibid.*, p. 114.
101  *Ibid.*, p. 118.

l'écrivain se doit de parcourir les compartiments afin de faire le tour de son sujet. Si Perec désigne son métadiscours sur *Lieux* comme une « métatopique » (*L* 12), alors *Lieux* est une topique des lieux parisiens.

Nous avons distingué deux raisons principales qui pour Perec, font la séduction de la topique, au sens rhétorique du terme. La première est sa dimension spatiale, la seconde est la revalorisation du lieu commun qu'elle implique. Dans *Lieux*, le lieu commun n'est plus un cliché, une banalité mais, pour reprendre le terme de Francis Goyet, c'est « le sublime », car c'est une « corne d'abondance » qui fonde une communauté entre les hommes, un lien social. Cette idée est particulièrement claire par le fait que les lieux rhétoriques de Perec sont des lieux publics (*L* 37). Parmi les multiples topiques, c'est celle des circonstances qui domine, chez Perec ; il s'en sert comme d'une véritable machine à produire des textes et à les amplifier. Parmi les produits de la rhétorique classique, ce sont les recueils de lieux communs qui l'ont le plus séduit car ils correspondent à son idée de l'écrivain comme scripteur, comme collectionneur de « lieux » qui peuvent également être des citations.

Outre l'*Inventio*, nous avons montré le rôle important de la *Dispositio*, dans *Lieux*, même si c'est une *Dispositio* potentielle, jamais réalisée. La grille de permutations qui forme la structure mais aussi le dispositif créateur de *Lieux* peut être mise en rapport avec les grilles de lieux communs de la Topique : des grilles de compartiments vides à parcourir et à remplir. Dans ce sens, il faut constater la parenté entre le protocole oulipien de *Lieux* (qui dicte l'ordre des textes) et la *Dispositio*, ce qui mène à la question plus générale des liens entre Oulipo et rhétorique classique. Cette question a amplement été traitée par les commentateurs[102] et dépasse le cadre de notre propos. Il est certain en tout cas que les caractères oulipiens de *Lieux* (les contraintes qui le régissent) sont également des aspects rhétoriques, comme la présence de règles, le désir de classification etc. Cependant, on l'a dit, la *Dispositio* finale de *Lieux* restera à jamais inconnue. L'insistance de Perec sur la présence d'un index indique pourtant que cette composition n'aurait rien eu de figé. En effet, la table de permutations débouche sur la discontinuité, la fragmentation, ce qui fait la modernité de *Lieux*.

Troisième partie de la rhétorique, l'*Elocutio* joue également un rôle dans *Lieux*. Nous en avons développé l'aspect de l'*ekphrasis*, qui y fonctionne comme modèle pour la description. Dans *Lieux,* Perec pratique surtout l'*ekphrasis* au sens « antique » du terme, c'est-à-dire comme des « topographies » ou descriptions de lieux. De plusieurs manières, les Réels comme les Souvenirs

---

102  Voir notamment Christelle Reggiani, *Rhétoriques de la contrainte. Georges Perec – Oulipo*, op. cit.

sont des *ekphraseis*. Ces textes sont des « *ex-plicationes* » du lieu : littéralement des développements, ou dépliements de celui-ci. En outre, ils reflètent l'ambition de « décrire en détail » (« in full »), de manière méthodique, en suivant une topique ou grille des divers aspects qui le constituent. Dans certains Souvenirs, on trouve aussi quelques *ekphraseis* picturales[103], telles qu'on en trouvera en abondance dans *La Vie mode d'emploi* et dans d'autres œuvres romanesques de Perec. Fidèles à l'idéal de l'*enargeia* antique, les Réels et les Souvenirs tentent de visualiser l'objet, de le décrire de telle manière que le lecteur croie le voir réellement.

Enfin, nous nous sommes demandé dans quelle mesure la mémoire de Perec dans *Lieux* était rhétorique. La *Memoria*, l'art de la mémoire – qui est indispensable à toutes les parties de la rhétorique – a pu l'attirer de plusieurs manières : d'abord comme un art, une technique et ensuite par la priorité donnée à la vue (retenir c'est visualiser, traduire en images les contenus à mémoriser). Enfin, ce qui a surtout pu séduire Perec, c'est l'idée de parcourir ses lieux de mémoire afin de faire resurgir les souvenirs liés au lieu en question. Il est donc sensible à la dimension spatiale des lieux de mémoire *i.e.* des lieux rhétoriques : se souvenir c'est parcourir ses lieux de mémoire. Or si, par se souvenir, on entend la résurgence de souvenirs nouveaux, inédits, on est déjà sorti de la rhétorique, pour aller vers une conception moderne de la mémoire comme réminiscence, proche de Proust et de la psychanalyse.

---

103 Un exemple en est la description du tableau de Le Moal (Assomption Souvenir 1975, *L* 125), voir chap. 8, § 2.

CHAPITRE 8

# Le travail de la mémoire dans les Souvenirs

« Comment naît un souvenir ? », c'est ainsi que s'ouvre « Le travail de la mémoire », entretien de Perec avec Franck Venaille (*JSN* 81). Dans ce chapitre, nous poserons la même question à propos des Souvenirs de *Lieux*. A première vue, les Souvenirs sont aux antipodes des « je me souviens », où Perec s'ingénie à faire resurgir des menus faits appartenant à la mémoire collective de sa génération. Les Souvenirs, eux, font l'inventaire des souvenirs personnels liés à ses lieux de mémoire. Néanmoins, dans les deux textes, il s'agit de l'infra-ordinaire : les 'je me souviens' sont des « petits morceaux de quotidien » (*JMS*, quatrième de couverture) et les Souvenirs aussi, où il s'agit de décrire de mémoire un lieu et à partir de là, de remonter aux réseaux de choses, de gestes, d'itinéraires, de personnes et de « micro-événements » qui s'y rattachent – réseaux qui forment une cartographie (ou topique) de la mémoire de ce lieu. Cette parenté entre les Souvenirs et *Je me souviens* est d'autant plus forte que le travail sur les deux séries de textes a lieu à peu près au même moment : le travail sur les 'je me souviens' commence en 1973, au moment d'une interruption temporaire, d'une « vacance du projet de *Lieux* » (*Œuvres I*, 1096), et se poursuit jusqu'en 1977, alors que *Lieux* est abandonné depuis deux ans.

Se demander comment naît un souvenir, c'est aussi se demander comment il « vieillit ». Or nous savons que c'était là un des buts de *Lieux* : au bout de douze ans, découvrir dans ces textes la trace du vieillissement non seulement des lieux mais aussi des souvenirs et de son écriture (*EE* 110). Naître, vieillir : ces métaphores dénotent une conception organique de la mémoire. Si les souvenirs naissent, vivent et meurent comme des êtres vivants[1], on peut étudier leur évolution dans le temps : c'est le côté « phénoménologie de la mémoire » de *Lieux*[2]. Mais le véritable but du projet n'est pas froidement scientifique. Il vise, par l'écriture, à contrecarrer cette « mort » des souvenirs, à combattre l'oubli.

Il y a plusieurs manières d'étudier ce travail de la mémoire. On peut, comme l'a fait Philippe Lejeune pour le souvenir de la lettre hébraïque (dont les multiples états traversent les Vilin Souvenirs avant d'atteindre le manuscrit de *W ou le souvenir d'enfance*), faire une étude génétique des versions successives

---

1 Comme le note également Laurent Grison, dans *Lieux*, « on ressent la vie, le « vieillissement », et la mort, c'est-à-dire le destin de tous les êtres et de tous les lieux. » (« Le 'vieillissement des lieux'. Photographier, décrire-écrire », *L'Espace géographique*, no. 3, 1998, p. 278)
2 Philippe Lejeune, *La Mémoire et l'oblique, op. cit.*, p. 240.

d'un souvenir[3]. La voie que nous emprunterons ici est un peu différente. Notre question ne sera pas : comment évoluent les Souvenirs mais comment ils fonctionnent, comment ils se construisent. Si *Lieux* peut être considéré comme une archive[4], une banque de données, alors comment, dans les Souvenirs, Perec construit-il cette archive, comment en ordonne-t-il la masse confuse ? Or la méthode de Perec s'apparente à la rhétorique, on vient de le montrer : par une mise en pratique personnelle de certaines parties de la rhétorique, il construit une topique de ses lieux, qui sont des lieux communs, aux sens à la fois rhétorique et topographique du terme. Ecrire un Souvenir, c'est parcourir mentalement un lieu ainsi que les personnes, les choses et les événements qui s'y rapportent, car les souvenirs n'existent qu'enracinés dans l'espace qui en fut le cadre. Ainsi, décrire c'est d'abord mémoriser, archiver. Parcourir mentalement ses lieux, on le verra, c'est aussi les formaliser en les transformant en des lieux géométriques, en réseaux qui forment des systèmes. Inventorier les personnes, c'est par exemple dresser la liste des noms propres qui se rattachent à un lieu. L'originalité de la démarche de Perec est qu'il met la machine rhétorique au service de son projet autobiographique : elle lui permet de parler de lui tout en parlant d'autre chose (des lieux, des choses, de micro-événements, bref de l'infra-ordinaire). La rhétorique est donc une condition de l'autobiographie oblique (pour reprendre les termes de Philippe Lejeune) qu'est *Lieux*. La topique des Souvenirs est une topique du moi. Cela explique que, malgré leur variété[5], les Souvenirs partagent une même structure, qui se résume par des questions qui remontent à la topique des circonstances[6] : Où ? (l'espace) Quand ?[7] (le temps) Quoi ? (les choses) Qui ? (les noms et les personnes) Comment ? (les micro-événements). C'est par le biais de ces questions que nous analyserons la pratique des procédés rhétoriques qui régissent les Souvenirs.

---

[3] *Ibid.*, pp. 210-230. De ce souvenir, Lejeune montre la germination puis la fermentation, qui est loin d'être un simple vieillissement.
[4] Voir chap. 4.
[5] Et malgré des Souvenirs atypiques qui sont voués au métadiscours sur le projet ou qui, sous forme d'une page de journal, décrivent le présent, voir Lejeune, *La Mémoire et l'oblique*, *op. cit.*, p. 190.
[6] Voir chapitre 7, § 2.
[7] Tous les Souvenirs enregistrent très exactement le moment de l'écriture et celui des événements décrits mais c'est là un trait qui ne justifiera pas un paragraphe à part, dans notre travail.

## 1    Où ? La mémoire des espaces

Dans les Réels Perec se sert régulièrement de croquis topographiques, comme dans les Vilin Réels[8]. Il le fait également dans certains Souvenirs : décrire de mémoire un lieu, *in absentia*, c'est le parcourir en pensée, afin de reconstruire sa « géographie personnelle » (*L* 14, p. 111). Beaucoup de Souvenirs commencent par une description de la configuration topographique du lieu – description verbale ou croquis. Citons encore une fois le premier Souvenir de la Place Jussieu :

> C'est une place presque triangulaire. Un terre-plein planté de trois grands arbres en constitue le centre. Là se trouvent la sortie du métro ainsi qu'un éventaire de marchand de journaux.
> 
> *L* 1, p. 59

Toute la description qui suit est structurée par la figure du triangle, dont Perec parcourt successivement les côtés : « Du triangle, je n'ai jamais parcouru que le plus long côté (d'ailleurs légèrement s'incurvant) défini par la suite des rues Linné et Jussieu. » [...] « Tout un côté du triangle est constitué par le haut mur bordant l'ex Halle-aux-vins [...] » (*L* 1, p. 59). On voit que dans l'esprit de Perec, le lieu est assimilé à une figure géométrique, et c'est ainsi qu'il est vécu, dans les Souvenirs comme dans les Réels. Figure plane ? Pas tout à fait puisqu'il note régulièrement l'inclinaison de la place. Cette figure du triangle est d'ailleurs également présente dans les Jussieu Réels, dont le premier est divisé en deux parties intitulées : « A. Le Triangle » et « B. La rue Linné » (*L* 18). Si Jussieu est « le Triangle », majuscule, comment comprendre cette figure récurrente ? Référence à la Faculté des Sciences en construction, dans les années où Perec écrit ses *Lieux* (faculté où on enseigne, entre autres, la géométrie) ? Ou bien, de manière plus spéculative, au Triangle des Bermudes, zone géographique fantasmatique dans l'Océan Atlantique (à l'époque où Perec écrivait ses « lieux », certains croyaient que bateaux et avions y disparaissaient) ? Ou encore, référence au triangle magique c'est-à-dire au jeu mathématique qui porte ce nom ?

Dans d'autres Souvenirs, Perec a carrément recours au croquis, comme au début du premier Contrescarpe Souvenir, qui trace le plan des cafés sur la dite place (*L* 24, p. 146) :

---

[8] Chapitre 6, § 3.

LE TRAVAIL DE LA MÉMOIRE DANS LES SOUVENIRS 205

On pourrait commencer par un plan

|  |  | Blainville |  |
|---|---|---|---|
| 5 billards | Requin |  | Volcan |
| Mouffe |  |  |  |
| Boîte |  |  | Chope |
| X | café |  |  |
| Michaud |  |  |  |

Ce pourrait être aussi un programme. Ou même un triangle magique :

| 5 billards | Blainville | Requin | Volcan |
|---|---|---|---|
| Mouffe | boîte | Chope |  |
| X | café |  |  |
| Michaud |  |  |  |

Dans le même texte, Perec rappelle que « la Contrescarpe fut, dans les années 1956-57, quelque chose comme une mère-patrie ». Les 5 billards, le Requin, le Volcan, la Mouffe et le Chope sont des cafés qu'il a pu fréquenter à l'époque, « Blainville » renvoie à la rue Blainville, attenante, où se trouvait, au numéro 5, le foyer d'étudiants tunisiens où Perec avait des amis. Le nom de Michaud renvoie à Jean Michaud-Mailland, le metteur en scène avec qui, en 1966, Perec travailla à une version filmée des *Choses*[9].

Comment comprendre que cette configuration des lieux soit un programme, un triangle magique ? C'est un programme au sens où, pour « l'usager de l'espace » qu'est Perec, la configuration de l'espace – ici le triangle – programme,

---

9 Projet avorté, voir Bellos, *op. cit.*, pp. 324-333. Il en reste un scénario dactylographié. Selon Bellos, la rencontre entre Perec et Michaud fut également liée au lieu : Perec était son « voisin du Quartier Latin », il aurait pu le croiser à la librairie La Joie de Lire ou au marché Place Monge, et l'une des raisons, pour Michaud, de faire ce film était que l'action dans la première partie des *Choses* était située dans son quartier (Bellos, *op. cit.*, p. 324).

détermine tous ses parcours et ceux de ses amis, à l'époque. Par extension, cet espace triangulaire structure ses faits et gestes : rencontres, réunions entre amis, collaborations. La comparaison avec le triangle magique est un peu mystérieuse. On peut la comprendre littéralement ou dans un sens métaphorique. Au sens littéral, c'est une référence à un jeu mathématique. Voici la définition de ce jeu, sous sa forme la plus simple : le triangle magique est « un treillis en forme de triangle sur les côtés duquel les nombres sont placés de telle manière que leur somme appelée densité soit identique sur chaque côté. Le plus petit triangle magique reçoit trois cases ou cellules sur chaque côté. Il est formé de six cellules. Dans sa forme normale, il contient les nombres consécutifs de 1 à 6. Il existe quatre densités D : 9, 10, 11 et 12. Voici une configuration pour chaque densité »[10] :

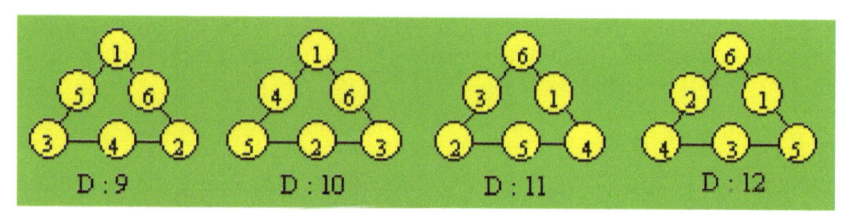

FIGURE 8.1   Le jeu du triangle magique, Récréomaths, le *Dictionnaire de mathématiques récréatives*
SOURCE : HTTP://WWW.RECREOMATH.QC.CA/DICT_MAGIQUE_TRIANGLE.HTM

Ces triangles sont appelés magiques parce que la figure géométrique et les nombres forment une combinaison magique, c'est-à-dire merveilleuse (à cause de leur somme qui reste identique). Dans le cas du triangle de la Contrescarpe, la place des nombres est surtout prise par des cafés qui pour Perec, en ces difficiles années 1956-57, sont des noyaux de convivialité et d'amitié, dont la densité (au sens courant du terme, cette fois) autour de la place renforce la puissance.

Les douze lieux fonctionnent comme des aimants, attirant irrésistiblement Perec dans leur champ magnétique, pour nous servir d'une image non mathématique mais physique. Mais ces lieux sont eux-mêmes souvent structurés en zones d'attraction, qui peuvent s'étendre bien au-delà du lieu au sens strict et qui changent au fil des années. C'est le cas de Contrescarpe. Dans une première époque, celle des années 1956-57 donc de ses années d'étudiant, Perec regroupe

---

10   Exemple et esquisse empruntés à Récréomaths, le *Dictionnaire de mathématiques récréatives* : http://www.recreomath.qc.ca/dict_magique_triangle.htm.

les cafés fréquentés en trois « centres » : rue Soufflot, Luxembourg et le carrefour Saint-Michel-Saint-Germain. Ensuite, à l'époque de la rue de Quatrefages donc au début des années 1960, tous ces « centres » disparaissent et font place à celui de la place de la Contrescarpe (*L* 89). Tout cela est bien entendu ce qu'il y a de plus banal dans une vie parisienne mais l'originalité de Perec est de rattacher la mémoire à l'infra-ordinaire (ici la fréquentation des cafés) et de structurer cette mémoire spatiale à la manière d'une figure mathématique.

Un autre exemple de cette géométrisation de l'espace, dans les Souvenirs, est le Gaîté Souvenir où Perec énumère les quatre « axes cinématographiques » de ses « années cinéphiliques » (les mêmes que celles où il fréquentait les cafés de la Contrescarpe) (*L* 12). Ce désir d'organisation, de classification s'apparente à celui de « l'homme qui dort », qui trace lui aussi des axes imaginaires dans Paris : manière de se sentir « le maître du monde »[11].

Ces centres et ces axes projettent le lieu dans l'espace. Cet espace est parfois nettement délimité (comme dans le cas de la rue Vilin, de la rue de l'Assomption ou de la rue Saint-Honoré) mais dans beaucoup de cas, il s'agit d'une zone plutôt floue, et qui se déplace au gré du temps. C'est le cas de Gaîté, qui recouvre une zone plus étendue que la rue de la Gaîté, et dont le centre névralgique n'est pas cette rue, mais la Villa Seurat[12]. C'est également le cas de Contrescarpe puisque les trois « centres » de cafés étirent le lieu bien au-delà de la place du même nom, vers tout le Quartier latin. A ces zones promues au statut de lieux, on peut ajouter Mabillon, carrefour de multiples rues : « Dans ma géographie personnelle, Mabillon est la clé du Quartier latin, sa porte principale ou en tout cas première [...] » (*L* 14, p. 111). Elle est première à cause de sa psychothérapie avec Françoise Dolto, rue Saint Jacques, suite à la fugue racontée dans *Les Lieux d'une fugue*. Pendant environ six ans, de douze à environ dix-huit ans[13], ce traitement lui fit faire des aller-retours hebdomadaires dans le Quartier latin depuis la rue de l'Assomption. Ici comme dans les Gaîté Souvenirs (où il est question de cette autre psychanalyse, à vingt ans, avec Michel de M'Uzan)[14], sa mémoire très visuelle lui fournit l'exact relevé des rues qu'il empruntait pour y arriver, véritable substitut de la thérapie elle-même, qui est passée sous silence[15].

---

11   Cf. chap. 3, § 2.
12   Cf. chap. 3, § 1.
13   Voir Paulette Perec, *Portrait(s) de Georges Perec, op. cit.*, pp. 30-31.
14   Voir chap. 3.
15   Ici comme dans « Les lieux d'une ruse », ce sont les lieux qui sont décrits au lieu de la thérapie elle-même.

Après ces premiers passages à Mabillon, Perec distingue trois autres moments forts du lieu : la fréquentation de certains cafés dans ses années d'étudiant, l'épisode de La Rhumerie (lié à sa relation avec Paulette[16]) et son bref séjour dans un studio rue de l'Échaudé, qui coïncide avec sa (première) rupture avec Paulette. Dans ce Souvenir, il s'attache de manière mi-ludique, mi-sérieuse à déterminer « ce qui appartient de plein droit » à Mabillon de ce qui ne lui appartient pas. A l'intérieur d'un même lieu, les épisodes biographiques s'organisent donc en réseaux, mais certains seulement sont rattachés à Mabillon. Certaines rues « forment un groupe à part » ou « une autre constellation ». D'autres « sont lié[e]s » à Mabillon sans pour autant en faire partie. Bref, dans la « géographie personnelle » de Perec, il y a une multitude de constellations dont certaines se côtoient sans pour autant se recouper. Ce mot de « constellation » renvoie à l'image de l'espace mémoriel comme un atlas des étoiles[17].

Dans certains cas, les lieux, surtout lorsqu'ils sont attenants, sont des vases communicants, dans l'esprit de Perec. Ainsi Italie est vécu comme une zone qui jouxte Gaîté, faisant partie du parcours hebdomadaire menant à la Villa Seurat[18] : « Par la rue du Moulin-de-la-Pointe (ou quelque chose comme ça), on rejoignait Tolbiac et, de la Tombe-Issoire, Villa Seurat. L'itinéraire fut plus que fréquemment pratiqué. » (L 17, p. 130)[19] Cela nous amène à une dernière dimension de cette structuration de l'espace et des lieux : les itinéraires et les parcours. A propos des Gaîté Souvenirs, nous avons vu le rôle de ces trajets répétés. Ils se font le plus souvent à pied mais il y a chez Perec une fascination pour le réseau des parcours des autobus et du métro. D'ailleurs, beaucoup de ses lieux coïncident avec des stations de métro, comme Jussieu, Italie, Mabillon, Franklin-Roosevelt et Gaîté[20]. Les itinéraires sont donc bien souvent des itinéraires en métro. Ainsi, à propos de Jussieu, Perec note le souvenir suivant :

> Auparavant nous prenions tous deux le métro mais pas la même ligne. Elle [Paulette] prenait la ligne Italie–? qui va au Palais-Royal [...] et moi Auteuil-Austerlitz jusqu'à Mabillon : les deux lignes étant exactement

---

16   C'est là que « P[aulette] et moi avions, quelque neuf ans auparavant, vers la mi ou fin janvier 1960, inauguré la journée qui préluda à notre vie commune » (L 14, p. 111), voir § 4.
17   Voir le mémoire de Simon Miaz, *L'Atlas de la mémoire dans l'œuvre de Georges Perec, op. cit.* ; cf. *infra* chapitre 7, § 3.
18   Pendant l'analyse de 1956-57.
19   Même notation dans Italie Souvenir 1972 (L 95).
20   Gaîté renvoie en fait à deux stations : Gaîté et Edgar Quinet.

> parallèles et le mur les séparant s'ouvrant par endroits, nous nous disions parfois bonjour chacun sur notre quai.
>
> L 1, p. 60

L'anecdote est plaisante mais au-delà, elle est une image de proximité en même temps que d'éloignement. Elle est liée à l'idée que les personnes coïncident avec leurs parcours dans l'espace : « Dis-moi tes parcours en métro ou à pied et je te dirai qui tu es ». *Lieux* pourrait alors être visualisé comme ces plans de métro jalonnés de points lumineux indiquant les lignes, les stations et les réseaux qu'elles forment (image elle aussi proche de celle de l'atlas du ciel étoilé). L'on songe à Marc Augé qui, dans le sillage de Perec et de Michel de Certeau, a écrit un essai sur le métro comme pratique sociale et symbolique, où les parcours et les itinéraires renvoient à une mémoire collective et individuelle[21].

La question « où ? » révèle donc une géométrisation des espaces. Cette aptitude à percevoir l'espace urbain comme une figure géométrique mène à une stylisation de celui-ci, qu'on retrouve également dans *La Vie mode d'emploi*, dont l'une des dix listes est celle des « Surfaces et volumes », contenant les principales figures planes : rectangle, triangle, hexagone, octogone …

## 2   Quoi ? La mémoire des choses

Depuis *Les Choses*, on connaît l'intérêt passionné de Perec pour les choses qui nous entourent dans notre vie quotidienne. Dans *Lieux*, les choses – meubles, tableaux … – n'existent pas comme des objets de convoitise mais elles sont tout simplement là et, comme dans le premier roman de Perec, elles constituent un monde matériel qui parle indirectement de l'intériorité, du psychisme, et qui forme une des voies obliques de l'autobiographie. Loin de parler de son couple, Perec fait l'histoire de ses tables (*L* 26) ou de ses lits (*L* 35). Si la plupart des lieux sont des espaces extérieurs, quelques-uns – Saint-Honoré, Assomption, Junot et Jussieu (qui renvoie à l'appartement de la rue de Quatrefages) – désignent un espace intime. Plusieurs Souvenirs de ces lieux sont des tentatives d'« épuiser » ces espaces par la mémoire, en faisant l'inventaire de leur ameublement, de l'emplacement des meubles et des tableaux s'il y en a. On y retrouve la même dichotomie entre l'abondance et la pauvreté que dans *Les Choses* : si les chambres d'étudiant de Saint-Honoré et Italie sont presque vides et d'une

---

21   Marc Augé, *Un ethnologue dans le métro*, Paris, Hachette, coll. Textes du XXe siècle, 1986.

pauvreté extrême, Junot et Assomption sont de bons appartements bourgeois, dotés d'un abondant ameublement dont la description s'apparente à certaines pages de *La Vie mode d'emploi*.

Dans les Souvenirs Saint-Honoré, l'énumération des quelques meubles et de leur disposition évoque la mélancolie et la pauvreté de cette période : le lit-banquette trop court, la minuscule table, le Soufflant Calor ...[22] La chambre d'étudiant de son ami Michel Rigout, Boulevard Blanqui, est tout aussi exiguë et pauvrement meublée, mais c'est un lieu d'écriture[23], c'est pourquoi Italie est un de ses lieux de mémoire : « Cette chambre était minuscule. On la chauffait avec un poêle à butagaz qui dégageait une odeur très incommodante [...] » (*L* 17, p. 123). L'autre souvenir récurrent de cette chambre est la malle laissée là par leur ami Nour et jamais récupérée, dont Perec refait scrupuleusement chaque année l'inventaire : « [...] une malle qui contenait deux draps, un litre d'eau de Cologne et un bouquin cochon sans doute très rare mais vulgaire de ton [...] et assez prodigieusement ennuyeux car il ne contenait que des descriptions de fessées, flagellations, bastonnades. » (*ibid.*) « Italie » correspond à un moment déterminant dans l'itinéraire de Perec (amitiés, débuts de l'écriture), qu'il évoque par l'inventaire de ces objets dépareillés et hétéroclites.

Face à ces pauvres chambres d'étudiant, il y a les deux appartements bourgeois, entièrement meublés et assez saturés, rue de l'Assomption et avenue Junot. Si la mémoire des espaces extérieurs passe souvent par une géométrisation, comme on l'a montré à propos de Jussieu, il en est de même des espaces intérieurs. Les Junot Souvenirs comportent deux plans dessinés : l'un de l'appartement (*L* 73), l'autre de la chambre de son cousin Henri (1974). Perec s'y attache surtout à l'emplacement des meubles et à leur orientation par rapport au regard : « [...] en entrant le lit était à droite, en face une grande armoire bibliothèque puis une table et enfin la fenêtre. » (*L* 107) Ces plans ne sont donc pas des vues à vol d'oiseau, comme les plans ordinaires, mais ils tentent de visualiser le mouvement du regard qui découvre progressivement un espace – donc l'expérience de l'œil de l'usager[24].

Il en est de même pour Assomption. Ici, pas de croquis mais un plan écrit, qui passe systématiquement en revue les principales pièces de l'appartement, en les numérotant (*L* 125)[25]. Il fait l'inventaire aussi complet que possible de

---

22   Cf. chap. 4, § 3.
23   Cf. chap. 9.
24   Ce point de vue semble proche de celui dont les appartements sont décrits dans *La Vie mode d'emploi*, qui est également celui d'un regard extérieur, passant par la façade enlevée.
25   Numérotation décimale : 1. 1 à 1. 6. Le 1 réfère à « l'appartement au 18, rue de l'Assomption » mais le texte ne comporte pas de 11. On ne sait pas quelle 11ᵉ partie Perec a pu avoir en tête en établissant cette numérotation.

chaque pièce : le vestibule, le grand salon, le petit salon, la salle à manger, la chambre de David et Esther, la salle de bain, et enfin le couloir où s'ouvrent les autres pièces. Cependant cet inventaire des pièces n'est pas exhaustif car il manque notamment la chambre de Perec lui-même : oubli à mettre sur le compte de l'« escamotage » de tout détail directement autobiographique ? Ailleurs, il fait cependant un inventaire rapide de sa chambre d'enfant (qui, comme l'appartement des *Choses*, comprend un portulan) et de sa chambre d'adolescent (*L* 3). Quant à sa méthode, la description de 1975 rappelle le début des *Choses* : comme dans cette scène, un regard de caméra parcourt un appartement qui semble inhabité, désert. Nulle trace des habitants des lieux sauf quelques noms au passage : « la chambre de David et Esther », « un magnifique tissu noir brodé par Rose », « une photo de Lili ». Nulle mention non plus du moi, sauf à la fin : « ma chambre » (*L* 125). Mais ici il n'y a rien du ton dithyrambique de l'appartement rêvé de Jérôme et Sylvie. Nous sommes dans la réalité, pas dans le rêve, et Perec vise à reconstituer dans toute sa platitude cet appartement et son inventaire.

Ici comme dans les plans dessinés de l'appartement avenue Junot, la description suit le mouvement du regard et donne d'abord le plan complet, la carte topographique de l'appartement :

> En entrant il y avait un vestibule, peut-être de 8 mètres sur 3. En face de la porte d'entrée, une console de marbre gris ; au-dessus, un grand miroir. [...] A gauche, portes vitrées donnant sur les grand et petit salons, porte donnant sur la chambre de David et Esther ; à droite, porte vitrée donnant sur la salle à manger, porte donnant sur le long couloir conduisant aux autres pièces.
>
> *L* 125, p. 431

Une fois le plan des lieux esquissé, Perec s'emploie à reconstituer, pour chaque pièce, les meubles s'y trouvant et comme pour la chambre d'Henri (Junot), leur emplacement précis est capital. Dans ce texte, les indications de lieu abondent : « à gauche », « à droite », une cheminée « surmontée d'une grande glace », « au-dessus du divan ... », « à côté de la fenêtre » etc. Tout est situé dans l'espace et les rares fois où Perec ne se souvient pas de l'emplacement précis d'un objet, il le mentionne quand même : « Quelque part, un petit portrait d'enfant. »

Pourquoi cet emplacement des choses est-il si essentiel ? C'est qu'il dénote une ambition de mémorisation mais aussi le désir de faire resurgir l'oublié. Dans *Lieux où j'ai dormi*, le projet de l'inventaire des chambres où il avait dormi au cours de sa vie, Perec avait eu le même espoir proustien qu'en reconstituant de mémoire « l'emplacement des murs par rapport au lit, des meubles, des portes et des fenêtres » et en ressentant « presque physiquement le souvenir cénesthésique de la position de mon corps par rapport à la chambre » (*JSN* 80-81), il pourrait ressusciter les souvenirs s'y attachant. Dans les Assomption Souvenirs, particulièrement riches, Perec décrit sa chambre d'enfant :

> [...] y avait-il en trompe l'œil un bastingage (des barreaux blancs, un ciel bleu) ? Le rideau vert était un filet ; il y avait deux flotteurs de verre vert, et le portulan (mon goût des flotteurs verts demeura, à travers la rue de Quatrefages, jusqu'à Sfax).
> *L* 3, p. 66

Or certains de ces souvenirs sont nouveaux, fruits de l'anamnèse actuelle : « la seule évocation à peine développée des souvenirs attachés à la rue de l'Assomption m'a fait revenir en mémoire plusieurs noms ou faits dont je ne savais pas que je me souvenais si bien (les barreaux blancs, les flotteurs, le prénom de la sœur de Michel ...) » (*ibid.*) Ici, la mémoire semble couler à flots, jusqu'à l'hypermnésie, contrairement par exemple aux Vilin Souvenirs, qui frisent l'amnésie.

Quant aux choses – meubles, tableaux – décrits, on est frappé par le goût du détail, du minuscule même : un « petit angelot de pierre », le poste de TSF avec « un petit faisceau vert qui se rétrécissait quand on était exactement sur la bonne longueur d'onde », le thermomètre « moulé dans une petite barquette en bois » ... (*L* 125, p. 432) Malgré ce goût du détail, on n'apprend rien sur l'aspect qu'ont les choses : petites ou grandes, elles ne sont que mentionnées, inventoriées. On observe le même phénomène dans les descriptions par lesquelles s'ouvrent tant de chapitres de *La Vie mode d'emploi* : même si elles concernent des lieux fictifs, inventés, elles sont le parcours d'un regard anonyme et elles ont le même caractère d'inventaire détaillé. Claude Burgelin s'est étonné de la neutralité de ces descriptions, « relevé plat et scrupuleux du mobilier et des objets »[26]. L'écrivain y fait « le travail d'un huissier » ou de « commissaire-priseur », tellement il s'efface et s'interdit toute marque personnelle. Il s'interdit également de décrire l'aspect des objets, ne faisant que les nommer. Selon Burgelin, cette approche est destinée à neutraliser

---

26 Claude Burgelin, *Georges Perec*, op. cit., p. 195.

l'imagination du lecteur, à l'empêcher de décoller[27]. C'est une explication qui ne nous convainc ni pour La Vie mode d'emploi ni pour Lieux, car pourquoi vouloir empêcher l'imagination de décoller ? Dans Lieux, l'impersonnalité de cet inventaire a une autre origine. Elle est liée au caractère rhétorique de la démarche de Perec : en effet, lorsque le rhéteur 'trouve' d'abord les contenus de son discours (les lieux communs) et fait ensuite le tour de ses lieux de mémoire afin de se rappeler ces contenus, il lui suffit de mentionner les idées déposées dans ces lieux, d'en faire l'inventaire afin de se rappeler le reste. Cet inventaire (de commissaire-priseur en effet !) est ensuite destiné à faire décoller la mémoire – décollage qui échoue souvent, dans Lieux, mais à certains moments, comme on vient de le voir, il a effectivement lieu.

Un autre élément qui rapproche le texte 125 de La Vie mode d'emploi est l'omniprésence des arts visuels : ces deux pages mentionnent deux tapisseries, deux peintures à l'huile, une aquarelle et deux séries de dessins humoristiques. Or on sait l'importance de la peinture dans la fiction de Perec, dont c'est « une préoccupation ancienne et essentielle, comme le confirme Manet van Montfrans qui a analysé les différentes fonctions de la peinture chez Perec, en relevant le « potentiel narratif » de la peinture[28], souvent « embrayeur de récits »[29]. Dans Lieux, il ne s'agit pas de raconter mais de décrire, d'inventorier. Les œuvres picturales mentionnées ici – toutes réelles, bien entendu – pourraient pourtant, comme les meubles et leur emplacement, avoir une fonction de support et de moteur de la mémoire : l'*ekphrasis* qu'en donne Perec fait resurgir des histoires, des anecdotes de sa vie, comme les tableaux de La Vie mode d'emploi font naître des histoires inventées. Si Lieux est une œuvre de rhétorique, une topique consistant surtout en des « topographies » ou *ekphraseis* de lieux, le texte comporte aussi des *ekphraseis* au sens moderne du terme : des descriptions d'œuvres d'art. Certaines d'entre elles pourraient se trouver transplantées dans l'œuvre romanesque, comme on va le voir.

Dans le grand salon, la cheminée est « flanquée de deux tableaux en recoins : à gauche L'Invitation au voyage, à droite La Jeune Pianiste, tous deux de Jean Le Moal. » Voici le premier de ces deux tableaux[30] :

---

27  Ibid., p. 198.
28  Montfrans, La Contrainte du réel, op. cit., pp. 272-74.
29  Magné, « Lavis mode d'emploi », Cahier Georges Perec no. 1, 1985, p. 236.
30  Nous remercions Madame Anne Le Moal pour son autorisation de reproduire ce tableau.

FIGURE 8.2    Jean Le Moal, *L'Invitation au voyage*, huile sur toile, 116 × 81 cm, collection particulière, 1945
© ANNE LE MOAL

Ce tableau est intéressant pour plusieurs raisons. Perec a pu le voir aux environs de 1950 dans l'appartement familial de la rue de l'Assomption. C'était alors une œuvre contemporaine, comme d'ailleurs l'aquarelle de Pierre Guastalla, mentionnée plus loin, ce qui témoigne du goût pour l'art moderne qu'avait la famille Bienenfeld[31]. Le tableau, dont le style se situe entre le figuratif et l'abstrait, provient d'une période où Le Moal peint régulièrement les navires dans les ports du Morbihan : coques, mâts, cordages ...[32] C'est en effet une marine : par une fenêtre, on aperçoit la mer verte, des coques de navires avec leurs mâts. Ce caractère de marine éveille des associations avec celles de Bartlebooth dans *La Vie mode d'emploi*. En outre, il y a la référence à Baudelaire dans le titre : le fauteuil et le globe terrestre mettent en scène un personnage contemplatif mais absent, effacé (le fauteuil est vide) qui, comme le poète et comme Bartlebooth et Perec, semble rêver de ports exotiques et d'évasion. Dans *Les Choses*, il y a une allusion à *L'Invitation au voyage* de Baudelaire : ayant décrit l'appartement rêvé, le narrateur s'exclame que « La vie, là, serait facile. » (*LC* 13), faisant écho au célèbre refrain du poème : « Là, tout n'est qu'ordre et beauté/ Luxe, calme et volupté. » En outre, la description du bureau rêvé dans *Les Choses* semble presqu'une *ekphrasis* de ce tableau de Le Moal :

> Un fauteuil-club de cuir vert bouteille [...]. Un trépied de bois peint, presque au centre de la pièce, porterait une mappemonde de maillechort et de carton bouilli, naïvement illustrée, faussement ancienne.
> 
> *LC* 13

Dans le couloir de l'appartement, il y a deux séries de dessins humoristiques, faits par un collègue de l'oncle David :

> 1.6 Le couloir, deux fois coudé.
> Agrémenté de deux séries de dessins humoristiques exécutés par un ancien collègue de mon oncle. L'une centrée sur le thème du dernier : le dernier (de la classe), le dernier jour (de vacances), le dernier voile (de l'épousée), le dernier voyage (vers le cimetière), le dernier autobus (raté), le dernier mot (d'une dispute), le dernier (né). L'autre sur des sujets plus divers et que j'ai eu un mal de chien à comprendre : *Taedium vitae* (dégoût de vivre : un homme morose assis), *Nemesis* (la colère : dialogue d'un assis et d'une chaisière), idylle (d'un couple de concierges sur le pas de leurs immeubles) etc.
> 
> *L* 125, p. 432

---

31  Pour le contexte biographique, voir aussi *Lieux*, texte 125, note 2.
32  Site officiel Jean Le Moal (1909-2007) : http://jeanlemoal.com/FR/index.php/biographie/.

On est étonné de la mémoire encyclopédique de Perec et du détail. Ces dessins figurant une anecdote – plaisante ou cruelle ou les deux – sont très fréquents dans *La Vie mode d'emploi*. « L'homme morose assis », image du *Taedium vitae*, est une image de la mélancolie et les deux émotions représentées – le dégoût de vivre et la colère – figurent dans la liste des « Sentiments » dans le *Cahier des charges* de *La Vie mode d'emploi*[33]. Autant par sa méthode que par son inventaire méticuleux de l'espace, du mobilier et des œuvres d'art, ce Souvenir ressemble donc à s'y méprendre à une page de *La Vie mode d'emploi*. Cela n'est guère étonnant puisqu'en cet automne 1975, Perec est en pleine rédaction du roman (*Œuvres II*, 1014) : une 'contamination' entre les deux textes serait donc tout à fait naturelle.

En conclusion, on peut se demander pourquoi, dans les Souvenirs, Perec fait la nomenclature des choses sans en décrire l'aspect. Une raison, nous l'avons suggéré plus haut, est le caractère rhétorique de *Lieux*. La proximité temporelle avec *La Vie mode d'emploi* pourrait être une autre raison : si les chapitres de ce roman sont autant d'ekphrasis d'un immense tableau virtuel, les *Lieux* pourraient aussi être vus comme autant de 'cases' d'un tableau qui serait un autoportrait passant par les lieux. Or si on considère cet ensemble de textes comme une peinture, il suffirait de 'montrer' c'est-à-dire de tracer les espaces géométriques et de nommer les choses qui les 'meublent', sans les décrire. A une différence près cependant : dans *La Vie mode d'emploi*, on montre pour imaginer, raconter alors que dans *Lieux*, on montre afin d'archiver, de se souvenir : espaces, choses et tableaux sont décrits afin de faire resurgir la mémoire des êtres et des événements.

### 3    Qui ? La mémoire des noms et des personnes

Cette résurgence des personnes s'effectue inégalement selon les lieux, on l'a vu. Comme dans le cas des choses, la réminiscence se fait sous forme de nomenclature : elle consiste en listes ou en réseaux de noms – d'amis, de relations, ou de membres de sa famille – mais ces personnes sont très peu décrites sauf par des micro-événements qui concernent leurs relations avec Perec. Cette importance du nom propre explique pourquoi les lieux, avant d'être des 'contenants' de ces réseaux de personnes, sont eux-mêmes des noms propres : « le lieu : le nom, l'espace » (*L* 47, p. 225). Cette attention au nom fait

---

[33]   Voir le Tableau général des listes, dans Hans Hartje, Bernard Magné et Jacques Neefs, « *Cahier des charges* » *de La Vie mode d'emploi*, Zulma/CNRS 1993, pp. 42-43. Le « dégoût de vivre » y figure doublement, sous les noms d'ennui et d'indifférence.

que Perec est attentif aux personnalités auxquelles renvoient les noms de certains de ses lieux. Ainsi, il affirme avoir découvert le nom de Mabillon avant même de connaître le lieu : « Avant même tout souvenir du carrefour, celui du nom, découvert dans les années 56 ( ?) en paléographie [...] : Dom Mabillon, auteur de volumineux dictionnaires que je crois n'avoir jamais su consulter. » (*L* 69, p. 286) Pendant ces mêmes années d'étudiant, « le nom devient sensible : Davioud architecte (il construisit le Trocadéro), Quatrefages naturaliste (le quartier en est plein, mais Cuvier, Censier, Linné, Lacépède, Monge tellement plus connus), Geoffroy Saint-Hilaire né à Etampes[34], Pestalozzi, pédagogue, mais Vilin ? Junot général, de même Caulaincourt (brève passion pour les généraux d'Empire, 50 ? 52 ?) [...] » (*L* 47, p. 225). Comme pour le narrateur proustien, les « noms de pays » sont des noms avant de devenir des pays, et même devenus « pays », devenus des lieux, ils resteront toujours aussi des noms, des signes métonymiques du lieu.

Le lieu est donc d'abord un nom propre, il est une archive des personnes qui s'y rattachent. Ainsi, Perec établit une « nomenclature d'amis d'enfance » assez détaillée (trois pages dactylographiées) et il le fait, de manière peu surprenante, en « remontant la rue de l'Assomption », du numéro 8 au numéro 54 :

> Au 8 vivait Smith. Peut-être s'appelait-il Jean. C'était un garçon assez petit, la figure ronde. Il ressemblait à un écolier anglais [...] Au 16, vivaient les Jaulin. J'ai été scout (éclaireur) avec eux pendant un certain temps (pas très longtemps). [...] Au 18, dans la même maison que moi, au même étage, je crois, vivait un garçon de mon âge, gâté, joufflu, laid et con. Il puait le fric. [...] Au 54, vivait Rigout [...].
> *L* 26, p. 156-157

Malgré le portrait assez détaillé de chacun et le style familier, l'ensemble est hautement formalisé : chacun fait corps avec le numéro qu'il habite et tous ces numéros sont pairs, fait que Perec relève comme un « caractère particulier » de la rue de l'Assomption[35]. Le souvenir s'organise donc selon une géométrie et une arithmétique des êtres. En 1972, Perec fait une tentative ludique de « vectoriser » la rue afin d'en faire la sociologie à tonalités proustiennes, la divisant entre un « côté de chez Smith » – plus bourgeois – et un « côté de chez Rigout », plus populaire (*L* 81).

---

34  De 1949 à 1952 et de nouveau en 1953-54, Perec fréquente le collège Saint-Hilaire à Etampes (Paulette Perec, *Portrait(s) de Georges Perec*, op. cit., pp. 31 et 34).

35  Assertion reprise l'an d'après : « Je n'ai jamais connu personne sur le côté impair, sinon, pour un temps bref, Duvignaud (un père !) » (*L* 59, p. 263).

Cette « nomenclature des amis » reste assez exceptionnelle à cause des détails biographiques qu'elle donne sur les personnes. Dans la plupart des Souvenirs, l'évocation des personnes liées à un lieu se fait sous la forme d'une liste ou parfois d'un schéma. Autour d'un lieu, il se forme dans sa mémoire une grappe de personnes qui, dans sa « géographie personnelle », resteront intrinsèquement liées à ce lieu. C'est le cas de Gaîté, on s'en souvient, qui est pour Perec un réseau d'adresses où des amis (Jacques Lederer, Marcel Bénabou, Bernard Queysanne ...) habitent ou ont habité, avec pour centre caché la Villa Seurat[36]. Il en est de même pour Contrescarpe qui est le territoire de Nour et des amis tunisiens de Perec. Italie, qui renvoie à la chambre d'étudiant de Michel Rigout, Boulevard Blanqui, est également le nœud d'un de ces réseaux d'amitiés, dans les années 1956-57. Cette minuscule chambre est en effet un lieu d'accueil où Perec est hébergé quelque temps, ainsi que plusieurs de ses amis.

Si chaque lieu a son propre réseau d'êtres chers, qui existe en vase clos, il est pourtant des moments merveilleux où les différents réseaux se croisent et communiquent. Dans les Gaîté Souvenirs, la première de *L'Augmentation* est un tel moment, où la famille et les amis provenant de diverses 'filières' se retrouvent soudain tous ensemble[37]. Un autre exemple est la fête de « dépendaison de la crémaillère » donnée par Perec et sa femme le 28 janvier 1970, rue du Bac, « de 19 h à 4 h du matin », pour marquer leur séparation. Deux jours après cette fête, il établit la liste des invités, « avec le vague projet de vérifier si, dans douze ans [lorsqu'il ouvrira les enveloppes], je saurais encore donner des visages à ces noms, voire même identifier ceux qu'aujourd'hui je nomme d'un seul prénom ou d'une initiale [...]. » (*L* 26, p. 157) Le but de la liste est donc expérimental : il s'agit de savoir comment ses souvenirs « vieilliront ». En même temps, il est clair que l'action de dresser une telle liste est un exercice mnémotechnique, lui-même apte à renforcer la mémoire de la fête. La liste, établie en deux colonnes, dans une petite écriture serrée, comporte environ quatre-vingt-dix noms, sans ordre particulier. Elle commence par Henri Lefebvre et se termine par : « Paulette. Moi. » La liste de noms et de prénoms comporte également des entrées loufoques : « Brésilien Poète », « Brésilienne », « Indien ( ?) ». « Indienne ? » et des personnes uniquement désignées par leur lien de parenté ou de voisinage : « sœur de Roger », « Voisine », « Voisin », qui révèlent le désir de n'oublier personne[38].

---

36    Voir chap. 3, § 2.
37    Voir chap. 3, § 4.
38    Pour cette liste et une reproduction de sa version manuscrite, voir *L* 26, p. 161-162.

La liste est une tentative de formaliser ces réseaux d'êtres chers mais elle reste simplement énumérative. A une autre occasion, dans un des Junot Souvenirs, Perec joue à dessiner un arbre généalogique de ses amitiés et connaissances, tachant de reconstruire l'origine de ses relations et leurs rapports mutuels. Il le fait sous forme d'un schéma[39] qu'il appelle un « graphe » : terme emprunté aux mathématiques et désignant la représentation graphique d'une fonction. En dessinant un arbre où les noms de ses amis et connaissances sont reliés par des flèches, il tente de visualiser comment naissent ses relations et comment elles s'engendrent les unes les autres : « On vérifie aisément sur ce schéma que le point de départ des relations, *id est* de celles qui sont *données*, se trouve dans la famille ou au lycée et que la progression se fait par des truchements professionnels ou par l'intermédiaire de groupes ou pseudo-groupes : « La Ligne Générale », « Le Moulin d'Andé » » (*L* 107, p. 397). Une telle arborescence des amis et connaissances pourrait être vue comme un pendant de *L'Arbre, histoire d'Esther et de sa famille*, projet inachevé auquel travaillait Perec autour de 1967[40]. Mais alors que *L'Arbre* concerne les liens familiaux, ici il s'agit surtout des liens d'amitié, donc d'élection. Dans les deux cas, c'est une vision singulièrement collective et sociologique des relations humaines, qui voit l'individu comme un nœud dans un ensemble de réseaux. L'individu est comme la pièce du puzzle décrite dans le Préambule de *La Vie mode d'emploi*, qui n'existe que dans ses rapports à l'ensemble du puzzle, qui la détermine. Ces tentatives de formalisation des réseaux de ses amis et connaissances font glisser l'autobiographique vers le collectif et le 'sociologique', vers l'infra-ordinaire.

Dans cette mémoire des noms et des êtres se révèle clairement la dimension commémorative des Souvenirs : à travers la commémoration rituelle d'un lieu, Perec commémore les personnes qui s'y rattachent. Cela explique le caractère répétitif des Souvenirs, dont Perec était conscient : « [...] garder intact, *répéter* chaque année les mêmes souvenirs, évoquer les mêmes visages, les mêmes minuscules événements, rassembler tout dans une mémoire souveraine, démentielle. » (*L* 41, p. 197-198) Caractère répétitif qu'il se reproche parfois mais qui constitue un ingrédient naturel de la commémoration : les Souvenirs sont une espèce de litanie des vivants et des morts, une esquisse de réseaux de noms où Perec cherche et désigne la place qui est la sienne. Cela explique que ces textes soient répétitifs comme une prière, dont le propre est qu'on la dit à des moments fixes de la journée, de la semaine ou de l'année. Ecrire un Souvenir, c'est redire, chaque année, une ribambelle de noms propres

---

39  On en trouvera la reproduction dans *L* 107, p. 398.
40  Sur *L'Arbre*, voir Philippe Lejeune, *La Mémoire et l'oblique*, op. cit., p. 20-22 ; Régine Robin, *Le Deuil de l'origine. Une langue de trop, la langue en moins*, Paris, PUV, 1993, pp. 195-227.

et par là, célébrer les personnes dont le nom se rattache à ce lieu. Pour les commémorer, nul besoin de faire le portrait de ces personnes ou de raconter leur histoire. Il suffit de redire simplement leurs noms, d'en faire l'inventaire complet, sans oublier personne. Cette dimension commémorative est d'ailleurs aussi physique. Les lieux doivent être honorés par la présence physique : il faut passer chaque mois sur un lieu, en fouler le sol autant que possible, pendant le mois qui lui est consacré, selon le tableau des permutations. Pour Perec, ces passages sur place ne se limitent pas à ses visites annuelles, pour les Réels, mais il relève tout passage sur les lieux, quelle qu'en soit l'occasion. Ainsi, en juin 1969, il note qu'il est « récemment passé deux fois à Gaîté », une fois pour un rendez-vous, une fois pour une visite d'appartement : « les deux fois, j'ai été sensible au fait de passer non loin de la rue de la Gaîté, dans la mesure où ce mois de juin lui était *consacré* » (*L* 12, p. 100, je souligne).

## 4   Comment ? La mémoire des (micro-)événements

Les Souvenirs sont construits comme des descriptions d'espaces : topographies visualisées par l'arithmétique ou la géométrie, où se greffent successivement les choses et les personnes. Cela explique que ces descriptions prennent souvent un caractère d'inventaire ou d'archive, ce qui les apparente aux Réels mais aussi à beaucoup de chapitres de *La Vie mode d'emploi*, qui partagent la même structure : description détaillée de l'appartement, avec son mobilier, ses choses, ses tableaux aux murs, ensuite positionnement des personnages dans cet espace. Des douze lieux, deux seuls (Assomption et Junot) sont des appartements mais les Souvenirs de rues ou de squares partagent cette même structure, qui part de l'espace pour aller vers les immeubles (magasins, cafés ...) qui le composent et enfin vers les personnes qui les habitent. Ces descriptions – dans *Lieux* ou *La Vie mode d'emploi* – créent une attente chez le lecteur conditionné que nous sommes : qui habite ces lieux ? Que s'y passe-t-il ou que s'y est-il passé ? Bref, le lecteur s'attend à de l'action et dans le cas de *Lieux*, à des souvenirs précis de ce que Perec y a vécu.

Or si *La Vie mode d'emploi* contient une pléthore d'histoires justifiant pleinement le sous-titre de 'romans', les Souvenirs de *Lieux* ne semblent contenir que des anecdotes insignifiantes à première vue : d'innombrables souvenirs de repas ou de pots, quelques rares épisodes amoureux. Les personnes mentionnées ne sont pas mises en contexte, leur histoire n'est presque jamais racontée : ces textes sont très peu narratifs. Comment comprendre cette pauvreté narrative des Souvenirs ? Cette apparente absence d'« histoires » est-elle liée à la conviction profonde que la vie est faite de quotidien, de « ce qui se passe quand il ne se passe rien », bref d'infra-ordinaire, de micro-événements ?

Certes il y a très peu de récits dans les Souvenirs et cela se reflète dans le style, on l'a vu, qui est le plus souvent de notation : des phrases faites de substantifs, de noms mais très peu de verbes. Ces phrases sont souvent incomplètes, avec peu de connecteurs, peu ou prou enchaînées entre elles, des paragraphes le plus souvent séparés par des blancs. On est dans la description, non dans la narration. A ce moment-là, les récits proprement dits sautent à l'œil. Le plus bel exemple en est la « Brève histoire et tentative de généalogie de Duchat » (*L* 57) : histoire pas si brève que cela puisque, dans le manuscrit, elle s'étend sur plus de trois pages dactylographiées. C'est l'histoire de la chatte qu'avaient Georges Perec et sa femme de 1967 à 1971, date à laquelle elle disparut définitivement. Ici, Perec se délecte à faire le récit détaillé de la vie de Duchat : ses origines d'abord, sa nombreuse descendance ensuite, qui forme un arbre généalogique d'autant plus intéressant qu'il rassemble une grande partie de ses amis et relations et trace ainsi indirectement un de ces « arbres » ou graphes de son réseau social, dont nous venons de voir un exemple[41]. De plus, les épisodes de la vie de Duchat suivent les avatars du couple Perec, déjà fragilisé à l'époque, et les déménagements qui en résultent. De telle manière, le récit forme une de ces autobiographies obliques si fréquentes chez Perec. La généalogie plaisante de Duchat illustre ce réseau :

> Duchat (encore appelé Duchat-Labelle, ou Madame Duchat née Trump'phai (ou Troomp-faye, ou Troump'faille, prononciation sabir de « tramway » prétend-t-on) est née vers mars 1966. Elle était la fille d'un chat qui appartenait pour moitié à un étudiant en philosophie nommé André Glucksmann (célèbre depuis) et à un polygraphe dont le nom m'échappe et qui est devenu depuis rédacteur en chef du *Magazine littéraire* et d'une chatte appelée Fantoche qui appartenait à Jean et Annick Michaud-Mailland. [...]
> 
> *L* 57, p. 258

L'histoire des multiples nichées de Duchat, distribuées aux amis et aux relations, prolonge ce réseau qui n'en finit pas de se ramifier. Mais c'est aussi la forme du récit qui fait exception ici : un récit chronologique, reconstruisant les temps forts de la vie de la chatte, par des phrases complètes et à grand renfort de passés simples :

---

41   Comme le graphe des invités à la fête de dépendaison de la crémaillère (§ 3).

> Enfermée dans la pièce qui me servait de bureau un jour où nous étions, P[aulette] et moi, sortis et où des ouvriers réparaient notre plancher chancelant, Duchat essaya de passer dans la cuisine et tomba du quatrième étage sur la verrière d'une courette intérieure. Une voisine (pour laquelle un peu plus tard nous nous ruinâmes en fleurs) prévint les pompiers qui apportèrent Duchat chez un vétérinaire célèbre de la rue Vaneau. Duchat fut sauvée, bien que sérieusement étourdie. (*ibid.*)

Par son caractère écrit, formel, ce « ruinâmes » est bien évidemment ironique. Cette ironie ne vise pas les événements eux-mêmes mais le style du récit traditionnel, chronologique et riche en épisodes dramatiques et en suspens. Ainsi, malgré la joie évidente de la narration que respire ce récit, Perec semble ici pasticher le récit traditionnel, non seulement par le style mais aussi par ce qui est raconté : l'héroïne est une chatte, traitée comme un personnage de roman, ce qui apparait encore dans la phrase finale, qui ressemble à un obituaire : « Duchat était née rue Lacépède et est morte, vraisemblablement, dans ce même quartier ». Si ce récit est un *hapax* dans *Lieux*, c'est qu'il raconte l'extraordinaire[42], le drame, mais à propos d'un chat. La rupture de registre entre l'insignifiance d'un chat et la saga familiale a un effet comique.

Quels sont donc les micro-événements racontés dans les Souvenirs ? Par micro-événements, nous entendons des événements ponctuels, explicitement racontés (et non par allusion). Ils sont de plusieurs sortes : souvenirs de rencontres d'abord, souvenirs d'enfance ensuite (Assomption, Junot et Vilin), quelques épisodes amoureux et enfin les souvenirs liés à son œuvre et à l'écriture[43]. L'enfance, l'amitié, l'amour, l'écriture : tous ces grands thèmes sont présents, mais toujours en sourdine, à travers l'espace et les choses. Les souvenirs de rencontres sont de loin les plus nombreux : souvenirs de repas pris en commun, de cafés, de spectacles (théâtre, cinéma), de réunions de toutes sortes ou même de relations ou d'amis rencontrés par hasard. Ces rencontres sont comme les nœuds sur la carte topographique de la mémoire perecquienne[44]. Pour ces rencontres, la mémoire de Perec est proprement faramineuse : « Vers septembre 69, avec Henri G[autier] et P[aulette] avant d'aller chercher Monique pour dîner au « Restaurant du Marché » ; j'aperçois et salue dans la rue Denise Péron, presque en clocharde. » (*L* 45, p. 217) Par moments, il

---

42  On pourrait cependant alléguer que cette histoire de chats appartient elle aussi, par son sujet, au quotidien, à l'infra-ordinaire.
43  Sur les souvenirs liés à l'écriture, voir le chapitre 9.
44  Voir chap. 3.

semble regretter d'avoir surtout des souvenirs de ce type : « Je n'ai pas tellement de souvenirs de la Place de la Contrescarpe et ce sont presque tous des souvenirs de pots ou de repas pris avec les copains. » (*L* 111, p. 404) Mais cette inscription de l'événement dans un réseau social d'amis et de relations est au cœur du quotidien qu'il aspire à décrire.

Quant aux épisodes amoureux, il est significatif qu'ils concernent surtout ses liaisons épisodiques. Des deux grands amours de sa vie jusque là – Paulette et Suzanne Lipinska – il ne parle pas sous forme de souvenirs, c'est-à-dire de scènes ponctuelles : non seulement par pudeur mais aussi parce que toutes deux continuent d'appartenir à son présent. Les années de *Lieux* correspondent à une période où le couple Perec est en crise mais Paulette est omniprésente dans le texte car elle est naturellement liée à une multiplicité d'épisodes communs. Non moins de trois lieux renvoient métonymiquement à elle : Jussieu (la rue de Quatrefages), Choiseul (le passage favori de Paulette, près de la Bibliothèque nationale où elle travaillait) et enfin et surtout Mabillon. Un des rares souvenirs ponctuels est la scène du pot pris avec Paulette à la Rhumerie Martiniquaise en janvier 1960, important parce qu'il marqua le début de leur couple, d'où le choix de Mabillon comme un de ses douze lieux. La scène revient dans tous les Mabillon Souvenirs mais n'est racontée en détail qu'en 1974 :

> [...] c'est à « La Rhumerie Martiniquaise » que P[aulette] et moi sommes allés prendre un verre (un coca je crois ; ils refusaient de servir des cafés) à la fin de janvier 60 (un dimanche) le premier jour de notre liaison. Je me souviens que je n'avais pas un sou. Quand nous sommes sortis, Paulette était sûre que j'avais payé (pendant qu'elle était aux toilettes) et j'étais persuadé qu'elle s'en était occupée. Nous sommes donc sortis la conscience tranquille. Mais nous n'aurions jamais osé le faire consciemment. Du coup nous n'avons plus jamais remis les pieds dans ce café (que d'ailleurs je n'aime pas).
>
> *L* 113, p. 408

Le comique consiste ici à substituer à ce qui est élevé (la naissance d'un couple, les aveux d'amour) ce qui est banal, dérisoire (un coca pris ensemble, un bon coup estudiantin, suite à un malentendu). Ce qui est élevé est sciemment escamoté, dérobé au regard par cette anecdote plaisante et quotidienne. L'intimité de sa relation avec Paulette ne sera nulle part évoquée sauf par le biais du quotidien et des choses. Ainsi, dans « Aventures des meubles. Histoire de trois tables », en faisant l'histoire de ses tables, Perec utilise le pronom « nous » : c'est un des rares endroits où il parle comme couple :

> J'ai eu trois tables. La première, dit-on, me venait de mon père. Quand nous avons quitté la rue de l'Assomption pour la rue de Quatrefages, nous l'avons donnée aux Lederer, qui s'installaient rue Vercingétorix. Elle y est toujours, avec sa rallonge de fortune.
> Pour la rue de Quatrefages, nous avons acheté au marché aux puces une belle table de ferme, longue et étroite, qui s'est avérée [...] branlante. [...]. Quand nous avons quitté la rue de Quatrefages pour aller rue du Bac, nous avons vendu cette table à Marie-Noelle Thibaud qui s'installait rue du Temple. [...]
> L 26, p. 159

Comme dans l'histoire de Duchat, on suit ici, par le biais des tables, l'histoire des déménagements successifs du couple et de leur séparation finale. La transmission des choses dessine le réseau d'amis où le couple se situe. Le passage contient une série d'adresses qui forme un dense réseau de lieux : non seulement les leurs, mais celles de leurs amis (destination des tables) et celles où ils ont acheté ladite table. C'est encore un exemple de l'autobiographie oblique telle que la pratique Perec.

Sur ses autres amours, Perec n'est guère plus disert. Il en parle le plus souvent par allusion mais comme pour ses amitiés, il lui importe d'en faire l'inventaire exhaustif. Ainsi, l'enveloppe du Saint-Louis Souvenir 1971 contient deux petits papiers avec des listes de prénoms. L'une est la chronologie, par année, de 1953 à 1971, de ses relations amoureuses. Les seuls souvenirs un tant soit peu élaborés renvoient à des amours appartenant à un passé lointain, lorsque Perec avait une vingtaine d'années. Il y a premièrement la brève liaison avec Marie-Claire Herpin, en 1955-56. L'Italie Souvenir 1969 fait le récit détaillé des circonstances : le rôle des 'concurrents' en amour, la sortie à quatre (Nour et son amie, Perec et elle) qui marqua le début de leur liaison, ensuite la nuit passée ensemble dans l'appartement de la rue de l'Assomption. C'est une des rares occurrences où Perec parle ouvertement de sensualité et de sentiments : « Je pourrais presque me souvenir du bouleversement que provoqua sa langue dans ma bouche. [...]. Au matin nous repartîmes tous les quatre (dont au moins moi ivre de bonheur) à Charles Michels [...]. » (L 17, p. 124-125) Hélas, au bout de quelques mois, pendant les vacances d'été, la jeune femme lui fait faux bond ; s'ensuit une longue période de chagrin dont naît son premier roman, Les Errants, où elle figure sous le nom de Gloria (ibid.).

Ces débuts en amour (qui selon Perec, furent platoniques et timides[45]) se confondent donc avec ses débuts en littérature. Lié à l'écriture, ce premier

---

45  Voir L 17, p. 128.

amour est aussi profondément enraciné dans les lieux. C'est à eux surtout que se rattache le souvenir de cette première soirée : le « restaurant italien sur les grands boulevards (le nom m'échappe mais je le reconnais chaque fois que je passe devant ») , le « club de l'Etoile » où ils vont danser après, enfin la chambre partagée rue de l'Assomption. Suite à un déplacement typiquement perecquien, l'itinéraire emprunté avec elle le lendemain de la rue de l'Assomption à la station de métro Charles Michels prend une telle importance après coup qu'il le fait entrer dans son roman *Les Barques*.

*Lieux* contient un seul autre souvenir d'intimité érotique, celui d'une après-midi dans sa chambre d'étudiant rue Saint-Honoré, avec une certaine Jeannette S. Il se situe vraisemblablement en 1959 donc lors de son séjour dans la « deuxième » chambre rue Saint-Honoré[46]. C'est un des rares passages dans son œuvre où Perec décrit la nudité d'un corps féminin : « elle avait vraiment un corps de petite fille, la poitrine à peine marquée par deux renflements, de longues jambes fuselées, un ventre à peine bombé, la taille à peine marquée, la strie nette du sexe sous une touffe de poils à peine bruns. » La répétition du mot « à peine », insiste sur l'extrême jeunesse de la jeune fille et par la suite, il décrit sa propre timidité et son inhibition et analyse impitoyablement les causes de son échec : « Les éléments du système étaient en place : elle avait besoin de moi, elle s'offrait à moi et je la repoussais. Elle ne me fascinait pas ; elle ne cherchait pas à m'échapper. Un peu plus tard elle m'est devenue insupportable. » (*L* 50, p. 236) Il semble que pour le jeune Perec, comme pour le narrateur proustien, l'objet aimé doive être une « fugitive », menaçant à tout moment de disparaitre ou si l'on veut, une « princesse lointaine ».

A part ces épisodes amoureux, les Souvenirs contiennent des scènes de l'enfance mais elles sont peu nombreuses et peu explicites. Ne revenons pas ici à Vilin[47] mais pour l'enfance, arrêtons-nous à deux autres lieux : Assomption et Franklin-Roosevelt. Un des souvenirs récurrents liés à la rue de l'Assomption est comment, peu après son retour de Villard, donc en 1945 ou 46, l'enfant fut envoyé chercher du pain et se perdit, ayant probablement confondu deux rues. Souvenir significatif de plusieurs manières : tout le drame de la Seconde Guerre mondiale, de la disparition du père et de la mère, de sa transplantation chez son oncle et sa tante, se trouve concentré et métonymiquement exprimé dans cette scène en elle-même banale, quotidienne, d'aller à la boulangerie acheter du pain.

Une autre scène, présentée comme insignifiante mais qui ne l'est guère, est celle de la pêche aux écrevisses : « la pêche aux écrevisses, un matin (4 h du

---

46   Chapitre 4, § 2.
47   Cf. chapitre 6.

matin !) avec Michel. La mère de Michel les prépara mais je crois que ma tante m'interdit d'en manger » (*L* 3, p. 66). Est-ce pour des raisons d'hygiène ou cette interdiction renvoie-t-elle implicitement à la judéité et à la défense de manger des crustacés (interdiction qui persistait apparemment dans cette famille qui n'était pas pratiquante) ?

En lisant les Souvenirs de Franklin-Roosevelt, on s'attend à des souvenirs d'enfance, puisque ce lieu fut choisi à cause de la fugue que fit Perec à douze ans, racontée dans *Les Lieux d'une fugue*. Or ce récit est daté de mai 1965[48] : quatre ans avant qu'il retourne à Franklin-Roosevelt écrire ses lieux. L'action de se souvenir a donc déjà eu lieu, ce qui aura un impact certain sur les évocations ultérieures du lieu :

> Je ne m'en souviens pas comme si c'était hier. Je crois au contraire que pendant des années, j'avais tout oublié.
>
> Plus tard, en 1967, écrivant *Lieux d'une fugue*, j'ai reconstitué presque tout et ne l'ai dès lors plus oublié.
>
> Par contre j'ai oublié l'événement, le déclic qui m'a fait, en 67, avoir envie de me souvenir. Je sais trop, par ailleurs, que la fugue et son souvenir n'ont désormais plus (et n'auront plus jamais ?) d'autre expression que la nouvelle que je lui ai consacrée. Par ailleurs encore, il y a peu de chances que Franklin prenne pour moi une autre signification que celle que la fugue lui a attachée.
>
> *L* 10, p. 89

Par l'écriture de la nouvelle, l'épisode de la fugue s'est définitivement incrusté dans sa mémoire. Or ce phénomène va à l'encontre du principe de *Lieux*, que Perec rappelle dans le même texte : « d'une année sur l'autre, apprendre à les perdre [ses souvenirs] et à les retrouver, oublier ce que j'en ai dit, savoir les surprendre, me surprendre. » (*ibid.*). Ce retour chaque fois renouvelé à un même souvenir est désormais impossible, c'est pourquoi les Franklin-Roosevelt Souvenirs ne contiennent aucun récit de la fugue, mais uniquement des réflexions sur sa signification et des souvenirs liés à d'autres occasions. Dans ce cas, c'est donc paradoxalement le (récit du) souvenir qui paralyse la capacité de se souvenir. Une seule exception : sans reconstituer le parcours de cette journée, comme il le fait dans la nouvelle, Perec parvient, avec quelques efforts, à « ressentir encore l'impression, le contact du bois du banc. Je pense que j'avais les pieds vers l'Etoile et la tête vers Concorde. Mais j'ai dû changer de position. »

---

48   Il ne sera publié qu'en 1975.

(*ibid.*). Ici encore, et comme dans la nouvelle, le souvenir d'un événement est le souvenir des lieux et du positionnement du corps dans l'espace[49].

L'analyse qui précède confirme que le Souvenir-type se construit selon un modèle fixe qui, partant d'une description du lieu, de l'espace, passe successivement aux objets matériels qu'il contient (choses, œuvres d'art ...) puis aux personnes qui lui sont liées. Beaucoup de Souvenirs se limitent à ces trois composantes ; certains comportent également des micro-événements. Ce modèle d'écriture est proche de celui de la rhétorique des circonstances, car il correspond aux questions de cette topologie si courante en rhétorique. Sans faire d'étude quantitative des Souvenirs, on constate que le volume et le détail des descriptions de lieux et de choses y dépasse de loin celui des souvenirs ponctuels, qui restent rares. Certes, il y est beaucoup question aussi des personnes mais rarement sous forme de souvenir ponctuel d'un événement, sauf celui des rencontres, dont Perec dresse assidûment le catalogue. Les souvenirs de personnes sont surtout ceux de leurs noms, égrenés d'un an à l'autre ; ainsi, les Souvenirs constituent des archives de noms propres, souvent sous forme de liste, qui ont une fonction de mémorial, comme par exemple la liste des invités à la fête de dépendaison de la crémaillère. Il y a très peu de récits dans les Souvenirs, et si Perec s'adonne à la narration, c'est pour raconter l'histoire de ses tables, de ses lits ou de ses chats.

Faut-il pour autant conclure à un échec du travail de la mémoire, dans les Souvenirs ? Certes, l'attente du lecteur (et peut-être celle de Perec lui-même) est systématiquement déçue mais au bout du compte, on découvre que la mémoire est ailleurs : non dans les événements mais dans l'espace, les choses et les noms. En effet, l'histoire de Duchat et de sa descendance trace indirectement le réseau des amitiés et des relations de Perec ; l'histoire de ses lits et de ses tables fait de même, de manière plaisante, pour son couple. Les rares récits des amours de jeunesse de Perec révèlent eux aussi un fort attachement à l'espace, aux lieux où ces histoires s'enracinent. Il en est de même pour les souvenirs d'enfance qui ont la même structure métonymique : les épisodes liés à la rue de l'Assomption (boulangerie, pêche aux écrevisses) sont des anecdotes en soi banales mais qui renvoient à un noyau autobiographique primordial (la perte de la mère, la judéité). Quant aux rares souvenirs de Franklin-Roosevelt, ils sont eux aussi enracinés dans l'espace et inséparables des choses (positionnement

---

49    Cette orientation spatiale du corps exprimée par quelques grands points de repère parisiens rappelle la scène déjà citée d'*Un homme qui dort*, où le protagoniste a le sentiment, par la position de son corps, de maîtriser l'espace : « Parfois, maître du temps, maître du monde, petite araignée attentive au centre de ta toile, tu règnes sur Paris : tu gouvernes le nord par l'avenue de l'Opéra, le sud par les guichets du Louvre, l'est et l'ouest par la rue Saint-Honoré. » (*HD* 53).

du corps dans l'espace, sensation du banc de bois ...). Leur pauvreté fait découvrir à Perec une 'loi' de la mémoire qui va à l'encontre de celles qu'il avait échafaudées au début du projet : une fois qu'un souvenir a été raconté en détail, comme dans *Les Lieux d'une fugue*, le voilà 'classé' ; il est impossible alors de recommencer à zéro chaque année, comme il se l'était proposé. On mesure ainsi la distance entre le métadiscours de Perec et la pratique du projet.

Les Souvenirs – proches ou lointains – confirment que le passé ne saurait être directement évoqué, chez Perec, mais uniquement à travers son lieu, à travers les choses et les noms qui lui sont attachés. Décrire cet espace et ces choses n'est pas un travail préliminaire à celui de la mémoire. Il coïncide avec ce travail lui-même, qui est par là même orienté non sur les événements (l'« extraordinaire ») mais sur les lieux de mémoire et la manière, toute quotidienne et matérielle, dont ils sont vécus. Cela confirme une fois de plus que les *Lieux*, et les Souvenirs en particulier, sont une Topologie, au sens rhétorique du terme. Dans cette Topologie, les lieux communs de l'*Inventio* sont les lieux de mémoire de la *Memoria*, dans un parcours, un travail qui est à la fois celui de la mémorisation et de la commémoration et parfois, à de rares moments, celui de la remémoration.

CHAPITRE 9

# Les *lieux* de l'écriture

Dans *Lieux*, la question n'est pas « comment j'ai écrit certains de mes livres », pour citer Roussel, mais celle de savoir « où j'ai écrit certains de mes livres ». Cette question du lieu d'écriture semble capitale. Si Italie constitue un des douze lieux élus, c'est parce qu'à vingt ans, boulevard Blanqui, dans la chambre d'étudiant d'un ami, il a dactylographié le manuscrit de son premier roman, *Les Errants*. Chaque fois qu'il en parle dans les Souvenirs, Perec précise : non pas écrit, mais dactylographié le manuscrit. Pourquoi cette insistance sur le geste accessoire en soi de la dactylographie ? Est-ce parce que taper un manuscrit (à l'époque du moins), c'est en fabriquer la version finale ? Ou bien parce que la dactylographie a un rapport à l'aspect matériel de l'écriture ? Et si cette pratique matérielle de l'écriture est importante ici – plus, semble-t-il, que le sujet du roman, à peine mentionné –, quelle en est la raison ? Est-ce parce qu'elle enracine une œuvre dans un lieu déterminé ? Ainsi, pour Perec, *Les Errants* (même si le roman demeurera inédit) restera à jamais lié à un lieu, la place d'Italie, et inversement.

Par l'acte d'écrire, le lieu physique devient aussi un lieu rhétorique, fait de mots, ce qui confirme, une fois de plus, le double sens du mot 'lieux', chez Perec : les lieux topographiques – lieux publics – y sont étroitement liés aux lieux rhétoriques c'est-à-dire aux lieux communs, aux *topoi*. Ecrire, c'est littéralement faire le tour de ses 'lieux'[1]. Certes, dans la mesure où les douze lieux élus sont visités et décrits chaque année, tous pourraient être vus comme des lieux d'écriture (dans le sens où il y écrit les Réels) mais certains lieux sont, plus que d'autres, liés à la pratique de l'écriture. Ces lieux de l'écriture sont de trois sortes : ils peuvent renvoyer à des œuvres du passé, à des œuvres en cours ou bien se rapporter au « champ littéraire » où se meut Perec comme écrivain.

Les premiers sont d'abord les lieux de ses débuts en littérature, ceux où il a écrit ses premiers (essais de) romans : Italie pour *Les Errants*, Assomption pour *L'Attentat de Sarajevo*[2] et Saint-Honoré pour *La Nuit/Gaspard pas mort*[3]. Les Souvenirs de ces trois lieux évoquent ses œuvres de jeunesse ; ils offrent un

---

1 Voir chap. 8.
2 Il se souvient que c'est dans cette chambre qu'il a dicté *L'Attentat de Sarajevo*, en 1957 (*L* 3, p. 66).
3 Perec note qu'en 1959, pendant son second séjour en chambre de bonne rue Saint-Honoré, il a « écrit *Gaspard pas mort* » (*L* 5, p. 74).

matériau d'autant plus précieux que certaines de ces œuvres sont perdues[4]. Ce sont aussi des lieux comme Saint-Honoré ou Franklin-Roosevelt, où il a vécu quelque chose qui a pu mener à une œuvre : l'expérience de l'indifférence pour *Un homme qui dort* (1967), la fugue d'enfance pour *Les Lieux d'une fugue* (écrit en 1965). Or en 1969, lorsque Perec commence *Lieux*, ces œuvres existent déjà et font corps avec leur lieu. La rue Saint-Honoré n'est déjà plus seulement le lieu où il a vécu étudiant mais elle en est venue à coïncider avec *Un homme qui dort* ; de même, Franklin-Roosevelt n'est plus uniquement le lieu de la fugue mais le lieu rhétorique qu'est le texte, la nouvelle *Les Lieux d'une fugue*. C'est ce rapport à l'œuvre écrite qui fait que Saint-Honoré et Franklin-Roosevelt font partie de *Lieux*. Il faudra se demander quelles sont les conséquences de cette fusion du lieu et de l'œuvre, pour le travail de la mémoire dans les Souvenirs.

Dans un deuxième temps, nous nous pencherons sur les références autotextuelles à l'œuvre en cours ou à venir. A de rares moments, les Souvenirs cessent d'être des souvenirs et deviennent une sorte de journal de bord accompagnant par exemple l'écriture de *W*, ou anticipant sur celle de *La Vie mode d'emploi*. Mais ils contiennent encore et surtout un métadiscours permanent sur *Lieux* lui-même[5]. Il s'agira d'en interroger les modalités et la portée.

Enfin, dans un troisième temps : les lieux de la reconnaissance littéraire. Les Souvenirs documentent comment Perec cherche et trouve sa place dans le 'champ littéraire'. Ils contiennent les traces de ses relations (imaginaires ou réelles) avec d'autres écrivains (Barthes, Leiris, Cayrol ...). En outre, à partir de 1970 donc au cours du projet, un lieu comme Gaîté, d'abord lié au passé, devient le lieu de la création de sa pièce de théâtre *L'Augmentation* : consécration littéraire ou du moins moment de reconnaissance, sanctionnée par la présence de tout le réseau social de Perec[6].

## 1    Les lieux d'écriture des premières œuvres : Italie et *Les Errants*

Dans les Italie Souvenirs, Perec fait plusieurs fois l'inventaire de ses œuvres de jeunesse, mais c'est sur la toute première, *Les Errants*, qu'il nous donne le plus de détails. Ce premier roman est aussi l'œuvre la plus fortement enracinée dans un lieu d'écriture, c'est pourquoi nous la privilégions ici. Le texte s'ouvre par une description détaillée de la chambre de son ami Michel Rigout, dans

---

[4] C'est le cas des *Errants* et de *Gaspard pas mort*, voir *L* 17.
[5] Philippe Lejeune, *La Mémoire et l'oblique, op. cit.*, p. 158 sq.
[6] Voir chap. 3, § 4.

une maison d'étudiants située boulevard Blanqui. De cette chambre minuscule, Perec retient deux choses : l'odeur « incommodante » du poêle à butagaz et la malle abandonnée là par leur ami commun Noureddine, dont il refait, chaque année, l'inventaire avec une certaine fascination. Par un mouvement métonymique désormais bien connu, le texte parle de Noureddine en dressant l'inventaire de ses 'choses'. La chambre est décrite comme un lieu accueillant ; elle est généreusement prêtée aux amis de passage, comme Noureddine et Perec lui-même, tous deux encore plus ou moins « errants » à cette époque. C'est seulement au terme de cette description d'une demi-page qu'on en apprend la raison d'être :

> C'est dans cette chambre du boulevard Blanqui que j'écrivis en partie et tapai à la machine sans doute la totalité de mon premier roman, *Les Errants*. Ce devait être au cours de l'hiver 55-56 (je faisais de l'Histoire en Sorbonne).
>
> *L* 17, p. 124

On s'attend alors à en apprendre plus sur ce roman mais on reste largement sur sa faim. Perec se limite à en résumer le sujet en une phrase : « *Les Errants* racontent l'histoire de quatre musiciens de jazz, blancs, qui trainent à travers le monde et finissent par mourir au Guatemala aux côtés du colonel Arbenz. » (*ibid.*) Le ton de ce résumé est factuel, distant, comme si cette œuvre ne le concernait plus. Elle est si lointaine qu'il affirme, un peu plus loin, ne plus arriver à s'en souvenir : « je voudrais mieux me souvenir de ce livre mais n'y parviens pas [...] Aucun souvenir des lieux, des épisodes, de la chronologie. » Seuls subsistent quelques lambeaux de phrase : « Demain je serai mort. » (la première phrase) et « A des milliers d'années-lumière, Gloria ... » (*ibid.*) Il semble que le zeste du souvenir ne soit pas dans le sujet du roman mais dans l'acte matériel de l'écriture et son enracinement dans un lieu précis.

Il donne également quelques précisions sur les noms et les préoccupations des personnages : « Chacun se laissait aller à la musique et rêvait de ce qui le torturait ; l'un d'eux d'une femme, Gloria, transposition de Leila, la nuit, surnom tunisien que se ou qu'on donnait à M[arie] C[laire] H[erpin] [...] » (*ibid.*) La fin de cette brève liaison[7] marque le début de l'écriture des *Errants*, pendant l'été 1955. Le roman semble donc né de cet éphémère amour. Cela explique qu'au lieu de se souvenir du roman lui-même, Perec revoit en pensée une photographie de l'époque :

---

7   Voir chap. 8, § 4.

> J'avais une barbe, informe et inculte. Je portais une veste saharienne en toile très légère (qui datait de mon voyage en Israël en 52). J'allume une cigarette, assis au pied d'un arbre. Sur mes genoux, quelques feuillets.
>
> *L* 17, p. 125[8]

Dans cette photo, décrite non sans autodérision, Perec se portraiture en artiste, en écrivain confirmé. Si l'écrivain est né, quel est son lieu de naissance ? Perec fait minutieusement l'inventaire des lieux où il a commencé à écrire. Si le roman a été terminé boulevard Blanqui, il a été commencé en Angleterre : « Le premier texte qui allait s'incorporer aux *Errants* avait été écrit sur une plage de Cornouailles (à Rock ou non loin de) au cours de l'été 54. » (*L* 17, p. 124) C'est là que Perec passe ses vacances cet été-là, peu après son bac ; il y est en séjour linguistique. La chambre où il loge est décrite dans l'un des rares fragments qui subsistent des *Lieux où j'ai dormi* (cité dans *Espèces d'espaces*). La chambre et le séjour de Rock étaient sans doute mémorables justement parce qu'il y avait écrit ce premier texte : « cet été-là, [...] j'ai décidé de devenir écrivain [...] » (*EE* 45).

Mais le roman *Les Errants* a encore un autre lieu d'écriture :

> Une grande partie du livre fut écrite aux sports d'hiver, à Noël 55, en Autriche. J'ai oublié le nom de la station, c'est de l'autre côté de Garmisch, le long du Zugspitze. Il y a un tunnel hitlérien qui passe à travers la montagne laquelle constitue la frontière. Il y avait peu de neige et je passai la plupart de mes après-midis dans un café non loin du chalet où nous vivions [...] Ce café était très agréable : du bois clair, des grandes baies ; j'y commandai une bière puis un kirsch.
>
> *L* 17, p. 125-126

Là encore, Perec décrit l'acte d'écrire et ses circonstances plutôt que son contenu. Cela correspond à sa conception de l'écrivain non comme inventeur mais comme scripteur, comme celui qui « trace des mots sur une page » (*EE* 21) et qui, par cet acte de tracer, donne une orientation à sa feuille de papier, la transforme en espace, en un lieu où habiter : « J'écris : j'habite ma feuille de papier, je l'investis, je la parcours. » (*EE* 23) Si Rock, la station de sports d'hiver et la place d'Italie demeurent des lieux de mémoire quant à son

---

8   Il s'agit de la photographie publiée dans *Portrait(s) de Georges Perec*, Paulette Perec, éd., *op. cit.*, p. 40 ; elle est également reproduite à la fin de *L* 17, p. 131.

écriture, c'est parce que c'est là qu'il est né comme « scrivain » ou « Scriptor », pour reprendre les termes du post-scriptum de *La Disparition* (*D* 309)[9].

Or pour être « scrivain », il ne suffit pas de noircir du papier, il faut achever une œuvre, écrire le mot fin. Cette dimension d'achèvement est essentielle et explique l'importance de la dactylographie : la mise au net du manuscrit, la fabrication de sa version finale. Chaque fois qu'il évoque ce moment, il se rappelle comment il a fêté la chose :

> Je terminai *Les Errants* donc, chez M[ichel] R[igout], boulevard Blanqui ; le soir où j'achevai de le taper à la machine, l'on fêta, Michel et moi et un troisième (sans doute le copain algérien ?) d'aller au cinéma. Il y en avait quatre avenue d'Italie […]. Nous allâmes au premier à droite en descendant vers Monge voir *Mardi, ça saignera* de – je crois – Hugo Fregonese avec Edgard G. Robinson. Film qui je ne sais pourquoi, me plut beaucoup.
> *L* 17, p. 126

En effet, pourquoi avoir aimé ce film noir américain d'une rare violence, comme le titre l'indique, sinon parce qu'il est désormais inextricablement lié à ce souvenir de sa naissance à l'écriture ? Notons que ce souvenir de cinéma est, lui aussi, fortement spatialisé : plus que du film lui-même, Perec se souvient (comme souvent) de l'emplacement du cinéma, de la configuration de l'espace.

Italie, Rock, la station de sports d'hiver : ce qui compte dans ce souvenir d'une première œuvre, ce n'est pas l'intrigue, le roman lui-même mais les lieux d'écriture : dénué de « lieux stables », de lieux « enracinés » (*EE* 179), Perec s'inscrit dans l'espace. Par l'acte de l'écriture, il crée ses propres lieux de mémoire.

## 2 Franklin-Roosevelt : « lieux d'une fugue », lieux d'écriture, lieux de tournage

Au moment où Perec décide d'inclure Franklin-Roosevelt dans *Lieux*, il a déjà écrit *Les Lieux d'une fugue*. Le marché aux timbres est devenu un de ses lieux de mémoire, non seulement à cause de la fugue elle-même mais aussi à cause de la nouvelle qui en a résulté. C'est pourquoi le cas de Franklin-Roosevelt est plus complexe que celui de Vilin, Assomption, Gaité, Contrescarpe ou Jussieu, qui renvoient uniquement à une expérience vécue, respectivement l'enfance, la vie d'étudiant, la vie de couple. Nous avons vu plus haut que, dans le cas de

---

[9] Les mots « scrivain » et « Scriptor », outre qu'ils ne comportent pas de e, soulignent le côté scribe de l'écrivain (comme dans « Bartleby the Scrivener » de Melville), qui est pour Perec aux antipodes de l'inspiration.

Franklin-Roosevelt, le récit du souvenir (dans *Les Lieux d'une fugue*) est paradoxalement ce qui empêche Perec d'en évoquer à nouveau les souvenirs[10]. A ce moment-là, on peut se demander si écrire un souvenir de Franklin-Roosevelt, c'est encore se souvenir de la fugue d'enfance ? Ou bien est-ce surtout se souvenir des *Lieux d'une fugue*, de l'écriture d'un texte ? Autrement dit, dans ces Souvenirs, n'est-ce pas à une mémoire au second degré que l'on a affaire ?

Il en est de même pour Saint-Honoré, lieu surdéterminé à cause d'*Un homme qui dort*, publié en 1967 donc deux ans avant le début de *Lieux* : dans les Souvenirs de la rue Saint-Honoré, Perec ressasse les mêmes données, sans arriver à faire resurgir autre chose que ce qui a déjà été décrit dans ce récit[11]. Texte qui semble en quelque sorte se substituer à ses souvenirs, fusionner avec eux. A son tour, Franklin-Roosevelt est-il définitivement devenu « Les lieux d'une fugue » ? Et qu'en résulte-t-il alors pour le fonctionnement de la mémoire ? Ces Souvenirs contiennent un métadiscours passionnant sur l'origine de cette nouvelle, tout d'abord sur l'étrange alliance entre la mémoire et l'oubli, qui a fait que pendant plus de quinze ans (de 1948 à 1965, où il écrit la nouvelle), Perec a « tout oublié » de sa fugue. Oublié les faits, la date et le déclic du souvenir. Qu'est-ce qui l'a déclenché ?

> Il me semble que le Marché aux timbres existe toujours et qu'il y a quelques années je suis passé au Rond-Point des Champs-Elysées un jour où il se tenait. Il me semble aussi que j'ai mis un certain temps avant de comprendre de quoi il s'agissait et de m'en souvenir.
> *L* 75, p. 301

C'est donc bien le lieu lui-même, le passage sur les lieux, qui a déclenché le souvenir. Ce déclic du souvenir est le fait de ce qu'on pourrait appeler la mémoire involontaire : si, pour paraphraser Proust, Perec n'était jamais repassé à Franklin-Roosevelt, le souvenir de la fugue serait resté à jamais caché dans le banc et le carrousel comme les âmes des disparus dans les arbres[12]. Mais, comme chez Proust également, la résurgence du souvenir, elle, est affaire de mémoire volontaire : elle est progressive (« j'ai mis un certain temps avant de comprendre ... ») et surtout, on doit avoir « envie de [se] souvenir » (*L* 10, p. 89), de faire l'effort, comme le Narrateur pendant l'expérience de la madeleine, de

---

10   Chap. 8, § 4.
11   Voir chap. 4, § 2.
12   Proust, *À la recherche du temps perdu*, J.-Y. Tadié éd., Gallimard, coll. Bibliothèque de la Pléiade, 1987, tome I, p. 44.

reconstituer le souvenir[13]. Pour ce faire, il faut donc un certain « travail de la mémoire ». La structure fragmentée de la nouvelle, les blancs, les répétitions, l'ordre achronologique des événements racontés reflètent ce difficile « travail » de la mémoire, toujours mêlé à l'oubli :

> J'essaie de me souvenir. Je parviens encore à ressentir l'impression, le contact du bois du banc. Je pense que j'avais les pieds vers l'Etoile et la tête vers Concorde. Mais j'ai dû changer de position.
> 
> *L* 10, p. 90

Cette citation contient deux éléments proustiens : l'importance de la sensation pour la mémoire (« le contact du bois du banc ») et la configuration spatiale du souvenir. Comme celui du Narrateur proustien dans son lit, le corps est ici un corps étendu et orienté dans l'espace, ce qui implique une maîtrise de l'espace.

Tous ces oublis accumulés – oubli de la fugue elle-même, pendant près de vingt ans, oubli de la date du souvenir et donc de celle de l'écriture de la nouvelle – en disent long sur la nature de cette expérience. En effet, la fugue n'est pas un événement vécu qui peut être reconstitué par la mémoire à tout moment mais un traumatisme au sens psychanalytique du terme : une expérience qui par son caractère incisif, douloureux, s'avère impossible à vivre consciemment sur le moment et qui est pour cela longuement refoulée. Le flou qui entoure le souvenir rappelle les imprécisions des Vilin Souvenirs sur son lieu de naissance, également causées par le traumatisme[14]. Comme le rappelle Paulette Perec dans sa chronologie, la fugue est « un moment de rupture dans la vie de Perec »[15], une crise qui sera suivie par des années de psychothérapie avec Françoise Dolto.

L'autoréflexion dans les Souvenirs concerne non seulement le resurgissement du souvenir mais aussi la signification possible de la fugue, qui semble encore souvent très présente à Perec :

> Suis-je si loin de Franklin ? Hélas non. Toute la semaine, c'était peut-être le même sentiment : l'ennui, l'insurmontable, quelque chose que je ne parviens pas, que je ne parviendrai jamais à maîtriser.
> 
> *L* 32, p. 174

---

13   La nouvelle l'atteste aussi : « Lorsque, vingt ans plus tard, il entreprit de se souvenir (lorsque, vingt ans plus tard, j'entrepris de me souvenir), tout fut d'abord opaque et indécis. Puis les détails revinrent, un à un […] » (*JSN* 30).
14   Voir chap. 6, § 4.1.
15   Paulette Perec, *Portrait(s) de Georges Perec, op. cit.*, p. 30.

Il donne ici une interprétation assez sévère de sa fugue : elle ne témoignerait pas d'une autonomie réelle, mais plutôt d'un besoin démesuré d'attention et d'amour. En effet, pourquoi avoir seulement, en première instance, sauté une station de métro et manqué la première heure de cours ? Pourquoi s'être réfugié au marché aux timbres c'est-à-dire dans « le seul endroit où l'on irait tout de suite me chercher » ? Aussi, conclut-il, « la fuite n'était qu'un signal : j'ai besoin de vous, venez me rechercher, aimez-moi, occupez-vous de moi » (*L* 32, p. 174). Malgré cette lecture psychologisante de son acte, les Souvenirs – comme la nouvelle elle-même – contournent et évitent les motifs de la fugue : exprime-t-elle le refus du nouveau domicile familial, de sa famille d'adoption ? Le traumatisme lui-même l'empêche d'en parler, empruntant encore une fois la voie indirecte de la description des lieux, dans les Souvenirs comme dans les Réels. La douleur du traumatisme est visible, par contre, dans ce sentiment d'ennui, à prendre aussi au sens fort du terme, celui d'une mélancolie propre à ces lieux, et qui revient chaque fois que Perec en parle. Cet ennui est également lié, bien sûr, au sentiment que les Souvenirs ne pourront lui offrir autre chose que la nouvelle, où il a tout dit. Or cela est difficilement conciliable avec l'essence des Souvenirs, qui est de recommencer chaque année à zéro, et sans soutien aucun, à se souvenir d'un lieu donné : « Je dois pourtant, d'une année sur l'autre, apprendre à les perdre [ses souvenirs] et à les retrouver, oublier ce que j'en ai dit, savoir les surprendre, me surprendre. » (*L* 10, p. 90) : aux souvenirs statiques de la fugue vont se superposer d'autres souvenirs, plus récents, qui se créent au fil de ses visites successives pour écrire les Réels.

Ces souvenirs ne concernent pas le marché aux timbres, donc 'les lieux d'une fugue', mais plus largement les Champs-Elysées. Il semble d'ailleurs y avoir un certain flottement par rapport à la topographie des lieux. Le marché aux timbres se situe Carré Marigny, au croisement de l'avenue Gabriel et du cours Marigny, donc à la hauteur du métro Champs-Elysées-Clemenceau. Pourtant, en 1972, Perec le situe au Rond-Point des Champs-Elysées, à la station Franklin-Roosevelt. C'est probablement à cause de cette station de métro (et l'avenue Franklin-Roosevelt, qui lui a donné son nom) qu'il désigne ce lieu comme « Franklin-Roosevelt ». Dénomination qui renvoie donc non à un lieu précis mais à une zone plus large, comme c'est le cas pour Gaîté[16]. Rien d'étonnant alors qu'en 1972, selon une procédure désormais connue, Perec fasse l'inventaire de ses souvenirs des Champs-Elysées.

Cet inventaire est classé par catégories : réceptions, promenades, cinémas, films ... En faisant cet inventaire, il a l'impression que les souvenirs coulent à flot : « la mémoire fonctionne toute seule, impression d'une machine très bien

---

16   Voir chap. 3, § 1.

huilée, c'est l'écriture qui est en retard, comme un computeur qui va beaucoup plus vite que ce qui sort du téléscripteur. » (*L* 75, p. 303) On observe donc un contraste, fréquent chez Perec, entre l'amnésie, suivie d'une anamnèse différée (pour 'les lieux d'une fugue') d'une part, et de l'autre, l'hypermnésie en ce qui concerne des souvenirs moins surdéterminés, comme ceux-ci. Le cas est comparable à celui des « Lieux où j'ai dormi » : Perec y avait constaté qu'il avait « une mémoire exceptionnelle [...], prodigieuse de tous les lieux où j'ai dormi, à l'exception de ceux de ma première enfance [...] » (*EE* 43), qui correspondent à la rue Vilin.

Ces souvenirs concernent presque tous le cinéma. En effet, se demande Perec : « qu'aller faire, à part ça, à Franklin-Roosevelt ou sur les Champs-Elysées. Aller au cinéma [...] ou parler de cinéma. » (*L* 97, p. 370) Cependant, ces souvenirs des Champs-Elysées ne se limitent pas à un inventaire de films, mais nous parlent aussi de Perec cinéaste. Plusieurs visites sont liées à des projets de films, des négociations en vue de films à faire :

> Le cinéma, petit c : comme « producteur » (scénariste, auteur, etc.). I. Bonnafond, rue d'Albano, pour *Les Choses* ; Livi, rue Marbeuf et Strauss, sur les Champs-Elysées, pour *Des oiseaux dans la nuit*, bientôt Dovidis pour *Un homme qui dort* (ou les autres projets en attente ou en sommeil).
> 
> *L* 75, p. 303

Mireille Ribière a consacré un utile article aux « projets inaboutis de Perec »[17], qui nous a permis d'identifier les deux premiers projets mentionnés : respectivement le premier projet pour *Les Choses* (1966), avec pour producteur Jean Michaud-Mailland[18] et celui des *Oiseaux de la Nuit* (1971)[19], avec un scénario de Perec et Jean-François Adam : « Strauss devait produire le film et Trintignant le jouer, mais ça ne s'est pas fait. Du coup, j'avais même un « agent », Jean-Louis Livi, neveu d'Yves Montand, et habitant, ou plutôt ayant son bureau, rue Marbeuf, pas très loin. » (*L* 97 p. 369) Une fois de plus, c'est la topographie qui semble compter ici, construisant des « lieux du cinéma » qui comptent plus que l'intrigue de ces films oubliés ou en tout cas jamais réalisés.

Pourtant il y a ici une exception et c'est *Un homme qui dort*. Dans le Souvenir de février 1974, les Champs-Elysées deviennent l'un des lieux de ce film, avec la rue Saint-Honoré et les autres lieux où mènent les pérégrinations du protagoniste. Si *Un homme qui dort* se rattache désormais aux Champs-Elysées, c'est

---

17   Mireille Ribière, « Cinéma : les projets inaboutis de Georges Perec », *art. cit.*
18   L'origine de cette collaboration est décrite dans le Contrescarpe Souvenir 1970 (*L* 45).
19   Voir Mireille Ribière, « Cinéma [...] », *art. cit.*, p. 157.

d'abord pour une raison pragmatique : c'est là, dans un immeuble au numéro 33, que se situe le bureau de la société Dovidis, le producteur du film[20]. Et c'est dans un des cinémas des Champs-Elysées aussi que Perec assistera à des projections privées d'*Un homme qui dort*. Le lieu est donc comparable à Italie pour *Les Errants* : il est celui de la production matérielle d'une œuvre. Mais l'avenue est aussi un lieu de tournage :

> Nous y avons également tourné au moins à deux reprises. Une fois au printemps : la foule du dimanche tout en haut des Champs-Elysées et les affiches en relief des chemises de Cacharel ; une fois fin juillet dans les galeries « Point Show » et « Les Champs ».
> 
> L 97 bis, p. 371

Cette présence de Franklin-Roosevelt dans *Un homme qui dort* reste implicite. Dans la séquence en gros plan où le personnage marche dans la foule[21], on ne reconnaît guère les lieux Et il n'y a aucune référence aux 'lieux de la fugue' qui eux, seront au centre du film que Perec fera quatre ans plus tard, mais auquel il réfléchit dès cette époque (*L* 131)[22]. A l'inverse, on peut dire qu'en devenant aussi le lieu de production du film *Un homme qui dort*, la zone de Franklin-Roosevelt prend une signification supplémentaire, puisqu'elle n'est plus seulement liée à l'expérience de la fugue.

## 3  Le métadiscours interne de *Lieux* : stratégie d'évitement ou aspect structurel au projet ?

La période de *Lieux* – 1969-1975 – coïncide avec la longue gestation de *W ou le souvenir d'enfance*. On s'attendrait donc à y trouver des références à l'écriture de *W*. Pourtant, il n'en est rien. Tout se passe comme si Perec avait construit des cloisons étanches entre les deux œuvres : dans la masse des Souvenirs, on trouve à bien compter cinq allusions à *W*, et encore sont-elles brèves[23]. La raison principale semblerait être que les Souvenirs s'attachent par définition au passé, non au présent. Ils ne constituent pas un journal d'écrivain[24].

---

20   Voir Paulette Perec, éd., *Portraits de Georges Perec, op. cit.*, p. 85.
21   Georges Perec et Bernard Queysanne, *Un homme qui dort*, 1h 02 mn.
22   Selon Paulette Perec, au moment du tournage d'*Un homme qui dort*, Perec « réservait » déjà deux lieux pour ce film à faire (Assomption et Franklin Roosevelt), *ibid.*, p. 89.
23   Elles se trouvent dans les Lieux nos. 22, 28, 30, 59 et 115.
24   Même si, comme le constatait déjà Ph. Lejeune, *Lieux* vire de temps en temps au journal de bord, communiquant des confidences intimes en soi étrangères au projet (Lejeune, *La Mémoire et l'oblique, op. cit.*, p. 170).

Evoquer le présent de l'œuvre en cours serait en principe une transgression des contraintes du projet. Et il y a une autre raison, moins évidente : si *Lieux* comporte si peu d'allusions à *W*, c'est que le roman se trouve déjà, en puissance, dans *Lieux*, qui en est une matrice, comme elle l'est de tout le travail autobiographique de Perec pendant la période[25]. En effet, les Vilin Réels et Souvenirs serviront de banc d'essai du chapitre x de *W*, qui comporte des pans entiers de ces textes, repris et retravaillés[26]. Mais en attendant cette mutation des Vilin en *W*, *Lieux* conserve rigoureusement ses distances par rapport au roman qui s'élabore au même moment. Malgré ses liens intimes avec pratiquement tout ce que Perec écrit à l'époque – *La Boutique obscure*, *Espèces d'espaces* –, *Lieux* s'élabore comme en vase clos, dans une autonomie presque totale par rapport au présent, qui en est le « centre absent »[27], exprimé indirectement. *Lieux* est une œuvre qui ne se mire qu'en elle-même.

Ce caractère autoréflexif explique l'importance du métadiscours interne, dont Perec était d'ailleurs parfaitement conscient. En juin 1969, après le « premier tour complet de mes lieux »[28], il constate :

> [...] cette insertion du temps dans un écrit a pour conséquence première de privilégier le métalangage. Je ne suis pas tellement attentif au passé mais surtout à l'entreprise elle-même ; en choisissant de décrire le vieillissement des lieux (et mon vieillissement) j'accentue tout ce qui insiste sur le projet lui-même : j'écris des traces ; je n'écris qu'en projetant les textes dans cet avenir de douze ans où ils s'éclaireront l'un l'autre, où ils n'éclaireront, finalement, que le projet lui-même.
>
> *L* 12, p. 104

Il intitule cette annexe : « Métatopique ». Elle l'est doublement, puisqu'elle a un caractère métadiscursif et de surcroit, elle parle de métadiscours. Le terme de métatopique confirme le caractère rhétorique du projet car il désigne implicitement les Réels et les Souvenirs comme une « topique »[29], un parcours de ses « lieux communs », qui sont topographiques et langagiers : c'est le « premier tour complet de mes lieux » que je viens de citer. Tout ce qui est réflexion, commentaire sur la « topique », est alors du domaine de la « métatopique ». En juin 1969, Perec se demande encore : « Ces métatopiques deviendront-elles (ou ils)

---

25 *Ibid.*, p. 146.
26 *Ibid.*, « Genèse de *W* ».
27 *Ibid.*, p. 169.
28 Il vient de compléter les premiers douze *Lieux* : il a décrit une fois chacun d'entre eux, comme Réel ou bien comme Souvenir. On voit donc que ce « tour » n'est pas uniquement physique mais se fait aussi par la mémoire.
29 Chap. 7, § 2.2.

plus importants que les textes eux-mêmes ? » (*L* 12, p. 104). La question révèle une curiosité quant à la suite du projet mais aussi une certaine appréhension, comme si le métadiscours constituait une menace de déraillement pour le projet, un pis-aller dans les moments où il manquerait d'inspiration. C'est le cas par exemple lorsqu'il commence (une fois de plus) son Junot Souvenir par une formule de prétérition concernant le retard encouru[30] (« Même pas la peine de s'apesantir sur le retard que j'ai pris [...] ») pour ensuite faire l'autocritique de ce début :

> Les lignes précédentes décrivent une autre voie de garage dans laquelle je m'enfonce, m'embourbe volontiers : l'attraction du métalangage : je ne parle pas, je n'évoque pas les souvenirs de l'avenue Junot, je ne fais que tourner autour des généralités de mon propos : j'écris pour dire que j'écris c'est-à-dire que je n'écris pas.
> 
> *L* 51, p. 242

La question est alors : faut-il effectivement, avec Perec, voir ce « métalangage » ou cette « métatopique » comme une stratégie d'évitement ? Ou bien est-ce un aspect structurel du projet ? Un premier constat s'impose : quantitativement, le métadiscours interne, malgré son importance, n'a pas submergé *Lieux* puisqu'il n'apparait que dans une quinzaine de textes. Il est moins abondant – mais non moins essentiel – que le métadiscours externe sur le projet, que nous avons étudié au chapitre 1.

Ce rapport à la rhétorique explique et justifie le recours au métadiscours, puisque beaucoup de traités de rhétorique – ceux d'Aristote et de Quintilien par exemple – comportent une partie métathéorique, communément appelée « métatopique ». Plus près de nous, c'est également en tant qu'œuvre oulipienne que *Lieux* comporte tout naturellement une dimension métadiscursive ou métatextuelle. Rappelons dans ce sens le fameux « premier principe de Roubaud » qui prescrit qu' « un texte écrit selon une contrainte parle de cette contrainte. »[31] Mais ce principe ne suffit pas, car de quel type de métadiscours s'agit-il ? Qu'est-ce que le métatextuel dans *Lieux* et comment fonctionne-t-il ? Et quel est son statut ?

---

30   Le Junot Souvenir 1971, prévu pour février, est rédigé le 15 avril.
31   Jacques Roubaud, « Deux principes parfois respectés par les travaux oulipiens », *Oulipo, Atlas de littérature potentielle*, Gallimard Folio, 1988, p. 90.

Dans « Le métatextuel perecquien revisité », Bernard Magné rappelle que, vingt ans auparavant, il avait proposé le terme de « métatextuel » pour désigner la forme de réflexivité propre non au langage mais au texte[32]. Dans cet article, qui contient une 'topologie' exhaustive du phénomène de l'autoreprésentation dans les textes de fiction de Perec, Magné distingue le métatextuel dénotatif et connotatif. Pour ce qui est de *Lieux*, c'est uniquement du dénotatif qu'il s'agit, c'est-à-dire d'une métatextualité directe, explicite : « les infos que donne [le texte] portent sur le référent du discours ». Celle-ci s'oppose au métatextuel connnotatif qu'on rencontre notamment dans *La Disparition*, où le thème du roman, la disparition, se trouve connoté dans un grand nombre de référents différents, comme les nombres[33]. Cependant, il note que le métatextuel dénotatif n'est pas toujours explicite, chez Perec. Ainsi, la règle peut parfois conduire à sa transgression. Nous en rencontrerons des exemples dans *Lieux*. Une dernière caractéristique que nous retiendrons est la distinction faite entre le métatextuel « global » ou « local ». Dans les Souvenirs, il s'agira toujours d'un métatextuel global, qui concerne non une séquence de l'œuvre mais son ensemble, c'est-à-dire le projet entier de *Lieux*.

Quelles sont les constantes thématiques de ce métadiscours interne ? Elles correspondent aux principales parties de la rhétorique. En effet, les passages métadiscursifs concernent la facture et l'évolution du projet : raisons du choix des lieux, inspiration ou inversement blocage, rythme de travail, buts, résultats, structure envisagés ... Or, cela touche à l'*Inventio* et à la *Dispositio*. En outre, ces passages sont souvent des observations sur le travail de la mémoire et dans cette mesure, ils touchent à la *Memoria*. Ce qui manque alors, dans une perspective rhétorique, c'est une réflexion sur le style, sur l'écriture (*Elocutio*) : *Lieux* n'en comporte pas.

Régulièrement – mais surtout pendant les premières années du projet – Perec prend du recul et refait l'inventaire des douze lieux : pourquoi ces lieux-là et non d'autres, tout aussi essentiels peut-être ? Lisons à ce propos deux Souvenirs qui se suivent de près, en mai-juin 1969. Le 31 mai 1969, au lieu de noter ses souvenirs de Franklin-Roosevelt (ce qui lui est difficile étant donné qu'il l'a déjà fait dans *Les Lieux d'une fugue*[34]), il s'interroge sur les lieux laissés de côté par le projet :

---

32  Bernard Magné, « Le métatextuel perecquien revisité », *Le Cabinet d'amateur*, juillet 2002, en ligne.
33  *Ibid.*
34  Voir ci-dessus, § 2.

> Je n'ai pas choisi la rue du Bac qui pourtant elle aussi bascule dans le passé. Ni Alésia, la rue de la Tombe-Issoire, l'impasse (dont le nom m'échappe ! c'est le nom d'un peintre ... Villa Seurat ! pourquoi l'avoir appelée impasse ?) Il n'est pas mauvais qu'il y ait des lieux cachés, noyaux manquants, et d'autres qui ont tout l'air d'être inoffensifs.
>
> *L* 10, p. 90

Perec ne nous dit pas pourquoi il n'a pas choisi la rue du Bac. C'est le lieu où il vit avec Paulette Perec, de 1966 à début 1970, et où leur couple se défait. Mais les souvenirs douloureux de la rue du Bac ne sont probablement pas la raison de l'absence de ce lieu dans le projet. Si Perec ne lui consacre pas une place à part, la rue du Bac surgit pourtant régulièrement dans d'autres passages de *Lieux* comme l'inventaire des invités à la fête de « dépendaison de la crémaillère »[35] et également dans d'autres textes, comme les « Travaux pratiques » sur la rue, dans *Espèces d'espaces*, qui ne sont autres qu'un « Réel » consacré au carrefour Bac-Saint-Germain, fait sur place, dans un café, le 15 mai 1973 (*EE* 100-106). Ce texte est donc écrit pendant la période – début 1973 à octobre 1974 – où Perec délaisse *Lieux* pour s'occuper d'autres besognes, comme le film *Un homme qui dort*, *Espèces d'espaces* et *Tentative d'épuisement d'un lieu parisien*, c'est pourquoi on ne saurait considérer ces « Travaux pratiques » comme une pièce détachée de *Lieux*.

Il en est autrement d'Alésia et de la rue de la Tombe-Issoire, qui constituent une zone plutôt qu'un lieu, dont le centre névralgique est la Villa Seurat, l'impasse dans le 14e arrondissement où demeure de M'Uzan[36]. C'est là le vrai « noyau manquant » de *Lieux*, auquel renvoie implicitement Gaîté – lieu qui en effet « [a] tout l'air d'être inoffensif », ne serait-ce que par son nom. Il est remarquable comment l'écriture de premier jet révèle directement ici le travail de la mémoire et de l'oubli : en première instance, Perec ne se souvient que d'une impasse et tâtonne quant à son nom, qui lui revient tout en écrivant. Cette notation est immédiatement suivie d'une critique du fonctionnement de la mémoire, lorsqu'il se demande pourquoi c'est le caractère d'impasse qu'il a d'abord retenu – terme qu'on pourrait rapporter à l'expérience entière de cette analyse. La Villa Seurat est donc doublement un « noyau manquant » : non seulement, Perec la laisse de côté dans *Lieux* mais en plus il en a oublié, occulté jusqu'au nom.

Innommable, occulté, disons-le, refoulé : les douze lieux semblent constituer la partie immergée d'un iceberg sous-marin, ce qui explique que Perec ait

---

[35] Assomption Souvenir 1970, cf. chap. 8, § 3.
[36] Voir chap. 3.

parfois du mal à en faire le simple inventaire. Dans un des Saint-Louis Souvenirs, il en dresse une fois de plus la liste numérotée, formulant pour chacun le « souvenir noyau » qui lui est lié : naissance, lieu des commencements (Vilin), lieu du retour de Villard (Assomption), lieu d'écriture du premier roman (Italie), etc. Or cette liste se termine de la manière suivante :

> [...] 9. Mabillon : La Rhumerie avec Paulette, la rue de l'Echaudé.
> 10. Gaité : l'avenue du Maine, les parents Lederer, Jacques, Mireille.
> 11. Franklin : oui bien sûr.
>
> J'ai failli l'oublier [Franklin-Roosevelt] et le douzième m'échappe [...] ».
> L 41, p. 198-199

La liste s'arrête au numéro 11, au grand étonnement de Perec, qui se voit contraint à passer en revue tous les arrondissements parisiens afin d'en arriver à Saint-Louis. Or c'était là justement le sujet de ce Souvenir ! Sous le caractère plaisant de cet oubli on sent un même malaise que dans le cas de l'oubli de la Villa Seurat, lié selon Perec à une occultation d'ordre psychologique. Occultation de l'analyse en 1956-57, entreprise dans une phase de dépression liée à la disparition de la mère ; occultation aussi (ou presque) de celle de 1969-75 avec Pontalis.

Dans les passages métadiscursifs, Perec n'interroge pas ses omissions mais il éprouve aussi régulièrement le besoin d'expliciter les raisons du choix des lieux retenus. Or ces raisons sont évidentes pour la plupart d'entre eux, qui sont directement liés à un pan de son passé, à deux exceptions près : Choiseul et Saint-Louis. C'est peut-être parce que la raison d'inclure ces lieux n'est pas directement évidente que les Souvenirs de Choiseul et de Saint-Louis comportent un si abondant métadiscours.

### 3.1   *Lieux de vie, lieux de naissance d'une œuvre : Choiseul*

A première vue, Choiseul est un lieu atypique au sein du projet car ce « n'est pas un lieu fréquenté de mon histoire personnelle, il ne l'a jamais été et a peu de chances de l'être actuellement [...] » (*L* 87, p. 336). Perec n'y a pas vécu et aucun événement de sa vie passée ne s'y rapporte. De surcroît, il avoue à plusieurs reprises mal connaître les passages, au point d'ignorer leurs noms et de les confondre (*L* 22). On est donc loin de la familiarité qui caractérise les autres lieux, que Perec parcourt et décrit de mémoire. Et pourtant, « c'est un endroit que j'aime beaucoup » (*L* 87, p. 236), « j'aime les passages, comme tout le monde j'imagine. » (*ibid.*) N'y aurait-il donc aucun attachement personnel à Choiseul ? Serait-ce un lieu « innocent », non-déterminé par sa vie et son œuvre ? Mais alors pourquoi le décrire tous les ans ?

Perec précise que c'est par Paulette qu'il a découvert les passages : tôt le matin, en l'accompagnant à son travail à la Bibliothèque nationale, il traversait souvent avec elle le passage Choiseul (L 65). Mais quand, après avoir fait le premier Choiseul Réel, il lui raconte avoir inclu ce lieu dans son projet, elle l'« a mal pris : c'était un lieu à elle. Mais les passages n'appartiennent à personne ; ils sont lieux de passage, c'est difficile de s'y raccrocher, de fonder quelque chose dessus. » (L 43, p. 207) Ce n'est pas de Choiseul qu'il s'agit pour lui mais des passages en général : « à travers le passage Choiseul, ce sont les passages en général que j'entends décrire, exalter, etc. » (L 87, p. 336) Or cette métonymisation indique que le passage Choiseul (comme nombre de lieux de mémoire de Perec) est un lieu à la fois topographique et rhétorique. Perec prend à la lettre le terme de 'passage' : « ce n'est pas un endroit où j'ai vécu, c'est seulement un endroit où je suis passé [...] » (L 65, p. 278)[37]. Or ce fait de passer est moins banal qu'il ne semble car il touche à l'essence même des passages, pour Perec : « le passage est le lieu vide, le lieu du vide, le lieu de l'errance. J'y traine, j'y suis protégé du froid et de la pluie. Je peux perdre une heure à m'absorber devant l'étal d'un bouquiniste, d'un papetier. » (L 43, p. 206)

Rappelons que le mot « errance » surgit aussi dans le Vilin Souvenir de la même année, écrit quelques mois avant ce texte[38]. Perec y considère l'errance et la quête d'un lieu comme « le propos essentiel » de son écriture, ce qui explique la dimension rhétorique de ses lieux, s'exprimant notamment dans le jeu de mots sur encrages et ancrages[39]. Ce rapprochement éclaire la signification de Choiseul : certes, c'est le lieu du désœuvrement mais comme confrontation au vide et à l'errance, ce désœuvrement est lié à l'écriture elle-même. Dans ce sens, on peut se demander si ce vide propre aux passages n'est pas aussi libérateur : Choiseul est le seul lieu à ne pas être saturé par le passé, par les souvenirs. Mais l'errance, la flânerie et la contemplation du vide ramènent aussi Perec à l'indifférence et à *Un homme qui dort* :

> Passage. On peut le parcourir pas à pas. Le sol est un carrelage et non un trottoir. Les devantures se succèdent sans aucune interruption. Toutes n'ont pas le même intérêt ; toutes peuvent être regardées, longtemps, patiemment. Lieu de l'indifférence, il faut que je retourne à mon indifférence, que je me blinde. *Un homme qui dort* : faux témoignage et qui ne s'ouvre que sur une souffrance banale, la solitude, l'angoisse.
>
> L 43, p. 206

---

37   Perec souligne presque chaque année cet aspect : « une fois ou même plusieurs, je m'y suis promené – ou [y suis] simplement passé – avec Paulette. » (L 87, p. 337)
38   Vilin Souvenir : 21 juillet 1970 ; Choiseul Souvenir : 10 octobre 1970.
39   Chap. 6, § 4.2.

Regarder longuement ces devantures, les inventorier patiemment, recopier le texte des affiches, c'est ce que fait Perec lors de son annuel Choiseul Réel. N'est-ce pas exactement ce que faisait le protagoniste d'*Un homme qui dort*, qui « li[sait] patiemment, une à une, les cartes pâlies affichées à la devanture d'un graveur [...] » (*HD* 59) ? Comme l'homme qui dort qui avait adopté l'indifférence comme carcan contre la douleur, Perec envisage à nouveau aujourd'hui « se blinder » contre la souffrance. Quelle souffrance ? C'est toujours, en octobre 1970, lorsqu'il écrit ce second Choiseul Souvenir, celle de la rupture avec Suzanne Lipinska : « Je ne suis pas triste. C'est plus grave. Je touche une limite, un mur. Comment faire désormais ? [...] Désormais incapable de vivre séparé d'elle. » (*L* 43, p. 206) Cependant, l'indifférence n'est pas la solution, il le sait bien : comme pour l'homme qui dort, elle ne peut mener qu'à « un faux témoignage ».

Même si Choiseul semble un cas atypique dans *Lieux*, on voit donc que sa présence a des racines existentielles : il est lié non seulement à Paulette (qui en est plutôt le prétexte) mais aussi à Suzanne Lipinska et à la douleur de la rupture, qui précède de peu l'idée de commencer *Lieux* : « c'est en janvier 69, alors que je venais de quitter S[uzanne] et le Moulin, que l'idée des lieux s'est précisée [...] » (*L* 43, p. 207). Et de surcroît, l'idée naît précisément dans le passage Choiseul (*L* 109). On pourrait donc dire que Choiseul est le lieu de naissance (ou plus précisément de conception) de *Lieux*. Naissance qui n'a rien d'un triomphe créateur, mais tout de la souffrance puisqu'elle est intimement liée à la rupture et au travail du deuil qui lui succède. Cela explique peut-être que Perec qualifie le projet d'« idée raccroc, [d'] idée fausse » (*L* 43, p. 207), car incapable de pallier la perte de la femme aimée. Dans les Choiseul Souvenirs, nous sommes au cœur du métadiscours interne de *Lieux* : un discours existentiel fort éloigné du métadiscours externe[40]. En effet, lorsqu'il présente le projet, Perec souligne volontiers les contraintes oulipiennes et le but presque scientifique (observer le « vieillissement » des lieux, de ses souvenirs et de son écriture). Il réfléchit également à la place toujours changeante de *Lieux* dans son œuvre totale[41]. Dans les Souvenirs, par contre, prédominent la quête autobiographique et la dimension « existentielle » du projet. Mais les deux métadiscours sont liés en profondeur : les contraintes formelles, loin de bloquer le travail de deuil, constituent un moyen indirect de l'approcher et de l'exprimer.

Choiseul présente également des liens intertextuels avec d'autres régions de l'œuvre perecquienne. *Un homme qui dort* y resurgit, on l'a vu, comme récit mais aussi comme film où les passages sont un leitmotiv. Perec se souvient du

---

40   Lejeune, *La Mémoire et l'oblique*, op. cit., p. 161.
41   Voir chap. 1.

repérage fait en vue du film : « les photos avec Bernard [Queysanne] et Zizi[42] (notre film s'il se fait devant traverser les douze lieux des *Lieux*) » (*L* 87, p. 337). Le film terminé, il constate que « nous en avons filmé pas mal [des passages] : Panoramas et surtout Veyrot-Dodat (ou Veyreau-Dodat[43] ?) et un autre très menacé, décoré ( ?) par une dingue nympho escortée par un crétin animant un soi-disant comité de défense. » (*L* 109, p. 400) Mais Choiseul renvoie aussi à l'œuvre à venir de Perec. En effet, c'est dans le passage Choiseul qu'il se souvient avoir une fois (la date n'est pas précisée) acheté un puzzle, alors qu'il s'y promenait en compagnie de Jacques Roubaud, et avoir « aussitôt bâti le synopsis de Bartlebooth » (*L* 43, p. 207). Les passages, en effet, sont par excellence, pour Perec, le lieu où l'on achète « des puzzles et des cartes » (*ibid.*). « Je vais acheter des cartes et des puzzles. Le moment est venu de vivre Bartlebooth », se dit-il en ce même mois d'octobre 1970. Ainsi, Choiseul semble se trouver à la source de *Lieux* mais aussi de *La Vie mode d'emploi*.

Ce lieu qui semblait à première vue gratuit, dénué de signification dans la topographie des lieux de mémoire perecquiens, s'avère donc riche de sens au niveau de la vie aussi bien que de l'œuvre. Il nous éclaire également sur l'orientation du métadiscours interne à *Lieux*, dans ses différences par rapport au métadiscours externe.

### 3.2   *Saint-Louis ou le désir d'une « mémoire souveraine, démentielle »*

Les Souvenirs et les Réels Saint-Louis » sont intimement liés à la liaison amoureuse de Perec avec Suzanne Lipinska et à leur rupture, en décembre 1968. Cela se traduit concrètement par le fait que d'un jour sur l'autre, l'Île Saint-Louis[44] cesse d'être un de ses lieux de vie ; il y devient interdit de séjour. C'est là un des événements personnels qui font qu'au mois de janvier suivant, il conçoit le projet de *Lieux*. Par la rupture, l'Île Saint-Louis est devenue – comme les autres lieux – un de ces « lieux morts qui doivent survivre », intégré à un « livre [...] de plus en plus tourné vers le passé, vers ce que j'étais [...] » (*L* 19, p. 136). La rupture en a fait « presque [un] lieu maudit » (*ibid.*). Ce premier Souvenir, daté 2 novembre 1969, révèle un renforcement du mécanisme du déplacement et de la métonymie : en effet si, dans d'autres Souvenirs, la description des lieux est souvent un prélude à l'évocation des êtres[45], ici Suzanne Lipinska n'est pas même nommée. Par métonymie, le lieu géographique porte à lui seul tout le poids de la mémoire. L'être auquel il renvoie n'est évoqué qu'indirectement,

---

42    Bernard Zitzermann.
43    Perec hésite souvent sur les noms des passages, ici la galerie Véro-Dodat.
44    Lipinska y avait un appartement rue Saint-Louis-en-l'Île.
45    Voir chap. 8, § 3.

par le biais du lieu. Ce détour est plus sensible encore dans les Réels comme instantanés du lieu.

L'inclusion de l'Île Saint-Louis au projet de *Lieux* permettra donc à Perec de continuer à hanter les lieux, réellement et en pensée :

> Je dois évidemment noter que le choix de l'Île Saint-Louis parmi ces douze lieux fut déterminé (ainsi que la conception générale du livre) par ma rupture avec S[uzanne] en janvier 1969 : c'était à la fois trouver quelque chose à faire et m'enraciner à Paris.
>
> *L* 41, p. 197

Comme souvent chez Perec, l'énoncé le plus important se trouve entre parenthèses, dans cette citation : c'est le caractère déterminant de l'Île Saint-Louis (et donc de la rupture) pour « la conception générale du livre ». Le terme de 'livre' n'est pas souvent utilisé par Perec pour parler de *Lieux*, qu'il désigne plutôt comme un projet, une entreprise. C'est un mot qui est peut-être venu subrepticement sous la plume de l'écrivain. La « conception générale » renvoie bien évidemment aux contraintes qu'il s'était fixées, aux « règles du jeu », au niveau de l'écriture et de la vie elle-même. La contrainte existentielle, touchant à son emploi du temps, consiste à fouler le sol du lieu une fois par an pour faire son Réel : c'est la « contrainte par corps »[46]. Cela présuppose un autre impératif, celui de « s'enraciner à Paris » : « Vis à Paris (ne vas plus au Moulin) [...] ne pars pas à l'étranger [...] » (*L* 41, p. 197). Le projet crée une occupation qui meuble et structure son temps (« trouver quelque chose à faire »).

La règle de *Lieux* lui impose donc d'« évoquer chaque année [ses] souvenirs sur l'Île, ressasser, ne pas oublier ... » (*L* 41, p. 197) « Ne pas oublier », c'est le but principal non seulement des Saint-Louis Souvenirs mais de tout le projet de *Lieux* :

> Je ne veux pas oublier. Peut-être est-ce le noyau de tout ce livre : garder intact, répéter chaque année les mêmes souvenirs, évoquer les mêmes visages, les mêmes minuscules événements, rassembler tout dans une mémoire souveraine, démentielle.
>
> *L* 41, p. 197-198

Nous avons commenté plus haut ce passage-clef, dans le contexte de la mémoire des noms[47]. La mémoire qui régit *Lieux* est qualifiée ici de « souveraine » : littéralement supérieure, dotée d'un pouvoir à nul autre supérieur,

---

46   Selon l'expression de M. Heck, *Le corps à la lettre, op. cit.*, p. 217 ; voir *infra* chap. 4, § 1.
47   Voir chap. 8, § 3.

d'une suprématie qui la rend autonome et totalisante. Mais en même temps, cette toute-puissance de la mémoire est ce qui la rend « démentielle » c'est-à-dire pathologique, proche de la folie.

« Ne pas oublier » implique aussi que la liaison avec Suzanne Lipinska ainsi que la rupture continuent d'appartenir au présent, elles ne basculent pas encore dans le passé. L'Île Saint-Louis n'est pas un « lieu mort », comme les autres mais, au moment où il entame le projet, c'est le lieu « qui me reliait au passé le plus proche, le plus brûlant » (L 19, p. 136). Si souvenirs il y a, ils « continuent d'appartenir au présent » (ibid.). Les faits liés à l'Île Saint-Louis sont actuels parce qu'ils sont à la fois récents et obsessionnels, incontournables, ce qui est le propre non de la mémoire mais du traumatisme. Ainsi, en 1969, Perec n'attend pas le mois d'octobre (prévu par le projet) pour parler de Saint-Louis mais dès le 25 avril, il rédige un texte court qu'il intitule « Supplément inutile pour servir à l'histoire de ma vie ». Cependant, le traumatisme de la rupture fait qu'il se sent incapable d'en parler vraiment, sauf par le ressassement de menus faits. Il en parle toujours trop tôt ou trop tard, retard qu'il met en rapport avec l'impossibilité de parler d'une expérience encore si actuelle : « Il est significatif que je sois en retard. Ce lieu n'appartient pas au passé. » (L 19, p. 136), ou bien au contraire : « Il continue d'être trop tôt pour en parler. » (L 85, p. 333) Ecrire trop tôt ou bien trop tard, parler du présent de la souffrance et non du passé, ne pas évoquer de souvenirs : par bien des côtés, comme Lejeune l'avait déjà montré, les Saint-Louis Souvenirs sont l'exception à la règle.

Ils le sont également par leur style. Voyons par exemple le Souvenir de 1971 : c'est un texte fait de notations éparses, séparées par des blancs. Le texte est dénué de structure, ce qui contraste fortement avec la construction systématique de beaucoup de Souvenirs[48]. De nombreuses phrases sans verbe, et parfois même sans ponctuation finale, de sorte qu'elles restent suspendues dans le vide : « Douleur indolore, incolore et sans saveur. » (L 63, p. 273) Le texte se termine par un poème lourd d'anaphores (« A quoi bon ? »), qui revient dans le Souvenir de l'année suivante, celui de 1972. Ces textes sont écrits d'une voix blanche, comme hors d'haleine : la voix d'un sourd-muet ou d'un homme qui dort[49].

Revenons pour finir à la « contrainte par corps » propre à l'Île Saint-Louis (pour reprendre l'expression de Heck). Si la rupture l'y a interdit de séjour, Lieux par contre oblige à nouveau Perec à y revenir au moins une fois par an. Mais à ce moment-là, l'Île n'est plus un lieu de vie mais uniquement de

---

48  Voir chap. 8.
49  Burgelin voit Perec comme quelqu'un qui a perdu sa voix (et le compare à l'enfant sourd-muet de W), comme un écrivain à la recherche d'une voix (Claude Burgelin, Les Parties de dominos, op. cit., pp. 190-191).

passage : on y passe en coup de vent pour faire son Réel, ou bien elle est entrevue, quand « l'autobus traverse l'Ile au Pont Sully » (*L* 63, p. 272). Par contraste, Perec fait l'inventaire complet de toutes les occurrences d'habitation liées à l'Île, quelques dérisoires qu'elles soient : « j'ai vécu quelques nuits au 70 [rue Saint-Louis-en-l'Île], dans le studio d'Anne », « Paulette a failli vivre quelque temps sur l'Île Saint-Louis [...]. Crubs a parait-il vécu sur l'Île Saint-Louis quelque temps [...] » (*L* 41, p. 199). Cette énumération révèle sa nostalgie d'un « lieu stable », « enraciné » (*EE* 179), qui se manifeste pour finir par une brève vision de la maison rêvée :

> Longtemps mon rêve a été d'habiter boulevard Henri IV, dans une maison (reconnaissable à un cadran solaire) qui donne sur le petit jardin public au bout de l'Île. L'hiver, on y a une vue merveilleuse sur la Seine. Il y a beaucoup de soleil. Au rez-de-chaussée, il y a un marchand d'articles de pêche.
> 
> *L* 41, p. 199

*A contrario*, ce « rêve familier » montre comment, au moment de *Lieux*, le rapport de Perec à l'Île est celui d'un dépaysement, d'une errance. Par cette errance, Saint-Louis devient un lieu de passage proche de Choiseul – le « passage » par excellence, on l'a vu. Les deux lieux sont atypiques, à l'intérieur du projet : ils sont proches par leur métadiscours abondant, en réponse à la 'disparition' de Suzanne Lipinska.

Pour conclure sur la valeur du métadiscours interne dans *Lieux*, nous tracerons un bref parallèle avec la genèse de *W*. A un moment donné, Perec a envisagé l'éventualité d'une troisième partie métadiscursive du roman, appelée « critique » ou « intertexte », qui devait aussi comporter des documents préexistants, comme par exemple la lettre à Maurice Nadeau et les dessins d'enfance[50]. Cette partie discursive, on le sait, a fini par être éliminée et c'est alors que la version finale de *W* a pris forme, avec l'intégration du « métadiscours » dans certains chapitres autobiographiques[51]. Or dans certains passages de *Lieux* aussi (notamment les plus difficiles à écrire, comme les Souvenirs de Saint-Louis ou de Vilin), Perec se demande si la « métatopique » va prendre définitivement le dessus sur les Réels et les Souvenirs. Ce n'est pas le cas mais l'abondance du métadiscours renforce notre idée que celui-ci est structurel, et non accidentel, dans l'entreprise de *Lieux* : il s'agit d'un projet conceptuel qui est à lui-même sa propre théorie.

---

50   Voir la liste en trois colonnes, Lejeune, *La Mémoire et l'oblique*, *op. cit.*, p. 129.
51   Lejeune, *op. cit.*, pp. 92-138.

## 4 Les lieux du « champ littéraire » de Perec

Dans son étude sur l'intertextualité chez Georges Perec, Raoul Delemazure s'attache aussi à la dimension sociologique du geste citationnel : citer ou ne pas citer un auteur est un geste littéraire et esthétique mais aussi un moyen de se positionner dans le champ littéraire et d'acquérir un capital symbolique. C'est donc un moyen de reconnaissance par les pairs et par le public[52]. Or, dans les années où Perec travaille à *Lieux*, il a bel et bien acquis une certaine réputation mais il est encore éloigné de la célébrité des dernières années de sa vie. C'est une période d'incertitude sur ses capacités, qui coïncide avec la difficile gestation de *W ou le souvenir d'enfance*. Période où il est encore en train de chercher sa place dans le champ littéraire.

*Lieux* ne contient que peu d'allusions à d'autres écrivains. Les Réels ne s'y prêtent guère, quoiqu'il y ait quelques exceptions, par exemple lorsque Perec pastiche le néo-français de Queneau[53]. Comme Delemazure l'a constaté, de telles allusions sont absentes des versions publiées des Réels, comme si Perec avait voulu y éliminer toute trace autobiographique[54]. En ce qui concerne les Souvenirs, les contraintes du projet interdisent le format du journal, qui permettrait de parler directement de ses préoccupations d'écrivain et donc d'autres écrivains. Cependant, il y a des exceptions à la règle et celles-ci sont extrêmement éloquentes. Perec y révèle, parfois indirectement, ses envies, ses déceptions et ses désirs de reconnaissance vis-à-vis de ses pairs, ou plutôt de ses aînés. Parmi ces références, on relèvera trois noms : ceux de Jean Cayrol, de Roland Barthes et de Michel Leiris. Dans le cas de Cayrol, il s'agit d'un rêve se rapportant aux débuts de Perec en littérature (*L* 17). Quant à Barthes, en mars 1970, Perec rumine encore sa déception du fait que celui-ci n'ait jamais fait de compte rendu de *La Disparition* (*L* 30) et en juin, les Souvenirs mentionnent une lettre à Barthes envoyée à la mauvaise adresse (*L* 30 et 33)[55]. Enfin, le 13 mars 1971, ou plutôt le 14, à 00h30, Perec griffonne une lettre à Michel Leiris, restée inachevée et jamais envoyée[56].

---

52   Raoul Delemazure, *Une vie dans les mots des autres*, *op. cit.*, pp. 269-306, « Les pratiques de l'homme de lettres. Une approche sociocritique de l'intertextualité ».

53   Nous en avons vu un exemple au chapitre 3 : « Le café est peu fréquenté *asteure* : joueurs de tilt (sonnette aigrelette). » (*L* 100, p. 379)

54   Selon Delemazure, dans les « descriptions de lieux parisiens » qui ne font pas partie de *Lieux*, et d'une manière générale dans l'écriture de l'infra-ordinaire, « la citation et l'allusion littéraire [sont] totalement absentes. » (*op. cit.*, p. 75)

55   La relation difficile de Perec à Barthes a notamment été étudiée par Mireille Ribière, « Georges Perec, Roland Barthes : l'élève et le maître », *art. cit.*

56   C'est à un moment de désespoir total. Sur cette lettre, voir chap. 4, § 2.

Un rêve et deux actes manqués : il est clair que *Lieux* se fait ici le dépositaire du travail de l'inconscient. Nous examinerons ici le cas de Cayrol. Il s'agit d'un rêve fait à Carros dans la nuit du 17-18 septembre 1969. Perec rêve qu'il se trouve dans une voiture avec Jean Cayrol :

> Il me semble que je l'ai rencontré des années auparavant, mais jamais revu depuis. Je lui dis que j'aimerais beaucoup lui parler. A ce moment-là j'ai l'intention de lui parler de ses livres. Finalement il s'écoule beaucoup de temps avant que je ne puisse lui parler (c'est la même soirée mais tard dans la nuit). Sans savoir pourquoi et avec le sentiment d'être stupide, au lieu de lui parler de ses livres, je lui parle de mon premier livre qu'il aurait eu en lecture au Seuil. Il me répond qu'il s'en souvient mais qu'il avait surtout aimé un autre texte, une longue nouvelle intitulée « Le Père », texte dont d'abord je ne me souviens pas, puis qui m'apparaît soudain comme le seul texte vrai que j'aurais jamais écrit. Je lui demande s'il en a encore une copie. Il me répond qu'il va me l'envoyer.
>
> *L* 17, p. 127

Perec fait ce rêve après avoir, la veille, dans le même Souvenir, longuement évoqué ses premières tentatives d'écriture, notamment *Les Errants*, et la disparition de certains de ses manuscrits[57]. Plus loin, il explique le rapport entre Cayrol et le livre donné en lecture par le fait que celui-ci « lut sans doute (après Wahl et Estang) *L'Attentat* ». En décembre 1957, *L'Attentat de Sarajevo* fut effectivement donné en lecture au Seuil, où Cayrol était lecteur depuis 1949[58]. Ce n'est pas le premier roman écrit par Perec, peu s'en faut, mais bel et bien le premier livre qu'il achève et propose à un éditeur[59]. Mais ce ne sont pas ici les faits qui comptent, c'est la portée du rêve. Pourquoi est-il question d'une nouvelle appelée « Le Père » ? Et pourquoi est-ce précisément Cayrol qui lui en parle ? La nouvelle en question n'existe pas, que je sache, mais son titre semble renvoyer au rapport de Perec à son père disparu.

Or, notamment par la correspondance des années 1956-1961 avec Jacques Lederer, nous savons l'ambivalence de ce rapport, fait d'amour-haine : amour filial d'une part, colère parfois destructrice de l'autre, à cause de la mort vécue comme un abandon[60]. Selon Claude Burgelin, le portrait du père inséré au

---

57  Voir plus haut § 1 de ce chapitre.
58  C'est également la thèse de David Bellos, *op. cit.*, p. 439.
59  Voir Paulette Perec éd., *Portrait(s) de Georges Perec*, *op. cit.*, p. 46 et Claude Burgelin, préface à *L'Attentat de Sarajevo*, Seuil, 2016, p. 12.
60  Le 7 juin 1958, Perec écrit à Lederer que *La Nuit* est « le livre de la défilialité » (*Cher, très cher, admirable et charmant ami....* ». *Correspondance Georges Perec et Jacques Lederer*, *op. cit.*, p. 277).

chapitre VIII de *W* est empreint de ce caractère ambivalent[61]. Avec la mort de celui-ci, tout autant et différemment que pour la mère, les liens sont brisés : ceux du nom de famille (qui bascule dans l'incertitude, voir *W* 51) et ceux de la filiation et de la généalogie, faisant de Perec un enfant abandonné – thème qui reviendra sous toutes ses coutures dans beaucoup de ses romans, de la première jeunesse et après. Aussi, observe Burgelin, son amour est-il une « passion féroce » (*W* 44), parfois désireuse de vengeance, ce qui se traduit dans ce portrait peu flatteur du père comme « un brave à trois poils », dénué d'ambition, dont le vrai prénom (Icek Judko) « ne voulait pas dire grand-chose » (*W* 43)[62].

Revenons à présent au rêve de *Lieux*. La nouvelle « Le Père » est celle que Cayrol a préférée. Perec ne s'en souvient pas d'abord, puis elle lui apparait comme « le seul texte vrai que j'aurais jamais écrit », et demande à Cayrol de lui en envoyer une copie, puisqu'apparemment il a perdu son propre manuscrit ! Rien d'étonnant, dira-t-on, puisqu'au paragraphe suivant du même Souvenir, il raconte avoir égaré une malle entière de manuscrits ... Mais en prenant moins à la lettre cette déclaration, elle paraît riche de sens : cette nouvelle imaginaire, mille fois conçue mais jamais écrite car sujette à un irréductible blocage et par là même « oubliée », refoulée autant que désirée, est cependant la seule authentique, quant à son passé, comme si, à travers toutes ses premières tentatives littéraires, Perec n'avait jamais voulu que raconter son rapport au père, écrire sa « Lettre au père », comme Kafka. Voilà ce que lui révèle indirectement ce rêve. Il confirme que, comme le soutient Claude Burgelin, la quête du père absent est tout aussi déterminante, dans l'œuvre de Perec, que celle de la mère disparue[63]. Reste à savoir que vient faire Cayrol dans cette affaire et pourquoi c'est précisément lui qui lui dit cela.

Il n'est pas étonnant que Perec rêve de Cayrol précisément à l'époque – l'automne 1969 – où il est en pleine écriture du feuilleton de *W*, plus précisément des chapitres fictionnels de la première partie du roman[64] : l'enfance de l'orphelin Gaspard Winckler et sa rencontre d'Otto Apfelstahl. Car, comme l'a montré Manet van Montfrans, l'œuvre de Cayrol est un important intertexte de *W*, et non seulement le célèbre scénario de *Nuit et Brouillard* d'Alain Resnais, auquel il est régulièrement fait allusion dans le roman de Perec, mais ses

---

61  Burgelin, *Les Parties de dominos*, pp. 152-157. Il s'agit du double portrait en caractères gras, écrit vraisemblablement autour de 1960.
62  Comme preuve de la complexité du rapport au père, on peut aussi citer le début du même chapitre VIII, où Perec décrit la photo de son père, au dos de laquelle il a écrit, « en 1955 ou 1956 : « Il y a quelque chose de pourri dans le royaume de Danemark. », *W* 41).
63  Burgelin va plus loin encore en soutenant que ces « signifiants paternels » sont « le véritable objet de la quête obstinée de Perec » (152), prévalence dont nous nous permettons de douter.
64  Le feuilleton ne comportait pas les chapitres autobiographiques.

romans, moins connus, notamment *Les Corps étrangers* (1959). Van Montfrans a relevé plusieurs analogies thématiques éclairantes entre les deux romans. Le protagoniste des *Corps étrangers* semble un frère aîné de celui de *W* : comme lui, il s'appelle Gaspard et grandit à la campagne. Si Gaspard Winckler déserte à la fin des années 1950 et se réfugie en Allemagne, le Gaspard de Cayrol déserte après la défaite de juin 1940 et se consacre au marché noir[65]. Autre analogie : le roman de Cayrol tourne autour d'une quête identitaire et mémorielle très semblable à celle de *W*, qui se heurte comme elle à l'absence de souvenirs. Enfin, même obsession de la question de la filiation et de la rupture des générations : comme Gaspard Winckler, le Gaspard des *Corps étrangers* se sent le fils de personne[66]. Et la proximité n'est pas seulement thématique, elle est également stylistique, puisque les deux romans respirent le même style détaché, distant, la même « écriture blanche »[67].

Selon Van Montfrans, ces analogies s'expliquent par le fait que les deux romans sont le récit d'une même expérience : celle des camps et de l'après. Récits faits par un narrateur-survivant qui, pour reprendre le titre de l'essai de Cayrol, est « Lazare parmi nous » : un homme qui a traversé la mort et qui est revenu à la vie, mais qui en porte les « stigmates »[68]. Cet « homme lazaréen » est un mort-vivant dont l'existence se caractérise par une solitude extrême, par la léthargie[69], par l'ascétisme et par un autre rapport à la mort, car il a « épuisé la possibilité de mourir »[70]. Cet essai est un appel à la littérature contemporaine à reconnaître cette mutation du « psychisme européen et même mondial »[71], lourde de conséquences également pour la littérature, marquée par un « romanesque lazaréen ». Appel que Perec n'a pas pu ne pas entendre, comme en témoignent non seulement *W* mais aussi *Un homme qui dort*.

C'est dire toute l'importance de Cayrol pour Perec : il est un de ses « pères » par la littérature, pères de substitution, chez qui il découvre « une parenté enfin retrouvée » (*W* 193). Dans ce passage de *W*, Flaubert, Jules Verne, Roussel, Kafka, Leiris et Queneau sont mentionnés mais Jean Cayrol y aurait certainement sa place. Cela implique l'idée d'une filiation et un désir de reconnaissance « paternelle », par les pairs. C'est une dernière considération qui pourrait expliquer que, dans ce rêve, Cayrol lui dise avoir particulièrement aimé sa nouvelle « Le Père ».

---

65  M. van Montfrans, « Barthes, Cayrol, Perec en 'het neutrum' », *Memo Barthes*, Rokus Hofstede & Jürgen Pieters, éds., Nijmegen, Uitgeverij Van Tilt, 2004, p. 187.
66  *Ibid.*, p. 188.
67  *Ibid.*, p. 189.
68  Jean Cayrol, « Pour un romanesque lazaréen », *Œuvre lazaréenne*, Seuil, 2007, p. 802.
69  *Ibid.*, p. 804.
70  *Ibid.*, p. 811.
71  *Ibid.*, p. 801.

En définitive, les lieux de Perec sont bien aussi des lieux d'écriture, au sens matériel, topographique du terme. Certains d'entre eux ne sont pas seulement des lieux décrits mais des lieux où on écrit, c'est pourquoi ils deviennent des lieux de mémoire. Il y a donc parfois une fusion entre le lieu et l'écriture. C'est le cas des lieux d'écriture des premières œuvres, comme Italie, comme le prouve l'insistance de Perec sur les circonstances matérielles de l'écriture et sur leur enracinement dans l'espace. Le cas de Franklin-Roosevelt montre comment cet enracinement spatial est susceptible de mutation : de « lieux d'une fugue », les lieux se muent en lieux du récit de cette fugue pour enfin devenir les lieux de tournage du film *Les Lieux d'une fugue*. C'est d'ailleurs également le cas pour le lieu central d'*Un homme qui dort*, la rue Saint-Honoré. Pour ce qui est des lieux d'écriture de l'œuvre en cours, *Lieux* nous apprend très peu sur la gestation de *W* ou d'*Espèces d'espaces*, car en parler serait contraire à la règle du jeu que l'auteur s'est imposée, celle d'évoquer uniquement des souvenirs donc le passé.

Cependant, le texte est d'autant plus prolixe sur lui-même. L'abondance du métadiscours en fait par moments un texte à dominante autoréflexive. Ce n'est pas là une stratégie d'évitement, comme Perec lui-même semble le croire, mais un trait propre au projet de *Lieux*, conforme à sa formule de projet oulipien et d'œuvre conceptuelle[72]. C'est aussi, nous l'avons montré, un critère de plus qui apparente *Lieux* à une œuvre rhétorique. Choiseul et Saint-Louis, où le métadiscours est à son apogée, confirment cette orientation en donnant des vues d'ensemble sur le projet. Enfin, les lieux s'avèrent également des lieux d'écriture au sens où ils constituent le « champ littéraire » où se meut l'écrivain Perec et éclairent le processus de reconnaissance et de positionnement qu'il traverse à cette époque.

---

72   Derek Schilling, *Mémoires du quotidien*, op. cit., pp. 148-149.

# Conclusion

Au début de ce travail, nous avions constaté, chez Perec, un décalage entre d'une part, le but explicite de *Lieux*, comme recherche cognitive, intellectuelle sur le « vieillissement » de ses lieux, de ses souvenirs, de son écriture et de l'autre, sa visée implicite, qui est existentielle : la tentative, à travers la mémoire de ses lieux, d'approcher certains points sensibles de son passé. Ce décalage s'est avéré très visible au niveau de la tonalité des textes, qui va de la dysphorie à l'euphorie. Au terme de cette exploration de l'ensemble des textes, nous constatons que la douleur et la stérilité autour de Vilin et de Saint-Louis (déjà mises en valeur dans des lectures antérieures à la nôtre) vont de pair avec une énergie créatrice produite par le projet lui-même (surtout en ses débuts) et par sa réalisation matérielle, par exemple dans le cas des enveloppes, si richement travaillées à un moment. Dans les Gaité, les Contrescarpe ou les Italie par exemple, nous avons senti une joie d'écrire que nous avons mise en rapport avec la « poétique du 'texte-corps' », pour reprendre le terme de Maryline Heck[1] : écriture qui s'incarne et s'enracine dans l'espace de la feuille et devient par là même un outil de vitalité.

Si cette première exploration du corpus, forcément limitée, porte plus sur les Souvenirs que sur les Réels, c'est que ces derniers sont déjà assez étudiés, grâce à la version publiée en revue de certains Réels et plus généralement aux autres textes « infra-ordinaires ». Les Souvenirs, moins connus, nous ont révélé diverses figures de Perec : l'autobiographe bien sûr mais aussi l'archiviste, le photographe (par le biais de Christine Lipinska) et enfin le rhétoricien. En effet notre lecture a débouché sur la rhétorique comme étant au cœur de *Lieux* et de sa méthode, puisque les lieux topographiques, investis de mémoire, y deviennent des lieux de mémoire ou lieux rhétoriques. Dimension rhétorique qui ne se limite pas aux Souvenirs mais qui investit le projet entier, créant une unité en profondeur entre ceux-ci et les Réels.

Mais avant d'en venir à cette unité, quelles sont les constantes qui se dégagent de nos « microlectures » des Souvenirs et des Réels ? Dans nos analyses des lieux fonctionnant comme cas de figure pour les Souvenirs (Gaité, Saint-Honoré et Vilin), au moins deux constantes se dessinent. Premièrement l'intuition que la mémoire, qu'elle soit mémorisation, remémoration ou commémoration, fonctionne (ou ne fonctionne pas, dans certains cas) au niveau d'une pratique, d'un faire et non d'un penser. Dans tous les textes étudiés, nous avons vu comment le lieu de mémoire se constitue par la vie quotidienne.

---

1 Maryline Heck, *Georges Perec. Le corps à la lettre, op. cit.*, pp. 201 *sq.*

Autrement dit, c'est en parcourant les lieux, en les habitant qu'ils deviennent 'nos' lieux, car nous y rattachons alors des grappes de choses, de personnes et de (micro)événements. Dans ce sens, *Lieux* a des résonances étroites avec le chapitre « L'appartement », dans *Espèces d'espaces*, notamment avec les deux listes intitulées « Déménager » et « Emménager », entièrement constituées de gestes, d'actions, de pratiques exprimés par des infinitifs. Or la liste « Emménager » se termine par « Habiter. Vivre » : deux verbes qui résument toute la liste qui précède. Si les Souvenirs inventorient et décrivent au passé cette infinité de pratiques quotidiennes, ils sont également le dispositif pour les organiser, sous les multiples formes de système que nous avons rencontrées : classifications, arborescences, croquis topographiques, tableaux qui ponctuent l'espace du lieu décrit. Cette organisation ou systématisation est une deuxième constante discernée dans les textes.

Quant aux Réels, d'autres caractères encore apparaissent au terme de notre lecture. Tout d'abord, et c'est un caractère commun à tous les textes sur l'infra-ordinaire de Perec, on discerne la primauté du visuel. Elle se traduit par une conscience aigüe du caractère perspectiviste du regard, donc des limitations du champ visuel. Cependant, cette limitation de la vue n'est pas pour Perec le signe de son imperfection (comme des commentateurs ont pu le croire) mais une manière de montrer que le regard est incarné, orienté : c'est le regard d'une subjectivité, c'est pourquoi, dans les Réels, les interventions du je ne sont pas des écarts, elles sont au contraire voulues. Un regard totalisateur, qui embrasserait tout, est une abstraction pour Perec. Cette primauté d'un visuel incarné est également présente au niveau du style de *Lieux*, qui – malgré ses apparences de neutralité – comporte des traces de subjectivité, elles aussi intentionnelles. Il n'est que de penser aux adjectifs « éventré », « condamné », dans les Vilin Réels : ce sont les signes d'un pathos retenu.

Cependant, plus nous avons avancé dans nos microlectures, plus nous avons constaté la proximité entre les Réels et les Souvenirs : malgré le caractère cloisonné du projet, ils présentent de nombreuses similitudes. Celles-ci se situent d'abord au niveau de la 'fabrique' des textes : les pratiques quotidiennes propres aux Souvenirs sont également la matière des Réels, où il s'agit des multiples manières d'habiter un lieu ou un quartier (déambulations, itinéraires, consommations..). En outre, Réels et Souvenirs sont régis par un souci commun d'organisation et de structuration de la description. Or à notre sens, cette proximité s'explique par deux éléments qu'on pourrait considérer comme les principes organisateurs de *Lieux* : premièrement l'archive, deuxièmement la rhétorique. Récapitulons ce que ces deux notions ont apporté à notre lecture de *Lieux*.

CONCLUSION 257

La notion d'archive éclaire *Lieux*, dans sa conceptualisation et dans les pratiques de collecte et d'écriture qui caractérisent le projet[2]. L'archive éclaire les pulsions contraires (euphorie et dysphorie) qui animent le projet et, dans son acception derridienne, elle est en consonance avec *Lieux* : en effet l'archive de Perec, comme celle de Derrida, a une dimension de commandement (les contraintes), elle reflète les commencements (lieux d'enfance, de jeunesse, premiers écrits), elle est enracinée dans un espace et surtout, c'est une archive paradoxale, toujours en passe d'être détruite, menacée par l'oubli. Dans ce sens *Lieux* est le produit du « mal d'archive », d'un désir compulsif de retour aux commencements, qui est particulièrement visible dans les Vilin. Cette notion d'archive noue ensemble Réels et Souvenirs puisque, si ces derniers archivent le passé, les premiers effectuent également un travail d'archivage, créant une 'banque' de données qui servira d'archive plus tard, créant ainsi des « conservatoires mémoriels » (Joly).

Le travail de Perec et de Lipinska sur les photographies se situe dans le prolongement de cet archivage, créant une réserve d'images parallèle aux textes. Perec a trouvé en Lipinska une interlocutrice privilégiée, animée par la même pulsion de décrire les lieux « sur fond de désastre », comme menacés par la disparition. La lecture rapprochée de ces images – qui n'ont rien de documentaire – a révélé comment elles s'accordent avec les constantes de la poétique de Perec, visualisant des aencrages propres à son œuvre, comme le carré, la cassure, la troncation ... L'esthétique de ces photographies est proche de celle d'Eugène Atget, dans leur aspiration à reproduire l'expérience de la marche et à visualiser le sujet qui regarde et l'orientation du corps de celui-ci.

La rhétorique est l'autre principe organisateur de *Lieux*, principe fédérateur des Réels et des Souvenirs. *Lieux* est une topique, ou plutôt une série de topiques des lieux de mémoire de Perec. En effet la rhétorique, comme méthode de production de textes, de leur ordonnancement, de leur expression et de leur mémorisation, permet d'expliquer bon nombre d'aspects de *Lieux* qui déconcertent à première vue : le fait que Perec inventorie sans véritablement décrire ni raconter, sa manière de styliser ses descriptions par la cartographie et plus généralement la géométrisation et ses topiques de noms de personnes. En outre, les Réels et les Souvenirs sont construits selon un même dispositif. Ils ont une 'fabrique' semblable, qui est d'essence rhétorique dans la mesure où elle se base sur la topique des circonstances – machine à produire et à amplifier les textes. Pourtant, Perec fait un usage personnel et créateur de la rhétorique, ce qui entraine certains déplacements par rapport à la

---

2   Chap. 4.

rhétorique traditionnelle. En effet, tout se passe comme si les procédés rhétoriques fonctionnaient parfaitement pour les lieux « euphoriques », qui ne sont pas liés à un traumatisme (rupture amoureuse, disparition de la mère). Là où la mémoire coule de source, jusqu'à l'hypermnésie, la rhétorique sert à la stimuler et à l'ordonner. Par contre, devant les lieux « dysphoriques » (Vilin, Saint-Louis), la rhétorique achoppe, elle se heurte à un mur. Elle est hors d'état de battre en brèche les résistances du psychisme et de faire remonter les souvenirs disparus. Cela explique le caractère disparate, disharmonieux si l'on veut, de *Lieux*, qui reflète les hauts et les bas de l'entreprise, les réussites et les achoppements de l'écriture.

« Le retour aux 'lieux' est une manière de loger la mémoire dans l'espace [...] », affirment très justement Jacques Neefs et Hans Hartje dans leur album sur Perec. Quitte à ajouter tout de suite après que « le travail des 'lieux' est dans la langue aussi, [que] la 'rhétorique' et le monde y sont attachés ensemble. »[3] En effet, si l'espace est fragile, constamment menacé de destruction, il ne suffit pas de loger la mémoire dans l'espace, encore faut-il en extraire les souvenirs – personnels et collectifs – donc écrire ses lieux de mémoire.

---
3  Jacques Neefs & Hans Hartje, *Georges Perec. Images, op. cit.*, p. 124-125.

# Bibliographie

Cette bibliographie ne comprend que les œuvres citées ou consultées.

## 1 Œuvres de Georges Perec

« Allées et venues rue de l'Assomption », *L'Arc*, no. 76, 1979, pp. 28-34.
« *Cahier des charges* » *de La Vie mode d'emploi*, Hans Hartje, Bernard Magné et Jacques Neefs, éds, Paris, Zulma/CNRS 1993.
« *Cher, très cher, admirable et charmant ami …* » *Correspondance Georges Perec et Jacques Lederer*, J. Lederer éd., Paris, Flammarion, 1997.
*Entretiens et conférences*, Dominique Bertelli et Mireille Ribière éds., 2 vols, Nantes, Joseph K., 2003.
*Espèces d'espaces*, Paris, Galilée, 2000 [1974].
« Guettées », *Les Lettres nouvelles*, no. 1, février 1977, pp. 61-71.
*Je me souviens*, Paris, Hachette, coll. Littératures, 1999 [1978].
*Je suis né*, Paris, Seuil, coll. Librairie du XX$^e$ siècle, 1990.
*La Boutique obscure*, Paris, Denoël, 1993 [1973].
*La Clôture et autres poèmes*, Paris, Hachette, 1980.
*La Disparition*, Paris, Gallimard, coll. L'imaginaire, 2000 [1969].
« La rue Vilin », *L'Humanité*, 11 novembre 1977, p. 2.
*L'Attentat de Sarajevo*, Paris, Seuil, coll. Librairie du XXI$^e$ siècle, 2016.
*La Vie mode d'emploi*, Paris, Hachette, 1989 [1978].
*Les Choses*, Paris, Julliard, coll. 10/18, 2006 [1965].
*Le Condottiere*, Paris, Seuil, coll. Librairie du XXI$^e$ siècle, 2012.
Lettre de souscription à *La Clôture*, *Cahiers Georges Perec* no. 5, 1992, p. 153.
*Lieux*, Paris, Seuil, coll. Librairie du XXI$^e$ siècle, 2022.
*L'infra-ordinaire*, Paris, Seuil, coll. Librairie du XX$^e$ siècle, 1989.
*Œuvres*, Christelle Reggiani éd., Paris, Gallimard, coll. Bibliothèque de la Pléiade, 2 vols, 2017.
*Penser/classer*, Paris, Hachette, coll. Littératures, 1985.
« Pouvoirs et limites du romancier français contemporain », *Les Choses*, Paris, Julliard, coll. 10/18, 2006, pp. 147-171.
*Quel petit vélo à guidon chromé au fond de la cour ?*, Paris, Gallimard, coll. Folio Classiques, 2011 [1966].
*Tentative d'épuisement d'un lieu parisien*, Paris, Christian Bourgois, 1975.
*Un homme qui dort*, Paris, Gallimard, coll. Folio, 1999 [1967].

« Vues d'Italie », *Nouvelle Revue de psychanalyse*, no. 16, 1977, pp. 239-246.
« Tentative de description d'un programme de travail pour les années à venir », *Cahiers Georges Perec* no. 1, 1985, s.p.
*W ou le souvenir d'enfance*, Paris, Gallimard, coll. L'imaginaire, 1995 [1975].

## 2    Œuvres audio- et/ou visuelles de Perec

Georges Perec et Bernard Queysanne, *Un homme qui dort*, 1974, dvd Éditions La vie est belle, 1h 02 mn.
« *Georges Perec présente Les lieux* », 22 mars 1976, https://www.ina.fr/video/I09365756/georges-perec-presente-les-lieux-video.html.
*Georges Perec*, vol. 1 (*Les Lieux d'une fugue, Récits d'Ellis Island* e.a.), 2 dvd, INA, 2007.
*Georges Perec*, 4 cd, André Dimanche, 1997.

## 3    Ouvrages, articles et documents sur Perec

Bellos, David, *Georges Perec. A Life in Words*, Londres, The Harvill Press, 1995.
Bertharion, Jacques-Denis, « Des Lieux aux non-lieux : de la rue Vilin à Ellis Island », *Le Cabinet d'amateur. Revue d'études perecquiennes*, juin 1997, no. 5, pp. 51-71.
Bober, Robert, *En remontant la rue Vilin*, film, INA, Vidéothèque de Paris, 1992.
Burgelin, Claude, *Georges Perec*, Paris, Seuil, coll. Les contemporains, 1990.
Burgelin, Claude, *Les Parties de dominos chez Monsieur Lefèvre. Perec avec Freud. Perec contre Freud*, Paris, Circé, 1996.
Burgelin, Claude, « Perec et la ville », *Revue Urbanisme* no. 327, novembre-décembre 2002, pp. 86-91.
Burgelin, Claude, « Perec et l'archive. A la lumière d'Arlette Farge », *Europe. Revue littéraire mensuelle*, no. 993-993, janvier-février 2012, pp. 71-81.
Burgelin, Claude, préface à Georges Perec, *L'Attentat de Sarajevo*, Paris, Seuil, coll. Librairie du XXIe siècle, 2016.
Condominas, Georges, « L'ethnologie mode d'emploi », *Cahiers Georges Perec* no. 4, Éditions du Limon, 1990, pp. 69-74.
Constantin, Danielle, « Sur *Lieux où j'ai dormi* de Georges Perec », *Le Cabinet d'amateur. Revue d'études perecquiennes*, mai 2015 : https://associationgeorgesperec.fr/IMG/pdf/dconstantin1.pdf.
De Bary, Cécile, « Le réel contraint », *Poétique* no. 144, novembre 2005, pp. 481-489.
Delemazure, Raoul, « *L'Herbier des villes* de Georges Perec », *Cahiers Georges Perec* no. 12, « Espèces d'espaces perecquiens », Paris, Le Castor astral, 2015, pp. 203-217.

Delemazure, Raoul, *Une vie dans les mots des autres. Le geste intertextuel dans l'œuvre de Georges Perec*, Paris, Classiques Garnier, 2019.

Dürrenmatt, Jacques, « Que dit la ponctuation de Perec ? », *Georges Perec artisan de la langue*, Véronique Montémont & Christelle Reggiani éds., Presses universitaires de Lyon, 2012, pp. 31-41.

Forsdick, Charles, Leak, Andrew et Phillips, Richard, éds, *Georges Perec's Geographies. Material, Performative and Textual Spaces*, Londres, UCL Press, 2019.

Getzler, Pierre et Depaule, Jean-Charles, « Perec, la langue, la ville », *Europe* no. 993-994, janvier-février 2012, pp. 83-94.

Grison, Laurent, « Le 'vieillissement des lieux'. Photographier, décrire-écrire », *L'Espace géographique*, no. 3, 1998, pp. 276-279.

Heck, Maryline, *Georges Perec. Le corps à la lettre*, Paris, José Corti, coll. Les essais, 2012.

Heck, Maryline, « Pour un Perec politique », *Relire Perec*, Christelle Reggiani, éd., Presses Universitaires de Rennes, 2016, pp. 73-88.

Joly, Jean-Luc, *Connaissement du monde : multiplicité, exhaustivité, totalité dans l'œuvre de Perec*, thèse Université de Toulouse-Le Mirail, dir. Bernard Magné, Lille, ANRT, no. 46833, 2006, 2 vol.

Lavallade, Eric, « Lieux Obscurs. Parcours biographiques et autobiographiques dans *La Boutique obscure* entre 1968 et 1972 », *Le Cabinet d'amateur. Revue d'études perecquiennes*, avril 2012, https://associationgeorgesperec.fr/IMG/pdf/Eric_Lavallade _Lieux_Obscurs.pdf.

Lejeune, Philippe, *La Mémoire et l'oblique. Georges Perec autobiographie*, Paris, P.O.L., 1991.

Lejeune, Philippe, « Vilin Souvenirs. Georges Perec », *Genesis. Revue internationale de critique génétique*, no. 1, 1992, pp. 127-150.

*L'Herne Georges Perec*, Claude Burgelin, Maryline Heck et Christelle Reggiani, éds, Paris, Editions de l'Herne, 2016.

Magné, Bernard, « Lavis mode d'emploi », *Cahier Georges Perec* no. 1, 1985, pp. 232-246.

Magné, Bernard, « Quelques problèmes de l'énonciation en régime fictionnel : l'exemple de *La vie mode d'emploi* », *Perecollages 1981-1988*, Toulouse, Presses Universitaires du Mirail-Toulouse, 1989.

Magné, Bernard, *Georges Perec*, Paris, Nathan-Université, coll. 128, 1999.

Magné, Bernard, « Le métatextuel perecquien revisité », *Le Cabinet d'amateur. Revue d'études perecquiennes*, juillet 2002, en ligne : http://web.archive.org/web/ 20081111201925/http://www.cabinetperec.org/articles/magne/magne-article.html.

Magné, Bernard, « Georges Perec on the Index », *Yale French Studies*, 2004, no. 104, pp. 72-88.

Miaz, Simon, *L'Atlas de la mémoire dans l'œuvre de Georges Perec*, Mémoire de master, Université de Neuchâtel, 2010, non-publié, http://doc.rero.ch/record/20395.

Montémont, Véronique et Reggiani, Christelle, éds., *Georges Perec artisan de la langue*, Lyon, Presses universitaires de Lyon, 2012.

Moncond'huy, Dominique, « *Espèces d'espaces* : du vide à l'écrit, autoportrait d'un écrivain », Christelle Reggiani dir., *Relire Perec*, Presses Universitaires de Rennes, La Licorne, 2016, pp. 285-305.

Montfrans, Manet van, *Georges Perec. La Contrainte du réel*, Amsterdam, Rodopi, coll. Faux Titre, 1999.

Montfrans, Manet van, « Barthes, Cayrol, Perec en 'het neutrum' », *Memo Barthes*, Rokus Hofstede & Jürgen Pieters, eds., Nijmegen, Uitgeverij Van Tilt, 2004, pp. 175-191.

Montfrans, Manet van, « Perec, Roussel et Proust : trois voyages extraordinaires à Venise », *Le Cabinet d'amateur. Revue d'études perecquiennes*, juin 2015 : https://associationgeorgesperec.fr/IMG/pdf/montfrans_1.pdf.

Nannicini, Chiara, « Perec et le renouveau de l'ekphrasis », *Le Cabinet d'amateur. Revue d'études perecquiennes*, octobre 2004 : http://web.archive.org/web/20081111201952/http://www.cabinetperec.org/articles/nannicini-ekphrasis/nannicini-article.html.

Neefs, Jacques & Hartje, Hans, *Georges Perec. Images*, Paris, Seuil, 1993.

Neefs, Jacques, « Le présent de la mémoire », *Texte. Revue de critique et de théorie littéraire*, 1999, no. 25-26, pp. 99-112.

Perec, Paulette, éd., *Portrait(s) de Georges Perec*, Paris, Bibliothèque nationale de France, 2001.

Piédevache, Philippe, « 'La rue Vilin' : téléscopage de l'Histoire », *Le Cabinet d'amateur. Revue d'études perecquiennes*, juillet 2011 : https://associationgeorgesperec.fr/IMG/pdf/ppiedevache_1.pdf.

Po, Guillaume, « Perec et Boltanski, deux interrogations sur la disparition », *L'œil d'abord ... Georges Perec et la peinture. Cahiers Georges Perec* no. 6, 1996, pp. 75-79.

Reggiani, Christelle, *Rhétoriques de la contrainte. Georges Perec – L'Oulipo*, Éditions InterUniversitaires, 1999.

Reggiani, Christelle, « Perec : une poétique de la photographie », *Littérature* no. 129, 2003, pp. 77-106. Article repris dans Christelle Reggiani, *L'Éternel et l'éphémère. Temporalités dans l'œuvre de Georges Perec*, Amsterdam-New York, Rodopi, coll. Faux Titre, 2010.

Reggiani, Christelle, *Éloquence du roman. Rhétorique, littérature et politique aux 19$^e$ et 20$^e$ siècles*, Droz, 2008.

Reggiani, Christelle, « Perec et l'art de la mémoire », *La Mémoire des lieux dans l'œuvre de Perec*, Sahar, R. Abdelkéfi éd., 2009, pp. 103-127.

Reggiani, Christelle, « Parenthèses perecquiennes », *L'Éternel et l'éphémère. Temporalités dans l'œuvre de Georges Perec*, Amsterdam – New York, Rodopi, coll. Faux Titre, 2010.

Ribière, Mireille et Magné, Bernard, *Les Poèmes hétérogrammatiques. Cahiers Georges Perec* no. 5, Valence, Editions du Limon, 1992.

Ribière, Mireille, « La photographie dans *La Clôture* », *Le Cabinet d'amateur. Revue d'études perecquiennes*, no. 7-8, 1998, pp. 107-119.

Ribière, Mireille, « Georges Perec, Roland Barthes : l'élève et le maître », Eric Beaumatin & Mireille Ribière éds, *De Perec etc., derechef. Textes, lettres, règles et sens*, Nantes, Joseph K, 2005, pp. 338-353.

Ribière, Mireille, « Cinéma : les projets inaboutis de Georges Perec », *Cahiers Georges Perec* no. 9, « Le cinématographe », Bordeaux, Le Castor Astral, 2006, pp. 151-171.

Robin, Régine, *Le Deuil de l'origine. Une langue de trop, la langue en moins*, Paris, PUV, 1993, pp. 195-227.

Robin, Régine, « Georges Perec, Paris-nostalgie. Lieux, non-lieux et le hors-lieu de l'écriture », Paulette Perec éd., *Portrait(s) de Georges Perec*, Paris, Bibliothèque nationale de France, 2001, pp. 180-198.

Sanchez, Pablo Martin, « Hypertextualité et pseudo-hypertextualité dans l'œuvre de Georges Perec », *Le Cabinet d'amateur. Revue d'études perecquiennes*, juillet 2011 : https://associationgeorgesperec.fr/IMG/pdf/PMartin.pdf.

Schilling, Derek, *Mémoires du quotidien : les lieux de Perec*, Villeneuve d'Ascq, Presses universitaires du Septentrion, 2006.

Schulte Nordholt, Annelies, *Perec, Modiano, Raczymow. La génération d'après et la mémoire de la Shoah*, Amsterdam, Rodopi, coll. Faux Titre, 2008.

Schulte Nordholt, Annelies, « Georges Perec : topographies parisiennes du flâneur », *Relief. Revue électronique de littérature française*, II, no. 1, 2008, https://www.revue-relief.org/articles/abstract/10.18352/relief.128/.

Schulte Nordholt, Annelies, « Perec, *Lieux*. Joie et mélancolie d'une archive urbaine », *Malaise dans la ville*, Sylvie Freyermuth & Jean-François Bonnot éds., Bruxelles, Peter Lang, 2014, pp. 289-303.

Schulte Nordholt, Annelies, « Guettées, une archive personnelle et collective ? », *Cahiers Georges Perec*, no. 12, 2015, pp. 187-202.

Schulte Nordholt, Annelies « Georges Perec, 'La rue Vilin' : écrire la double disparition », dans *Lire, écrire, pratiquer la ville*, N. Roelens et T. Vercruysse éds, Paris, Kimé, 2016, pp. 251-264.

Schulte Nordholt, Annelies, « Le travail de la mémoire dans *Lieux* », *Relire Perec*, Christelle Reggiani, éd., Presses Universitaires de Rennes, La Licorne, 2016, pp. 367-379.

Sheringham, Michael, *Everyday Life. Theories and practices from Surrealism to the Present*, Oxford, Oxford University Press, 2006 (*Traversées du quotidien : des surréalistes aux postmodernes*, Paris, PUF, 2013, trad. Maryline Heck & Jeanne-Marie Hostiou).

Siguret, Pierre, « Perecologie du Larinville : *l'imago mundi* de la rue Vilin », *Cahiers Georges Perec* no. 8, Bordeaux, Le Castor Astral, pp. 219-235.

Soussan, Myriam, « La mémoire vivante des lieux », *Le Cabinet d'amateur. Revue d'études perecquiennes*, décembre 2000, en ligne sur le site de l'Association Georges Perec.

Thibaud, Jean-Paul et Tixier, Nicolas, « L'ordinaire du regard », *Le Cabinet d'amateur. Revue d'études perecquiennes*, 1998, no. 7-8, pp. 51-67.

Trowell, Ian, « Perecquian fieldwork : Photography and the Fairground", *Georges Perec's Geographies. Material, Performative and Textual Spaces*, Charles Forsdick, Andrew Leak et Richard Phillips, éds, Londres, UCL Press, 2019, pp. 200-217.

## 4    Autres ouvrages, articles et films

Alphen, Ernst van, *Staging the Archive. Art and Photography in the Age of New Media*, Londres, Reaktion Books, 2014.

Augé, Marc, *Un ethnologue dans le métro*, Paris, Hachette, coll. Textes du XXe siècle, 1986.

Barthes, Roland, « L'ancienne rhétorique. Aide-mémoire », in *L'Aventure sémiologique*, Paris, Seuil, 1985, pp. 85-165.

Barthes, Roland, « Sémiologie et urbanisme », *Œuvres complètes* vol. II, Paris, Seuil, 2002, pp. 1277-1286.

Barthes, Roland, « Recherches sur la rhétorique », *Œuvres complètes* vol. II, Paris, Seuil, 2002, pp. 747-749.

Besnier, Patrick & Bazantay, Pierre, *Petit dictionnaire de* Locus solus, Avant-propos, Amsterdam, Rodopi, coll. Faux Titre, 1993.

Borison, H.L. & McCarthy, L. E., « $CO^2$ ventilatory response time obtained by inhalation step forcing in decerebrate cats », *Journal of Applied Physiology*, vol. 34, no. 1, January 1973, pp. 1-7.

Breton, André, *L'Amour fou*, Paris, Gallimard, coll. Blanche, 1971.

Cayrol, Jean, « Pour un romanesque lazaréen », *Œuvre lazaréenne*, Paris, Seuil, 2007, pp. 799-823.

Certeau, Michel de, *L'Invention du quotidien*, Gallimard, Folio Essais, 2 vols, 2014.

Compagnon, Antoine, « La réhabilitation de la rhétorique au XXe siècle », in Marc Fumaroli dir., *Histoire de la rhétorique dans l'Europe nordique, 1450-1950*, Paris, PUF, 1999, pp. 1261-1282.

Derrida, Jacques, *Mal d'archive*, Paris, Galilée, 2008 [1995].

Erll, Astrid, *Memory in Culture*, Londres, Palgrave Macmillan, 2011.

Goyet, Francis, *Le Sublime du « lieu commun ». L'invention rhétorique dans l'Antiquité et à la Renaissance*, Paris, Honoré Champion, 1996.

Harris, David, *Eugène Atget. Unknown Paris*, New York, The New Press, 2003 (traduction de *Eugène Atget : Itinéraires parisiens*, Éditions du Musée de la Ville de Paris/Éditions du Patrimoine, 1999).

Kerbrat-Orecchioni, Catherine, *L'Enonciation. De la subjectivité dans le langage*, Paris, Armand Colin, 1980, pp. 131-146.

Kibédi Varga, Aron, *Rhétorique et littérature*, Paris, Librairie Klincksieck, 2002.

Labédollière, Emile de, *Le Nouveau Paris*, Paris, Gustave Barba Libraire éd., 1860.

Montandon, Alain, éd., *Iconotextes*, Paris, C.R.C.D. – OPHRYS, 1990.

Modiano, Patrick, *Dora Bruder*, Paris, Gallimard, coll. Folio, 1999.

Moss, Ann, *Les Recueils de lieux communs. Apprendre à penser à la Renaissance*, Genève, Droz, 2002.

Nora, Pierre, « Entre Mémoire et Histoire. La problématique des lieux », *Les lieux de mémoire*, Pierre Nora éd., Paris, Gallimard, 1984.

Oulipo, *La Littérature potentielle*, Paris, Gallimard, coll. Folio, 1982 [1973].

Oulipo, *Atlas de littérature potentielle*, Paris, Gallimard, coll. Folio, 1998 [1981].

Proust, Marcel, *À la recherche du temps perdu*, Jean-Yves Tadié éd., Paris, Gallimard, coll. Bibliothèque de la Pléiade, 4 tomes, 1987-1989.

Pavese, Cesare, *Lavorare stanca*, Turin, Einaudi, 1968 [1936].

*Rhetorica ad Herennium*, Cambridge MA, Harvard University Press, Loeb Classical Library, 1954.

Smith, John W., « Saving Time : Andy Warhol's Time Capsules », *Art Documentation : Journal of the Art Libraries Society of North America*, printemps 2001, vol. 20, no. 1, pp. 8-10.

Smith, Paul J., « Ponge épidictique et paradoxal », in *C.R.I.N., Cahiers de recherche des instituts néerlandais de langue et littérature française*, no. 32, 1996, pp. 35-46.

Webb, Ruth, *Ekphrasis. Imagination and Persuasion in Ancient Rhetoric Theory and Practise*, Routledge, 2009.

Yates, Frances, *The Art of Memory*, Penguin Books, 1969 [1966].

# Index des noms de personnes

Cet index n'inclut que les noms d'auteurs, de groupes d'auteurs et d'artistes (peintres, cinéastes, photographes ...), à l'exclusion de Georges Perec lui-même.

Agricola, Rudolf   184
Alphen, Ernst van   10n, 81
Alsted   187, 190
Antelme, Robert   186
Apollinaire, Guillaume   168n
Aristote   182, 196, 240
Atget, Eugène   117, 118, 126, 257
Augé, Marc   209

Barthes, Roland   4, 8, 15, 48, 76, 77, 92, 173, 177, 178, 179-181, 184, 185n, 186, 189, 190, 191, 192, 193, 197, 199, 230, 250, 253n
Baudelaire, Charles   31, 97, 215
Bazantay, Pierre   28, 29n
Bellos, David   40n, 90, 91n, 93, 98n, 205n, 251n
Bénabou, Marcel   24, 218
Berge, Claude   21
Bertharion, Jacques-Denis   140, 170
Bertolucci, Bernardo   78, 79n
Bober, Robert   117n, 141n, 159
Boltanski, Christian   81, 93
Borison, H.L.   160
Breton, André   65
Breughel, Pieter   31
Bruno, Giordano   197
Burgelin, Claude   40-42, 82, 86, 87, 88, 93n, 152n, 163, 212, 248n, 251, 252

Calle, Sophie   45
Cayrol, Jean   15, 230, 250, 251-254
Chaplin, Charlie   159
Cicéron   182, 197
Compagnon, Antoine   179, 180
Condominas, Georges   20, 23, 28
Constantin, Danielle   35n, 79n
Corneille, Pierre   79n
Crevier, Jean-Baptiste Louis   183n

De Bary, Cécile   44-45, 47
De Certeau, Michel   8, 55, 58, 62, 71, 87, 158, 209

De Chirico, Giorgio   168
Delemazure, Raoul   4, 94n, 186n, 250
De Man, Paul   180
De M'Uzan, Michel   3, 57, 58n, 88, 90, 133n, 207, 242
Derrida, Jacques   81, 83-86, 88, 109, 173, 180, 257
Dolto, Françoise   207, 235
Drogoz, Philippe   90
Durrell, Lawrence   57
Dürrenmatt, Jacques   96, 146

Eliade, Mircea   140
Erasme   184, 186
Erll, Astrid   10n

Farge, Arlette   81, 82, 87
Flaubert, Gustave   186, 253
Fludd, Robert   197
Foucault, Michel   81, 82, 87
Freud, Sigmund   40n, 59n, 84, 85

Gesner, Conrad   184
Getzler, Pierre   110, 114, 141, 145, 149, 162
Goyet, Francis   178, 184n, 185, 186, 200
Grison, Laurent   202n
Guastalla, Pierre   215

Harris, David   117, 118n
Hartje, Hans   50n, 110n, 111n, 152, 216n, 258
Heck, Maryline   8n, 24n, 66, 83, 87n, 92n, 104, 105, 106n, 130, 158n, 159, 160, 164, 247n, 248, 255
Helmle, Eugen   90

Ionesco, Eugène   78, 79

Joly, Jean-Luc   8, 22n, 44, 45-48, 78, 81, 189n, 190, 257
Jouet, Jacques   45

# INDEX DES NOMS DE PERSONNES

Kafka, Franz 252, 253
Kerbrat-Orecchioni, Catherine 66-69, 70n, 73, 78

Lamy, Bernard 182
Lederer, Jacques 251
Lefebvre, Henri 8, 218
Leiris, Michel 15, 24, 88, 91, 92, 230, 250, 253
Lejeune, Philippe 3-7, 9, 12n, 20, 21n, 22n, 23, 24, 29, 32n, 33, 37-42, 46, 55, 56, 59n, 60, 81, 82, 86, 91, 100-101, 103, 110n, 141, 144n, 151n, 154, 161-162, 164n, 165, 169, 187, 188n, 190n, 202, 203, 219n, 230n, 238n, 245n, 248, 249n
Le Moal, Jean 201n, 213-215
Lipinska, Christine 13, 55, 85, 110-139, 255, 257
Lulle, Raymond 190, 197n

Magné, Bernard 8n, 14, 25, 76, 96n, 98, 104, 107n, 113n, 115n, 126, 131n, 134, 139, 152n, 188, 213n, 216n, 241
Mallarmé, Stéphane 101
Martin Sanchez, Pablo 188, 189
McCarthy, L.E. 160
Melanchthon 184
Melville, Herman 233
Michaux, Henri 12
Miller, Henry 57
Miaz, Simon 154, 189, 208n
Modiano, Patrick 6, 14, 143, 144
Moncond'huy, Dominique 31n
Montémont, Véronique 21n, 96n, 146n
Montfrans, Manet van 24n, 44, 193n, 213, 252-253
Moss, Ann 178, 182n, 183n, 184, 185, 188n, 190, 196n
Moustaki, Georges 66, 71, 75, 77, 78

Nadeau, Maurice 24, 30, 32, 33, 181, 184, 249
Nannicini, Chiara 193
Neefs, Jacques 45n, 50n, 110n, 111n, 152, 216n, 258
Nichols, Peter 79
Nin, Anaïs 57
Nizan, Paul 186
Nora, Pierre 9, 10

Oulipo/oulipien 3, 21, 22, 29, 33, 37, 45, 189, 190, 200, 254

Paulhan, Jean 12, 178
Pavese, Cesare 68, 74, 76
Peirce, Charles 93
Perec, Paulette 33n, 57n, 62n, 90, 98n, 99n, 167n, 207n, 217n, 232n, 235, 238n, 251n
Piédevache, Philippe 148, 151
Pinter, Harold 77, 78, 79
Po, Guillaume 93n
Ponge, Francis 12, 178, 180
Pontalis, Jean-Baptiste 4, 40, 43, 91, 163, 243
Proust, Marcel 24, 27, 50, 56, 59, 70, 76, 198, 201, 234

Queneau, Raymond 38, 74, 76, 92, 178, 188, 250, 253
Queysanne, Bernard 57, 63, 64, 130, 238n, 246
Quintilien 182, 197, 240

Raczymow, Henri 6
Reggiani, Christelle 9, 11n, 21n, 31n, 49-50, 72n, 76n, 87n, 96n, 112, 113, 115n, 116, 122, 125, 130, 133, 134n, 145-146, 177-185, 186n, 190n, 196n, 197-200
Régine 78
Resnais, Alain 252
Ribière, Mireille 113n, 114-116, 126, 130, 133, 177n, 237, 250n
Robin, Régine 219n
Roubaud, Jacques 45, 240, 246
Rousseau, Jean-Jacques 50, 198
Roussel, Raymond 24n, 27-29, 38, 92, 229, 253

Schilling, Derek 8n, 10, 11, 19n, 20n, 24n, 32n, 48-51, 65n, 74, 81, 93n, 142, 196n, 254n
Schulte Nordholt, Annelies 6, 14, 24n, 98n, 152n
Sénèque 185
Sheringham, Michael 8, 35, 42-44, 46, 48, 55n, 74, 78
Siguret, Pierre 140, 151

Smith, Paul J.   180n, 194n, 196n
Soussan, Myriam   140, 141, 162
Surréalisme/Surréalistes   65, 97

Trowell, Ian   110n, 112

Varga, Aron Kibédi   178, 182n, 183
Venaille, Franck   202

Vermeer, Jan   70
Verne, Jules   65, 197, 253

Warhol, Andy   81, 94
Webb, Ruth   192-195

Yates, Frances   178, 196n, 197
Yerushalmi, Joseph   84